颜莹 编著

教育家精神之路

江苏凤凰教育出版社

> 感谢您使用本书。您在使用本书时如有建议或发现质量问题，请联系我们。
> 【内容质量】电话：4008283622
> 【印装质量】电话：4008283610

图书在版编目(CIP)数据

教育家精神之路 / 颜莹编著. --南京：江苏凤凰教育出版社，2024.6(2025.6重印).
ISBN 978-7-5743-1078-0

Ⅰ.K825.46-53

中国国家版本馆CIP数据核字第2024HL6512号

书　　名	教育家精神之路
编　　著	颜　莹
责任编辑	林　琬
出版发行	江苏凤凰教育出版社(南京市湖南路1号A楼　邮编210009)
苏教网址	http://www.1088.com.cn
照　　排	南京私书坊文化传播有限公司
印　　刷	江苏扬中印刷有限公司(电话：0511-88420818)
厂　　址	江苏扬中市大全路6号(邮编：212212)
开　　本	787毫米×1092毫米　1/16
印　　张	23
版　　次	2024年6月第1版
印　　次	2025年6月第3次印刷
书　　号	ISBN 978-7-5743-1078-0
定　　价	65.00元
网店地址	http：//jsfhjycbs.tmall.com
公　众　号	苏教服务(微信号：jsfhjyfw)
邮购电话	025-85406265，025-85400774
盗版举报	025-83658579

苏教版图书若有印装错误可向出版社调换

目录

序　孙孔懿｜不妨与教育家交朋友
　　——与教师朋友谈如何走进教育家的精神世界 ………… 001

第一章　陶行知："捧着一颗心来，不带半根草去"

▶ 教育家小传·陶行知 ………………………………………… 003
王文岭｜教育家陶行知的精神成长之路 ……………………… 005
储朝晖｜陶行知体现的教育家精神及其启示 ………………… 017
张大冬　王金桂｜陶行知"生活教育"思想辉映下的
　　　　　　　　"新安实践" ………………………………… 030

第二章　陈鹤琴："我爱儿童，儿童也爱我"

▶ 教育家小传·陈鹤琴 ………………………………………… 045
何　锋｜"永远微笑的儿童教育家"
　　　　——陈鹤琴教育思想论析 …………………………… 047
虞永平｜以科学精神构筑现代学前教育 ……………………… 059
何凯黎｜陈鹤琴教育家精神谱系考析 ………………………… 066
柯小卫｜教育家的"背影" …………………………………… 076
曹玉兰｜在陈鹤琴教育思想滋养下绽放生命芳华 …………… 086

第三章　叶圣陶："教是为了达到不需要教"

- ▶ 教育家小传·叶圣陶 ······ 097
- 杨　斌 | 叶圣陶：从小学讲台走出来的伟大教育家 ······ 099
- 叶小沫　杨基宁 | 身教永远重于言教——忆爷爷叶圣陶 ··· 117
- 李业文　黄　勇 | 我与叶圣陶先生的三十年 ······ 126

第四章　斯霞："我为一辈子当小学教师而自豪"

- ▶ 教育家小传·斯霞 ······ 131
- 朱小蔓 | 童心母爱：永不熄灭的教育精神 ······ 133
- 余　颖 | 纯爱之光润万生 ······ 142
- 李吉林 | 吾师斯霞 ······ 155
- 朱　征 | 最好的怀念是传承 ······ 158

第五章　鲁洁："学问的高度，就是做人的高度"

- ▶ 教育家小传·鲁洁 ······ 167
- 冯建军 | 跟着鲁洁先生学做人 ······ 169
- 庞学光 | 用生命书写有品格的教育学 ······ 178
- 方峥嵘 | 德性是真诚的行动 ······ 190

第六章　朱小蔓："任何时候都可以是生长的开始"

- ▶ 教育家小传·朱小蔓 ······ 197
- 孙孔懿 | 试论朱小蔓教授的情感教育学说及其"性格因" ··· 199
- 成尚荣 | 朱小蔓，永远和崇高之美在一起 ······ 216
- 侯晶晶 | 跨越时空的爱 ······ 219
- 高军玉 | 情感教育的力量 ······ 223

第七章　李吉林："我，长大的儿童"

▶ 教育家小传·李吉林 ·· 231

王毓珣　刘丽淼 | 从小学教师到大教育家：李吉林的成长之路及
　　　　　　　　启示 ·· 233

施建平 | 李吉林，一个时代的教育奇迹 ································ 256

冯卫东 | 记李吉林老师及其对我的精神感召 ······················· 261

余慧娟　钱丽欣 | 教育需要虔诚以对
　　　　　　　　——李吉林谈什么是教育家型教师 ······· 267

第八章　于永正："人生是花，语文是根"

▶ 教育家小传·于永正 ·· 275

杨九俊 | 人课一体的生命升腾 ··· 277

张　庆 | 回眸于永正 ··· 282

于　然 | 始终不忘记自己也曾是一个孩子 ··························· 289

刘　杰 | 点亮人生　润泽生命——记我的恩师于永正 ······· 302

第九章　教育家精神的特质、生成及启示

第一节　教育家精神的共有特质 ······································· 313
第二节　教育家精神的生成过程、关键要素及潜在规律 ····· 326
第三节　"教育家精神生成之路"研究的主要启示 ··········· 343

后记　让教育家精神照亮师者的教育生活 ·············· 355

序

不妨与教育家交朋友[①]
——与教师朋友谈如何走进教育家的精神世界

孙孔懿

认识和理解教育家精神有两条路径，一是理性的、概念的、思辨的，一是感性的、形象的、实证的，二者相辅相成，相得益彰。

要走近教育家，了解教育家的精神世界，分享教育家的精神财富，不妨与教育家交朋友。

与教育家交朋友，意味着教育家已然走下神坛，成为一位普通的人，一位能亲切地走进你的客厅，与你品茗闲聊、促膝谈心的平常的人。我们既可以与古今中外众多的教育家广交朋友，也可以选择一位与自己情投意合的教育家交知心朋友。交这样的知心朋友，意味着我们对他的感知将从"离身"转向"具身"，我们将以自己的全部感官对其做深度了解与理解，不仅会去搜集他的影视资料，研读他的著作，熟知他的言论和思想，而且会去了解他的时代、他的生平、他的生活，会去踏访他的故居，走访他的亲友，关注他的进退取舍，关注他的喜怒哀乐、音容笑貌，分享他的欢乐，分担他的焦虑，一起哭，一起笑……

与教育家交朋友，不妨以这位教育家为对象做一些深入研究，做一些不必申报、不必立项、不必撰写报告、随心所欲却又有实质性意义的研究，重在心心相印。每有心得，可不拘形式地记录，摘抄、批注、日记、随笔、散文、诗词等均无不可。积以时日，你将体会到，教育家研究是一个最具人文性的研究领域，一个最富情趣、最富诗意、最富魅力的领域，一个能给研究者以鼓

[①] 节选自孙孔懿《教育家精神：具身表达与具身感知》(《江苏教育研究》2024年第1期)，题目及内容有改动。

舞、启示和精神愉悦的领域，一个能最大限度满足研究者寻求真善美的心理需求的领域。它遍布着与大师相逢相知的机缘，等待着你的关注和参与，等待着你在古今中外教育家中找到最知心的朋友和导师，进而成为教育家精神和教育家思想的研究者、享用者、实践者、发扬者、传播者。

杨瑞清校长的行知之路就是一个生动的例子。他扎根乡村40多年，创造性地践行陶行知教育思想，走出了一条独具现代乡村学校特色的育人之路，其背后则是他从陶行知这位良师益友身上不断获得精神营养和实践智慧。他多次表示：陶行知先生实在是太伟大了！他的生平事迹、他的人格魅力深深地吸引着我们，他的精神、他的品德深深地感染着我们。我们崇拜陶行知，他给了我们无穷的力量。他"捧着一颗心来，不带半根草去"的精神，启迪着我们的人生观，使我们决心把自己的一切无私地奉献给乡村的孩子。我一定要用真诚的爱来爱他们，用自己的火去点燃孩子们的火，用自己的心去贴近孩子们的心。陶行知，我们跟上来了！更为可贵的是，杨瑞清不仅"跟上来了"，而且在若干方面"走上前去了"。在新时代的实践中，杨瑞清发现了陶行知思想的某些时代局限性，以热忱与理性的态度开拓创新，在理论和实践上均取得了不少突破。40多年里，他将一所简陋破旧的乡村小学发展成为集幼儿园、小学、中学和教育实践基地为一体的集团化现代学校，与新加坡、马来西亚、美国、澳大利亚、德国等国家和地区的教育界展开了友好交流，广泛吸收了域外的教育思想资源，也使陶行知的教育思想及其新发展的影响扩展到了海外。2022年，杨瑞清荣获基础教育国家级教学成果奖特等奖，可谓实至名归。

也有许多老师喜欢与苏霍姆林斯基为友，比如李镇西和李希贵。

1982年，刚刚参加教育工作的李镇西第一次读到了苏霍姆林斯基的《要相信孩子》的小册子，心灵经受巨大震撼，"第一次站在了'人'的高度来关注教育"。多年后，已经成为著名特级教师的李镇西回忆起这次经历依然十分激动："《要相信孩子》成了我教育理论真正的启蒙读物，我也从此成了苏霍姆林斯基的'追星族'一员。"此后，李镇西把苏霍姆林斯基视为自己的师长，阅读了苏霍姆林斯基更多的著作，深深体会到苏霍姆林斯基不仅是一位教育理论家，更是一位教育实践家，他的著作来自他的亲身实践，内容丰富,语言优美,使人感到亲切、信服。李镇西曾几度赴乌克兰访问苏霍姆林斯基生前所在的帕夫雷什中学,与苏霍姆林斯基的女儿建立起联系,将苏霍姆林斯基的教育思想内化为自己的思想观点,转化为具有中国特色的教育实践,在践行爱的教育、转化后进生、开展平民教育等方面取得了杰出成就。2009年,李镇西出版了专著《追随苏霍姆林斯基》,他表示,"苏霍姆林斯基是前方的太阳,永远照耀着我前行,让我的教育人生永远不会迷路"。

李希贵是在自己刚刚跨入学校大门而不知所措时,买了一本苏霍姆林斯基的《给教师的一百条建议》临时救急的。他一口气读完后惊叹道:"世界上还有这么好的教育著作!""苏霍姆林斯基像一位长者,与我们促膝而坐,娓娓叙来,你丝毫感觉不到一位教育家的居高临下,他用非常朴素的语言,说了一些我们每天都经历的事情,讲了许多令我们恍然大悟却又浅显易懂的道理。"他把苏霍姆林斯基的名言镶在镜框里,挂在办公区和教学区,将苏霍姆林斯基视为自己漫漫教育旅途中"一位真正的引领者"。李希贵从语文教师、校长、教育局局长到北京十一学校校长,在每个岗位上都进行过令人瞩目的改革,许多重大举措都成了中国基础教育改革的热点和焦点,他的头脑里似乎装着无穷的智慧,而他坦言自己的经验大部分来自苏霍姆林斯基的著作。李希贵体会到:一个人的成长除了同龄的伙伴相互影响之外,一定要有那么一两位亦师亦友的长者,用他们的人格,用他们的人生智慧,用他们宽阔的胸襟,用他们那种对后生真诚的欣赏和尊重,来引领年轻人开始漫漫的人生之旅。

实践证明:与教育家交友是走进教育家精神殿堂的一条捷径。

与教育家交朋友,不仅使我们全面认识教育家,更重要的是能增进我们与教育家的情感。我们与教育家的情感,与我们跟他们交往的频率、深度成正比,到了难分难解的地步就会出现亦此亦彼的同化现象(生物学上的同化作用是指生物体吸收外界成分并将其转化成自身成分,例如摄取营养物并将其转化成细胞内有功能的成分)。在艺术心理学中,这是主体间发生的一种相互移情的作用。在日常的人际交往中也有这样的情况,即通常所说的"近朱者赤,近墨者黑"。我们和教育家的交往,情至深处,也会产生你中有我、我中有你的效果:教育家身上有着我的理解,我的思念,我的向往,我的发挥,我的延展——正是这些构成了教育家的现实存在;我的心中则会充盈着我对教育家的依恋和认同,存在着已经内化为我所有的教育家的言论和思想,我的心中已然成了教育家灵魂的栖身之所,甚至我的身上也会闪现着教育家的某些身影,就像杨瑞清被誉为"新时代的陶行知"、李镇西被苏霍姆林斯基女儿赞誉为"中国的苏霍姆林斯基式的教师"一样。

不妨设想一下,倘若广大教师同行都能实际地参与教育家研究,使得历史上和现实中的教育家都能引起老师的关注,使得我们每位老师都有一位最熟悉、最崇敬、最爱读的教育家,都能与某位教育家为友,时时与之推心置腹、倾诉衷肠,那该是一道多么美好的风景!

本书恰如一个"教育家会客厅",颜莹为教师朋友们精心编选了8位长期在江苏工作、生活的教育家的专题,真实、生动地呈现了这些教育家的精神面貌和风采。阅读这本书,我们仿佛和我们的教育家朋友坐在一起,倾心交谈。或许你觉得篇幅不够、时间太短,那么不妨选择你最喜欢的一位教育家,继续研读下去、交往下去。这样,我们的灵魂一定不会孤单,我们的心灵一定不会枯燥,我们就会过上一种可能有别于当下的生活,我们的教育生活一定会更加生气勃勃、魅力大增。

(作者孙孔懿系江苏省教育科学研究院研究员、基础教育研究所原副所长,"江苏人民教育家培养工程"第二期指导专家,教育家研究专家。)

第一章
陶行知:"捧着一颗心来,不带半根草去"

我心中只有一个中心问题,这问题便是如何使教育普及,如何使没有机会受教育的人可以得到他们所需要的教育。

——陶行知

教育家小传·陶行知

陶行知(1891—1946),成长于安徽省歙县一户贫寒的农民家庭,早年就读于旧式私塾和经馆,1910年入读金陵大学,四年后远赴美国,先在伊利诺伊大学攻读政治学硕士学位,后入哥伦比亚大学攻读教育学博士学位。1917年回国,以"爱满天下"的博大情怀,"捧着一颗心来,不带半根草去"的赤子之心,"千教万教教人求真,千学万学学做真人"的求真精神,贡献于大众教育、民族解放和民主事业,被毛泽东同志赞誉为"伟大的人民教育家",宋庆龄先生题词赞誉他是"万世师表"。

他是近代中国教育现代化极为重要的理论贡献者。他大力提倡教育为公,呼吁还教育于民,致力于改造中国封建的旧教育和洋化的新教育,即变"为少数人服务的教育"而为"为全体人民谋福祉的教育",变"人上人的教育"而为"人中人的教育",变"因循守旧的教育"而为"开辟创造的教育",变"以书本为中心的死教育"而为"以生活为中心的活教育",等等。他基于对中国固有文化的深刻理解,对中国近代经济社会发展水平的正确认识,创立了合乎国情的生活教育理论体系,主张"生活即教育""社会即学校""教学做合一",志在把教育推广到生活的边际,把生活提高到教育的水平。

他是近代中国极富创造力的教育实践家。在回国服务之初,即强调学生的中心地位,提出改"教授法"为"教学法";提倡女子教育的重要性,在其所服务的南京高等师范学校实行男女同校;1923年参与发起成立中华平民教育促进会,到南北方十多个省推进平民教育运动;1927年在南京创办晓庄试验乡村师范,探索通过发展乡村教育改造乡村生活,为农民和儿童谋福利;20世纪30年代前期在上海开办儿童通讯学校,提倡儿童科学教育,面对民族危机日益加深加重,创办"工以养生、学以明生、团以保生"的工学团教育,提出以全面教育配合全面抗战的战时教育;1939年在重庆创办育才学校,招收儿童保育院中有特殊才能的难童,为抗战建国培养人才幼苗;1946年又在重庆创办社会大学,招收有志向学的职业青年,为战后新中国培养建设人才。

他在逝世前几天曾到上海沪江大学演讲,讲题是"新中国之新教育",提出五项修养与师生共勉:"一为博爱而学习,二为独立而学习,三为民主而学习,四为和平而学习,五为科学创造而学习。"

教育家陶行知的精神成长之路

王文岭①

陶行知是中国近代伟大的人民教育家,1891年10月18日生于安徽歙县,1946年7月25日在上海病逝。自他逝世后的半个多世纪以来,有许多社会知名人士和专家学者撰文总结陶行知教育家精神,大抵指向大爱精神、敬业精神、奉献精神、服务精神、求真精神、开辟精神、创造精神、民主精神,等等。陶行知在1919年曾经著文批评社会上常见的三种教育家:"一种是政客的教育家,他只会运动、把持、说官话;一种是书生的教育家,他只会读书、教书、做文章;一种是经验的教育家,他只会盲行、盲动、闷起头来,办……办……办"指出社会需要的教育家必定要在下列两种要素当中得了一种,方才可以算为第一流的教育家:一是敢探未发明的新理,即是创造精神;一是敢入未开化的边疆,即是开辟精神②。可以这样说,无论是陶行知所期待的教育家精神,还是后世名流学者总结出来的陶行知教育家精神,都反映了一百多年来中国教育从传统向现代转型发展进程中对教育家群体的要求,体现了中国近现代教育家精神的核心内容,故而或多或少地体现在同时代或其后许多教育家身上。

今天我们以历史的发展的眼光,回望教育家陶行知的精神成长之路,意在为更多陶行知式教育家的出现探讨某种可能性,以贡献于中国教育持续不断地迈向更高水平的现代化。下面从五个方面申论之。

---

① 王文岭,南京晓庄学院陶行知研究院副教授,研究方向:陶行知暨中国近代教育研究。代表作有《陶行知年谱长编》(2012)、《中华教育改进社史》(2021)、《人民至上:陶行知的立场与方向》(2022)。
② 陶行知.陶行知全集(第1卷)[M].成都:四川教育出版社,2005:21-22.

一、转型时代旧教育熏陶与新教育培育

陶行知的家乡歙县是古徽州府治所在,历代徽州学人咸奉宋代理学大家朱熹为宗,并推陈出新,发展出新安理学。当地民风崇尚文教,各式书院遍及城乡,有"十户之村,不废诵读"的美誉。即便是散布在中国南北大小城镇的无数徽商,也都有一个共同特点,就是"贾而好儒",他们的义利观根源于儒学思想,以义为利,见利思义。

陶行知生长在一户贫寒的农民家庭,但他没有因为贫穷而缺失教育,邻村蒙童馆塾师方庶咸赏识他年幼聪慧,免费为其开蒙;在他的父亲到休宁县万安镇谋得公差后,随父进入万安镇上吴尔宽先生开办的经馆伴读;不久后父亲因病失去公差,他因经济拮据辍学回乡,但能一面劳动,一面从父学习。陶行知年少时克服种种困难一心向学,积累了丰厚的传统文化知识。如果循着过往读书人的路径,陶行知有很大可能专心举业,参加科考,成为徽州历史上30多名状元、2000多名进士和10000多名举人中的一员。然而,他生逢中华文化数千年未遇之大变局时代,西方近代工业文明在19世纪中叶野蛮入侵农耕文明的中国,使中国文化遭遇前所未有的巨大冲击,被迫走向全面变革。1905年,科举制度废除。时代改变了他最有可能的人生轨迹。

徽州地处皖南山区腹地,群山环抱,但并不闭塞。徽州的先人们开辟了徽青、徽安、徽杭等多条山道,北接南京,东连余杭,更有新安江黄金水道直达钱塘湾,极大地便利了徽州人民与经济文化发达地区的联系,到了近代也能较早地领受到工业文明的新风。譬如英籍传教士唐进贤于1876年就来到歙县县城,在小北街设立基督教堂,1900年在教堂内创办徽州中西蒙学堂(后改名为"崇一学堂"),学制三年,除国文外,更开设英文、数学、理化、医药常识、教义等课程。这是歙县最早的一所新式学堂,虽为教会所办,却为近代人文社会和自然科学知识在这一地区的传播发挥了积极作用。

如前所述,陶父因病失去公差后,陶母在无奈之下到教堂做佣工,以微薄的收入贴补家庭日用。因为这一缘故,辍学在家的陶行知得以随母进入崇一学堂读书,这是他人生中的重要转折点。他在这里开始接触西方新学,

进而走出以儒学知识为主体的传统教育的围墙,看到了中西文化的差别,萌生出对于家国的忧患意识。歙县城内保存完好的崇一学堂宿舍墙壁上,至今还留有他写下的两行文字:"我是一个中国人,要为中国作出一些贡献来。"①

陶行知18岁那年来到南京,进入教会学校金陵汇文书院,一年后汇文书院与另一所教会学校宏育书院合并,成立金陵大学堂,分设文、理、医三科,在美国纽约州教育局注册备案,毕业生由纽约大学董事会颁授文凭学位。陶行知幸运地成为金陵大学文科首届学生,接触到更加多元、更高层次的思想文化知识,这成为他人生新的起点。金陵大学对他最为深刻的影响体现在四个方面:一是他开始研究王阳明的学说,并信仰"知行合一"的学说,把自己的名字从陶文濬改为陶知行②;二是受到风行的达尔文进化论影响,接受社会达尔文主义,反对因循守旧,以更加积极的姿态投身到大变局时代;三是接受"爱人如己"的教义,信仰了基督教,并立志服务社会人群;四是受到辛亥革命的影响,一度回乡参加歙县新成立的议会工作,返校后积极参加各种社会活动,热心宣传民族民主革命。

陶行知1914年赴美留学,先在伊利诺伊大学攻读政治学,一年后获得硕士学位,转入哥伦比亚大学师范学院攻读教育学博士学位。哥伦比亚大学是美国进步主义教育的中心,汇集多位享誉世界的教育家,其中实用主义哲学大师杜威的学说,更加开阔了他的视野。陶行知丰富的思想大多能够在其求学期间发表的文字或书信中寻得源头,并见证于此后30年改造中国教育的实践中。

二、从"爱人如己"到"爱满天下"

陶行知有近8年的时间在教会学校接受新式教育,其中金陵大学詹克教授(Prof. Jenk)的宗教课程和著作以及"爱人如己"的教义,在很大程度上

---

① 陶侃.我的曾祖父陶行知先生[M].上海:学林出版社,2021:15.
② 1920年代,陶行知认为王阳明的"知是行之始,行是知之成"不对,应该是"行是知之始,知是行之成",后于1934年改名为"陶行知"。

奠定了他服务社会人群的信仰。陶行知在留学美国的3年中参加了基督教青年会的许多活动,他在写给罗素的信中表示:"余今生之唯一目的在于经由教育而非经由军事革命创造一民主国家。鉴于我中华民国突然诞生所带来之种种严重缺陷,余乃深信,如无真正之公众教育,真正之民国即不能存在。""再经两年之培训,余将回国与其他教育工作者合作,为我国人民组织一高效率之公众教育体系。"他同时指出做出这一选择的原因:"余矢志以教育管理为终生事业,始于去夏,是时正值基督教男青年会于日内瓦湖举行夏季大会,余于此受极大启迪。"①

陶行知回国后,从"爱人如己"的信仰出发,以教育为职志,服务全体人民,特别是最广大的平民百姓,他深信"人民贫,非教育莫与富之;人民愚,非教育莫与智之"②,从1923年起,他致力于平民教育运动,希望能使80%以上目不识丁的平民大众都能接受教育,这在国家政局动乱、财政拮据、教育制度不良的历史情境下,几乎是不可能实现的任务。但是,他却竭力提倡破除知识私有,倡导文化为公,凡读书识字者都负有教授他人的责任,即会的教人,不会的跟人学。为了教育能够普及全体人民,他创办了平民读书处,不仅在自家门口挂了一个"平民读书处"的牌子,供人问学求知,而且还上门请梁启超、胡适、蒋梦麟等名家也要在家门口挂一个"平民读书处"的牌子。他对北京大学代理校长蒋梦麟说:"中国最高学府,北京大学代理校长家里可以容得不识字的人吗?……只须老兄下一个命令:'从今天起,家里的人不识字的都要读书,识字的都要教书。'"他现场教授蒋梦麟世兄蒋裕仁和门房李白华几个字,他们即刻又很高兴地去教老妈子和车夫。蒋裕仁当时说他"很有传教的精神",陶行知得意地把这一事件写信告诉东南大学教授王伯秋③。在推进平民教育运动过程中,他还特别重视女子教育,同年10月31日,他致信安徽省立第二女子师范胡自华女士,谈到知识女性应该担负起提倡女子教育的责任:"中国二万万女子,恐怕就有一万万九千万没有受过教育,要想把她们都化为读书明理的人,非是受过教育的女子出来万众一

---

① 陶行知.陶行知全集(第6卷)[M].成都:四川教育出版社,2005:456.
② 陶行知.陶行知全集(第1卷)[M].成都:四川教育出版社,2005:189.
③ 陶行知.陶行知全集(第8卷)[M].成都:四川教育出版社,2005:37-38.

心的提倡不可。"①

信仰生力量,陶行知奉献中国人民教育事业三十年如一日。他本着"幼吾幼以及人之幼"的精神,希望普天下的儿童都能像他自己小儿子蜜桃一样得到祖母的疼爱,决计要为广大的乡村儿童创办中国的、省钱的、平民的幼稚园,并于1926年在南京燕子矶创办了中国第一所乡村幼稚园,作为送给母亲60岁的寿礼②。1930年他在晓庄试验乡村师范学校三周年致全体同志公开信中写道:

> 晓庄是在爱里产生出来的。没有爱便没有晓庄。因为他爱人类,所以他爱人类中最多数而最不幸之中华民族;因为他爱中华民族,所以他爱中华民族中最多数而最不幸之农人。他爱农人只是从农人出发,从最多数最不幸的出发,他的目光,没有一刻不注意到中华民族和人类的全体……捧着一颗心来,不带半根草去。晓庄是从这样的爱心里出来的,晓庄可毁,爱不可灭。晓庄一天有这爱,则晓庄一天不可毁。倘使这爱没有了,则虽称为晓庄,其实不是晓庄。爱之所在即晓庄之所在,一个乡村小学里的教师有了这爱,便是一个晓庄;一百万个乡村小学里的教师有了这爱,便是一百万个晓庄。虽是名字不叫晓庄,实在是真正的晓庄了。③

陶行知逝世后,53个人民团体在晓庄试验乡村师范学校旧址为他的遗体举行公葬,墓前牌坊上镌刻着陶行知生前手书的"爱满天下"四个大字,昭示着一代教育家不朽的大爱情怀。

三、从"立真去伪"到"做真人"

陶行知始终强调"道德是做人的根本。根本一坏,纵然使你有一些学问

---

① 陶行知.陶行知全集(第8卷)[M].成都:四川教育出版社,2005:32.
② 陶行知.陶行知全集(第8卷)[M].成都:四川教育出版社,2005:91-92.
③ 陶行知.陶行知全集(第2卷)[M].成都:四川教育出版社,2005:450.

和本领，也无甚用处。并且，没有道德的人，学问和本领愈大，就能为非作恶愈大。"①他自言在金陵大学开始研究明代哲学家王阳明的学说，王学对陶行知的影响不只表现在形式上的改名，更使他确立了作为共和时代的国民，应该做一个"知行合一"的有道德之人。

王阳明学说的核心是"致良知"。他认为"心即理"，宋儒所讲的"天理"（普遍的、寓于万物的"道"）就在人心中，要认识天理，只需返观自己的良知。他说："知是心之本体，心自然会知，见父自然知孝，见兄自然知弟，见孺子入井自然知恻隐，此便是良知，不假外求。"（《传习录上》）这种天理良知是先天而存在的，如明镜一般，只是平常人因私欲而蒙尘，只要人心中天理良知发动，则能克服不善，保存善念，如此人人皆可为圣贤。因此他提出"知是行之始，行是知之成"。

陶行知对王阳明的接受，是把它作为一面镜子来观照自己，寻求在道德上的自我完善。他在1913年底发表《伪君子篇》，即是在王学影响下自觉提高个人道德修养的宣言书。文章开篇指出"伪君子所由来，名利为之也"，并详细列举了伪君子数十种情状，指出种种祸害："吾国之贫，贫于此也；吾国之弱，弱于此也；吾国多外患，患于此也；吾国多内乱，乱于此也。"其强烈的忧患意识和爱国之心溢于言表。更为重要的是他以孟子和王阳明二贤自励，从自我解剖、自我反省中立志破除名利之见，做一"真人"，以"真我"战胜"伪我"，"在心中建立真主宰，以防闲伪魔。行出一真是一真，谢绝一伪是一伪"②。这成为他日后为人处世的基本态度和做人的根本原则。

对于民国成立后"平乱而乱不平，安民而民不安"的现实，他疾呼"真人不出，如苍生何？"对共和政治的期待，使陶行知不再仅仅停留于个人道德领域的修持，此后投身改造中国教育，叮嘱师者"千教万教，教人求真"，勉励学者"千学万学，学做真人"。可以这样说，陶行知一生的社会活动和教育探索，始于要为初创的中华民国伪状百出的病态疾呼"真人"，终于为造成真正的民主共和国家培养"真人"。

---

① 陶行知.陶行知全集(第4卷)[M].成都:四川教育出版社,2005:435.
② 陶行知.陶行知全集(第1卷)[M].成都:四川教育出版社,2005:162-163.

陶行知从王阳明学说中获得了追求"真人"人格的思想武器,但其"心外无物""心外无理"的主观唯心主义哲学观不能给他求得真知的科学工具,他说在王阳明"先知后行学说的土壤里,长不出科学的树,开不出科学的花,结不出科学的果"①。进入哥伦比亚大学后,他从杜威那里获得了求真知的思想工具,认识到要在行动上去追求真知识,行动是中国教育的开始,创造是中国教育的完成。

四、从"格物致知"到"试验主义"

陶行知1917年下半年著文指出,中国数千年来相传不绝的教育传统是"格物致知",虽然他认同朱熹"一物皆有一理""即物而穷理"的主张,但又指出朱熹等古代思想家们没有给出"格物致知"的科学方法。王阳明依据朱熹的主张,坐到庭院中去接触竹子,面对竹子"格"了七天,最后一无所获,还得了一场大病,于是认为"天下之物本无可格者,其格物之功,只在身心上做",进而提出"心外无物""心外无理",转而去"格"心②。因为没有科学的"格物"方法,以至于中国在近代发明史中毫无贡献可言③。

中国近代新教育发生以来,多以"仪型他国"为能事,从积极的方面说,这是向工商社会和民主共和制度转型的后发国家发展现代教育最经济、最快捷,也最容易见到成果的办法。但是,毕竟文化传统不同,而且中国经济社会发展程度与西方国家有着非常大的差距,适合外国的并不必然适用于中国。一如淮南之橘,移植到淮北便成为枳,这种抄袭来的新教育,并没能给中国社会的进步带来理想的结果,究其原因,他说:

> 因为美国是世界上工商业最发达的国家,日本是在工商业发展到中期的国家,中国却在农业社会正向工商社会出发的时期中,我们去援用日美中后期工商业社会所适用的教育来施行,因为"文不对题",所以

---

① 陶行知.陶行知全集(第2卷)[M].成都:四川教育出版社,2005:451.
② 陶行知.陶行知全集(第1卷)[M].成都:四川教育出版社,2005:7.
③ 陶行知.陶行知全集(第1卷)[M].成都:四川教育出版社,2005:6-8.

没有成效。①

陶行知从杜威那里接受到实用主义教育思想,他认为杜威教育学说的核心就两句话:"拿平民主义做教育目的,试验主义做教学方法。"②后来的事实证明,杜威的平民主义给了他改造中国教育的方向,试验主义给了他改造中国教育的工具。

陶行知在 1917 年回国后发表了一系列有关试验主义的文章,强调"试验者,发明之利器也。试验虽未必皆有发明,然发明必资乎试验"③,并认为"欲教育之刷新,非实行试验方法不为功。盖能试验,则能自树立;能自树立,则能发古人所未发,明今人所未明"④。

1918 年发表《教育研究法》,指出教育研究之道有二:一是提出问题,二是征求知识以解决问题。在阐述后者时,指出知识有新旧之别,旧知识可通过交谈问答读书得之,但"专事征求旧知识,则世界无进化",世界之进步贵在借助旧知识,经观察、试验,从而探得新知识⑤。同年发表《智育大纲》,认为智育方法有一贯之精神,即是试验。这一年还发表了《以科学之方,新教育之事》,认为教育如固守"前人之说以遵循之""徒袭外人之余绪,而不思自己有以考察之"⑥,皆不能创立新说,开辟新天地。要造成新的中国,必先有新的教育,新的教育必须依赖科学研究,亦即试验主义。

陶行知正是以试验主义为方法,投身中国教育改造,又在改造中国教育的实践中认识到杜威的"教育即生活""学校即社会"的局限性。他说:"杜威主张'教育即社会',有连带关系的就是'学校即社会'……学校即社会,就好像把一只活泼的小鸟从天空里捉来,关在笼子里一样,它要以一个小的学校去把社会上所有的一切东西都吸收进来,所以容易造假。"他在杜威生活教育学说的基础上,创造性地提出"生活即教育""社会即学校","它是要把笼

---

① 胡晓风,等.陶行知教育文集[M].成都:四川教育出版社,2007:259.
② 陶行知.陶行知全集(第1卷)[M].成都:四川教育出版社,2005:255.
③ 陶行知.陶行知全集(第1卷)[M].成都:四川教育出版社,2005:8.
④ 胡晓风,等.陶行知教育文集[M].成都:四川教育出版社,2007:28.
⑤ 陶行知.陶行知全集(第1卷)[M].成都:四川教育出版社,2005:228-229.
⑥ 陶行知.陶行知全集(第1卷)[M].成都:四川教育出版社,2005:236-238.

中的小鸟放到天空中去,使它能任意翱翔,是要把学校的一切伸张到大自然界里去"①。

陶行知不是否定杜威"教育即生活、学校即社会"的主张,而是进一步发展了杜威的生活教育学说。他说:"要先能做到'社会即学校',然后才能讲'学校即社会';要先能做到'生活即教育',然后才能讲到'教育即生活'。"②也就是说,只有真正透彻地理解了"社会即学校","学校即社会"才不会陷入造假的陷阱;只有真正透彻地理解了"生活即教育","教育即生活"才不会被扭曲变形。

美国著名历史学者费正清指出:"陶行知是杜威的学生,但他正视中国的问题,则超越了杜威。他在群众教育运动方面非常积极,为工人和贫民办夜校……在城市里搞群众教育被视为叛逆而遭禁止,陶行知就到农村进行教育和推行农村复兴计划。美国的进步教育推行现成的学校制度,陶行知则发现中国普通群众只能在他们生活和工作的农村、家庭和车间的所在地接受教育。"③他以试验主义为工具改造中国近代教育,把教育延伸到生活的广阔天地,结出丰硕的理论和实践成果。

五、培养健全的个人以创造进化的社会

在中国传统社会里,人们把教育视作读圣贤书。这种教育专以参加选拔"牧民之才"的科举考试为目标,参加者期望金榜题名,做官发财,光宗耀祖。因此,从某种角度说,中国传统教育更多的是为了满足少数人做"人上人"的需要。

近世以来,中国面临前所未有的文明危机,社会中的先进分子强调教育的重要性,更多的是从国家社会的发展、中华文明的延续着眼,赋予教育不同的价值,期望通过教育实现挽救民族危亡的目标。19世纪后半叶,开明士绅为了强国保种而发起洋务运动,兴办新式教育,培养具有近代科学知识

---

① 陶行知.陶行知全集(第2卷)[M].成都:四川教育出版社,2005:398-399.
② 陶行知.陶行知全集(第2卷)[M].成都:四川教育出版社,2005:399.
③ [美]费正清.伟大的中国革命[M].刘尊棋,译.北京:世界知识出版社,2000:241.

的新型人才；戊戌变法时期的知识分子从救亡图存的目标出发，大力提倡办学校，兴学会，开报馆，以启民智，以运民力；辛亥革命造就民主共和政体，有识之士试图通过发展平民教育培养具有共和精神的国民，创造一个真正的民主共和国家。

陶行知受惠于近代新式教育，不仅重构了他的知识体系，也建构了他投身平民教育服务新生的共和国家的价值理念。他在金陵大学求学的第二年发生了辛亥革命，他因此对民主共和政治的具体实践给予密切的关注，并聚焦于共和政治理论的研究，最终凝结成毕业论文《共和精义》。他在那个时候对于共和的思考，带有学院派的思辨色彩，认为共和的核心要义是"自由、平等、民胞"。为避免民众对这三个概念的错误理解，他还对这三个概念做出明确的定义和界定。

关于自由，不是个人行事可以为所欲为，而是必须限定在"法律之内""道德之内"，一切"逾越法律，侵犯道德"的行为，均为"自由之贼"。因此，真自由，向内而言，"贵自克"，向外而言，"贵个人鞠躬尽瘁，以谋社会之进化"。

关于平等，同样也不是无视差别，截长补短，抹杀个性，因为每个人的天赋是有差别的，重要的是在政治、经济、教育诸多方面保障平等的机会，使每个人能够自由发展其潜能，最终为社会所用。换句话说，自由和平等所在，即每个人服务社会责任所在。

关于民胞，指国民以兄弟相视，心生博爱，这与古代思想家提出的"四海之内皆兄弟"如出一辙。他认为民胞之义倡，则"富贵者不特不许以财势骄人，且当用以扶其贫贱之兄弟"，既以兄弟相视，"则灾害相恤，疾病相扶持，爱敬相交待，以日趋于进化"。国民既为兄弟，则"有共同目的、共同责任、共同义务"。[1]

陶行知关于共和的观念，强调的是重视个人自由的价值，保障个人平等的机会，同时，还要唤醒个人的社会责任。他提出个人与社会的行为关系准则应为"个人为社会而生，社会为个人而立"[2]，共和国家的国民应该"同心同

---

[1] 陶行知.陶行知全集(第1卷)[M].成都：四川教育出版社，2005：182-183.
[2] 陶行知.陶行知全集(第1卷)[M].成都：四川教育出版社，2005：185.

德,戮力以襄国事,以固国本,以宁国情,使进化于无穷之主义也"①。共和国民的培养全赖教育之普及。

辛亥革命后建立的民主共和政体、杜威"平民主义"的教育目的,都为陶行知改造中国传统的"八股"教育和近代"洋化"的新教育指明了方向。他不仅认识到"教育是立国的根本""教育是国家万年根本大计",而且他关注的教育不是精英教育或者叫"小众教育",而是共和时代所需要的平民大众教育。他在1921年主编《新教育》月刊,定办刊方针为"养成健全的个人,创造进化的社会"。他一生中在南京创办晓庄试验乡村师范,在上海创办山海工学团,在重庆创办育才学校和社会大学,都强调教育的民有、民治、民享。民有的意义,即教育是属于老百姓自己的教育;民治的意义,即教育是由老百姓自己办的教育;民享的意义,即教育是为老百姓的需要而办的。通俗一点说,就是人民的教育,人民办的教育,为人民自己的幸福而办的教育②。教育不再是为了培养"人上人",而是要使人人受平民化的教育,为民主共和国家培养"人中人"。

陶行知关于教育的论述,始终坚持民主共和政治理念。他说,"我们站在教育的立场上,我们应当用教育的力量来建设新中国,我们的使命是要唤醒民众,使民众团结起来","教育的力量与别种力量不同之点,就在教育的力量是能够达到个个民众的内心里头去的,他能够使民众自己从'心里'发出一种力量来自己团结的。别的力量不能达到内里而只是外面的,他像绳一样,只能把东西捆起来,绳子一断就散了","所以我们只有努力教育,用教育的力量来建设新中华"③。

观其源知其流,循其流亦可溯其源。教育家陶行知的精神成长,概而言之,源起于中国固有文化教育的熏陶,得益于近代新式教育的培育,成长于革新中国教育的伟大实践。教育家陶行知的精神成长之路,大抵可以从客观和主观两个方面予以概括。

客观方面是大变动的时代为他的精神成长提供了无限大的空间和无限

---

① 陶行知.陶行知全集(第1卷)[M].成都:四川教育出版社,2005:182.
② 陶行知.陶行知全集(第4卷)[M].成都:四川教育出版社,2005:490.
③ 陶行知.陶行知全集(第2卷)[M].成都:四川教育出版社,2005:341.

多的机会。大变动的时代,需要引领大时代向前向上的进步的教育家。中国旧时代的道德、思想、文化、教育、知识,不能满足近代强国保种、救亡图存、重建文明、走向现代化的时代要求,新的道德、思想、文化、教育、知识,如潮水般涌入,无疑为他提供了一个极具魅力的新世界。他在1917年初著文说,"新的中国是东西方两种文明的产物,这两种力量的联合赋予中国现状以色和形,并决定其未来的命运和希望","作为两种文明混合的结果,在今日中国人的精神世界中,并肩存在着保守主义和急进主义,秩序与进步,还有权威与自由"。他乐观地称之为近代中国"文明的光谱"①。

主观方面是他积极回应大时代要求的意愿和能力。陶行知从安徽歙县乡村,翻山越岭来到六朝古都南京,再远渡重洋到美国中部伊利诺伊和东海岸纽约,一心向学,志在家国人民。他不墨守也不菲薄中国固有的道德伦理和教育文化,不排斥也不盲从外来的道德伦理和教育文化,而是以开放包容的胸襟,顺应中国民主化与科学化的时代新潮,积极投身其中,以平民主义为方向,以试验主义为工具,为近代中国教育现代化探索发展道路。一如他自己所言:"我们生在此时,有一定的使命。这使命就是运用我们全副精神,来挽回国家厄运,并创造一个可以安居乐业的社会交与后代。"②

陶行知是一位积极顺应新时代要求,又有强烈意愿创造新时代的伟大教育家。

---

① 陶行知.陶行知全集(第12卷)[M].成都:四川教育出版社,2005:32-33.
② 陶行知.陶行知全集(第8卷)[M].成都:四川教育出版社,2005:34.

陶行知体现的教育家精神及其启示

储朝晖[①]

陶行知的精神成长是他的教育家精神生成过程。它是以徽州文化为根基,接受新教育与进步主义教育理念,以实验与开创为主要方式,以民主、科学、创造、共和为价值取向,是多元文化在陶行知身上的荟萃。陶行知身上体现的教育家精神构建于一国教育精神和师生精神追求之上,注重通过改造社会的精神培养创造理想社会的人,并将一流教育家精神界定为:敢探未发明的新理的创造精神和敢入未开化的边疆的开辟精神。陶行知的教育家精神成长过程中给我们的启示是:教育家精神不存在标准的模板,而是多样化、个性化、宽广博大、不断求索拓展的精神体系或境界。它主要是不同教育当事人在所处社会环境的教育实践中不断内求生成的。教育家的成长和教育家精神的弘扬需要创设法治基础上包容的社会环境,确保思想的流畅,保障教育当事人教育教学的主动性、创造性。

陶行知是教育家已经得到广泛的社会认同,但他身上所带有的教育家精神仍未被世人清晰地认识和界定。从建设高质量教育体系,建成教育强国,实现教育现代化出发,无疑必须弘扬教育家精神,有必要对陶行知的教育家精神进行深刻、完整的认识。

一、陶行知的精神成长

陶行知的精神成长是陶行知一生不断学习、实践、自我磨砺的过程。

[①] 储朝晖,中国教育科学研究院教育理论研究所研究员,教育学博士,中国地方教育史志研究会副会长兼学校史志分会理事长,曾任《陶行知全集》(川教版)专职编辑、编委,中国陶行知研究会副秘书长,主要从事中国教育改革和发展、大学精神与现代大学制度、教育家与教育社团研究。

陶行知的童年和少年身处徽州文化的熏陶中，徽州文化（新安文化）影响了他的青少年时期，并成为他接受其他文化影响的基石，贯穿他的一生。徽州文化是中原躲避战乱南迁的汉人与原居住此地的越人共同创造的。春秋战国时期，徽州曾先后为吴、越、楚属地，徽州文化就是汉、越文化经过对抗、渗透，最终实现融合而形成的一种新质文化，在宋代尤其是南宋以后得以勃兴。从内涵上说，徽州文化是袖珍化、地方化了的炎黄文化，它以理学思想为内核，包容了儒、道、释各家思想。自宋代以来，以朱熹为代表的理学和以戴震为代表的反理学成为徽州文化的主轴。陶行知的"生活教育"思想继承了戴震所主张的"达民之情，遂民之欲"的反理学立场，是沿着这条主轴向前的延伸，他主张"生活即教育，就是要用教育的力量，来达民之情，顺民之意，把天理与人欲打成一片"①。"'行知精神'是多元文化在陶行知身上的荟萃，徽州文化为'行知精神'形成提供了最初的价值、伦理、人生、社会认知的基本框架，徽州文化的地域性、交融性、自育性、母性及其他特质对'行知精神'形成产生多面性的影响。"②

金陵文化是陶行知受到的第二重文化影响，在他南京求学及后来在南京生活、工作的经历中，这一影响是他事业成就的关键，主要体现在他接受并改造王阳明的知行观，认同共和，确定通过教育而非军事途径建立共和。

陶行知到美国留学，受到美国进步主义教育思潮和欧洲新教育思潮的共同影响，领会并接受了实验主义方法和平民主义目标。回国后受到新文化思潮的影响，他积极投入新教育与新文化互动的洪流之中，在中华教育改进社任主任干事期间，又受到中原文化与北方文化的影响。这一期间他主要是对中国国情进行了大量的、广泛的实地调查，提出了"改造中国必须从改造乡村入手"这一极为重要的命题，从而生成了他的开拓、创造精神。

创办晓庄学校是他精神境界的一次质的提升，形成了他以民主、科学、创造为主要精神追求来支撑教育自主改造的行为模式。20世纪30年代初，他避难日本又受到东洋文化的影响；回国后在上海则受到海派文化的影响；

---

① 陶行知.陶行知全集(第2卷)[M].成都：四川教育出版社,1991:493.
② 储朝晖.徽州文化与陶行知的精神成长[J].黄山学院学报,2008(4).

第一章 陶行知:"捧着一颗心来,不带半根草去"

在出访28个国家和地区期间,更是极为广泛地受到世界五大洲各地区多元文化的影响;出国前他在西南的工作及回国后办育才学校则明显地沐浴于西南文化之中。

纵观整体,陶行知精神是他一生围绕"做人"和"创造理想社会"遇到各种情景的"多元文化的荟萃"①,"行知精神"的内涵可简要概括为:"捧着一颗心来,不带半根草去"的献身精神;"千教万教教人求真,千学万学学做真人"的求真精神;以教人者教己的以身作则精神;"敢探未发明的新理,敢入未开化的边疆"的勇于探索精神;"为一大事来,做一大事去"的立志创业精神;"丈夫志在探新地"的开拓进取精神;"民之所好好之,民之所恶恶之"的以民为本精神;"没有难,只怕懒"的迎难而上精神;"教学做合一"的理论联系实际精神;"行以求知知更行"的不断自我教育和改造精神;"即知即传"的尽责共享精神;"背着爱人过河"的乐业服务精神;拜老百姓和小孩为师的虚心好学精神;"爱满天下"的开阔胸怀和教育责任感。

教育家精神是教育家的精神特征,"除了外部认同,教育家必备的内部品质有三种:一是博爱之心,执着地爱学生、爱教育工作、爱人类未来的发展;二是独立思考和不懈求新,教育已经是数千年的专业工作,不能独立思考和创新的人是难以成为教育家的;三是有从事教育工作的专业潜质,能敏锐地发现教育问题,并以独特的思考和行为解决问题。有了这三种品质,在外部条件许可的情况下就会产生诸如教育思想、办学业绩、论著等结果"②。真实的教育家精神会远远超出上述必备品质,并且会在教育当事人所处社会环境中以千姿百态的方式呈现出来。

教育家精神不存在一个模板,不少人对教育家精神的理解常出现两种倾向:一是使用具体的教育家精神样态界定全称的教育家精神,忽视了教育家精神可以是多样化、个性化、具有奇特性和现实性的,此种方式难以概括所有的、多形态的教育家精神;二是不断堆砌高深的概念和词汇,追求真理、品德高尚……将教育家精神说成是高不可攀、只有人说没有人行、凡人难以

---

① 储朝晖.徽州文化与陶行知的精神成长[J].黄山学院学报,2008(4).
② 储朝晖.叶企孙画传[M].成都:四川教育出版社,2016:267.

企及的境界。具体的教育家不是完人,教育家精神也不是完全纯粹无杂质的。陶行知所称颂的"武训先生的精神,可以用三个无、四个有来表现它:他一无钱,二无靠山,三无学校教育。但他所以能办三个学校,是因为他的四个有:他有合于大众需要的宏愿,他有合于自己能力的办法,他有公私分明的廉洁,他有尽其在我坚持到底的决心"[1]。这便是典型的凡人教育家精神。

简言之,教育家精神是指向促进人的充分、健全成长的一种专业精神,可简单表述为爱教育、懂教育,致力于改进教育的真诚与智慧。教育家精神中可能有博爱、奉献、真诚、创造等元素,但又不能把博爱、奉献、真诚、创造等都归为教育家精神,只有当它们附着于矢志教育的当事人,为了促进人的充分、健全成长而发挥作用的时候才能被列为教育家精神。教育家精神不是弥散的、包罗万象的概念,不适合用于超越上述范围的场景与对象;也不应是抽象的标签与符号,而应是有具体、确定内涵的精神样态。

二、陶行知践行的教育家精神[2]

教育家因所处的时代背景和社会环境的不同,对教育及育人的思考和实践会有所不同,但他们对教育价值的追求和育人智慧的探索是一致的,也是教育家的共同精神实质。陶行知先生作为一代教育家,其自身也是教育家精神的践行者。陶行知的教育家精神具体体现为以下五个方面。

(一)精神是不受物质限制的自主释放

精神由人类文明孕育、发展而与物质分化出来,只有对那些能够意识到精神的存在,并能对精神与物质加以清晰区分的人才可与之言精神。陶行知认为:"高尚的生活精神不用钱买,不靠钱振作,也不能以没有钱推诿。用钱可以买来的东西,没有钱自然买不来;用钱买不来的东西,没有钱也是可以得到的。高尚的精神如同山间明月、江上清风一样,是取之无尽,用之无

---

[1] 陶行知.陶行知全集(第4卷)[M].成都:四川教育出版社,1991:553.
[2] 源自中国教科院微信公众号文章《教育家成长与教育家精神的弘扬——兼论陶行知的教育家精神》储朝晖。

穷的……精神是不靠钱买的。精神是在我们身上,我们肯放几分精神,就有几分精神。不关有没有钱,只问我肯不肯把精神放出来。"①教育家精神就是教育当事人的自主积淀与释放,是自觉的精神追求,而不是名誉、功利驱动的行为外显,更不是外部的授予或装裱。

(二)一国教育须有精神

任何教育当事人都需要在特定的社会与国家从事教育,都可以对所处环境中的教育精神的理想境界发表自己的看法,并以自己的行为体现对教育精神的追求。正如陶行知所说:"我们深信一个国家的教育,无论在制度上、内容上、方法上不应当靠着稗贩和因袭,而应该准照那国家的需要和精神,去谋适合,谋创造。同时我们又认定这个国家,如果是现代的国家,如果是现代世界的一个国家,那么他的教育,便不能不顺应着时代和世界的教育趋势,而随伴着竞进。这个趋势是什么呢?简单的说,便是现代国家的教育,要本着民治的精神、科学的态度,去建设他的制度,分析和估定他的内容,发明和实验他的方法,而考核他的效果。"②这样的环境使教育当事人认同更有利于自己的教育精神释放,形成相互激励的外部条件。

中国教育精神在历史上有众多差异巨大的表现,老庄的无为之教、墨子的兼爱天下、孔子的孔颜乐处、韩愈的复道……呈现出各个不同时代与社会环境中特定的教育精神样态。如果加以对比,会发现陶行知承袭了各家,而于墨家尤近。他曾总结道:"智仁勇三者是中国重要的精神遗产,过去它被认为'天下之达德';今天依然不失为个人完满发展之重要的指标……我们需要智仁勇兼修的个人,不智而仁是懦夫之仁;不智而勇是匹夫之勇;不仁而智是狡黠之智;不仁而勇是小器之勇;不勇而智是清谈之智;不勇而仁是口头之仁……育才学校不仅是以智仁勇为其局部训练之目标,而是通过全部生活与课程以达到智仁勇之鹄的。我们要求每一个学生个性上滋润着智慧的心,了解社会与大众的热诚。服务社会与大众自我牺牲的精神。"③

---

① 陶行知.陶行知全集(第2卷)[M].成都:四川教育出版社,1991:309.
② 陶行知.陶行知全集(第2卷)[M].成都:四川教育出版社,1991:266.
③ 陶行知.陶行知全集(第4卷)[M].成都:四川教育出版社,1991:460-461.

在陶行知所处的时代，两种意识被社会贤达高度重视：一种是学生发展的自主性、教育发展的主体性，被认为是国家复兴与社会繁荣的根基，陶行知因此强调智育注重自学，体育注重自强，德育注重自主，并对学生自主进行专门的实践与研究；另一种是注重家国与群体意识。这两种意识事实上都要落实到个人的责任与权利。他认为，教育人之于社会与国家，"生在此时，有一定的使命。这使命就是运用我们全副精神，来挽回国家厄运，并创造一个可以安居乐业的社会交与后代，这是我们对于千万年来祖宗先烈的责任，也是我们对于亿万年后子子孙孙的责任"①。

陶行知是与新文化运动相伴生的新教育运动的主干成员，是民主、科学思想运动的倡行者。在民族解放运动中他进一步意识到教育需要以民主、科学、创造为基本精神，民主是这种精神的主调："民主好比是政治的盘尼西林，肃清一切中国病。民主又好比是精神的维他命，给我们新的力量，来创造一个自由独立进步的新中国和一个富足平等幸福的新世界。民主第一！人民万岁！"②同时，他意识到法治是不可缺少的精神元素，"无论政府、人民都要受法律的拘束，都要得法律的保护。这就叫作法治。我们要维持这种制度，必须人人具有法治的精神"③。人人必须具有的法治精神需要学校教育铸造，教育人不可缺少法治精神，缺乏法治精神就难以与现代教育家及教育家精神相符。

在推行普及教育运动中，陶行知认定"普及教育的四种精神：1.追求真理；2.即知即传；3.联合起来；4.百折不回"④。这四种精神体现了他对中国教育精神的体系性建构。"追求真理"体现为目标归旨，"即知即传"在于增加知识流量和普及速度，"联合起来"在于建立新的人际关系，"百折不回"以增强可持续性，可适用于更广泛时空中教育人的精神积累与共享。

上述内容展现出陶行知对中国教育精神境界的不断求索，既有历史传承，又有鲜明的现代性，既倡导个人内求丰富，又注重学校制度与社会法治

---

① 陶行知.陶行知全集(第8卷)[M].成都：四川教育出版社,1991:42.
② 陶行知.陶行知全集(第4卷)[M].成都：四川教育出版社,1991:589.
③ 陶行知.陶行知全集(第5卷)[M].成都：四川教育出版社,1991:185.
④ 陶行知.陶行知全集(第3卷)[M].成都：四川教育出版社,1991:401.

保障，既有多样性的倡导，又有确定性的坚守，既是陶行知教育家精神的内涵，又是他认定的教育家精神发挥的基础。

（三）养成师生改造社会的精神

师生是学校教育的主体，教育家精神必然投射到对师生的精神期望，还需要在师生成长上体现。教人做人并创造理想社会是陶行知确立的教育定位，他创办晓庄学校时提出："乡村师范学校，总目标是：培养乡村人民儿童所敬爱的导师。从总目标又析为五个分目标：康健的体魄、农人的身手、科学的头脑、艺术的兴味、改造社会的精神。"[①]"活的乡村教师必须有三个条件：第一有农夫的身手；第二有科学的头脑；第三有改造社会的精神。"[②]将改造社会的精神置于培养教师目标的最高层级，显现出对它的期望之高，具有这样精神的教师就是改造乡村生活的关键。

同时，他认为："学生的精神：1. 学生求学须具有科学的精神。2. 要改造社会必具有委婉的精神……走到民众的前头，慢慢地领他们向前走，并且还要告示他们向前走的方法。如此才有社会改造的希望。不然，任你如何轰轰烈烈倡社会改造，社会还是不能改造的。3. 应付环境必具有坚强人格和百折不回的精神。我们处在任何环境里面，必抱有坚强人格，不可自由摇动，尤其到了利害生死关头之时，必富有'富贵不能淫，贫贱不能移，威武不能屈'的气概。"[③]陶行知生活教育理论所要培养的"生活力"包括健康的体魄、劳动的身手、科学的头脑、艺术的兴味、改造社会的精神，"改造社会的精神"是整个生活力的牵引和原动力。但生活力是属于个体的能力和素养，仅仅将目标定于孤立个体的人性、人格、素养，还远远不能建立和实现真正的幸福，师生必须同时心怀创造理想社会的理想，有改造社会的精神，通过共同体向着民主、科学、法治、创造的社会努力，才能体现出教育者创造理想社会的远见卓识的教育家精神。

---

① 陶行知.陶行知全集(第2卷)[M].成都：四川教育出版社,1991：12.
② 陶行知.陶行知全集(第2卷)[M].成都：四川教育出版社,1991：336.
③ 陶行知.陶行知全集(第2卷)[M].成都：四川教育出版社,1991：271.

（四）做整个的校长，培养知情意合一的学生

陶行知观察到社会上名不副实的责权关系，与自己求真做真人的准则不符，便提倡"做整个的校长"而不是"命分式的校长"，并界定"一个人干几个校长，或几个人干一个校长，都不是整个的校长，都是命分式的校长"。他明确告知："世界上有几个第一流的学校是命分式的校长创造出来的？""为个人计，要这样才可以发展专业的精神，增进职务的效率。为学校计，与其做大人名流的附属机关，不如做一个学者的专心事业。"[①]在命分式校长流行的社会中倡导做整个的校长本身就是教育家精神的体现，而命分式校长的存在既有个人专权、名利等因素，又有社会治理不健全的原因，只有"做整个的校长"，不为外部利益所诱惑，才能执着追求教育的理想，才能显现出真精神，才有教育家精神。

与整个校长相对应，陶行知主张遵从整体性原则办培养知情意合一学生的教育，并针对只顾知识的学业训练、考分排名等强调："知情意三者并非从割裂的训练中可以获取。书本教育也许可以使儿童迅速获得许多知识，神经质的教师也许可以使儿童迅速地获得丰富的感情，专制的训练也许可以使一个人获得独断的意志，但我们何所取于这样的知识，何所取于这样的感情，何所取于这样的意志？知情意的教育是整个的，统一的。知的教育不是灌输儿童死的知识，而是同时引起儿童的社会兴趣与行动的意志。感情教育不是培养儿童脆弱的感情，而是调节并启发儿童应有的感情，主要是追求真理的感情；在感情之调节与启发中使儿童了解其意义与方法，便同时是知的教育；使养成追求真理的感情并能努力与奉行，便同时是意志教育。意志教育不是发扬个人盲目的意志，而是培养合于社会及历史发展的意志。合理的意志之培养和正确的知识教育不能分开，坚强的意志之获得和一定情况下的情绪激发与冷淡无从割裂。现在我们要求在统一的教育中培养儿童的知情意，启发其自觉，使其人格获得完备的发展。"[②]

---

① 陶行知.陶行知全集(第1卷)[M].成都：四川教育出版社，1991：60-61.
② 胡晓风，等.陶行知教育文集[M].成都：四川教育出版社，2007：481.

而在教育实际中,不少教育当事人所呈现的学校业绩或学生成绩就是以功利为驱动的割裂的方式获取的,这样的学校教育成就无视或违背学生整体性健全成长,相关的当事人即使由此获得众多名誉,也与教育家无关,更不能说是真正的教育家精神。

(五)一流教育家需有创造、开辟精神

陶行知在1919年写的《第一流的教育家》中已经对他所理解的教育家和教育家精神做出界定,列举出常见的三种教育家:"一种是政客的教育家,他只会运动,把持,说官话;一种是书生的教育家,他只会读书,教书,做文章;一种是经验的教育家,他只会盲行,盲动,闷起头来,办……办……办",并判定他们"都不是最高尚的"①,也就是说这些人不算有教育家精神的人,进而提出"今日的教育家,必定要在下列两种要素当中得了一种,方才可以算为第一流的人物"。

一是"敢探未发明的新理"。"我们在教育界任事的人,如果想自立,想进步,就须胆量放大,将试验精神,向那未发明的新理贯射过去;不怕辛苦,不怕疲倦,不怕障碍,不怕失败,一心要把那教育的奥妙新理,一个个地发现出来。这是何等的魄力,教育界有这种魄力的人,不愧受我们崇拜!"二是"敢入未开化的边疆"。"我们要晓得国家有一块未开化的土地,有一个未受教育的人民,都是由于我们没尽到责任。责任明白了,就放大胆量,单身匹马,大刀阔斧,做个边疆教育的先锋,把那边疆的门户,一扇一扇的都给它打开。这又是何等的魄力!有这种魄力的人,也不愧受我们崇拜。""敢探未发明的新理,即是创造精神;敢入未开化的边疆,即是开辟精神。创造时,目光要深;开辟时,目光要远。总起来说,创造、开辟都要有胆量。在教育界,有胆量创造的人,即是创造的教育家;有胆量开辟的人,即是开辟的教育家,都是第一流的人物。大丈夫不能舍身试验室,亦当埋骨边疆尘,岂宜随便过去!但是这种人才,究竟要到什么时候才能出现?究竟要由什么学校造就?

---

① 陶行知.陶行知全集(第1卷)[M].成都:四川教育出版社,1991:25.

究竟要用什么方法养成？可算是我们现在最关心的问题。"①

可见，陶行知体现和践行的教育家精神是一个体系化的层级结构，理解它还需要放在他对人的成长期望中，放到"止于人民幸福""遂民之情、达民之欲"的生活教育中，理解到它是世界现代教育思潮与当时新教育实践结合的产物，是试图把教育办成人民通向幸福的通道的体现。

他所提出的教育即教人做人、创造理想社会的人格化标示，是培养人具有改造社会精神与能力的专业精神，可以作为教育家精神的参考，而不是教育家精神的标准答案。

三、从陶行知教育家精神生成与体现中获得的启示

教育家精神是改变教育效力的强大"酵母"，它的不足又是教育问题长期存在或加剧的深层和关键性因素。从改变教育当事人的精神意识入手，才能深入持久地改善教育，通过教育家精神的弘扬改变教育当事人的观念，确立对教育家精神清晰的认识，改变教育专业性与能动性不足的现状，改变育人观念，才是提升教育品质更为有效的方式。

从教育家和教育家精神的形成机理与过程看，它主要靠教育当事人个人内求。个体的精神由于自由、兴趣、使命感而绽放，教育家精神是教育人实现使命的精神外显，而不是为显示某种精神而进行的绩效追逐。精神基于自主求索，教育家精神是一片宽广博大而又新奇的境界，任由各不相同的独具匠心的教育家探索、开辟、创造，只能作而后述，很难事先做出模式化界定。具有教育家精神的人常是在探索真理、学做真人方面走在所处时代前沿的人，他们就是先锋，见识远超非专业人员或其他专业人员。

但如果没有适宜的外部条件，即便有众多人矢志成为教育家，竭力涵养自己的教育家精神，最终也难有所成。所以探明并创设能够涵养教育家精神的环境是全社会所应承担的责任。在教育家精神的存续和弘扬过程中，政府、社会组织与非教育当事人都有责任为教育家精神的弘扬创设必要条

---

① 陶行知.陶行知全集(第1卷)[M].成都：四川教育出版社,1991:26-27.

件,都有责任不损坏教育家精神弘扬所需要的良好环境。政府能够且应该提供的是法治条件,真正做到简政放权,减少对学校的指令,使得学校能够依法建立、依章办学,有更多更大的精神探索与发挥空间;社会能且应该做的是给教育人和教育机构更多的尊重与包容,不以世俗标准评判教育的专业行为,使得教育当事人的专业探索可依据自身认知走在多样的个性化途中;非教育当事人则应基于平等原则与教育相关各方合作,形成以育人为目标的共建共治共享的良性教育环境。因为教育家精神的弘扬会使社会每一个需要教育的人受益;而在一个教育家精神难以存续、弘扬的社会里,每一个需要教育的人都会深受其害。

对历代教育家的分析表明,"一个时代是否有教育家是与两个方面相关的:一是这个时代是否需要教育家;二是这个时代是否具有产生教育家的环境。可以说任何时代都有具有教育家潜能和品质的人,但只有独立思考,并能依据其独立思考自主实行教育教学的人,才能成为教育家……如果真的期望教育家出现,就要创造教师能够自主教学,学生能够自主学习,校长能够自主办学的社会与制度环境,否则就不可能出现真正的教育家,也不可能培养出杰出人才"[①]。在急需教育家和教育家精神的时候,就需要各方真诚创设适宜教育家和教育家精神良好生长的环境与条件。

教育家与教育家精神属于教育的高尚自求境界,需要经历真正的困难和考验,很难通过教育当事人之外的人和机构培养或培训来实现既定目标,因此也就没有必要或不可能为教育家的出现或教育家精神弘扬做什么培养、培训之类的工作。当然,可以对此前的教育家精神积淀进行自主、自觉、自愿的认同与传承,但是无法批量培养,也不能指望通过某一次提炼或精心设计的课程就能培训出一批具有教育家精神的教育人。建立一个以教育家为名的荣誉体系,通过评选、表彰、宣传一批人,有助于形成全体教师争相践行教育家精神的社会氛围,这种社会氛围将有助于教育家精神的弘扬和教育家的成长。

中外历史上很多教育家都有历经波折、自主艰难求索的人生旅程,他们

---

① 储朝晖.叶企孙画传[M].成都:四川教育出版社,2016:266.

在人生早年就显现出高远的志向,如孔子"十有五而志于学",陶行知在26岁留美归国时立下"要让每个中国人都受到教育"的宏愿,在中华教育改进社陷入困境,决定开创乡村教育时又立志"要筹募一百万元基金,征集一百万位同志,提倡一百万所学校,改造一百万个乡村……一心一德的为中国乡村开创一个新生命"①。他们中年遭遇种种挫折而不辍前行,都是依靠当事人自主自觉克服艰难险阻的毅力,几乎没有人能给他们提供有用的指导、培训。社会中非教育当事人所能做、所需要做的是为他们的追求得以实现创造适宜的条件。"教育家群体的出现需要有适宜的制度与社会环境,要让有教育家天赋的人敢想、敢干,能想、能干,这种社会条件往往不是一个人、一个机构、一个政策所能创造的。从现实状况看,教师的自主性和创造性未能得到充分发挥确是现有教育管理体制的缺陷,而改变现有体制使更多的人能遵循教育内在规律更高效地工作,就是应该尽快解决的实际问题。"②

基于上述分析,教育家精神的弘扬需要以下基本条件:

一是法治基础上的包容。陶行知说过不少反传统、反洋化、反权势的话,颇具教育家精神的梁启超、蔡元培等人也都为实现人生与教育目标不畏权势、不图名利,贫贱不移、富贵不淫、威武不屈。如何让现实生活中有这种精神表征的人能够正常生活、工作,不至于受惩罚而无安身立命之地,才是教育家精神得以存续、弘扬的关键。教育家的出现首先需要有教育人尊道费解、以人类文明发展进步和追求人类幸福为己任的大胸怀,需要终生不辍地求索和行动。如果没有法治基础上的足够宽容,没有容忍的社会氛围,纵向的权力结构形成巨大的压力,横向相互挤兑,教育家的出现与教育家精神的存在就永远只能是梦想,实现教育家办学的期待就只会蹈空。

二是思想的流畅。教育的特性决定着它必须以思想作为必要的资源,教育家精神是思想汇聚、加工、选择、实行所显现出的精神样态。孔子是当时私学兴起潮流里的代表,陶行知、张伯苓等人是在新文化运动和新教育运动中产生的,古今中外,因为有着思想的充分生产、辩难、交流与运用,就产

---

① 陶行知.陶行知全集(第1卷)[M].成都:四川教育出版社,1991:98-99.
② 储朝晖.叶企孙画传[M].成都:四川教育出版社,2016:268.

生了教育家,也产生了教育家精神。当思想被阻隔、抑制,或思想者不能思想、不敢思想、不会思想,甚至因为思想的生产、辩难、交流与运用而被无端攻击、陷害,就很难出现教育家,也很难留存、显现教育家精神。

三是教育教学的主动创造。有了教育教学的主动创造,才有产生教育家主体的原动力,才有教育家精神表现的载体,才使得教育家的生长和教育家精神的弘扬具有可实现性。没有主动创造的教育教学只可能是刻板的重复与模仿,就不可能有独特性、开创性和先进性,更不会出现教育家。要建立保障教育教学自主的管理与评价体制,使自主者而非简单听命者获得法律保障,并得到褒奖和激励,才能承载教育家精神。

教育家精神仅靠宣传远远不够,更为重要的是行动,要用发现的眼光寻找有教育家精神特质的人从事教育;对有教育家精神的人的办学行为给予充足的法律和政策保障;教育管理机构要选拔、任用具备教育家精神特质的人担任教师和校长,为教育家精神生成打开闸门;创造有利条件,鼓励教师和校长在实践中大胆探索,创新教育思想、教育模式和教育方法,形成教学特色和办学风格,办出一批教育家直接参与办学的学校,就是对教育家精神最好的传承与弘扬。大量有教育家精神的人涌现并活跃于教育现场,才能更好地服务于建成教育强国的目标。

陶行知"生活教育"思想辉映下的"新安实践"

张大冬　王金桂[①]

淮安市新安小学是人民教育家陶行知先生于1929年创办的一所实验性小学,是著名的少年儿童革命团体——新安旅行团(以下简称"新旅")的母校。这所学校从创办之日起,就成为一方践行陶行知生活教育思想的实验田。

一、大先生的教育梦

时代发展离不开教育,国家发展需要大教育家,他们殚精竭虑,谆谆教诲,呼号奔走,为国家为人民为教育,竭尽全力。伟大的人民教育家陶行知先生是其中的杰出代表之一。青年陶行知是一位教育救国论者。14岁的陶行知,因一个偶然的机会,免费去当地一家教会学校——崇一学堂读书。他曾在学堂的墙壁上写下一行文字——我是一名中国人,要为中国作出一些贡献来。

此后,陶行知负笈远行,留学美国,教育强国的理想逐渐形成。1917年秋,他登上了归国的轮船,与一起归国的留学生谈起人生志愿时,他踌躇满志:"我要使全中国人都受到教育。"[②]1921年5月,他陪同自己的老师杜威考察中国教育,深刻地理解教育落后是国家落后的根本原因。此后,他脱下

[①] 张大冬,淮安市新安小学教育集团总校长,江苏省特级教师,高级教师;王金桂,高级教师,曾任新安旅行团历史纪念馆副馆长。
[②] 黄瑞.陶行知:要使全中国人都受到教育[J].今日教育,2009(10).

教授的长衫,兴办晓庄师范学校,为完成"四百万"①的宏愿奔走呼号,成为近代中国教育救国的探索者与殉道者。

人们这样评价他:"陶行知无疑是一位大先生。当年他去世后覆盖遗体上的旗帜上那八个大字最能说明这位'大先生'之'大'——民主之魂,教育之光。"②他是那个时代"行走"于大地、实干于晓庄的第一流的教育家,为中国的平民教育贡献了毕生力量,是教育救国最坚定的实践者,他创办的晓庄乡村师范学校,开创了一个崭新的中国教育时代。

二、新安小学,生活教育亲知者

古代哲学家墨子认为,获得世间学问有三种途径:闻知、亲知、说知。显然,亲知比闻知、说知要更直接、更可靠。新安小学虽然是一所创办于古庙里的学校,却是当时最真实、最肯干的陶行知生活教育学说的实践者,是生活教育的亲知者。新安的师生们以亲历亲为的实验方式,努力取得生活教育的成功。

(一)新安小学里的生活教育

新安小学创办之初,奉生活教育主张为瑰宝,实验生活教育成为学校坚定的办学理想。陶行知先生为了支持新安小学开办,派来了三位晓庄师范的年轻人李友梅(中共党员)、蓝九盛、吴辅仁到新安任教,出发前陶行知先生教导他们——

> 一、你们此次去淮安,是一支远征的军队。你们到那里是去创造,是去为农人和儿童谋幸福,不是到那里去享受,凡事都以农人和儿童的利益为前提。
>
> 二、我们是树起新教育的旗帜,同旧的传统教育斗争。我们是要

---

① 陶行知曾立下宏愿:排除万难,为办教育筹募一百万元基金,征集一百万位同志,提倡一百万所学校,改造一百万个乡村。
② 李镇西.重读陶行知[M].成都:四川人民出版社,2022:4.

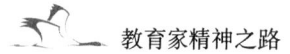

在教育上革命,进而办一种革命的教育……

三、你们到那里去,是为那里的农人和儿童办学校……你们要训练当地的农人能够起来自己保护自己的学校,又要培植你们的学生能够起来办理他们自己的学校……①

这番谈话,凝聚成新安小学办学的宗旨。1929年6月6日,新安小学正式创办,最初的校址在一所废弃的旧灵王庙里,物质生活极为艰难,经费极为紧张,然而新安的老师们却坚定地要把学校办下去,为当地的儿童和农人谋福利。他们免费招收学生,承担包括烈士遗孤在内的六七个学生的基本生活费用;他们积极地实践生活教育主张,决不肯半途而废,从教师到学生自强自立,为当时落后的苏北树起教育的一面新旗帜来,被群众亲切地称为古庙活菩萨。新安小学的老师孙铭勋写了《古庙活菩萨》一书,以活泼的文字介绍了当时的办学情景,陶行知先生写的纪实体小说《古庙敲钟录》则以文学的方式反映了新安小学的办学历程和精神。

《新安小学第六年计划大纲》明确地提出,本校训练学生有下列五个目标:一、康健的体魄;二、科学的头脑;三、艺术的兴趣;四、生产的技能;五、自由、平等、互助的精神……②在大纲的引领之下,在校长汪达之的带领下,新安小学的师生团结一心,共克艰难,同甘共苦。他们一起生产劳动,铺路修屋,种菜养鸡,向生活求真知,靠双手谋幸福,与当地群众打成一片,办合作社,搞蒲草编织,为群众改善生活,以顽强的精神把这所私立学校办下去。

团员张牧在《忆新安旅行团》一书中,回忆了当年新安学校里的生活,他写道:"学校备有一整套铁、木、泥瓦工具,维修农具、铺路砌墙,事事自己动手,还办了一个小型粉笔制造厂。学校附近的菜农、渔民、泥瓦匠都是学生在劳动中的老师……"③"学习的内容,除一般文化基础知识外,每人每天都要坚持写生活日记,每周出版一期十六开本活页杂志型的《莲花周报》,用以

---

① 刘友开.汪达之教育文集[M].北京:中国文联出版社.2003:4.
② 同①。
③ 张牧.忆新安旅行团[M].北京:中共中央国家机关工委宣传部编印,1995:9.

第一章　陶行知："捧着一颗心来，不带半根草去"

刊登学生们的学习成果，每周也安排若干科学实验项目，当时称作'科学把戏'。"①新旅团员曹维东回忆他最初来校上学的情景时说："我入学的第一天，看到汪校长正站在河里和同学们一起割蒲草，裤脚卷得老高，腿上沾着泥巴，微笑着向我打招呼。同学们都不叫他'汪校长'、'汪老师'，而是喊他'汪爸爸'。"②

他们以"在劳力上劳心"的"教学做合一"的理论与方法，以真实的实验生活教育，以共生活共甘苦为原则，提出了每年要完成的工作和生活目标，包括"每日轮流做主席和记录""建筑演讲台一座""翻造永裕亭""每年长途旅行一次"，等等。

"每年长途旅行一次"，成为新安学生游学旅行的发轫与契机。1933年10月，汪达之校长组织7名学生成立"新安儿童旅行团"旅行大上海，取得空前成功。陶行知为他们题词："一群小光棍，点点有七根。小的十二岁，大的未结婚。没有先生带，父母也不在。谁说小孩小，划分新时代。"③

7个孩子自助旅行，取得成功，有3个原因：一是有陶行知先生的全力支持和关怀，有汪达之校长的悉心指导。在54天的旅行过程中，陶行知先生写了8封信给旅途中的孩子们，指导生活，助力旅行。甚至在第3封信中，提出"接着你们的信后就决定了的一件事，你们试猜看这是什么一回事？一年后旅行全国，五年后，旅行全世界"④。二是他们的民主管理运用得当。出发之前，许多事情和工作做好了计划，每个团员根据能力特长，各自承担了健康、交际、记录、财务等工作。三是获得了许多民主爱国人士的积极帮助和物质上的资助。

2015年，《淮海晚报》记者采访了新旅团员曹维东，据他介绍，汪达之组建新安儿童旅行团，出于两个方面的考虑，他说："一方面，我们这些新安小学的学生都是贫苦人家的孩子，在学校里还能有口饭吃，离开学校后怎么办？汪先生当时想了很多办法，找来当地的泥瓦匠教我们砌墙，办粉笔厂，在院里支起大铁丝笼子养鸟，都不太成功。与其没饭吃，还不如出去闯闯。另

---

① 张牧.忆新安旅行团[M].北京：中共中央国家机关工委宣传部编印，1995：9.
② 淮安市新安小学，新安旅行团历史纪念馆."小好汉"永远年轻[M].南京：江苏少年儿童出版社，2005：9.
③ 新安小学儿童旅行团.我们的旅行记[M].上海：儿童书局，1935：4.
④ 同③。

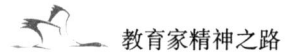

一方面,日本帝国主义对中国的侵略日益加重,宣传抗日救国刻不容缓。"①

两年后,新安小学在汪达之校长建议下组建新安旅行团,走过全国22个省,开展抗日救亡宣传,书写了中国少儿革命的壮丽诗篇,成为陶行知倡导的"生活教育"最鲜活的实践与探索。

(二)新安旅行团的生活教育

早在新安旅行团出发之前,这些孩子就已经在校长汪达之的带领下,结成了"自动进步""民主自觉"的团体,他们过一种进步的、民主的、团结的集体生活。以团体的力量管理、助力个体的生活,克服重重困难,相互学习、进步、求知,把生活教育的主张充分地运用起来,大的教小的,会的教不会的,教学做合一,读社会生活这本大书。

从1935年10月到1952年5月,历时17年,风云5万里,在新安旅行团这所"行走"的学校中,孩子们"拼命地做工,拼命地跳,一边儿学习,一边儿教"②,进行生活教育实验,吸纳了近600名团员,创造了教育的奇迹。

1. 以团体的民主管理团体生活

出发前,新旅团员们在古庙大殿前,庄严宣誓——

> ××愿参加本团生活,誓以忠诚谋团体生活发展,为生活教育努力,为民族生存奋斗! 如有违反团体生活、不忠于团体生活行为,愿受团体严厉制裁! 此誓。

新安旅行团还向社会发出了多份文件,包括新安旅行团的旅行路线、方法,组织的意义,团体的生活公约等,为团体的旅行做了组织上的准备。新旅如同一架整备充分的机器,向着目标,向着未来,向着广阔天地出发了。

新旅的孩子们过团体的生活,团员们视自身特长与能力,分别被委以各种工作和任务,有记录、交际、账务、药品、电影管理等,为数不多的经费以团

---

① "新旅"往事激荡"好汉"壮心不已[EB/OL].(2015-05-12)(2024-04-03).http://wap.0517114.net/article-view-3120.html.
② 陈明,陈强,林铭纲.烽火五万里——回忆新安旅行团[M].北京:中国城市经济社会出版社,1989:12.

体的名义使用和管理。每天设轮值主席一人,每周设值周一人,由团员轮流担任。团体的领导机构是民主生活会,不把团体的权力集中在少数人身上,让多数人听命令、受支配。新旅的民主生活会有寅会(即早会)、晚会。每次生活会由团员轮流做主席,此外,还有周会、月会、团务会议、干事会议等。新旅的民主自治概括起来有四点:一是借助集体的力量进行自我教育,二是民主精神的培养,三是养成批评和自我批评的习惯,四是营造活泼快乐的空气①。

2. 以"小先生制"教学每个团员

新安旅行团是一个流动的宣传生活教育、抗日救亡的儿童组织,也是一个自主学习的儿童教育团体,一大批少年儿童在同伴和一位成年长者(团体顾问汪达之)的带领和指导下,积极地工作、做事、做人,学习文化知识,他们的精神、道德、人格也在不断地成长、强壮。在这里,"即知即传""教学做合一""教人者教己"等精神被团员们继承并发扬开去,成为这个团体发展的动力源泉。

民主会议和小先生制,是新旅生存发展的两个重要武器。民主会议,通常用于管理和解决各种问题;小先生制则用来指导和帮助团员们的学习。小先生制既是一种教育的活动,也是一场社会改革的行动。

当时半封建半殖民地的中国现状是:教育成为少数有钱人的行为,大多数的劳苦民众得不到教育。20世纪30年代初,陶行知在上海宝山创办和普及工学团时,提出了工学团的主张,"小先生"思想即包含在其中:社会即学校,生活即教育;劳动即生活,教学做合一,在劳力上劳心,行是知之始;会的教人,不会的跟人学;来者不拒,不来者送上门去……②

教小孩子做小先生,将获得的知识"即知即传",这是陶行知在平民教育运动中发现的一种省钱的"穷方法",是"穷国普及教育最重要的钥匙"③,也是打开了新时代大门的钥匙,更是开创新教育的有效武器。他指出:"过去甚至现在,教育是被少数有钱人把它当为私有财产占有。小先生一出来,'即知即传人',立即把这种观念撕得粉碎,要知识公有,不再私占。要把教育化为'春风风人,夏雨雨人'一样,人人有得到沾施的机会。'天下为公'的

---

① 张大冬.走在行知路上[M].北京:中国电影出版社,2015:9.
② 江苏省陶行知研究会.陶行知教育言论集[M].北京:科学普及出版社,1998:4.
③ 同②.

基础,第一步便要知识公有,这一点小先生是可以帮助我们,一个钱也不要花的做到。"① 陶行知还作了一组小诗评价小先生:

> 我是小学生,变做小先生。
> 粉碎那私有知识,要把时代儿划分。
> 我是小先生,要与众人谋生。
> 上天无路造条路,入地无门开扇门。
> 我是小先生,烈焰好比火山喷,
> 生来不怕碰钉子,碰了一根又一根②。

3. 在社会大学里自觉求知,争取进步

新安旅行团离开安静的学校,踏上宣传抗日救亡、生活教育的征程时,居无定所、食无定时,但是他们的学习从来没有停止或放弃。《旅行办法》中,对团员的自我教育和学习作了规定:舟车的时间为讲述阅读和整理等工作;抵达目的地后,白天为参观和游览时间,晚间为放映教育电影、演讲和写文稿时间。他们请教授讲课,参加各项演出活动,既获得团体生存的经费,又增长本领,像一群鸟儿飞到天空中,向社会课堂广泛地学习。

1936年2月,新旅到达安徽巢县的园山学校,在这里与汪达之的同学、同乡舒政海相遇,上了第一堂党课。舒政海向他们介绍了中国共产党及其使命,还教他们学唱《国际歌》《少年先锋队队歌》《八月桂花开》等,通过这次政治上的启蒙,新旅团员逐渐有了更大的视野,明确了宣传抗日的目标,还种下了要跟谁抗日、抗日为了什么的种子,甚至开始思考中国社会根源的问题③。

1936年6月,新旅参加中国舞台协会公演,田汉、张曙为团体创作了《新安旅行团团歌》,嘹亮的歌声,让新旅的抗日主张响彻山河大地。1936年7月,新安旅行团到达上海,骆耕漠、孙冶方、张铁生、刘群给他们作政治、经

---

① 江苏省陶行知研究会,江苏省教育学会.陶行知教育言论集[M].北京:科学普及出版社,1998:4.
② 江苏省陶行知教育思想研究会,南京晓庄师范陶行知研究室.陶行知文集[M].南京:江苏人民出版社,1981:8.
③ 周志平.新安旅行团史[M].重庆:西南师范大学出版社,2021:5.

济、国内外形势的报告,哲学家艾思奇为他们讲了《大众哲学》。他们请冼星海、盛家伦两位音乐家教他们唱歌、作曲;请剧作家洪深教他们表演。

上海是当时全国政治斗争的中心大城市,也成为他们斗争、学习、成长的好学校。在中国左翼教育工作者联盟(简称"教联")的关心和组织下,在王洞若、丁华等安排下,团员们到当时的民光中学、育英小学,先后进行了三个多月的紧张学习,文化、音乐、艺术等得到了很大的锻炼和提高,为以后的奋斗和学习打下了坚实的基础。孙铭勋老师向他们介绍了中国工农红军二万五千里长征和陕北见闻,他们如饥似渴地学习,热烈讨论,联系旅行见闻,加深理解,开阔了视野。团员们的内心力量日益强大,政治上也渐渐成熟,个别年龄略大的团员萌生了加入中国共产党的想法。

为了支援新旅的抗日宣传,为团体增加活动经费,1937年,中国第一代导演蔡楚生执导电影《小五义》,邀请新旅团员参加演出,团员曹维东出演剧中二号主角。新安旅行团得到众多名人名师教导,主要缘自陶行知先生的影响力和团体的良好声誉。

1939年秋,新旅在桂林的致和村复办新安学校,掩护抗日救亡活动。为了筹措办学经费,新旅请来舞蹈家吴晓邦排演《虎爷》四幕舞台剧,《虎爷》在桂林上演后,深受群众的欢迎,筹得了近千元资金,新安学校成为新旅撤离桂林最后的据点。更大的收获是,在排戏和演出过程中,孩子们的艺术修养得到训练和指点,为他们的日后成长、工作生活提供了不竭的动力。

1941年,在周恩来的指示关心下,新旅骨干成员48人历经数月顺利地撤回苏北盐阜解放区,加入了人民军队。从此,新旅团员们热情地投入到革命宣传工作中,他们演出戏剧、排演舞蹈节目,向民间艺人学习踩高跷、扭秧歌等表演技艺,向各地手艺人学习乐器制作等,他们甚至用炮弹壳做出二胡,组成了二胡乐队。他们爱学习、肯动脑、能动手,这些正是在新旅这所"大学"里学到的。

4. 以忠诚的信念追随党的领导

新安旅行团取得巨大成功,不是偶然的,除了团体内部的民主、自由、向上的精神内核之外,离不开中国共产党对团体的关心、爱护和领导。新安旅行团在筹备和出发之前,一直与教联的同志联系紧密,获得帮助和精神的指导,听取他们的意见,使团体一定程度上保持着积极向党的初心、责任担当,甚至有团员提出想加入中国共产党。但当时国共关系恶劣,国民党对于中共的围剿正在激烈地进行,全国一片白色恐怖,因此没有得到教联同志的支持。

1937年12月,新旅从银川来到陇东重镇平凉。在这里,他们主动寻找、接触中国共产党,在一家新型书店——抗战书报供应社完成了党建的最初工作。建立党支部对于新旅而言是件大事,主要有三点:

第一,团体的精神面貌焕然一新,新旅从一个普通的民间团体,转变为由党领导充满了斗争力量的少儿革命团体。党像一面旗帜,在新旅团员们的心里扎下根。遵从党的领导,服从党的指挥,新旅一切行动听党指挥。

第二,新旅活动有了方向,听党话,跟党走,成为团员们自觉的理想和进步要求。新旅之前的活动计划和依据是团体旅行宣传计划,现在开始紧紧听从党的建议,服从党的领导。1935年新旅出发之初,汪达之与教联王洞若等联系与接触,获得建议和行动指示,但不属于完全意义上的"党的指示"。现在,新旅的一切活动在党的指挥领导下,贯彻党的方针,坚持党的民主,维护党的利益,维护绝大多数团员的利益,成为团体的重要目标。

第三,根据新安旅行团活动年表记录,1938年的3月,八路军兰州办事处党组织再次确认、批准了徐志贯、张杰、张敬茂三人入党。徐志贯任书记,张杰任组织委员,张敬茂任宣传委员。张杰提出要发展汪达之入党时,牟永春(新旅最初的党建领导)同志说:"汪达之先生的政治条件是好的,但他本人还没有这方面的表示和要求,发展他入党还要有个过程,让他暂时'灰色'一些,不入党,对新旅的工作更有利。"①新旅党组织对内对外是双重保密的,也严格地执行党对团体工作的这一指示。

1938年5月,3名新团员程昌林、朱金山、张俊卿赴延安学习。团体的政治领导与活动力量进一步强大起来。他们听取上级支部的意见,服从领导,根据西安八路军办事处林伯渠的指示,团体不去延安而去了武汉。在武汉,周恩来、董必武等中共领导接见了汪达之和新旅的主要领导成员,同他们亲切谈话,部署、指导团体的工作。

1941年皖南事变爆发,国共两党合作破裂,新旅抗日宣传活动遇到危

---

① 刘友开.汪达之评传[M].镇江:江苏大学出版社,2021:5.

机,国民政府想方设法要收编、裁撤、控制新旅。根据党的指示,决定减少对外宣传活动,缩减人员,准备转移至解放区。经过积极筹备经费,新旅团员骨干分子48人分批次从桂林绕道香港,从上海秘密转移到苏北盐阜解放区。至此,新旅结束了长达6年国统区抗日救亡的宣传生活,成长为一支中共领导的为党为人民军队服务的文艺队伍,开始了民主解放时期革命宣传工作。新旅的这群十几岁的孩子,从蒙童到不谙世事的少年,在生活教育的旗帜下,在党的领导、关怀下,没有一张书桌,没有一间教室,没有一部教材,成长为一支人民军队中的文艺队伍,是团体的胜利,是生活教育的奇迹。

1946年4月27日,《新华日报》发表社论《继承陶行知先生的精神》,这样肯定生活教育:先生摆脱殖民地半殖民地的教育传统,开辟了中国新的教育途径,从实践过程中,已有着伟大的创造。这创造主要体现在他所提出的几个口号上,即"生活即教育""社会即学校""教学做合一"。这是适合中国国情,特别是适合劳苦大众需要的,贯穿这几个口号的基本精神,就是民族的、民主的、科学的、大众的教育……①新旅"行走"大半个中国,历时17年,对生活教育作了最生动、最浪漫也最革命的实践,结出累累硕果。

三、新安小学,新时代生活教育践行者

新安小学立校以来,就是生活教育的追随者、实践者与亲知者。新安旅行团成功的教育实践,是学校重要的教育文化资源。如何让学校丰厚宝贵的历史文化和精神财富在新时代熠熠闪光?如何使红色教育资源与学生成长深度融合?让这所历史名校的教育"行走",踏上时代节拍,为立德树人提供生动的教育样例,既是命题考验,也是使命所在。

数十年来,学校始终把继承新旅的爱国传统,践行陶行知教育思想,探索、借鉴、创新新旅教育模式作为自己的办学特色。为了让新旅传统融入青少年成长血脉,学校从"学新旅"主题教育活动到"新旅文化"课程的开发,从自主发展教育模式探究到"小好汉"成长教育研究,连缀成线,不断在坚守中

---

① 杨东平.教育的重建[M].上海:上海社会科学出版社,2016:117.

创新。新安小学的墙壁上,有条醒目的标语——"敢为小先生,能做小主人,争当小好汉"。这十五个字,正是当下新安的办学理念与追求。"三小"育人体系的构建与实施,成为新安小学新时期教育的整体框架与工作蓝图①。

(一) 培育新时代"小先生"

学校深耕课堂,培育"敢为、善教、乐议"的"小先生"。鼓励学生做小先生,在课堂中开展伙伴学习,通过分享、倾听、交流实现共成长共提高的目标,形成了"问题为主轴、训练为主线、学生为主体"的课堂新样态。"小先生"的核心是"以教人者教己",这不仅是新安小学课堂上儿童学习、进步的方式,也让学生真正成为学习的主人②。

我们聚焦课堂,让学生走上讲台,站在课堂中央,打造"学为中心"的生态课堂;制定了"小先生"培养目标、基本要求、基本范式和评价方法,开展小先生考级、金牌小先生 PK 赛、优秀小先生风采展示等活动,还学生课堂主体地位,把课堂变为"学堂";深入开展"伙伴学习共同体"研究,逐步形成和构建具有新安特色的课堂教学模式。

(二) 培育新时代"小主人"

教育就是让人成为人,即教育儿童从一个自然人转变为一个社会人,一个和谐、完整、真实的人。陶行知先生认为,生活教育就是"生活所原有,生活所自营,生活所必需的教育"③。生活教育就是到生活中学习,向着一切可以学习的人学习,主动地学习。

当前,学校德育存在诸多不足。新时代我们如何培育新安的孩子,像新旅前辈那样自觉自主、积极求知、主动进步,做时间的主人、学习的主人、生活的主人呢?学校实施"小主人"课程,开展了"小主人"培育行动。把德育细化在每项活动和具体的事情中,变"讲"的德育为"做"的德育,变"空乏"的

---

① 张大冬,王金桂,王晓明."三小"育人体系:提出、表达与课程实施[J].中小学教师培训,2021(1).
② 谢凡.让历史名校的教育"行走"彰显时代精神[J].中小学管理,2024(4).
③ 江苏省陶行知教育思想研究会,南京晓庄师范陶行知研究室.陶行知文集[M].南京:江苏人民出版社,1981:8.

说教为朴实的"行动"教育,形成以课程化实践为特色的校本德育模式,从"文明""智慧""健康""快乐""勤劳"五个方面引导学生自己的事情自己干,兼顾不同年级学生的心理和年龄特点,依据三级目标编制,从点滴、细微处入手,从小事、习惯处着眼,编制"小主人"微课程群,开发了6个年级共300个微课程,鼓励儿童以小主人的身份自主管理、自我发展,自觉参与课余生活、社会实践等,争做自己的小主人、班级的小主人、学校的小主人、家庭的小主人、社会的小主人。

为保障"新时代小主人"培养落实,学校建立了"小好汉"成长评价体系,围绕新时代"小好汉"成长目标,采用过程性与形成性双线评价方式。一方面,从"爱党爱国、自主自立、创新实践、奉献担当"四个维度,细分12项指标开展过程性评价;依托《小好汉成长印记》记录学生表现情况,展现学生成长过程。另一方面,通过建立"小好汉"成长教育激励机制,实施新时代"小好汉"进阶荣誉表彰。设立了"五星学生""新旅之星""新旅好后代"学生表彰项目,还设立了"五星教师""行知好老师"教师表彰,在班集体设立了"五星班级""新旅中队"表彰项目,为师生提供源源不断的成长动能①。

我们坚信,今天的儿童就是明天的栋梁,今天的教育和经历,就是明天的生活样板。在活动里,在课堂上,在实践中,吸引和指导儿童参与进来,让他们在生活的课堂学会自觉自立,学会管理自己的时间、功课、情绪,学会做人做事,做生活的主人。

(三)培育新时代"小好汉"

当年,新安旅行团坚定地"行走",走过祖国的山山水水,宣传生活教育,宣传抗日救亡,自主成长、自强自立,形成了特有的以生活教育为蓝本的教育模式,接纳、培养了近600名儿童成人成才,是一所"行走的学校"。他们抱着"要把中国来改造"的信念,把宣传抗日救亡作为自己生活和学习的任务,他们是那个时代的一群仰望星空的孩子,把爱国、爱家、爱人民的理想信念转化为积极的革命行动,踏遍塞北江南,为民众呐喊,为战士助威,团结各民族投入到抗

---

① 谢凡.让历史名校的教育"行走"彰显时代精神[J].中小学管理,2024(4).

战的事业中来。2021年六一前夕,习近平总书记给新安小学五(8)中队少先队员回信,勉励同学们以英雄模范人物为榜样,从小坚定听党话、跟党走的决心,刻苦学习,树立理想,砥砺品格,增长本领,努力实现德智体美劳全面发展。这为学校进一步将红色教育与新时代育人目标相结合,指明了方向。

为了深刻地发挥新旅红色资源的育人功能,学校以课程化方式整合新旅教育资源,打造了三个课堂,即实境课堂、体验课堂、实践课堂。用红色文化引领学生全面发展,形成了"认知—体验—践行"的红色育人路径。

2021年7月,新安小学"小好汉重走新旅路"寻访团正式出发了。他们沿着当年新旅出发的路径,来到了长江边的镇江3号码头访问,在汪达之的故乡黟县的碧阳小学联欢,在陶行知家乡歙县新安小学开展结对共建活动。

2022年,中国儿童艺术剧院的导演、演员与新安学生小演员,克服重重困难,一起排练儿童剧《新安旅行团》,在淮安、南京等地演出。为了进一步扩大影响,宣传新旅,2023年8月,该剧应邀参加中国戏剧节,在北京中国儿童艺术剧院献演,获"优秀剧目奖"。用艺术的方式讲好新旅故事,播撒红色种子,让红色基因代代传承。在新安校园里,"新旅故事大家讲""新旅故事大家唱""新旅文化进课堂"等活动,吸引了每一个孩子,师生们自编自演的情景剧《一群小好汉》《燃烧的信念》《讨饭也要宣传抗日》等节目多次参加省市区节目展演,广受好评。

为了丰富实践课堂,学校组织学生走进社会大课堂,开展了"我做一天工""我当两日兵""我当三日农村娃"等主题实践活动,还有"寻访身边的英雄""永远跟党走,童眼看家乡"等活动,让孩子们置身于广阔的社会大课堂,增长了见识,锻炼了身体,锤炼了本领。在新旅纪念馆,"我当义务小讲解""我做新旅小导游""学新旅、悟党史、红色基因代代传"等场馆实践教育活动成为纪念馆一道亮丽的风景。我们相信,当代儿童的精神因为红色文化坚定并强大起来,他们定能为家乡,为民族,为国家作出更大的贡献。

当年,新安旅行团幼学壮行,宣传抗日,为民众呐喊,为民族解放做了大量的工作,被誉为"民族小号手";今天,新安少年志存高远,走出校园,寻访研学,向社会学习,争做"新时代小好汉",续写生活教育的新篇章。

第二章
陈鹤琴:"我爱儿童,儿童也爱我"

> 我希望我们全体同人,抱定这样一种信念,我在这里不是教书,而是教孩子们怎样做人,这是今天天经地义的第一条。
>
> ——陈鹤琴

教育家小传·陈鹤琴

陈鹤琴(1892—1982),浙江上虞人,我国近现代著名儿童教育家、儿童心理学家,教授,中国现代幼儿教育的奠基人,为发展我国儿童教育事业、培育民族幼苗、振兴中华奋斗了一生。

陈鹤琴自幼热爱学习与读书。1911年,陈鹤琴考入清华学堂,纯洁的校风、严谨的科学态度、丰富的校园活动对他产生了深刻的影响。1914年8月,陈鹤琴与陶行知一起同船赴美留学。在美期间广博的学习为陈鹤琴回国开展教育实验奠定了坚实的基础。

1919年,陈鹤琴学成归国,在南京高等师范学校、国立东南大学教育科担任儿童教育学、儿童心理学教授。1923年,陈鹤琴在自家小院里创办了南京鼓楼幼稚园,在助手张宗麟的协助下从办园宗旨、培养目标、儿童养成的习惯到幼稚园课程、玩教具、设备标准、教师要求等逐项进行研究,制定了《幼稚生应用的习惯和技能表》,探索出一条符合民族精神和儿童身心发展特点的中国化、科学化、大众化的幼儿教育改革之路。1928年,他依据鼓楼幼稚园课程实验成果起草了全国《幼稚园课程标准》，这部标准在1936年正式颁布实施并推向全国，标志着中国本土化科学幼儿教育的开端。他从长子陈一鸣出生起，开始808天的观察实验，加以系统研究，总结出儿童生理、心理特征及发展规律，开创了中国儿童心理研究之门，为科学开展幼儿教育、家庭教育提供了理论基础。

陈鹤琴先后在南京鼓楼幼稚园、上海工布局西区小学、江西省立实验幼稚师范学校、上海市立幼稚师范学校、上海特殊儿童辅导院、南京师范学院工作，从事幼稚教育、小学教育、特殊教育、师范教育，他的一生都在为中国的教育事业奋斗，并逐渐总结出"活教育"理论体系。他倡导并推崇：做人，做中国人，做现代中国人；大自然、大社会都是活教材；做中学，做中教，做中求进步。"活教育"的诞生，对当时依赖国外教育资源的旧中国来说具有划时代的历史意义，也引导着近百年中国学前教育的发展。

陈鹤琴被誉为"中国现代儿童教育之父"。近现代教育家、革命家俞子夷先生称他为"永远微笑的教育家"，著名教育家郑宗海先生称他为"斑白的儿童"。

"永远微笑的儿童教育家"
——陈鹤琴教育思想论析

何 锋[①]

陈鹤琴是我国现代著名教育家、儿童心理学家、儿童教育专家、文字改革家、社会活动家,我国现代学前教育的开拓者和奠基人,积极探索适合中国国情、符合儿童身心发展的中国化、科学化、大众化儿童教育道路的先驱,被誉为"中国幼教之父"。陈鹤琴在儿童心理、家庭教育、学前教育、小学教育、特殊儿童教育、师范教育、教育测验、文字改革、儿童福利等方面进行了长期的、开拓性的实践、实验和研究工作,创建了"活教育"理论体系,为我们留下了 400 余万字的学术研究成果,是我国现代教育史上的宝贵财富。教育家俞子夷在为陈鹤琴《我的半生》所作序《永远微笑的儿童教育家》中,记述了他眼中的陈鹤琴:"正直的姿态""和气""简捷爽直""试验""服务的精神""坚强"。

一、跨越时空的广泛而深远的影响

在江苏大地上,陈鹤琴教育思想深深扎根,充满活力地发展。20 世纪七八十年代,赵寄石先生领衔南京师范大学学前教育研究所,借鉴"活教育"理论,运用行动研究法在南京市实验幼儿园开展综合课程实验,产生了全国性影响。南京市鼓楼幼儿园也开展了第四次课程改革实验,彰显了"活"的教育理念和勇于自我突破的改革精神。2014 年起,江苏开始实施"课程游

---

① 原文刊发于《江苏教育研究》2023 年第 7 期,选入时有改动。作者何锋,江苏省教育科学研究院副研究员,江苏省陈鹤琴教育思想研究会秘书长。

戏化"项目，是在江苏学前教育深厚历史底蕴基础上对陈鹤琴教育思想的积极传承。教育部分别于2001年、2012年颁布的《幼儿园教育指导纲要（试行）》《3～6岁儿童学习与发展指南》与"活教育"理论的很多理念也是一致的。自20世纪80年代起，全国十多个省（市）相继成立了陈鹤琴教育思想研究会，引领会员"学陈、师陈"，传承陈鹤琴教育思想，传播科学的教育理念，推进学前教育改革实践。

陈鹤琴教育思想漂洋过海，产生了延续性的世界影响。1947年，陈鹤琴先生发表英文版《活教育》，1948年受邀到菲律宾做多场讲学，让中国教育理论走向世界舞台。1980年，美国夏威夷大学中文荣休教授约翰·德弗朗西斯在给陈鹤琴的一封信中写道，"我正在编纂学生用的一系列读物教材时，广泛地应用您的常用字汇研究。……您可以想象，当我在得知我如此高度敬佩的人的消息时，是何等激动"[①]。2012年，日本国立教育政策研究所一见真理子教授来华作专题报告，她高度评价了陈鹤琴的学前教育理念及其对东亚地区的影响。2017年，美国密西根大学心理学教授谭霞灵（Twila Tardif）在江苏省陈鹤琴教育思想研究会主办的"儿童立场·中国道路·世界眼光——纪念陈鹤琴先生诞辰125周年学术研讨会"的学术报告中专门介绍了陈鹤琴在儿童语言领域的研究对世界所作的贡献。

至今，陈鹤琴教育思想依然具有广泛而强大的感召力和生命力。那么，这种力量来自哪里？笔者认为，陈鹤琴教育思想在孕育、创建、实践、绵延的进程中，有一脉线索——"科学研究精神"，其核心要素是"问题意识""价值观念""实验求是"。从这一角度探索和理解陈鹤琴教育思想的内在本质，对于彰显陈鹤琴教育思想的现代价值，推动学前教育高质量发展，具有重要的现实意义。

二、扎根中国土壤的问题意识

陈鹤琴从中国教育现实中提取问题，研究中国教育的问题，并在持续解

---

① 陈秀云，陈一飞.陈鹤琴全集（第6卷）[M].南京：江苏凤凰教育出版社，2018：365.

决问题的过程中,渐进形成了具有本土性、开拓性、创造性的教育思想。

20世纪初的中国,教育领域掀起了为争取教育独立的"收回教育权"运动和推动教育变革的"新教育"运动。陈鹤琴听到了时代的声音,看到了当时中国儿童教育面临的三重问题。

其一,传统教育忽略"做人"。陈鹤琴对腐化的死教育十分痛恨,他说"教育本身变了质,以为去读书就是'受教育',反而把做人忘记了"①。1930年,陈鹤琴在《儿童教育》撰文指出,旧式教育与新式教育的分水岭在于:旧式教育是以社会为中心的,新式的教育是以儿童为中心的。以社会为中心的教育偏重社会而忽略儿童;以儿童为中心的教育注重儿童而兼顾社会②。"活教育"理论的目的是"做人、做中国人、做现代中国人",其核心即指向"做人",从人的一般性、民族性、时代性三个层次创造性地描绘了整体的育人形象。1948年,陈鹤琴在上海市立女子师范学校全体教职员会议的讲话中再次提道:"我希望我们全体同人,抱定这样一种信念,我在这里不是教书,而是教孩子们怎样做人,这是今天天经地义的第一条。"③这对于我们践行立德树人、育人为本,推动学前教育育人方式变革,促进人的全面发展的教育使命,具有弥足珍贵的启迪之功。

其二,外国病、富贵病、花钱病。这是1926年陶行知在《创设乡村幼稚园宣言书》中所痛斥的我国幼稚园存在的三种弊病。彼时,教会力量在中国举办了大量的幼稚园和幼教师资培训机构,使得中国近代学前教育在一段时间内基本被外国教会所垄断,不顾中国国情,仅型他国,移植外国理论、制度和方法的现象非常普遍。1926年,陈鹤琴的研究助手张宗麟在《调查江浙幼稚教育后的感想》中指出,幼稚园的"一切设备教法抄袭西洋成法","不切中华民族性,不合中国国情"④。陈鹤琴认为"我们中国的幼稚园大抵是抄袭外人的,而外人的幼稚园已时有改进,但我们还是墨守成规,不知改良,以

---

① 陈秀云,陈一飞.陈鹤琴全集(第5卷)[M].南京:江苏凤凰教育出版社,2018:59.
② 陈秀云,陈一飞.陈鹤琴全集(第4卷)[M].南京:江苏凤凰教育出版社,2018:42.
③ 陈秀云,陈一飞.陈鹤琴全集(第5卷)[M].南京:江苏凤凰教育出版社,2018:123.
④ 张泸.张宗麟幼儿教育论集[M].长沙:湖南教育出版社,1985:425.

致陈旧腐败不堪闻问了"①。他呼吁,"为教育主权起见,师范教育不应该请外人代办"②;"要建立真正的中国化的幼稚园,必须要同时建立中国化的幼教师资训练机构"③。他创办的江西省立实验幼稚师范学校,包括专科部、师范部、小学部、幼稚园、婴儿园五部,儿童教育与师范教育一体建设,这种注重体系化的系统思维方式,也是其教育思想和实践的显著特点。他刻刻不忘平民化的精神,试验可以用极少的金钱,办极好的幼稚园、大众化的幼稚园。他在《一年来南京鼓楼幼稚园试验概况》中计划办能最普遍设立的幼稚园。他认为,"把某种教育研究得尽善尽美,固然是一件重要的事,但是研究所得的结果只能供给少数人享受,那是贵族教育"④。陶行知称赞陈鹤琴在鼓楼幼稚园的教育实验"意义重大又令人鼓舞",表示中华教育改进社要与陈鹤琴合作,开展最经济实惠的幼教实验,以便尽可能多的各界民众能够照样举办。

其三,幼稚教育的四种弊病。1924年,陈鹤琴在《新教育》撰文,指出幼稚教育的四种弊病:与环境的接触太少,在游戏室的时间太多;功课太简单;团体动作太多;没有具体的目标。1927年,陈鹤琴在《幼稚教育》发表《我们的主张》,集中反映了他对学前教育科学化的阶段性实践与思考,"活教育"理论的不少元素已蕴含其间了。

实质上,在对这些问题长期思考和实践基础上产生的"活教育"理论,构建的既是一种理论体系,也是一种整体的教育生态,是针对上述问题的系统性解决方案。

陈鹤琴具有宏阔的视野,前瞻性地指出不同时期学前教育的发展方向,如《非常时期的儿童教育》(1937)、《战后中国的幼稚教育》(1947)、《中国儿童教育之路》(1947)、《学前教育的新动向》(1951)、《师范教育的新方向》(1951)等。他还关注微小的具体问题,提供创造性的办法。如1938年,在上海创办报童学校10所、报贩成人班2个,举办报童教师进修班多期。又

---

① 陈秀云,陈一飞.陈鹤琴全集(第2卷)[M].南京:江苏凤凰教育出版社,2018:1.
② 北京市教育科学研究所.陈鹤琴全集(第2卷)[M].南京:江苏教育出版社,1991:14.
③ 陈秀云,陈一飞.陈鹤琴全集(第5卷)[M].南京:江苏凤凰教育出版社,2018:36.
④ 陈秀云,陈一飞.陈鹤琴全集(第2卷)[M].南京:江苏凤凰教育出版社,2018:11.

如，发起成立上海街童教育会，举办街童教育班 30 余处，设立街童教育巡回图书馆。为安排难民生产自救并使难童受到教育，在上海慈愿难民收容所内创办我国一个儿童玩具厂——民众工业合作社[①]。为解决新中国幼教教学、研究、师资培养体系不健全的问题，陈鹤琴在担任南京师范学院院长期间，"创立了附属幼儿园——附属幼儿师范学校——幼教系，建立了儿童教育研究室、儿童玩具研究室以及玩具工厂，由此建立了一套包括教学、科研、生产三结合的幼教体系"[②]。

陈鹤琴针对中国社会实情，循着时代的问题，探索出一条中西融通、理实交融、知行合一、办学教学、学科建设、学术研究、师资培养等为一体的系统性的中国化、科学化、大众化的儿童教育发展之路，为我们树立了关注中国教育问题，总结中国教育经验，创造中国教育理论的典范。

三、"一切为儿童"为核心的价值观念

儿童观反映的是人们对儿童的基本看法与态度，对教育者的教育观、课程观以及教育行为等有着直接而深刻的影响。"我们读了陈鹤琴同志的书或文章，要向他学习的主要的应该是他那颗热爱儿童、关心社会、造福人类的'赤子之心'。"[③]以幼童为本，从儿童出发，是陈鹤琴教育思想的核心支撑，是他的教育本体追求。

（一）陈鹤琴的儿童观饱含爱儿童的情感

爱儿童是贯穿陈鹤琴教育思想的基调。1982 年，抱疾卧床的陈鹤琴先生在寓所会见前来探视的好友，因已不能说话，用笔写下了心中要说的话："我爱儿童，儿童也爱我。"[④]可以说"为儿童尽瘁，以底于成"，"一切为儿童，一切为教育"是他毕生的信念，终生奋斗的写照。

---

① 陈秀云，陈一飞.陈鹤琴全集(第 6 卷)[M].南京：江苏凤凰教育出版社，2018：585.
② 唐淑.陈鹤琴与中国幼儿教育[J].南京师大学报(社会科学版)，1992(3).
③ 陈秀云，陈一飞.陈鹤琴全集(第 1 卷)[M].南京：江苏凤凰教育出版社，2018：2.
④ 陈秀云，陈一飞.陈鹤琴全集(第 6 卷)[M].南京：江苏凤凰教育出版社，2018：612.

因为爱儿童,他改变了原先的志向。1914年夏天,在前往美国求学的"中国号"邮轮上,陈鹤琴枕着万顷波涛,思绪翻腾。他原本立志学医,但在学医和学教育之间进行了反复"检讨"。他认为"医生是医病的,我是要医人的,医生是与病人为伍的。我是喜欢儿童的,儿童也是喜欢我的。我还是学教育,回去教他们好",最终,陈鹤琴确定以学习教育和献身教育为一生的志向。

因为爱儿童,他的研究充满感情。钟昭华说:"爱护儿童,是陈先生的天性,研究儿童,陈先生认为是他的天职。"[1]综观陈鹤琴的研究,我们深深地感受到,他对儿童教育领域中各类内容的研究是细致的、深入的,也是充满感情的,他的每一项研究都让人感动,令人敬佩。他有一颗纯爱儿童的真心和诚心,有一种在任何艰难困苦环境下都首先挂念着儿童是否快乐和健康成长的教育家性格[2]。陈鹤琴的儿童观是从心底出发的,十分真诚。

(二)科学的儿童观

陈鹤琴对儿童的爱,以儿童心理研究为支撑,是科学的、理性的。"他把自己的儿童观建立在中国儿童的'三个不同于'之上:即儿童不同于成人、儿童不同于洋人、儿童不同于古人。"[3]而这"三个不同于"则是建立在陈鹤琴儿童心理研究以及科学实验基础之上的。

他自1920年开始儿童活动个案追踪研究,对自己的长子陈一鸣开始了观察实验,时间长达808天,用了500多张照片记录,做了全方位的系统研究,写就《儿童心理之研究》和《家庭教育》,开拓性地发现了儿童,发现了中国儿童,发现了现代中国儿童,为推动中国儿童教育的科学化,奠定了坚实的研究基础。1922年,他曾申请再次赴美研究儿童心理与幼稚教育,后因故未能成行。1940年,陈鹤琴在题为《什么叫做"活的教育"》的讲话中谈道:所以我可这样的肯定说,要了解儿童心理。认识儿童,才能谈到教育儿

---

[1] 陈秀云,陈一飞.陈鹤琴全集(第6卷)[M].南京:江苏凤凰教育出版社,2018:477.
[2] 黄书光.回归人本:教育本土化办学的价值共识——陈鹤琴、陶行知办学实践探索[J].教育研究,2016(2).
[3] 王振宇,秦光兰,林炎琴.为幼儿教育发现中国儿童,为儿童创办中国幼儿教育——纪念陈鹤琴先生诞辰125周年[J].学前教育研究,2018(1).

童,这就是我们今天所讲的"活的教育",而不是死的教育①。他认为,要重视儿童的力量,只有认识儿童,爱儿童,才能发展儿童的才能。因为他了解儿童的心理特点和需求,所以陈鹤琴坚信,研究、设计和制造符合或有助于幼儿、儿童身心全面发展以及教学所需的产品极为重要。1980年,他在《文汇报》撰文《为儿童着想》,建议设立教育玩具、教具、设备的研究室和实验工厂,决不能依赖一般玩具工厂,而必须设立专门的机构进行研究、设计和制造,还要培养一批专门人才。及至今天,这一建议仍显现着前瞻性,极具现实意义。

(三) 在行动中"做"出来的儿童观

陈鹤琴从不空谈,而是在实干中诠释他的儿童观。他认为,儿童时代是人一生的黄金时代。幼稚教育是国民教育的基层教育,幼稚师范又是幼稚教育的原动力。他以此出发,践其所信,行其所知。他毕生所致力的,如创办鼓楼幼稚园、开展活教育实验、发展幼稚师范教育等开创性的实践充分表明,"他是一个边知、边行、边写、边讲,即是把研究、实践或发表互相结合在一起的一个人"②。陈鹤琴是言行合一、知行合一的真正实干家。

陈鹤琴的儿童观是一套完整的、科学的、高屋建瓴的理论体系,并据此形成了一套目标明确、内容广泛、方法得当的实验行动体系,值得我们深入地开掘、思考和研究。

四、实验求是的教育探索路径

实验是陈鹤琴根植中国国情,转化西方理论,创新教育实践,创造本土理论的法宝。1926年,陈鹤琴提出"幼稚教育是各种教育中之一种,当然也应该依着实验的精神去研究"③。他认为,不能主观地、脱离实际地凭空臆造一套(幼儿园)教学大纲和计划,而是要通过扎扎实实的科学实验而产生。

---

① 陈秀云,陈一飞.陈鹤琴全集(第5卷)[M].南京:江苏凤凰教育出版社,2018:16.
② 陈秀云,陈一飞.陈鹤琴全集(第1卷)[M].南京:江苏凤凰教育出版社,2018:2.
③ 陈鹤琴.陈鹤琴全集(第2卷)[M].南京:江苏教育出版社,1989:29.

这种实验意识,主要源自陈鹤琴追求儿童教育科学化的内在驱动。有一个细节值得关注,1940年5月,作为实验"活教育"的第一步,在江西幼师开办之前,他首先在泰和县文江村附近筹办南昌实验小学新池分校,抓住一切机会,利用一切条件开展实验。1979年,88岁高龄的陈鹤琴在全国学前教育研究会成立大会发表讲话,呼吁必须十分重视和切实开展对学前教育的科学实验,用以促进全民族的学前教育事业发展。

(一)陈鹤琴的教育实验彰显出开新的魄力和自我反思的勇气

陶行知提出,第一流的教育家有两条标准:敢探未发明的新理,即是创造精神;敢入未开化的边疆,即是开辟精神。陈鹤琴无疑是第一流的教育家。"在很早以前,我就立志以此生要为劳苦的民众服务,同时抱定了这样的宗旨:'凡是别人不愿干、不敢干、不屑干的,我都去干。'"[1]据笔者统计,他在中国教育史上开创了十多项"最早",比如:最早运用观察实验的方法,系统研究我国儿童心理发展;最早编成我国第一本汉字查频资料《语体文应用字汇》;负责起草我国历史上第一个统一的幼儿园教育课程标准;创办我国第一所公立实验幼稚师范学校,等等。陈鹤琴这种敢于开新的首创精神,也为我们当前开辟教育发展新领域、新赛道树立了榜样。

"活教育"理论是陈鹤琴历经20多年的实践,在不断实验、反思、调整中逐步构建的。1947年,他在《活教育的理论与实施》再版卷头语中提道:"'活教育'的提出,无论就内容或实施方面来说,都还处在倡创的时期,简言之,即活教育的理论与实施,在今天尚未臻于成熟的阶段;在那里还有许多的缺陷需要填补,还有辽阔的前途需要拓展。这一切都要求我们今后的努力。"[2]以活教育的目的论为例,1944年表述为"做人,做中国人,做现代中国人",1948年调整为"做人,做中国人,做世界人"。1943年,活教育的教学原则为12条,1948年出版的《活教育的教学原则》一书中又增加了5条,发展为17条。陈鹤琴清醒地认识到,"活教育"理论的实践也会遇到"棘手的荆

---

[1] 陈秀云,陈一飞.陈鹤琴全集(第5卷)[M].南京:江苏凤凰教育出版社,2018:34.
[2] 陈秀云,陈一飞.陈鹤琴全集(第5卷)[M].南京:江苏凤凰教育出版社,2018:111.

棘""绊脚的石子",但是方向和意志却永远不变。

著名心理学家高觉敷这样评价他:"陈鹤琴教育思想不是封闭式的、一成不变的,而是随着时代的前进逐渐发展的。"陈鹤琴教育思想,正是在不断地自我剖析、自我反思、自我完善中得以发展,这种探索前进的精神,生动地体现了"活教育""活"的精神。

(二)陈鹤琴的教育实验具有鲜明的科学导向

方法是科学导向的支撑。陈鹤琴在《我的半生》中说:"我觉得一个游学生到外国去游学最重要的,乃是研究的方法和研究的精神。"这种方法既包括具体的科学研究方法,也涉及推进教育实验的工作方法。

陈鹤琴的教育实验,以儿童心理学为基础,采用了多种科学的研究方法,体现了行动研究的理念。1920 年,陈鹤琴综合使用日记描述法、轶事记录法、摄影记录等方式开展了以其长子陈一鸣为研究对象的儿童心理发展规律的个案研究。1921 年,陈鹤琴在江浙地区一些学校中开展民意测验,有研究视其为中国迄今可见的首次民意调查[1]。陈鹤琴还根据国情改编、设计测验量表和测验材料,深入中小学开展大量测验,内容涉及儿童知识测验、智力测验等方面,以建立中国儿童的常模资料,并与廖世承合著《智力测验法》(1920)、《测验概要》(1924),是我国教育测验运动的开创者之一。1980 年,他为赵琳的婴幼儿心理成长发育的研究报告《一对孪生姐妹》作序,他称赞"这种科学著作,在国内并不多,值得向幼儿教育工作者、师范院校学生以及年轻母亲们推荐"[2]。由此,足见他对儿童心理科学研究始终念兹在兹。

陈鹤琴的教育实验研究颇为注重"经验总结法"。例如,1926 年,陈鹤琴与张宗麟合写的《一年来南京鼓楼幼稚园试验概况》,从课程和教材、教学法、儿童习惯、设备与儿童玩具等方面进行了回溯反思,并据此提出了今后的五项计划。1927 年,陈鹤琴和张宗麟等总结在鼓楼幼稚园进行的课程试

---

[1] 王雅宁.1921年江浙地区男性学生婚恋观分析——以陈鹤琴的民意调查为中心[J].档案与建设,2021(5).
[2] 陈秀云,陈一飞.陈鹤琴全集(第 2 卷)[M].南京:江苏凤凰教育出版社,2018:424.

验,形成《课程试验报告》。1931年,他在《儿童教育》发表了《四年来之中国幼稚教育》,对幼稚教育事业规模、教法、师资培养、课程拟定等方面的经验与问题逐项分析。更为可贵的是,他能在总结的基础上积极推广应用,如他基于在鼓楼幼稚园的实验,形成了应用型成果《一年中幼稚园教学单元》等。

(三)陈鹤琴的教育实验彰显了实证精神

第一,具有世界的眼光,懂得瞭望。1927年,陈鹤琴结合国际幼稚教育发展情况,在《教育杂志》发表《幼稚教育之新趋势》。20世纪三四十年代,他曾五次出国访问,两次赴欧洲英、法、德、意、苏联等11国及美国考察,写成《欧洲教育考察报告》,并分别赴捷克和印尼参加国际会议。1947年他曾建议政府派专家赴欧美考察儿童教育,作为改进中国儿童教育的参考。1951年,在《新儿童教育》发表《美国儿童犯罪的原因分析》。陈鹤琴的国际视野,使他更加洞悉世界教育前沿,也让世界了解中国的教育探索。

第二,注重教育现场研究,珍视实情。1921年,进行学生婚姻问题研究。1924年,发表《调查小学之方法》,较系统地研究学务调查问题。1925年,陈鹤琴组织对江浙幼稚教育开展实地调查研究。有研究者将《我们的主张》提出的15条原则与陈鹤琴开展的实证研究进行了对比分析,发现几乎每一条原则都有相应的扎根教育现场的实验研究作为实证依据。

(四)陈鹤琴的教育实验具有强烈的辐射推广意识

1. 建立试验区

1927年,陈鹤琴受聘为南京特别市教育局第二课课长,他将全市40所市立小学划分为东、南、西、北、中五个教育实验区,每区设立一所实验学校,既作为该区教育研究中心,又作为组织与领先者。1928—1939年,陈鹤琴任上海工部局华人教育处处长期间,先后创办了7所小学和1所女子中学,大力推行区域教育改革与实验。

2. 创建学术团体

据笔者统计,陈鹤琴参与或主持创办了中华儿童教育社、中国测验学会、上海儿童福利促进会等20多个学术团体,以此团结研究力量,辐射实验成果。值得一提的是,陈鹤琴之所以能够主持多个学术团体,固然与其学术地位、影响力密切相关,但也与其人格魅力不无关联。这种人格魅力来自他所信奉的生活哲学,他在1941年论述有关青年修养问题的《写给青年》一书的12封信以及1944年、1948年的讲演《为人的人生观》《青年的人生观》中明显体现出这种人格魅力。

3. 兴办学术刊物

陈鹤琴重视通过创办刊物来传播教育理念,启迪民智。他提出,应通过编印刊物,来发动幼稚教育的运动,用口头的、文字的种种方式来展开宣传工作。他创办了《幼稚教育》《新儿童教育》《活教育》月刊等数种刊物。"陈先生怀着极大的热情传播他的信念、主张,因为他急切地希望能改变当时儿童教育现实中的种种弊端。他从不把研究成果束之高阁,而是撰写专著、创办刊物加以推广。"[1]陈鹤琴在《儿童教育》诞生一周年之时谈道,《儿童教育》年纪虽小,但所负的使命却是很大。他的目的,是要做小学教师的好朋友,幼稚保姆的好帮手,和他们讨论切实的教法,供给他们具体的教材,以便对教育方面有相当的贡献[2]。1930年3月,《儿童教育》有一期的中心题目为"教学上的问题",陈鹤琴等提出"故事要怎样编写"等数个具体问题,与大家一起研究,共同解答。1957年3月,他与陆秀等联名提出《建议创办学前教育刊物〈学前教育〉案》,为幼教工作者开辟一块交换意见的园地。1981年,他为《幼儿教育》创刊号题词:"热爱、了解和研究儿童,教育他们使之胜过前人。"

4. 积极演讲交流

陈鹤琴利用受邀做学术演讲的机会,积极传播教育理念。赵寄石先生曾回忆,陈先生不仅是想方设法用文字宣传他的研究成果,而且经常抓住机会向别人讲解他当时正在思考、探索的问题,在陈先生身边会体验到一种全身心投入的强烈感染力[3]。在传播技术更加现代化的今天,如果我们从传播

---

[1] 南京师范大学,江苏省陈鹤琴教育思想研究会.陈鹤琴教育思想研究文集:纪念陈鹤琴先生诞辰100周年[M].北京:人民教育出版社,1997:109.
[2] 陈秀云,陈一飞.陈鹤琴全集(第4卷)[M].南京:江苏凤凰教育出版社,2018:40.
[3] 同[1].

学等角度,研究当年陈鹤琴促进理念推介、思想交流、成果转化的做法,也许会有新的思考。

5. 设置专业研究机构

1953年,他向华东教育部提出设置教育研究室的计划,1956年,在南京师范学院设置了教育研究室,以幼儿教育研究为重点[①]。1950年,陈鹤琴与曾昭森提交关于成立中央教育科学研究所的提案。1962年,提议在江苏省教育科学研究所内设儿童教育研究室[②]。

陈鹤琴是真正的教育家,是我国现代学前教育的开拓者和奠基人,是推动学前教育中国化、科学化、大众化的先驱。他的教育思想内容丰富,内蕴深厚,影响深远。由"问题意识""价值观念""实事求是"凝聚而成的"科学研究精神"是陈鹤琴教育思想的基因,也是我们在新时代传承、转化、创新陈鹤琴教育思想,推动学前教育改革实践的关键,具有重要的现代意义与价值,需要我们不断认识和开掘。

[①] 陈秀云,陈一飞.陈鹤琴全集(第6卷)[M].南京:江苏凤凰教育出版社,2018:334.
[②] 陈秀云,陈一飞.陈鹤琴全集(第6卷)[M].南京:江苏凤凰教育出版社,2018:342.

第二章　陈鹤琴："我爱儿童,儿童也爱我"

以科学精神构筑现代学前教育

虞永平①

陈鹤琴是我国现代教育史上著名的儿童心理学家和幼儿教育专家,是我国现代学前教育的重要奠基人,是中国现代学前师范教育的重要开拓者,也是"活教育"学说的创立者,有中国"幼教之父"之称。1914年,陈鹤琴前往美国留学,于1917年在霍布金斯大学获得文学学士学位,之后进入哥伦比亚大学师范学院,专心研究教育学和心理学,师从克伯屈、孟禄、桑代克、罗格等知名教授,1918年获教育学硕士学位,先后就职于东南大学、南京大学、南京师范学院等高等院校。在半个多世纪的教育生涯中,陈鹤琴在学前教育、家庭教育、小学教育、师范教育、特殊教育、成人教育等领域开展了广泛的研究和探索,形成了一系列教育理论和主张。

陈鹤琴受到了旧教育的熏陶,也接受了新教育的洗礼,对新旧教育有特殊的感受和体悟。他看到了旧教育对"四书五经"的忠诚,也感受到了旧教育下儿童的身心境遇,对旧教育对儿童的束缚有深切的体验。② 这也促使他成为教育变革坚定的推动者。陈鹤琴对儿童有特别的关切,他高度关注儿童的天性,高度关注儿童的兴趣和需要,他的理论是真正从儿童出发的。爱儿童是陈鹤琴教育理论重要的情感基调。研究儿童,理解儿童,解放儿童,发展儿童是陈鹤琴教育思想的内在动力和逻辑线索。今天学前教育很多领域的发展历程中都能找到陈鹤琴变革与创新的深深足迹。

陈鹤琴结合其"活教育"的实践,充分说明了教师的责任感。他指出,我们要进行活的教育,教材是活的,方法是活的,课本也是活的。我们大家一

---

① 虞永平,南京师范大学教育科学学院教授、博士生导师,江苏省陈鹤琴教育思想研究会理事长。
② 陈秀云,陈一飞.陈鹤琴全集(第6卷)[M].南京:江苏教育出版社,2008:239-240.

齐振作起来,研究儿童的切身问题,为儿童谋福利。尽量地利用儿童的手、脑、嘴、耳、眼睛,打破只用耳朵听、眼睛看,而不用嘴说话、用脑子想事的教育。我们不能再把儿童的聪明、儿童的可塑性、儿童的创造能力埋没了[①]。由此可见,陈鹤琴呼吁教师担负起保护儿童的责任,遵循儿童的身心发展规律和学习特点,保护他们的好奇心和求知欲,目的是给儿童创造更多发展和成长的机会和条件。

与关注儿童及儿童教育实践相对应的是陈鹤琴独特的学术视野和研究方法。要了解儿童,就意味着要关注现实的、活生生的中国儿童。这就要有相应的方法。从方法论上看,陈鹤琴崇尚实证研究。他既能把国家和民族的未来同教育结合起来进行宏观考虑;又能采用实证的研究方法,开展比较微观和具体的研究,深入地把握教育对象和教育的本质。无论是临床观察、日志法、行动研究、测验法等,都体现了以现实的现象和事实为依据,用证据做出判断的特点。陈鹤琴对自己长子陈一鸣长达808天的系统观察研究,在我国儿童心理和教育发展历史上具有重要的里程碑意义,开创了我国临床观察日志研究的先河,也为科学描摹婴幼儿早期心理和行为发展提供了依据,更为早期家庭教育提供了现实的科学证据。从这个意义上说,陈鹤琴也是我国儿童心理实证研究的重要先驱,更是实证取向的学前教育研究先驱。陈鹤琴的实证研究风格和实践,推动了我国学前教育实证研究的进程,也促进了我国学前教育理论和实践的科学化。

陈鹤琴是一个真正立足国情、洞悉问题、放眼世界、奋力探索的教育家。因此,他对什么是科学的教育有深切的体会和理性的判断。陈鹤琴的教育见解都有心理学的依据。他深信科学研究是教育前行的重要力量,并身体力行,积极推动教育研究,引领教育改革[②]。可以说,陈鹤琴引领了一个时代学前教育和学前师范教育的方向。

---

① 陈秀云,陈一飞.陈鹤琴全集(第5卷)[M].南京:江苏教育出版社,2008:18.
② 陈秀云,陈一飞.陈鹤琴全集(第2卷)[M].南京:江苏教育出版社,2008:504.

一、科学的立场

陈鹤琴的科学立场来源于其对科学理论的把握,他关注心理学和教育学的先进理论,并从这些理论中获得滋养。他借鉴科学的方法,开展根植于本土的研究和实践。陈鹤琴的科学立场来源于他对幼儿教育中陈腐观念和社会陋习的批判,他旗帜鲜明地维护儿童的利益和儿童的尊严。陈鹤琴的科学立场来源于他对社会现实的洞悉,他关注现实的教育问题,深刻把握问题的根源和解决的路径。陈鹤琴科学立场的核心是以幼儿为中心,把幼儿看作幼儿教育的出发点和归宿点。为了研究幼儿教育,他首先研究儿童,研究儿童心理,探究儿童是如何发展的,儿童的兴趣和需要是怎么样的,儿童的行为特点是怎么样的,这是陈鹤琴幼儿教育研究的基础性研究。正是对儿童的研究,加上西方儿童发展理论的影响,形成了陈鹤琴基本的儿童观。这是陈鹤琴一切教育主张的根基。陈鹤琴认为,幼稚时期对于儿童一生非常重要,所以幼稚教育是儿童的基本教育,亦即人群的基本教育。儿童在这个时期里,关于习惯、知识、言语、思想各个方面都打了很深的根基。倘使这个时期,根基稍不稳,将来要想建造健全人格,也就不可能了。所以,我们要培养健全的人格,促进健全的社会,第一需注重幼稚时期的教育,竭力宣传初期儿童教育的重要,而引起一般社会的关注[①]。

陈鹤琴儿童观的本质内容是要科学认识儿童,顺应儿童的天性,给予儿童活动的机会和条件,给予儿童适宜的指导和帮助,要爱儿童。他认为儿童是在实践中学习的。他指出:"小孩子的知识是由经验得来的。所接触的环境愈广,所得的知识当然愈多。所以我们要使小孩子与环境有充分的接触。"[②]陈鹤琴认为教育要遵循儿童身心发展的规律,"应根据幼儿的特点,多给儿童感性的知识,创造各种环境和条件,多让儿童接触大自然和社会生活,多观察,多活动,扩大他们的眼界"[③]。

---

① 陈秀云,陈一飞.陈鹤琴全集(第2卷)[M].南京:江苏教育出版社,2008:73.
② 陈秀云,陈一飞.陈鹤琴全集(第2卷)[M].南京:江苏教育出版社,2008:2.
③ 陈秀云,陈一飞.陈鹤琴全集(第2卷)[M].南京:江苏教育出版社,2008:505.

陈鹤琴明确提出游戏对儿童发展的意义。他指出:"游戏也是儿童生来喜欢的。儿童的生活可以说就是游戏。""名义上虽说是游戏,但所学的确是很好的学问,很好的东西。"①他也主张关注儿童的个性,注重儿童之间的差异。"儿童的个性不同,我们不能强之以同。"②他主张理解儿童、尊重儿童,主张建立新型的师生关系,主张"幼稚园的教师应当做儿童的朋友,同游同乐地去玩去教的"③。正是在这个立场上,陈鹤琴对无视儿童的旧教育展开了猛烈的批判,尤其是揭示了旧教育损害儿童天性、剥夺儿童权利和让儿童陷入呆板机械学习的现象,并深入分析了造成这种现象的原因。

陈鹤琴坚持从研究中求真知,在研究中创新理论和实践体系。"活教育"理论和实践体系是陈鹤琴倡导的实验研究的重要成果。"活教育"于20世纪二三十年代孕育,1923年在南京成立的鼓楼幼稚园和1929年在上海成立的中华儿童教育社为"活教育"的产生奠定了坚实的实践基础。"活教育"是20世纪40年代形成的一个新儿童教育运动,也是一个划时代的教育运动。它是中国社会的产物,适应中国人民的需要,经历了一系列的实验而产生。"活教育"是一种适合中国实际的教育制度,也借鉴和吸收了西方现代教育的核心思想,与陶行知先生倡导的生"活教育"一脉相承。"活教育"也是较早在西方产生影响的中国教育理论。在创立江西省实验幼稚师范学校期间,陈鹤琴提出了"活教育"理论,并将该理论运用于幼稚师范学校的教育过程之中。可以这样说,"活教育"孕育在儿童教育(幼儿园和小学教育)之中,对改进儿童教育的深入反思和迫切愿望催生了"活教育"。

二、科学的态度

陈鹤琴科学态度的核心就是对待儿童的态度。他指出,对待儿童不能抱有成见,不能以成人为中心,而应该顺应儿童的天性。儿童是以游戏为生

---

① 陈秀云,陈一飞.陈鹤琴全集(第2卷)[M].南京:江苏教育出版社,2008:81.
② 陈秀云,陈一飞.陈鹤琴全集(第2卷)[M].南京:江苏教育出版社,2008:2.
③ 陈秀云,陈一飞.陈鹤琴全集(第2卷)[M].南京:江苏教育出版社,2008:83.

活的,儿童是生来好玩的①。父母应成为孩子的玩伴,要为孩子提供适当的材料,让孩子有机会充分展现他们的天性。陈鹤琴主张发展幼儿的好奇心、好问心,让幼儿用自己的大脑积极思考。要用客观的方式和积极的态度去看待幼儿。陈鹤琴对待儿童的基本态度就是尊重儿童,顺应儿童的天性,依循儿童发展规律,信任儿童,热爱儿童。在此基础上,他把幼儿教育当作科学,注重实证的研究,依据事实,不臆断。他通过深入具体的研究,把握了儿童在动作、情绪、语言、社会性、美感、好奇心、绘画、思维及道德等诸多领域的发展特征,并研究了这些领域的课程内容和逻辑顺序。这个研究过程往往是同幼儿园的教育过程联系在一起的,是与儿童的生活联系在一起的,据此来确定幼儿园的课程和儿童的学习。这是一种务实的科学态度。

陈鹤琴的科学态度包括用辩证的态度对待幼教理论和实践模式。对当时风行的蒙台梭利教学法,陈鹤琴提出了辩证的分析和评价。他认为蒙台梭利是19世纪中叶的教育家,其教育主张有一定的价值:如强调儿童的自由活动,强调儿童是完善的,注重感觉经验等。但陈鹤琴认为蒙台梭利的教育也有不足,主要表现在三个方面:一是经验的狭隘性,不能满足儿童广泛获取经验的需要;二是不能满足儿童的兴趣,在反映现实生活上有限制性;三是感官训练只是发展的一种形式,且针对特定材料的训练作用有限。

陈鹤琴不主张照搬照抄国外的课程,他本着务实、严谨的科学态度来研究幼儿园课程②。南京鼓楼实验幼稚园的单元教学课程是我国学前教育发展史上有着重要影响的课程。它就是以陈鹤琴为首的研究团队不断试验的结果,是在不断探索、不断反思、不断改进的过程中发展起来的。鼓楼幼稚园课程的建设经历了三个阶段,每个阶段都是不断实践和改进的过程。三个阶段中,验证了一些假设,也不断出现一些新的问题,发现问题和解决问题就是这个研究过程的基本历程。陈鹤琴系统总结了这三个阶段,肯定了探索和研究取得的成就,也总结了一些经验和教训。正是这些总结,让我们看到了行动研究的最初样态,看到实证研究发挥的积极作用。

---

① 陈秀云,陈一飞.陈鹤琴全集(第1卷)[M].南京:江苏教育出版社,2008:172.
② 陈秀云,陈一飞.陈鹤琴全集(第2卷)[M].南京:江苏教育出版社,2008:88-89.

陈鹤琴说，新的制度下，儿童在慈爱的气氛中成长，不会受到恐惧和威胁。这意味着"活"教师就是理解儿童并贴近儿童心灵的教师，他们努力让儿童生活在积极和充满爱的环境之中。他还说，教材是根据儿童的心理和社会需要来编订的，教学材料在有需要的时候可以进行变动。因此，教材是要从儿童出发的，而不是从本本出发的；是灵活应变的，而不是机械不变的。教材的核心是能让儿童理解，能转化为儿童的经验。陈鹤琴指出，教师与儿童共同生活、共同工作、共同学习，这是一种新型的师生关系，也是一种以儿童为本、经验导向的师生关系，是师生之间和谐的关系[①]。由此可见，"活教育"需要"活"教师。"活教育"的特点就是让教师转变角色和地位，让儿童真正拥有主体地位。教师的转身不是一个被动的过程，而是一个需要充分发挥积极性和主动性的过程，是一个需要现代儿童观和教师观支撑的过程。

三、科学的方法

陈鹤琴对儿童心理的研究采用了当时比较先进的个案观察和日志的方法，这使他的《儿童心理之研究》不是照搬或模仿西方的儿童心理学理论，而是扎扎实实的实证研究的成果。在幼儿教育的研究上，陈鹤琴开展了以"实验"为基础的科学的幼儿教育研究，采用行动研究的方法论，利用教育现场展开研究。为此，他专门建立了我国历史上第一所实验幼儿园——南京鼓楼实验幼稚园，也是我国第一个高等院校（当年的东南大学教育科）幼儿教育实验研究基地，开创了我国高等院校理论联系实际，开设定点实验研究基地的先河。陈鹤琴认为科学的幼儿教育必须经过实验，才能确定是否可行，是否有效。他提出幼儿教育"必须经过比较普遍的、比较长久的试验"[②]。这是陈鹤琴教育思想和实践同以往旧教育的分水岭。正是通过科学的儿童观和教育观指导下的实践，和在实践过程中的发现和反思，幼儿教育才逐步走上健康发展的科学轨道。陈鹤琴将幼儿园课程的研究、幼儿园环境和设备

[①] 陈秀云,陈一飞.陈鹤琴全集(第6卷)[M].南京:江苏教育出版社,2008:246.
[②] 陈秀云,陈一飞.陈鹤琴全集(第2卷)[M].南京:江苏教育出版社,2008:72.

的研究、幼儿园故事、读法、音乐、图画、玩具、习惯等内容纳入研究的视野，逐一研究，形成科学的认识。他对幼儿教育领域中的各类内容的研究是细致的、深入的，也是充满感情的，他的每一个研究都让人感动，这样一个广文博识、醉心研究的教育家更让人感动。

陈鹤琴之所以是科学的幼儿教育的积极推动者，是因为他的研究是立足国情的，不是照搬西方的学前教育。这也是陈鹤琴教育思想科学性的主要标志。作为留美学者，他反对纯粹的"美国式"教育，他认为应该借鉴西方优秀的思想和内容，但不能一味模仿。陈鹤琴对福禄贝尔、蒙台梭利等西方主要的幼儿教育思想进行了深入的分析，分析了他们的优势，也指出了他们的不足，言之成理，以理服人，教导人们不要盲从。

陈鹤琴1926年提出的告诫，在今天仍然具有重要的警示作用，因为现实的教育实践中，一知半解者无数，盲从者无数。他认为，幼儿教育的研究，关注国情是主要的原则，只有结合国情，才能产生科学和有效的教育。他还指出："外国有许多经验，也有许多好的经验，但不能不加分析地照搬照抄，要结合中国实际情况，以实践来检验哪些是成功的、切实可行的，哪些是不可取的，要适合中国的特点。"[1]陈鹤琴晚年一直在呼吁幼儿教育的科学研究，不但要研究观念，还要研究内容和方法；不但要研究幼儿园的教育，还要研究家庭的教育；不但要研究正常儿童的教育，还要研究特殊儿童的教育，甚至他提出"为切实开展教育科学之研究，特建议设立儿童教育玩具、教具、设备的研究室和实验工厂"[2]。

"教育实验"是他晚年文章中经常出现的词汇，这是对幼儿教育科学化的呼唤，是对幼儿教育质量的呼唤，也是对童年幸福的呼唤！

---

[1] 陈秀云,陈一飞.陈鹤琴全集(第2卷)[M].南京:江苏教育出版社,2008:505.
[2] 陈秀云,陈一飞.陈鹤琴全集(第2卷)[M].南京:江苏教育出版社,2008:507.

陈鹤琴教育家精神谱系考析

何凯黎[①]

在具有丰厚历史底蕴、人杰地灵的六朝古都南京,诞生过多位中国近现代著名教育家,其中一位就是被誉为"中国幼教之父"的著名教育家、儿童心理学家、儿童教育家、现代幼儿教育奠基人陈鹤琴。纵观陈鹤琴的一生,可以发现他在儿童心理、家庭教育、幼稚教育、小学教育、特殊儿童教育、师范教育等诸多方面进行了长期研究,创建了"活教育"理论体系,是我国现代教育史上的宝贵财富[②]。

"活教育"是陈鹤琴留美归国后将西方先进教育思想与中国本土优秀传统文化相结合,通过改革创新与长期的教育实践逐渐形成和发展的、系统性的科学幼儿教育理论和方法体系。"活教育"思想早在20世纪40年代中末期时,就在世界范围内产生了广泛而深远的影响。1947年,陈鹤琴先生发表英文版《活教育》,1948年他受邀到菲律宾做多场讲学,让中国教育理论走向世界舞台[③]。至今,在世界多个国家依然有很多学者在关注研究陈鹤琴教育思想。

回望百年,"活教育"持续影响并推动着中国学前教育领域的深化改革,主要包括两个方面。一方面,是为学前教育领域的政策文件发布提供了重要的理论依据,如教育部颁布的《幼儿园教育指导纲要》《幼儿园工作规程》《3—6岁儿童学习与发展指南》《幼儿园保育教育质量评估指南》中,都可以发现与"活教育"理念相一致之处。另一方面,"活教育"内涵深厚,极具实践价值,为幼儿园课程改革提供了科学的理论基础和实践源泉。以江苏课程

[①] 何凯黎,南京市鼓楼幼儿园园长、书记,江苏省特级教师,正高级教师,"苏教名家"培养对象。
[②] 何锋."永远微笑的儿童教育家":陈鹤琴教育思想论析[J].江苏教育研究,2023(4).
[③] 同②。

游戏化项目实施为例,其倡导的"自主、自由、愉悦、创造"的理念与"活教育"的儿童观、游戏精神一脉相通。近年来,全国许多幼儿园开启了班本化的课程改革,课程实施更加关注儿童生活和游戏,强调儿童的亲身体验和实践探究,正如"活教育"强调儿童经验、游戏是儿童的生命,强调注意环境、利用环境,强调从儿童的生活出发,完成儿童的整个生活……遵循儿童身心发展规律、满足儿童天性已成为广大幼教工作者的共识。"活教育"之所以百年经久不衰,与陈鹤琴"一切为儿童",追求为中国儿童谋幸福的教育理念不无关联。南京师范大学虞永平教授指出,"活教育"从创立之初就希望中国人民的教育是在生活上获得知识,以丰富的知识来提高生活。它以童年为起点,从儿童出发,是一种"真正旨在改变'浪费童年'的教育"[①]。如今,"活教育"成为中国学前教育追求的理想教育样态,其所蕴含和倡导的教育理念依然不断焕发出新的生命力。

南京市鼓楼幼儿园作为一所与陈鹤琴有"亲缘"关系的幼儿园,被称为中国现代科学幼儿教育发源地。中国教育科学研究院刘占兰博士指出,鼓楼幼儿园是当下中国唯一一所在原址发展起来且继承了创办者教育思想的百年老园。这所百年老园之所以能历久弥新、赓续传承,是因为大力弘扬传承陈鹤琴教育家精神和"活教育"思想,以传承创新的实践行动推动着中国幼儿教育的持续变革。在多年的学习、濡染、传承、实践中,我们从教育活动史的视角出发,对陈鹤琴的教育家精神加以考察、分析,发现陈鹤琴基于"活教育"思想的教育家精神主要蕴含六种精神特质。

一、"开荒奠基"的开拓精神

陈鹤琴是中国近现代幼儿教育的开荒奠基者,具有鲜明的开拓精神。开拓精神是一种勇于面对困难和挑战,不畏艰难险阻,创造新事物的精神特质。

20世纪20年代初,尽管五四爱国运动后掀起了民主、科学的热潮,但中

---

① 虞永平.活教育的时代意义与实践指向[J].早期教育(教育教学),2021(12).

国还处在国贫民弱的半殖民地半封建社会,幼稚园里宗教化、模式化、束缚式的机械学习,被陈鹤琴称为"幼稚监狱"。他痛斥幼稚教育患了"外国病"、"花钱病"和"富贵病"。为了让长子陈一鸣上幼儿园,更为重要的是,为了研究儿童心理,探寻适合中国国情的、科学化、大众化的幼稚教育道路,1923年春,陈鹤琴在自家小院里创办了南京鼓楼幼稚园。

陈鹤琴曾这样阐述他办园的初衷和宗旨:"令人痛心的是,四万万人口的中国至今没有自己的幼稚教育,而幼稚教育却关系着我们国家和民族的未来。为了孩子,为了中国的幼稚教育,为了中华的振兴,我决心办一所幼稚园来进行实验。这,便是办园的宗旨。"①可见,陈鹤琴是怀揣着教育救国、开拓创新、变革振兴的理想信念开办了鼓楼幼稚园,这种理想信念伴随着他的一生,激励着他为教育事业奉献的决心。

同年秋天,一场影响中国近现代学前教育发展的,具有开荒奠基意义的本土化幼儿教育实验拉开序幕。陈鹤琴认为,幼稚教育要实现中国化、科学化,首先要从课程改革入手。他开创性地提出鼓楼幼稚园课程实验的三大计划:"建筑中国化的幼稚园园舍,改造西洋玩具使之中国化,创造中国幼稚园的全部活动。"可以看出,课程实验不仅是全方位的,且具有深刻的逻辑意义:首先是让幼稚教育全面走向中国化,其次凸显了幼稚园环境、设备、教玩具的改造要适合中国国情,最后是在两者的基础上实现对中国幼稚园课程的变革。正如陈鹤琴在几十年后的回忆中这样说道:"鼓楼幼稚园的办学宗旨、教学内容、课程、教学方法、设备,一切的一切以中国儿童为对象,以中国化为目标,为起点,为归宿。"②

课程实验的成功实施,使鼓楼幼稚园成为中国历史上第一个幼儿教育的实验研究中心,也让陈鹤琴出版发表了众多影响至今的成果。1932年颁布实施的、由陈鹤琴主要负责编制的全国《幼稚园课程暂行标准》正是基于鼓楼幼稚园的课程实验成果拟定的。这些大胆的改革举措鲜明彰显着他的开拓精神,彰显着他作为一名教育家的文化自觉和文化自省,也时刻提醒着

---

① 郭亮.从拓荒奠基到幼教之父:儿童教育家陈鹤琴[M].南京:南京师范大学出版社,2012:46.
② 陈秀云,陈一飞.陈鹤琴全集(第6卷)[M].南京:江苏凤凰教育出版社,2018:386.

我们,教育的革新和创造要适合中国国情,要适合中国儿童。

二、"科学实验"的研究精神

研究精神的孕育,可从陈鹤琴留学美国时加以追溯。从霍普金斯大学到哥伦比亚大学,陈鹤琴深受进步主义现代教育思想的浸濡,"我觉得一个游学生到外国去游学最重要的,不是许许多多死知识,乃是研究的方法和研究的精神……若得到研究的方法和研究的精神,你就可以回国后,自己去研究学术,去获得知识,去探求真理"①。广博的学习与丰富的教育实践,让他掌握了科学实验的方法,孕育了他追求真理的研究精神,为他回国后开展的、力图改变国家民族命运的教育实践奠定了坚实的基础。

1919年,怀揣着教育救国的梦想,陈鹤琴回到国内,带着满腔的热忱投身到儿童研究中。他对长子陈一鸣从出生起进行了808天的观察实验,完成了中国第一部"婴儿传记"《儿童心理之研究》,这是中国学者首次将多种研究方法运用于儿童个案追踪与心理发展。同年出版的《家庭教育》亦是结合他本人的观察、实验和研究,运用了科学分析的方法,以通俗易懂的语言创作而成。可以说,儿童心理和家庭教育两方面的研究为课程实验提供了坚实的、科学的理论支撑,而研究精神则助推他全面开启了民族性的科学幼儿教育之路。

基于对当时幼稚教育的批判性认识,陈鹤琴将课程实验作为幼稚教育改革的突破口。1925年秋末,陈鹤琴在助手张宗麟的协助下开始了鼓楼幼稚园第一次课程实验。张宗麟曾回忆当时的情形,"一面根据儿童心理学来做实验工作,一面收集适合于国情的幼稚园用的材料,同时对于各国已有的幼稚园材料加以分析"②。在著名的《我们的主张》③里,陈鹤琴鲜明地提出"幼稚园是要适应国情的",指出"那些具世界性的教材和教法,也可以采用,总以不违反本国国情为唯一的条件。如此则幼稚园的教育,可收事半功倍

---

① 陈鹤琴.我的半生[M].上海:上海三联书店,2018:149.
② 张泸编.张宗麟幼儿教育论集[M].长沙:湖南教育出版社,1985:394.
③ 陈秀云,陈一飞.陈鹤琴全集(第2卷)[M].南京:江苏凤凰教育出版社,2018:75.

之效，可充分适应社会的需要了"①。他们还以长江流域的自然环境和社会风俗等为背景，编制了一份适合中国中部幼稚园活动的全年课程大纲。这种务实的理念全面推动了鼓楼幼稚园课程的变革，也推动了中国幼稚教育走向民族化和科学化。

课程论"大自然、大社会都是活教材"是陈鹤琴对当时幼稚教育的批判性、颠覆性改革，这种实践价值取向在鼓楼幼稚园三次课程改革实验中得到了充分体现。陈鹤琴认为"与课程有密切联系的是教材，我们的教材从哪里来呢？有一小部分是从书本上来的，如歌谣、故事等等。大部分是自然界、社会上日常所见的万事万物"②。除了在鼓楼幼稚园内打造了种植区、饲养区、小花园，种植果蔬花卉、饲养小动物，让孩子充分接触自然、发现自然外，鼓幼的师生们还经常外出：坐船去燕子矶、去火车站登上火车头、到金陵农场参观、到池塘捞蝌蚪采菱角……坚持"随时随地向大自然发起进攻"，创造条件让儿童走进大自然、大社会。

可见，陈鹤琴所秉持的研究精神具有高度的批判性、求真性，既注重科学实验、追求真理，也求真务实、尊重实践，为鼓幼的持续发展提供了强大的精神力量、信念支撑。陈鹤琴作为研究精神的先行者，在长久的实践中指引着后人踏着研究之路而来，从第二任园主任钟昭华、第三任园主任周淑钟，到第八任园长崔利玲，她们无一不是坚持以课程研究推动鼓幼的发展。如今，鼓楼幼儿园里四处弥漫着研究的味道，"科学实验"的研究精神成为流淌在鼓幼血液中的文化基因，激励着我们在坚持科学研究的道路上前行。

三、"守正创新"的时代精神

"守正创新"一词富有哲学意义。守正意为坚守不因外在环境变化而变化的核心理念，凸显文化传承；创新意为创立或创造新的，因此守正创新是在文化传承的基础上开拓创新、推陈出新。从鼓楼幼稚园课程实验到"活教

---

① 陈秀云,陈一飞.陈鹤琴全集(第2卷)[M].南京:江苏凤凰教育出版社,2018:76.
② 陈鹤琴.创建中国化科学化的现代幼儿教育[M].北京:金城出版社,2002:89.

育"理论的形成,陈鹤琴守正的核心是中国化,创新的核心是科学化。

时代精神是指人们所秉持的、对社会发展有推进作用的价值观的总和,具有鲜明的民族意识和价值取向,表现为积极适应时代的变化和需求开拓创新,实现自我价值。这在陈鹤琴身上体现得淋漓尽致。最能彰显其时代精神的,是"活教育"的三大目标。陈鹤琴在1941年《活教育》的发刊词中指出,我们要利用大自然、大社会做我们的活教材。我们要在做中教,做中学,做中求进步,我们要有活教师,活儿童,以集中力量改进环境,创造活社会,建设新国家[①]。因此"活教育"培养的人要为国家和社会服务,这一点在"活教育"的目的论中尤为深刻。

目的论并非一成不变,而是与时俱进的。在1948年发表的《活教育的目的论》一文中,"活教育"的目的论已演进为"做人,做中国人,做世界人"[②]。陈鹤琴强调,"做中国人"是"做一个现代中国人",同时要具备五个条件:健全的身体、创造的能力、服务的精神、合作的态度和世界的眼光[③]。可见,目的论是"从普遍而抽象的人类情感和认识理性出发,逐层赋予教育以民族意识、国家观念、时代精神和现实需求等涵义,使教育目标逐步具体,表达了陈鹤琴对人的发展、教育与社会变革的追求"[④],体现了"活教育"具有世界性、民族性和时代性的鲜明特征,充分彰显了陈鹤琴高屋建瓴的价值观。

值得注意的是,方法论与目的论一样,也发生过变化。1941年《活教育》发刊词中的"做中教,做中学,做中求进步",在1946年《活教育的理论与实施》中演进为"做中学,做中教,做中求进步",这种变化凸显了儿童的主体地位,强调教师首先要关注儿童的学习方式才能因材施教,同时师生要共同做,必要时给学生指导,才会在做和教中取得进步。作为一名注重实践的教育家,陈鹤琴非常注重对其教育理论的不断提升和革新,这种与时俱进的自我革新精神,在当时中国社会动荡的历史背景下,显得尤为珍贵。

陈鹤琴所具有的"守正创新"的时代精神不仅有开阔的视野、独到的眼

---

① 陈鹤琴.创建中国化科学化的现代幼儿教育[M].北京:金城出版社,2002:389-390.
② 陈鹤琴.创建中国化科学化的现代幼儿教育[M].北京:金城出版社,2002:409.
③ 陈鹤琴.创建中国化科学化的现代幼儿教育[M].北京:金城出版社,2002:409-413.
④ 孙培青.中国教育史[M].上海:华东师范大学出版社,2019:473.

光,让创新过程富有民族性,更重要的是形成了独有的思想和教育主张。

四、"广泛传播"的麦田精神

"大麦田"是陈鹤琴对创办鼓楼幼稚园目的和意义的一种比喻,他曾指出:"我们办幼儿教育就是要大田种麦,……我办鼓楼幼稚园就是要为大田提供中国麦种这个目的。"[①]"大田种麦"意指鼓楼幼稚园既为大田,同时也是中国麦种,其精神内涵对中国幼教事业的发展起到了至关重要的推动作用。

追溯"大麦田"精神的萌芽,可在《鼓楼幼稚园十周年纪念刊》发现端倪,文中明确提到"本园主旨,试验中国化的幼稚教育,利用幼稚园辅助家庭;并以试验所得最优良最经济之方法,供全国教育界之采用"。因而在办园之初,陈鹤琴就希望将实验的方法与成果推广到全国。例如鼓楼幼稚园第一次课程实验的成果——"中心制单元教学"就被陆续推广到南京14个幼稚园,包括晓庄、燕子矶等乡村幼稚园。在此期间,陈鹤琴、张宗麟、钟昭华等人发表了众多研究成果,早期"大麦田"初见成效。

除此以外,陈鹤琴与张宗麟组织南京幼稚教育研究会、与陶行知组织中华儿童教育社,采取创办月刊、举办年会、出版刊物等方式来推广实验成果,用以传播先进的幼儿教育理念。其中《幼稚教育》月刊不仅将鼓楼幼稚园的实验成果推向社会,而且起到了联系、团结全国儿童教育工作者和推动全国性学前教育实验和研究的作用[②]。鼓楼幼稚园之所以能产生广泛的、积极的影响,与陈鹤琴等人注重及时总结发表成果,使成果快速物化有着密切的关系。例如全国《幼稚园课程标准》,正是陈鹤琴撒向全国的第一颗麦种。

有学者指出,"鼓楼幼稚园实验的模式不仅以《幼稚园课程标准》这一全国性教育法案的形式影响了我国现代学前教育的发展,陈鹤琴等人还以积极总结鼓楼幼稚园实验的成果、编制学前教育用书等方式直接推进我国学前教育的发展"[③]。1941年,陈鹤琴创办并主编的刊物《活教育》正式出版发

---

① 陈秀云.我所知道的陈鹤琴[M].北京:金城出版社,2012:305.
② 王伦信.教育家陈鹤琴研究[M].济南:山东人民出版社,2016:149.
③ 王伦信.教育家陈鹤琴研究[M].济南:山东人民出版社,2016:135.

行,标志着"活教育"理论体系的形成,对"活教育"思想的传播起到重要作用。

直到今天,这种"大麦田"精神依然深深影响着鼓幼。在持续深入的研究中,鼓幼在原有基础上陆续出版了众多研究成果,这百余本书籍成为两轮国家级优秀教学成果推广项目的重要资源。为了实现"大田种麦"的理想,第八任园长崔利玲与课程研究团队曾两次组建单元课程协作共同体,涉及新疆、西藏、内蒙古、广西、青海等全国十余个省份近百余所幼儿园,一方面用以验证"麦种"单元课程的适宜性,另一方面推动"活教育"思想的落地生根。这种兼具验证和推广的实践行动,不仅是"大麦田"精神的体现,也是严谨务实的研究精神的体现。

鼓幼还组建了全国"活教育"思想研究与实践共同体、开办分园,以更加开放的视角无私地将"活教育"辐射到更多城乡幼儿园中,使科学幼儿教育的新麦田不断扩大,不断收获着新麦种。

陈鹤琴以中国科学幼儿教育的传播为己任,"大麦田"精神彰显的是他高度的责任感和无私的奉献精神,也正是这种精神,推动中国幼儿教育不断向前发展。

五、"热爱儿童"的纯爱精神

陈鹤琴倡导的"幼童本位"的儿童观,是他所传递出的"五四"时期极具时代精神的儿童观价值取向。他以创办鼓楼幼稚园的实践行动呼吁全社会都要"热爱儿童、尊重儿童、了解儿童",试图唤醒人们对儿童本体的正确认识。通过研究儿童,陈鹤琴总结出儿童具有好动心、模仿心、好奇心、游戏心的"四心"的心理特征[①],鲜明地指出"儿童不是小人,儿童的心理与成人的心理不同",认为实施教育要根据儿童的心理进行。他以《儿童心理之研究》向全社会传递要了解儿童,必须要研究儿童,他对儿童的研究使科学幼儿教育成为可能。

---

① 陈鹤琴.创建中国化科学化的现代幼儿教育[M].北京:金城出版社,2002:13-18.

陈鹤琴强调要"热爱儿童",常说"我爱儿童,儿童也爱我"。他曾发出宏愿,"愿全国儿童从今日起,不论贫富,不论智愚,一律享受相当教育,达到身心两方面最充分的可能发展;愿全国盲哑及其他残废儿童,都能够享受到特殊教育……同时使他们本身能享受到人类应有的幸福"①,这是多么的博爱与大爱!

在《家庭教育》一书中,他进一步归纳出儿童心理的七个特征:好游戏、好模仿、好奇、喜欢成功、喜欢野外生活、喜欢合群、喜欢称赞;同时针对家庭教育总结出101条原则,这些原则不仅体现着陈鹤琴的儿童观、家庭教育观,更体现着他热爱儿童的纯爱精神,诚如他晚年多次题词"一切为儿童",陈鹤琴将自己满腔的赤子情怀都铺洒在了中国幼儿教育事业中。

六、"决不灰心"的实干精神

"决不灰心"缘于陈鹤琴《写给青年》②的第七封信。他指出,这四个字是我们做人做事的最重要的条件。……一遇到困难的发生,会立刻鼓起绝大的勇气去克服它,决不让困难灭了我们的志气,动摇了我们的信念③。提及自己创办鼓楼幼稚园时,每每遇到的困境,陈鹤琴都会用这四个字鼓励自己,他还认为遇事失败了也要去探究造成失败的因素。

"决不灰心"的实干精神推动着鼓幼一路披荆斩棘。可从三个特殊时期窥见一斑:一是在抗战结束后的艰难复园时期,第三任园主任周淑钟和王若昭在陈鹤琴的支持鼓励下完成了复园行动,开展了第三次课程实验。二是在新中国成立之初,条件极为艰苦,"活教育"遭遇批判。陈鹤琴的学生,毕业于江西幼师的陈之璘来到鼓幼挑起了重担,成为第四任园主任。她通过一种巧妙的方式将"活教育"融入分科教学中,使陈鹤琴教育思想得以延续。

---

① 陈鹤琴.创建中国化科学化的现代幼儿教育[M].北京:金城出版社,2002:11.
② 陈秀云、陈一飞.陈鹤琴全集(第6卷)[M].南京:江苏凤凰教育出版社,2018:427.
③ 陈秀云、陈一飞.陈鹤琴全集(第6卷)[M].南京:江苏凤凰教育出版社,2018:449.

第三个特殊时期是20世纪70年代,"活教育"的实践全面停滞。此时,姚稷珊①来到鼓幼,成为第六任园主任。她在日记中曾写道:"关于陈鹤琴的教育思想,我们学习了……但非常不够。鼓楼幼儿园学习陈鹤琴是责无旁贷的,因为幼儿园之所以能有今天……还有陈鹤琴的精神在激励着我们。"姚稷珊几经努力,与陈鹤琴建立起亲情似的连接,使"活教育"的课程观得以再现,鼓幼重新成为孩子们的乐园。时至今日,这种"绝不灰心"的韧劲依然影响着我们,让我们勇于面对挑战和困境,以实干行动传承实践"活教育"。

陈鹤琴创办的南京市鼓楼幼儿园是"活教育"的孕育地,更是"活教育"的继承地。时光荏苒,这所鼓楼岗上的小园子已走过百年。百年历史文化积淀流传下来的"活教育"思想不仅是陈鹤琴留给我们的宝贵文化遗产,也是鼓幼这所百年老园的"精神基石"和"文化基石",是推动鼓幼不断向前的生命力量。从百年前的课程实验到如今的单元课程研究,从百年前建设第一幢教学楼到如今开办八所分园,从第一部《幼稚园课程标准》到荣获首届国家级教学成果一等奖……无一不体现了以陈鹤琴为代表的鼓幼人追求卓越的精神态度。

陈鹤琴的"活教育"思想仿佛灯塔之光,映照着我们的前行之路,更鼓舞激励着我们将"活教育"思想成果播撒到四面八方,并在中国社会不断变迁的过程中,将陈鹤琴特有的教育家精神持续发扬光大。

---

① 姚稷珊曾任南京市鼓楼区教工幼儿园主任、南京市鼓楼区机关幼儿园主任、南京市上海路小学革委会第一副主任。1971年来她到南京市鼓楼幼儿园,坚持撰写《园务日志》,记录了翔实的工作内容,为南京市鼓楼幼儿园积累了一大批珍贵的档案,是传递陈鹤琴教育思想的重要贡献者。

教育家的"背影"

柯小卫[①]

陈鹤琴是我的外祖父,也称"外公",我最后一次见到他老人家是在1980年1月初,那时我刚从舟山海军舰艇复员,先到上海,再到杭州,然后到的南京。4年前我应征入伍前,收到外公外婆写来的一封信:

小卫:

得来信知道你已光荣地被批准为革命战士。这不但是你个人的光荣,也是你父母,你外公、外婆的光荣。

你到部队后要遵循毛主席的教导,当好人民战士。要好好学习,刻苦训练,努力向上,为祖国争光。要知道世上无难事,只要肯登攀。这是我们的希望。

你前途无量,祝你

身体健康,工作顺利!

外公

外婆

1976年2月26日

尽管这封信件中使用的词语带有明显的时代痕迹,但是其中的字字句句却经常使我感到非常温暖。我记得,我小的时候,每年外公外婆来北京参加全国政协会议期间,父母都会带我们去他们下榻的民族饭店或全聚德、东

[①] 柯小卫,传记文学作家,陈鹤琴外孙。现为中国陶行知研究会常务理事、北京市陈鹤琴教育研究会常务理事、中国作家协会会员、中国传记文学学会会员。著有长篇传记《陈鹤琴传》《陈鹤琴画传》等。

来顺团聚一次。20世纪60年代初,国家经济困难,物资短缺,几乎所有粮食、副食品,以及棉布等日用品都须凭票定量供应,能够吃一次"大馆子"是很难得的,因此记忆非常深刻。在餐桌上,外公与我的父母、姨妈、舅舅们聊天、谈事,我们这些小朋友规规矩矩地在位子上端坐着。这时,我们的外婆有时会悄悄递给我们每人一小块巧克力糖或奶油糖、小饼干等,用手指指我们的衣兜,意思是"收好!带回家里吃!"

70年代初,我上中学后每年暑假都会随父母去南京看望外公外婆,每次去南京都住在位于大行宫文昌巷的外公外婆家里。老人家很高兴我们的到来,外婆里里外外张罗今天吃什么、明天吃什么,而外公有空时就同我下下象棋,聊聊天。我记得很清楚,有几次我到他的书房里翻看满满几书架的藏书,其中有一套全国政协编的《文史资料选辑》,总共20多本,还有一本记录1949年10月1日新中国开国大典盛况的画册。有一次外公走进房间看见我正在翻看这些书籍,就走过来坐下,对着画册指划着,对我讲述当年的情形,兴奋、激动的情感溢于言表。还有一次,他向我讲起《文史资料选辑》上刊载的许多民主人士文章中的历史事件的来龙去脉。有一次外公请我们去不远处的工人俱乐部,观看新上演的锡剧《海岛女民兵》,我们跟在他和外婆坐的三轮车后面,许多邻居向两位老人家热情地打招呼。当他知道我正在学习写诗,就送我了一本早年间出版的关于古诗韵律的书,然后当场吟出"平平仄仄平平仄"以及"阴平""阳平""上声""去声"的韵法,他吟诵时的满口绍兴腔,直到现在还时常在我的耳边响起。

1980年1月,我退伍回程时经过南京,在文昌巷小住两日,老人家非常高兴,专门从鼓楼清真名店马祥兴叫了菜肴送到家里。两天中,我陪老人家聊天,在附近散步、晒太阳。离开时,我向外公外婆道别,老人家向我点点头,扬了扬手,脸上仍是微笑、和蔼的神情,但眼光中却不经意地流出一些忧郁了。不久后,我从母亲、姨妈、舅舅那里了解到,老人家确实有心事。

外公于1982年12月30日在南京与世长辞,享年90岁。23年后,我开始为写作《陈鹤琴传》准备素材,查阅了大量资料,又经过我的母亲、舅舅、姨妈们指导、补充,终于整理出了外公一生的清晰脉络。其中许许多多亲历者的文字、回忆讲述的许许多多往事,无时无刻不在敲打着我的心扉。我把这些珍贵的史料记下来,连接成为了一条主线,沿着这条主线,我的眼前始终有一把光明的火炬在燃烧着!我深深地感受着它的热量与光明!我开始走进外公不平凡的教育人生之中!

1981年,我的母亲陈秀云从一所著名中学主要领导(党支部书记)职位上调到北京市教育科学研究所(现北京市教育科学研究院)专门从事整理、编辑外公著作的工作。母亲说,北京市负责教育工作的领导向她交代工作任务时表示:陈鹤琴先生虽不在北京,但是他是属于中国的,北京市应该带头开展这项工作。后来我们了解到,外公晚年最大的心愿是将他一生的学术研究、著作与教育实践整理出来,留给后世。他曾急切地盼望能有一名助手协助他完成这项工作。1978年后,他的身体日益衰老了,由于脑梗的原因,腿脚已不方便。但他仍然坚持一边锻炼身体,一边写作《做想见闻录》。他将希望寄予到我的母亲身上。1949年5月南京解放后,市军管会教育委员会负责人找到正在中央大学(现南京大学前身)参加学校接管工作和在师范学院党支部工作的母亲,请她去上海将外公接来南京,就任改组后的中央大学师范学院院长。外公欣然同意,随女儿一同北上,不久后将家也从上海搬来了南京。母亲调到新的单位后,开始不停出差,用了大半年时间往返于北京、南京、上海、天津、江西等地,主要工作有两项:一项是到各地图书馆、档案馆查找第一手原始资料;一项是拜访外公的同学、同事、朋友、学生,为编辑《陈鹤琴教育文集》做准备。回到家后,母亲在父亲的协助下经常伏案工作,我的舅舅、姨妈和母亲的许多老同事、老同学也被发动起来,一起投入这项浩繁的工程。如果用"呕心沥血""不畏艰难"形容那时母亲的工作状态,并不过分。此时,外公急切地期待着女儿的行踪、消息。外公对完成这项工作的强烈心愿从母亲的两段记载中可见一斑:

> 父亲在晚年经常用"老骥伏枥,志在千里"激励自己。1980年后,他因中风一条腿瘫痪,然而他为能继续工作,努力锻炼。直到现在,我的眼前仍出现他拖着一条残腿吃力地在院子中走圈的情形。此后不久,他又一次中风,两条腿都瘫痪了,他还是坚持要我们搀扶着他站起来慢慢地挪动脚步。他说:"我绝不能躺倒。"我们知道,他不甘心停下

第二章　陈鹤琴："我爱儿童,儿童也爱我"

来,还要坚持到底,这是他的性格①。

1981年年底,我正在上海查找资料,接到南京打来的长途电话,父亲希望我赶去南京。第二天我就乘上火车,到达南京家里的时候,父亲正在床上焦急地等待着,一见到我,他就急切地询问我们编辑《陈鹤琴教育文集》的情况。此前,他的著作《家庭教育》由人民教育出版社重版,父亲在重版的序言中道出了自己的心声:"儿童是振兴中华的希望。儿童教育是整个教育的基础,关系到我们伟大祖国的命运。……"

正是在我母亲和舅舅一鸣、一飞和姨妈、舅妈,以及许多教育前辈的不懈努力下,继《陈鹤琴教育文集》出版后,1987年超过400万字的《陈鹤琴全集》(六卷本)终于出版。或许可以这样说,这部包含了外公大部分著述的《陈鹤琴全集》不仅为中国现代教育史研究竖立起一座丰碑,为中国近现代教育留下了一笔宝贵的精神与学术财富,更为后来包括学前教育在内教育事业的改革与中国现代教育家思想、精神的传播提供了依据,建立了基础。说实话,起初我并不十分理解母亲的工作,尤其是她的身体因过度劳累受到极大损耗,到晚年左眼几乎失明。直到我开始写作《陈鹤琴传》,从这套《陈鹤琴全集》以及其他资料中找寻外公教育人生与学术思想、实践脉络、轨迹的时候,我有两个强烈感受:一是外公一生的经历与学术研究、实践成果的范围、内容的广泛、丰富,堪称中国学前教育发展历程的翔实记录与"百科全书";二是包括我母亲、舅舅、姨妈在内的陈鹤琴后人们,以及许多参与此项工作的人们为此付出了巨大的心血。可以说,如果没有这些努力与付出,外公的教育著作、思想就不可能像现在这样完整。2005年以后,我开始进入外公及其教育思想的研究、传播工作之中,自知责任与使命的重要,因此倍加努力。

2003年,中国幼教百年纪念大会在北京举行。在会上,国内学前教育专家云集,盛况空前。时任中国学前教育研究会名誉理事长的史慧中教授在讲话中披露了一段史实:新中国建立初期,国家实行"全盘苏化"的文教政

---

① 陈秀云.陈秀云教育文集[M].北京:金城出版社,2012:252.

策。有一次一位来自苏联的教育专家在作报告中讲到某段内容时,对着坐在台下前排的陈鹤琴轻蔑地说道:"这下你就知道你的'活教育'有多可笑!"话音刚落,陈鹤琴当即从座位上起身回敬了一句:"其实'活教育'与你讲的内容基本一致。"关于这件事,母亲记述道:

> 关于这段经历,父亲生前从未提到过,我们也不知道。通过史教授的讲述,我对父亲在和蔼、可亲和"永远微笑的教育家"印象的同时,感受到一位中国教育家的风骨和对于真理与科学精神的坚守①。

2007年4月,安徽省陈鹤琴教育思想研究会在合肥举行"纪念陈鹤琴先生诞辰115周年学术论坛",母亲分派给我的任务是陪同时任中国陶行知研究会会长的方明(1917—2008)由北京乘火车南下。一路上方老讲了许多六七十年前的往事,其中有两件与外公有关。

一件事是20世纪30年代,陶行知先生倡导"工学团"运动,不到20岁的方明组织了一个"流浪儿"工学团,将许多无家可归的流浪儿童组织在一起学文化。当时他们最有力的支持者、导师是在公共租界负责华人教育事务的外公陈鹤琴。一来他与陶行知先生关系密切,教育界有"陶陈"之说;二来他是知名的儿童教育家,和蔼可亲、平易近人。方老回忆,他们准备去见外公时,通常三天以前就做好准备,整理衣服,洗头洗脸;有时外公还会来到弄堂、亭子间,关心这些无家可归的小孩子。他有一个基本思想,要让所有小孩子都能有一些文化,接受教育,将来能够自食其力养活自己,否则就会成为"废人"了。他给小孩子们讲《白羊与黑羊过桥》的故事,观看小朋友做游戏。方老讲到这里时,神采飞扬,眼里放光。

另一件事,1946年陶行知回到上海后,中共地下党组织计划由方明做陶行知的联络员,协助开展工作,后因其他原因,他被派去负责"小学教师联合会",这个组织的顾问和最有力的组织者是时任上海幼稚师范学校(后改为"女子师范学校")校长的外公陈鹤琴。他经常参加"小教联"组织的活动,

---

① 陈秀云.陈秀云教育文集[M].北京:金城出版社,2012:317.

第二章 陈鹤琴:"我爱儿童,儿童也爱我"

在集会上讲话,挺身而出,声援进步的教师们!方老告诉我:"陈先生那时像一个战士!"

我们到达合肥后,来到会议驻地,看到二十多位从全国各地以及台湾地区和美国专程赶来参加活动的原"江西幼师"(全称为江西省立实验幼稚师范学校)以及"国立幼专"(全称为国立幼稚师范专修科)的同学们。看到眼前这些七八十岁、满头银发的老人家,对她们的校长如此崇拜、虔诚,情深意厚,我的脑海中浮现出我母亲在文章中描述的情形:

> 在父亲生命的最后时刻,我将幼师学生写给他的信录成磁带放给他听,有时他连饭也不愿意吃,只是要我一遍一遍放录音。他一边听着,一边流着眼泪,用微弱的声音呼唤着每一位同学的名字。他要把自己未竟的事业交给她们,为了幼教的发展,为千千万万儿童谋幸福[①]。

我读到这里的时候,自己也被深深感染。到底是怎样一种力量,使昔日这些学生们如此崇拜、热爱外公呢?在活动期间,我亲身感受到了。随着与会老人家们深情地回顾、讲述,一位伟大儿童教育家的形象在我的眼前和内心真正高耸起来了。

我的外公陈鹤琴是怎样一位教育家呢?我读到过两位教育前辈不同的记述:

> 鹤琴先生写信来,说是五十岁了,我有些不信。我记得他是一位美少年。在南京同事时,我有这样一个印象。分别后,京杭不时相遇,他额上虽有较深的皱纹,但是红红白白的脸色,依旧表露着少年时的美丽。近两年没机会相见,我不信他会得像五十岁的老人,即使他到百岁,须发全白了时,恐怕仍旧能保持他的童颜。
>
> 他的姿势最使我羡慕。无论上课、开会、谈话,他总是始终坐得挺直,从不见他撑了头、弯了腰、曲了背,露出一些疲乏的神情。立时、走

---

① 陈秀云.陈秀云教育文集[M].北京:金城出版社,2012:252.

时,也是这样。就是打招呼行礼,他上半身的弯度,也是很小,并且在背后看不到弧形的曲线。"正直"可以代表他的姿态。

圆圆的脸孔,健美的脸色,再加上一副永远不分离的微笑,使得和他接触的人,个个发生好感和愉快。即使在研究很严重的问题时,他发言仍夹些微笑。他的语言虽不像音乐,但是这一个微笑却很容易使听者乐意接受。厉声严色,或者有密切的相关。和颜悦色下,只听得他轻快平静的声音,我没有看见过他发怒。

——俞子夷《永远微笑的儿童教育家》①

20世纪的20年代后期,我们在上海有十来个心理学工作者组织的一个小小的集会,每隔两星期聚会一次,轮推一位专家,主讲一个专题,然后展开讨论。我记得有一次郭任远②主讲,讲题是"作为生理学科分支的心理学"。他在讲演时,抹杀了人的特点,把人的心理学贬低为生理学的一个分支。对他的论点大家很少表示同意,而最有力的反对者则是陈鹤琴。陈先生主张人有意识,不能等同于动物。心理学是要研究人的意识的,我们决不能否定它独立存在的权利。这使我进一步认识到,陈鹤琴先生虽然平时平易近人,在学术上却不是随声附和、人云亦云,而是有一定原则的。

——高觉敷《永不满足,探索前进》③

1940年,外公陈鹤琴从上海辗转来到江西泰和,创办了中国第一所公立幼稚师范学校江西省立(后改为国立)幼稚师范学校,学生来自国内各地,其中有躲避战乱、背井离乡的女学生,也有逃婚出来的童养媳,年龄大都在16岁左右。在战火弥漫的环境中,"幼师"无疑是她们心目中的"诺亚方舟"。因为缺少办学经费,外公就带领师生垦荒、修路、搭建校舍,当时的口号是"辟荒山为乐园"。同时,他提出并实验"活教育"理论及其教育原则、课程。包括我母亲秀云、舅舅一飞和一心都曾经参与了这一过程,与这些老人

---

① 陈秀云,陈一飞.陈鹤琴全集(第6卷)[M].南京:江苏凤凰教育出版社,2018:468.
② 郭任远(1898—1970),著名心理学家。
③ 陈秀云,陈一飞.陈鹤琴全集(第1卷)[M].南京:江苏凤凰教育出版社,2018:3.

家们都以"同学"相称。当时"幼师"在江西乃至全国的名声很响。1944年因日军南犯,泰和告急,陈鹤琴率领"幼师"和刚成立不久的"幼专"的200多位师生先到赣州,后又转去南丰、广昌,一路风餐露宿。在从赣州转移前,他因银行拒绝兑现当局下拨的转移经费而去找"行政专员"时,受了冷遇。该专员劝他:"老先生,你岁数大了,何必这样奔波呢?把学校关掉、学生遣散,你带着全家撤退去大后方吧!"当时,外公一向温和的神情变了,他回答:"这些十几岁大的女孩子,她们哪有家可归呀。她们都是我的女儿,我要带着她们一起走。"说完便起身出门了。

关于这件事,外公自己在著作中提到过,我在写作《陈鹤琴传》过程中整理资料也看到过。更使我感动的有三件事:

第一件事,外公从专员公署受冷遇出来后,并没有与已经集合的"大部队"一同出发,而是带了两位助手继续到城里找熟人筹集款项,城内到处都是撤退的人,纷乱嘈杂,最后他们在一所教堂借到了8万块钱。此时,外公的二儿子一飞正在赣州城外郊区的一家电池厂做工,外公因为忙碌,竟忘记及时通知他。待一飞闻讯后很快赶到赣州时,大部队早已出发。当时仅15岁的一飞从教堂那里得知了幼师幼专队伍的去向,步行几十里路终于赶了上来。

第二件事,1944年大年初一上午,幼师幼专的师生们在宁都临时找到的一所院落内举行"团拜",外公对在场的师生们说了一番动情的话:"我们永远不要忘记逃难中过的这个新年!我们要保持相依为命,同舟共济的精神!即使不在患难中也要如此!"当时,他还说到了人的改造的重要性,要好好革一下心,国家才会有希望。他提出六点:一、公私分明;二、公事当作自己的事做;三、从仿照到改造,从改造到创造;四、改造环境,服务社会;五、失败是成功之母,多一次失败,多一次经验;六、要准备付相当代价,没有牺牲,就没有收获!他勉励大家:"为幼教事业不怕受挫,坚持到底!"最后,他微笑地说道:"这是我送给大家的新年礼物!"

第三件事,经过了几百里山路长途跋涉,幼师幼专的队伍到达位于广昌甘竹乡的一个小村庄——龙溪村,也称饶家堡,终于停下了脚步,安顿了下来。几天后便开始了教学活动。由于经费紧缺,在外公的倡导下,幼师幼专

的女生们开展"拜干娘"活动。外公对大家说:"饶家堡的父老乡亲勤劳、善良、淳朴,热忱支持和帮助我们,我们应入乡随俗,与民众打成一片,学会在逆境中生活。尤其是女生可以拜拜干娘!要改善条件,使自己就像在父母身边学习、生活一样……"

那天,在会场里,许多老校友上台讲述往事,表达对于老校长的深切怀念,有的老人家甚至泣不成声。当会场前面的大屏幕上出现当年外公写给留在江西的国立幼师全体同学的公开信时,全场安静下来:

亲爱的同学们:
……
我是你们的校长,也是愿意驮着你们奔走于荒漠间的骆驼,尽我的力,我要为你们寻找可以使你们休息、学习、工作、发展的绿洲。只要我存在一天,我对教育事业,对你们,不会有一丝一毫的懈怠,我要斗争下去。

你们的校长 陈鹤琴
1945年12月25日

当这封信念完的时候,会场里响起当年"幼师"的校歌:

幼师,幼师,美丽的幼师,
松林中响的是波涛来去,
山谷中流的是泉水清漪,
放鹤亭,鸣琴馆是我们的新伴侣,
更有那古塔斜阳,武山晚翠,
陶冶我们的真性灵,
培养我们的热情许。
幼师,幼师,美丽的幼师!

幼师,幼师,前进的幼师,

做中教，做中学，随作随习，
活教材，活学生，活的教师，
大自然、大社会是我们的工作室，
还要有手脑并用，文武合一。
建设我们的新国家，
教导我们的小天使。
幼师，幼师，前进的幼师。

这首校歌由外公陈鹤琴作词，著名音乐家程懋筠作曲，歌词意境优美，曲调节奏鲜明，悠远。老校友们合着音乐忘情地大声唱着，每个人眼中都噙着泪光。这时，房间的灯渐渐熄灭，这些老人们每人举着一根点燃的蜡烛，围着会议室中间的长桌子绕圈。方老也举着一根蜡烛，随着音乐的旋律加入进老校友们的队伍中！

什么是教育呢？什么是教育的力量与光芒呢？什么是教育家与教育家精神呢？我参加了这次活动，从这些"老学生"前辈们的讲述与情感、动作中，感受到了！懂得了！

1982年11月，在外公病危时，他的两位老朋友潘菽（1897—1988，著名心理学家）、高觉敷（1896—1993，著名心理学家）来到他的病榻前探视，当时他已经不能开口讲话了。他示意家人拿来纸笔，在上面歪歪扭扭地写下九个字："我爱儿童，儿童也爱我！"

在陈鹤琴教育思想滋养下绽放生命芳华

曹玉兰[①]

2011年5月,在梅村实小做了18年语文老师的我突然被调至梅村中心幼儿园任园长。当时的幼儿园虽已是独立管理,但园内大部分是民办教师,少数几个在编教师都挂靠在小学。幼儿园是一个没有太大专业性的地方,时任小学校长也觉得这个安排对我这个语文学科带头人不合适,安慰我:"服从组织安排,你先去一年,然后赶紧回来,不然对你专业成长不利!"

他,让我留在了幼儿园

那些时日,我就如一株被移栽的玉兰,有些水土不服。到幼儿园一个月,除了参加被安排的各种会议,真不知道自己能做什么,只想着早点回到小学,继续从事我喜爱的小学语文教学和研究。

某天,我临时接到通知,让我去南师大参加幼儿园骨干教师高级研修班的培训。去了以后,我才发现这次培训的规格非常高,虞永平、顾荣芳等南师大顶级教授一一给我们授课。为期10天的培训,让我这个门外汉对幼儿教育的理论和方法有了些许认识。专家们在讲座中,不约而同地提到同一个人——中国学前教育之父陈鹤琴,可当时我对他并无太多知晓。

培训班里,我这个刚刚转岗的小学语文老师,与其他幼教人总是谈不了太多。一日课余,就去拜访《江苏教育研究》杂志的编辑部主任颜莹。在她办公室,我们聊了很久,大多是我在倾诉自己的迷茫和无措。她鼓励我:"你

[①] 曹玉兰,无锡市梅村中心幼儿园园长,江苏省特级教师,正高级教师,"苏教名家"培养对象,江苏省名园长工作室主持人,无锡市陶研会幼教专委会理事长,无锡市有突出贡献中青年专家。

是个优秀的语文老师,也一定可以成为优秀的园长。但是如果要做一个有所建树的幼教人,建议你可以从读学前教育的经典开始。"

培训结束回到幼儿园,我就翻阅学前教育史,去寻找幼儿教育的经典理论。这时,"陈鹤琴"再次进入我的视野,通过相关资料的阅读,我对他有了大概的了解。

1914年,陈鹤琴以优异的成绩赴美留学,经过在轮船上学医与学教育的思想斗争,最后觉得教育对人的身心发展影响最大,而教育中的娃娃教育对人的影响更为深远。于是,他选择了学习儿童教育,在当时大师云集的美国哥伦比亚大学师范学院,师承杜威、孟禄等大师学习教育及儿童心理学。1919年回国后,以长子陈一鸣为实地研究对象,探究符合中国国情的幼儿心理特点,并开办南京鼓楼幼稚园,创办幼儿师范学校和幼儿师专等。那个年代,很难想象一位留学归来的男子专门研究"娃娃经",会遭遇多少异样的眼光。可陈先生为了改变中国没有学前教育的现状,将自己的毕生心血献给了不被人瞧得起的学前教育。因为他始终清醒地认识到,育人才能救国,育人才能实现中华民族的伟大复兴,育好娃娃就是育好中国的未来。陈先生站在如此高度看待学前教育,不禁让我动容。

确实,幼儿阶段是人一生养根的时期,需要更多的人投身幼儿教育,研究其特点,推动它发展。学前教育如此重要,我们奈何不了别人轻看,但自己千万不可看轻!陈先生的教育理念、教育方式与自己熟悉的当下小学教育截然不同,这是不是就是学前教育的特点和规律?于是,我果断买回了《陈鹤琴全集》。

拿到书的那一刻,我在心里暗下决心——既然我有缘来到了学前教育这片土地,那就扎下根来,做点自己能做的事。

互动,让课程"活"起来

我最先阅读的是《陈鹤琴全集》第2卷和第5卷,其对"幼稚教育"的全面阐述与"活教育"的相关理论深深地吸引了我。

在阅读的过程中,我愈发体会到:如果我们向幼儿传授大量的知识、技能,却不去思考儿童为什么要掌握这些,如果我们义无反顾地维护规则、制度与表面的纪律,却不去关注幼儿的内心感受,如果我们只想按自己的想法来改变儿童,却不太注意倾听幼儿的真实想法……那么,我们只会"拾起"幼儿的一部分,却"丢开"他的整体。如果我们和幼儿之间缺乏真正的理解,幼儿怎么可能会有精神的成长?

在陈先生创办的南京鼓楼幼稚园里,种豆是春天的设计,豆开花了就作为课程的中心,又过几星期豆成熟,就来做摘豆、请客吃豆的设计。苍蝇、蚊子是最可憎的,他们就来一个小小的灭蚊蝇运动。总之,课程是要合于实际生活的,并且应该活用的。所以他们预定的课程表,往往因为儿童临时心境的不合,难以应用,常常改变,有时竟有全部不用的①。

陈先生在对学前儿童心理和教育长期研究的基础上,提出了适合学前儿童发展的"整个教学法",这种教学法把各科功课打成一片,所学的功课是无规定时间学的,所用的教材是以故事或社会或自然为中心的。它是合乎儿童生活的、心理的,处处要儿童自己参加的②。陈先生还特别指出,儿童好游戏乃是天然的。幼稚园教育,即根据游戏本能,发展儿童之身体,养成公民应有的品质,使脑筋锐敏,为休息之灵丹③。

这些论述让我豁然开朗,幼儿教育应该是儿童的,是生活的,更是游戏的。但反观自己幼儿园的各类活动,教师并没有准确把握幼儿学习的特点和规律,总是按成人的想法和设计去实施教学。我观察到:我园的教师执教社会活动《我的开心法宝》,先出示自己准备好的图片,让幼儿模仿上面的表情;然后出示伤心难过的表情,让幼儿从《幼儿画册》的图片中寻找开心法宝——唱歌、运动、游戏……可我发现,那个扎两条辫子的小女孩是哭着进教室的。老师为什么不改变活动设计,以此为契机,和孩子们一起询问小女孩为什么要哭,并一起安慰她,让她开心起来,去找到这个具体事件中的"开心法宝"呢?

在进行"廊道超市"游戏活动时,全园幼儿在教师的安排下选择各个地

---

① 陈秀云,陈一飞.陈鹤琴全集(第2卷)[M].南京:江苏凤凰教育出版社,2018:6.
② 陈秀云,陈一飞.陈鹤琴全集(第2卷)[M].南京:江苏凤凰教育出版社,2018:165,168.
③ 陈秀云,陈一飞.陈鹤琴全集(第1卷)[M].南京:江苏凤凰教育出版社,2018:4-5.

点进行活动。我来到二楼许老师的科学区,看见她准备了盐、糖、米……让孩子们猜测水能溶解哪些东西,再一一验证。这样的活动看似打破班级界限,自主选择游戏内容,实则按照预设的步骤进行猜测、实验并得出结论,这是不是幼儿需要的游戏?

陈先生在《现今幼稚教育之弊病》中谈到,小孩子的知识是由经验得来的。所接触的环境愈广,所得的知识当然愈多[①]。所以我们要使小孩子与环境中的人、事、物有充分的接触。

带着读书所得的思想,基于对幼儿园现实的观察和理解,我带领老师们申报了江苏省教育科学"十二五"规划课题"促进幼儿多样化发展的互动型课程实践研究",决心从课程实施方式的变革入手改造幼儿园的课程。

我们力图改变静态、固化的课程观以及单向传递的课程实施状态,让教师和幼儿共同成为课程的参与者、开发者和实施者,课程不再是固定不变的主题和游戏活动,而是在与幼儿、教师、环境、社区等诸多要素的交互作用下,充满实践张力的、更具生命成长意义的动态性过程。我们从"快乐游学""多元助学""文化伴学"特色课程开发入手,充分挖掘各种资源,不断融入幼儿一日生活,丰富课程活动内容和方式,让幼儿在具体情境中与更多的人、事、物进行对话与交流,从而获得多样化的发展。在不断践行陈先生教育思想的过程中,我园的"互动型"课程逐渐形成了自己独特的行走轨迹,我们把儿童成长作为课程的终极目标,重构了教师、幼儿、家长等的关系,让课程从儿童中走来,走向儿童的多样化发展,呈现出"开放""动态"的实施过程。

就在我们欣喜幼儿园的课程更有活力、更适合儿童、更有育人智慧的时候,随之而来的却是许多质疑的声音:"互动型"课程只是一个美丽的梦想,要让幼儿及其他人员与教师共同成为课程的主体并发生交互作用,从而推动课程的发展,难度太大;"互动型"课程缺乏严谨的课程架构,虽然有一些具体的个案,但没有普适的机制和方法。还有专家直接建议我们放弃这样从实施方式入手的课程研究。

就在我们困惑、迷茫、不知所以然的时候,我再次翻阅《陈鹤琴全集》,高

---

① 陈秀云,陈一飞.陈鹤琴全集(第2卷)[M].南京:江苏凤凰教育出版社,2018:2.

觉敷先生的序《永不满足,探索前进》深深地触动了我。陈先生开中国学前教育之先河,一生摸索前行,永不言弃。求真的研究方式不就应该是这样的吗?我们没有理由在质疑声中颓废或放弃,该做的就是持续地学习、思考、实践和优化。我们决定开展"互动型"课程的续进研究,申报了江苏省教育科学规划"十三五"省课题"相伴相生:'互动型'课程的园本建构"。随着课题研究的持续深入,我们不断刷新对儿童学习与发展的理解,并从微观视角切入,更多地去记录幼儿真实学习过程中多维的互动。在形成1000多个鲜活课程故事的基础上,我们梳理了"互动型"课程的价值、支架和样态,以及课程的内在结构网状模型图,出版了专著《多样化成长——从儿童中走来的互动型课程》《学习真实发生——追随儿童成长的"互动型"课程》。

就这样,在陈先生教育思想和精神的引领下,经过十年的课程实践和理念坚守,梅村幼儿园逐渐沉淀出"人事相善"的核心价值观,形成了我们对教育独特的理解、认识和表达。也正是这十年,我在梅幼这片沃土抽枝长叶,舒展成自己想成为的样子[①]。

一切为儿童

2019年11月,在省教科院专家的联系下,我有幸来到心中神圣的殿堂——陈鹤琴先生创办的鼓楼幼儿园参观学习。

走进鼓楼幼儿园的"城市森林"中,我看到——"裸露"的外墙被植物攀上绿色的枝蔓,楼和树因势而生,相互依偎。角落里、转弯处、空地上,到处有属于孩子的印记。那一棵陈先生亲手栽下的瓜子黄杨,历经96年风雨,愈发亭亭玉立、生机勃勃。

陈鹤琴纪念馆里陈列着许多的老物件、老照片,行走其间,一股超越时空的使命感扑面而来。鼓楼幼儿园园史陈列室入口处挂着的五个字更是深深刻在了我的心间——一切为儿童。这是陈先生在88岁时写下的。陈先

[①] 在陈鹤琴"活教育"思想引领下,我在幼教领域不断进步发展,研究成果先后获2017年、2021年江苏省教学成果二等奖、第五届江苏省教育科学优秀成果二等奖。撰写的40多篇文章发表于《学前教育研究》《上海教育科研》等杂志,成长为江苏省特级教师,正高级教师,"苏教名家"培养对象。

第二章 陈鹤琴:"我爱儿童,儿童也爱我"

生开创了中国学前教育实践之先河,为其贡献了毕生心血,出版了儿童心理学、学前教育课程论、教育论等诸多著作,这五个字是他在耄耋之年道出的肺腑之言,也是学前教育的根本。对儿童无私的大爱,才是做好幼儿教育的根本。不管是园长还是普通教师,心中最重要的位置都要留给儿童。今天,"鼓楼头条巷25号"的老门牌已经有些斑驳,陈先生的教育思想却永远镌刻在中国学前教育发展的史册上。

"凡是儿童自己能够做的,应当让他自己做;凡是儿童自己能够想的,应当让他自己想"[1],这便是陈先生对"一切为儿童"的具体践行。我把这一理念迁移到幼儿园的管理中来。在梅幼,空间设想和规划不是园长的特权,而是让幼儿和教师参与其中。在综合楼改建之际,我没有简单地定义美工室、科探室等专用室,而是让教师和幼儿一起讨论"我们要玩什么?怎么玩?能否玩得更有趣?"然后由各大班的老师和幼儿领衔设计了五大工作坊,"时光""咔咔""去野""虫洞""光影"等富有创意的专用室名字和活动规划方案陆续诞生。这样的工作坊从主题入手,突破了学习领域的局限,从规划、创设起即是幼儿鲜活的游戏场。

园长"为儿童"固然重要,可以改变幼儿在园的一些生活方式;但只有每一位老师的心里都装满儿童,才可能有美好的教育。肩负着这样的责任,我珍视每一次与教师交流和教研的机会。

刘宏宇是2022年来到幼儿园的硕士生。踏上岗位不久,他便撰写了几篇论文,虽然理论功底不错,但缺乏深入实践,仅是"用理说理",对学前教育的理解和思考明显不够。几次与其交谈,说起陈先生当年为了探索一条适合中国国情、符合儿童身心发展的中国化、科学化幼教道路,在南京自己家中创办鼓楼幼稚园,只有实践才能出真知。我一再地勉励他:"你现在最需要的,是到实践中去!到实践中去!儿童会教你如何更好地做老师……"在我的建议下,他不断记录自己的教学日常和反思,"半片没吃完的面包""消灭不了的蚜虫"……一篇篇随笔是他从疏离儿童到慢慢读懂儿童的最好见证。他在《新手教师的一年成长随记》中写道:"我要时刻提醒自己——不拒

---

[1] 陈秀云,陈一飞.陈鹤琴全集(第5卷)[M].南京:江苏凤凰教育出版社,2018:67-68.

绝幼儿，不做替代性决策，努力听见独特声音。"靠近儿童，尊重儿童，倾听儿童，我想，他已经找到了开启通往成熟教师之路的金钥匙。就这样，我手把手地指导教师不断地阅读、实践、分享，有效地提升专业能力，帮助他们形成与儿童同频共振的心理状态，从而更好地理解儿童，支持儿童发展。每一次交流和教研，都是让鲜活的儿童住进年轻教师的心房。

我在成为特级教师、正高级教师之后，更多的职务和事务接踵而至，梅村中心幼儿园教育集团总园长，区学前教育研究中心副主任，省、市、区三级名师工作室主持人，无锡市陶行知研究会幼教专委会理事长……我常疑惑，这么多的社会兼职，意义到底在哪里？我总觉得安心地做好梅村幼儿园的园长，才是"一切为儿童"。

2022年，我获评"苏教名家"培养对象。导师李政涛教授勉励我：一定要精读一位教育名家，作为自身发展的奠基。在自己的三年目标责任书中，我逐条写道：再次细读陈鹤琴，进一步夯实教育生命发展的根基；专业研读陈鹤琴，长出自己教育生命发展的雏形；专深磨读陈鹤琴，长出蓬勃的教育生命发展之态……

再次靠近陈先生，除了"活教育"思想，他的精神高度更令我仰慕不已。陈先生在自传《我的半生》一书中写道："究竟我的志向是什么？我的志向是为个人的生活吗？决不！是为一家的生活吗？也决不！我的志向是为人类服务，为国家尽瘁。"[1]"一根木头，是不能够造屋子的"，仅仅创办一所幼稚园也改变不了中国幼儿教育的现状，必须要群策群力才能使中国的幼儿教育发展壮大[2]。为此，1926年，陈先生成立了我国最早的幼儿教育研究组织——幼稚教育研究会。1929年，在此基础上成立了以"研究儿童教育，推进儿童福利事业，提倡教师专业精神"为宗旨的中华儿童教育社。创办一所幼儿师范学校是陈先生长期以来的愿望，他在《推进儿教运动计划大纲》中这样阐述：建国必赖教育，儿童教育为一切教育之基础。要发展儿童教育，必先培养师资。

---

[1] 陈鹤琴.我的半生[M].上海：上海三联书店，2018：136.
[2] 章琳.陈鹤琴：中国幼教之父[J].中国档案，2021(11).

陈先生专业信念的"标杆"力量，让我领悟到——心怀儿童教育，就不能局限于自己幼儿园及园内教师的发展。那些职务和事务确实会耗费我的时间和精力，但如果能反过来督促我继续学习，并不断地影响和指导更多的教师，用心地关注儿童，用科学的方式去爱儿童，感召更多的人拥有这样的行为自觉和专业信念，这何尝不是一种幸事？我个人的力量虽然微薄，但因为我，能把那么多愿意投身学前教育的教师联结起来，相互交流、共同探讨，一起为儿童的事业努力，那儿童也一定更爱我们。

有陈先生思想的不断滋养，玉兰的生命芳华注定在幼教的春天里绽放！

第三章
叶圣陶:"教是为了达到不需要教"

> 我认为自己是与学生同样的人,我所过的是与学生同样的生活;凡希望学生去实践的,我自己一定实践;凡劝诫学生不要做的,我自己一定不做。
>
> ——叶圣陶

教育家小传·叶圣陶

叶圣陶(1894—1988),江苏苏州人,名绍钧,字秉臣,入中学后改字圣陶。先后在苏州城内第一所公立小学(长元吴公立高等小学堂)、苏州公立第一中学堂(时称草桥中学)读书。是我国著名的教育家、文学家、出版家和社会活动家。

叶圣陶是一位作家。他是 20 世纪 20 年代我国第一位写童话的作者,童话故事《稻草人》《古代英雄的石像》在青少年中极受欢迎。先后发表白话小说《春宴琐谭》、长篇小说《倪焕之》等,有"优秀的语言艺术家"之称。1921年与周作人、沈雁冰、郑振铎等人发起成立"文学研究会",共同举起"文学为人生"的现实主义文学旗帜。

他是一位真正的教育家。先后在苏州中区第三初等小学校(言子庙小学)、甪直五高任教,其间受到杜威"儿童中心主义"思想影响,意气风发地开始了轰轰烈烈的教育改革运动,"做了中国教育史上从没有过的事"。在甪直期间,叶圣陶撰写了《今日中国的小学教育》《小学教育的改造》等重要文章。叶圣陶说:"我真正的教育生涯是从甪直开始的。"叶圣陶教育思想对中国特色现代教育理论作出了具有独创性、系统性的重要贡献。

叶圣陶是一位优秀的编辑出版家,为新中国的出版事业,做了许多开创性的工作。他在商务印书馆国文部任编辑8年,后被任命为人民教育出版社社长。他执笔撰写了我国第一部初中语文课程标准《新学制课程标准初级中学国语课程纲要》,建国后主持编辑出版了几乎全部中小学语文教科书,为新中国语文教学打下坚实基础。他编写的《国文百八课》等语文教材,注重系统性和科学性,至今仍不失为语文教材的范本。叶圣陶主张规范现代汉语,编纂和规范了出版物的汉字并且规定了汉语拼音方案。他在出版领域提倡使用白话文,主办的《中学生》杂志和报纸大多使用白话文,极大地方便了读者的阅读。

叶圣陶是著名社会活动家,积极参加国家政治活动。1949年后,叶圣陶先后出任中华全国文学艺术界联合委员会委员、教育部副部长、中国作家协会顾问、中央文史研究馆馆长、第一届和第五届全国政协常委、第六届全国政协副主席、民主促进会中央主席等重要职务,为社会主义革命和建设事业作出卓越贡献。

第三章 叶圣陶:"教是为了达到不需要教"

叶圣陶:从小学讲台走出来的伟大教育家[①]

杨 斌[②]

叶圣陶是我国伟大的文学家、教育家、社会活动家和编辑出版家,是中国现代文化教育的一代宗师。20世纪的中国社会,风云激荡,革旧鼎新。20世纪初叶,叶圣陶从小学语文教员起步,积极投身时代激流,以深厚的国学根底、广阔的文化视野和现代教育理念,躬身从事文化教育工作70余载,深思慎取,躬身践行,总结、提炼和积淀了一笔丰厚珍贵的教育思想财富。

一、藏在日记里的人生志向:从事社会教育,改革同胞之心

(一)新旧交融、中西兼顾的求学经历

1894年10月28日,叶圣陶(原名叶绍钧)出生于苏州城内悬桥巷一平民家庭。1906年春,叶圣陶进入苏州城内第一所公立小学(长元吴公立高等小学堂)读书。次年春,他又以优异成绩越级考入苏州公立第一中学堂。苏州公立第一中学是苏州第一所实施西方现代教育体制的新式学校。叶圣陶在这里读书的五年,是勤奋学习的五年,也是积极参与社会变革的五年,同学都说叶圣陶是"天才"[③]。1911年苏州光复,他请先生改名,先生为之取"圣陶"为号。同年12月2日,叶圣陶在日记里认定了自己的人生志向:"此

[①] 原文刊发于杨斌《叶圣陶:从小学讲台走出来的伟大教育家》,载于《江苏教育研究》2023年第21期,其第三部分和余论为此次增写,其余未作改动。
[②] 杨斌,江苏省叶圣陶教育思想研究所研究员、中学语文特级教师、江苏省首批教授级中学高级教师,享受国务院政府特殊津贴。主要研究方向:语文教育、美育与教育美学、叶圣陶教育思想。
[③] 顾颉刚.古史辨自序[M].石家庄:河北教育出版社,2000:27.

身定当从事于社会教育,以改革我同胞之心,庶不有疚于我心焉。"

(二)波澜起伏、斑斓多姿的早期教师生涯

1912年1月28日,叶圣陶到苏州中区第三初等小学校任教。两年后,被风气保守的学校以缩减班次为由排挤出门。1915年秋,叶圣陶经好友郭绍虞介绍,来到上海商务印书馆附设的尚公学校担任高小一年级教员,讲授国文,并为上海商务印书馆编辑小学国文课本。在尚公学校,叶圣陶初步尝到了教育工作的尊严和乐趣,积极尝试教学改革,也开始撰写教育论文,总结教育教学经验。"到尚公执教,成了叶圣陶人生道路上的一个转折点。"①

真正对叶圣陶教育生涯产生决定性影响的,是在甪直的五年教育生活。1917年春,叶圣陶应时任吴县县立第五高等小学校长吴宾若邀请,到甪直五高担任高小一年级级任教员,直至1921年夏。其间,叶圣陶与在北京大学读书的同窗顾颉刚经常通信,五四新文化运动的信息及时传到偏僻水乡甪直,叶圣陶成为第一个现代文学社团"新潮社"会员。杜威于1920年6月来苏州讲学,叶圣陶现场聆听了杜威演讲,受到了杜威"儿童中心主义"思想影响。在时代风潮影响下,叶圣陶与吴宾若、王伯祥等意气相投的草桥校友和部分有进步教育思想的同事一起,意气风发地开始了轰轰烈烈的教育改革运动,做了"中国教育史上从没有过的事"。在甪直期间,叶圣陶撰写了《今日中国的小学教育》《小学教育的改造》等重要文章。1928年在《教育杂志》连载的长篇小说《倪焕之》,就有浓厚的甪直生活影像,也深刻折射着杜威教育哲学对叶圣陶的影响。在甪直实行的教育改革,是叶圣陶教育思想萌芽的重要温床,叶圣陶自己也说:"我真正的教育生涯和创作生涯是从甪直开始的。"②他称甪直为自己的"第二故乡"。草桥中学五年现代教育和甪直五年教学改革实践,蕴藏着叶圣陶教育思想发源的全部秘密。

自1921年至1940年,叶圣陶又先后在中国公学中学部、杭州第一师范学校、北京大学预科、福州协和大学、复旦大学、上海大学、立达中学、武汉大

---

① 商金林.叶圣陶全传(第一卷)[M].北京:人民教育出版社,2014:283.
② 商金林.叶圣陶传论[M].合肥:安徽教育出版社,1995:221.

学等中学和大学担任语文教职,结识了朱自清、夏丏尊等一批语文界朋友,形成了旨趣相近、相映生辉、可以互相包容和补充的语文价值观。

(三)和教育工作具同样意义的编辑、出版和教育小说创作

叶圣陶曾经说过:"编辑工作也是教育工作。"①这句话包含着深刻的道理,也是作为著名出版家叶圣陶的真切体会和甘苦之言。自1923年初至1931年初,叶圣陶在商务印书馆任国文部编辑,编辑出版了一系列中小学国文课本,执笔撰写了我国第一部初中语文课程标准《初级中学国语课程纲要》。1931年2月,叶圣陶任开明书店编辑、编译所副主任、《中学生》杂志主编,一直到1949年。叶圣陶无论以什么身份在开明书店工作,都是书店编译工作的实际主持人,《开明国语课本》《开明国文讲义》《初中国文教本》《国文百八课》等,至今仍不失为语文教材的范本,为我国现代语文教材建设打下良好基础。《中学生》杂志更是滋养哺育了几代人,在社会上产生了极为广泛的影响。

中华人民共和国成立后,叶圣陶长期担任人民教育出版社社长,倾注毕生精力,主持编辑出版了我国当时几乎全部中小学语文教科书,为新中国语文教学做出了众所周知的奠基性贡献。

叶圣陶也是一代文学宗师。他的教育小说创作,尤其是长篇小说《倪焕之》,对于我们理解他和同事们的甪直教育实验,认识其教育思想的形成和转变,具有不可忽视的重要意义。叶圣陶不是倪焕之,但在倪焕之身上确实映射了青年叶圣陶的教育理想和教改实践。更为重要的作品是和夏丏尊共同创作的故事体著作《文心》。这是一本探讨语文教育教学基本规律的学术著作,涉及教材文白之争、诗歌新旧之争、语文学习的语感说、作文教学观等学术前沿问题,却贴近学生生活,运用故事的形式,既生动周到,又深入浅出,该书刚一出版,就受到广大中学生的热烈欢迎。叶圣陶这些教育题材的文学作品,是他认识教育、思考教育的重要组成部分,也艺术地反映和折射出叶圣陶教育思想的形成轨迹和独特光谱。

---

① 叶圣陶研究会.叶圣陶研究论文集[G].北京:开明出版社,1991:277.

二、一根红线和一串珍珠:叶圣陶教育思想的丰富内涵与逻辑体系

叶圣陶教育著述有一个显著特点,就是从来都不做凌空蹈虚的坐而论道,也没有什么高头讲章,而是散见于各式各样为教育现实服务的文字之中,譬如课本编辑大意、编辑要旨、教学举隅、课程纲要、讲话、书信、序跋、答问,等等。叶圣陶从没想过要做垂名青史的教育家,相反,他始终从教育教学实际出发,不断提出、探索和回答教育现实中的重大问题。叶圣陶教育著述这种本色朴素的风格,蕴含着丰富的理论质素和深厚的教育智慧,其教育思想体系,需要研究者去仔细发掘和凝练。这是一项艰巨复杂的工作。首先是爬梳剔抉,从浩瀚的文字里去粗取精,寻找出作者的思想内核即代表性观点;其次是建立框架,对其纷繁的思想观点进行概括分析,寻找出观点与观点之间的内在联系;再次是发现体系,用学术语言对作者思想的内在逻辑进行理论论证。二十多年来,我们从建立叶圣陶教育思想展馆开始,经过编选叶圣陶教育思想读本,组建叶圣陶教育思想研修班,邀请专家对叶圣陶教育思想进行研究性解读以及课题研究等,如此循环往复,沉潜含玩,钩深索隐,形成研究心得。

我们认为,叶圣陶在教育目标、教学过程、教学方法、语文教育、师表风范等一系列重要领域,提出了诸多一以贯之的思想观点,这些观点散见于他长达半个多世纪的教育著述之中,却犹如有一根红线贯穿始终。要旨可概括为七个方面,分别是教育本质观"教育的价值在于打定人生观根基";习惯养成观"教育就是要养成良好习惯";教学哲学观"教是为了达到不需要教";学生主体观"受教育的人如同种子一样";全面发展观"德育总跟智育、体育结合在一起";语文教育观"国文是发展儿童心灵的学科",是"应付生活的工具";师表风范观"教育工作者的全部工作就是为人师表"[①]。

[①] 杨斌.叶圣陶"为人生"教育思想概论:兼及其视域下的语文教育观[J].教育研究与评论(中学教育教学),2013(4).

第三章 叶圣陶:"教是为了达到不需要教"

因已有专文论及,此不赘述,仅就其中若干问题做些必要说明。这七个观点中,从社会层面熟悉程度看,可分为三类:一是读者耳熟能详且已高度认可的,如"教育就是要养成良好习惯""教是为了达到不需要教""教育工作者的全部工作就是为人师表";二是读者有所了解但对其内涵理解不同甚至歧见甚大的,如"德育总跟智育、体育结合在一起""国文是发展儿童心灵的学科""应付生活的工具";三是此前尚未引起关注和重视的,如"受教育的人如同种子一样""教育的价值在于打定人生观根基"。

第一类已经在广大教育工作者中产生广泛影响,已形成共识,自无须多言。对于第二类则有说明的必要。关于全面发展观,与我们通常所理解的全面发展观颇有不同。叶圣陶认为,受教育的每一个学生都是一个不可分割的生命整体,德育智育体育等等是你中有我、我中有你,不可截然分开,譬如体育中有美育,智育中有意志品质等德育因素。现代教育的分科是不得已而为之,学生现在和将来做人做事都是综合而不可分的,这就决定了"全面发展的教育的五个组成部分是不可分割的,相辅相成的",决不能"只顾一两个组成部分忽略其他组成部分"。叶圣陶的这一认识深谙现代教育的本质,表现出对教育规律和人成长规律的深刻认知,和他一贯倡导的以培养合格现代公民为教育最终价值和目的相一致,对于克服教育实践中存在的五育分离、重智育而忽视其他等现象有着深刻的启迪和警示作用。关于叶圣陶语文教育观,我们的主要观点是,叶圣陶语文教育思想是一个思想体系,不应脱离特定的历史条件机械和片面理解"工具说",叶圣陶主张"工具性"并非不讲人文精神教育。

对于此前尚未引起注意的第三类,当然有阐述的必要。先说"受教育的人如同种子一样"(简称"儿童种子观"),最初由笔者在"叶圣陶教育思想展馆"梳理思想体系时提出,后孙春福对"儿童种子观"的思想意蕴、当代价值及其对语文课程内容构建的启示做了深刻阐述,认为"儿童种子观"与世界现代教育思潮有着共同的逻辑走向,同时也高度契合哲学、语言学、文化人类学的研究成果[①]。"儿童种子观"在近年产生了广泛影响,有一批基于"儿

---

① 孙春福.叶圣陶"儿童种子观"的内外价值及其当代要义[J].江苏教育研究,2015(4).

童种子观"的教育科研课题付诸研究,对于确立儿童在学习中主体地位和创造性人才发现和培养,都具有重要的思想启示。再说"教育的价值在于打定人生观根基"这一观点,是被人们长期忽视而其实是叶圣陶一以贯之的重要思想。1919年,刚走上教坛不久的叶圣陶就著文指出:"小学教育的价值,就在于打定小学生一辈子有真实明确的人生观的根基。"①"学校教育的目的就在于使学生养成正确的人生观,因而不能不注意教育与人生的关系。"②叶圣陶后来又多次提到教育要培养学生的"公民意识","我如果当中学教师,决不将我的行业叫做'教书'……却要使学生能做人,能做事,成为健全的公民"③。正是这一着眼于人、人生和人的发展的思想,使叶圣陶教育思想根本区别于传统教育观念,从而获得了鲜明的现代意义和价值,跃上了20世纪初叶那个时代的思想潮头。作为文学研究会重要骨干的叶圣陶,"教育为人生"正和其"文学为人生"主张经脉相通逻辑一致,都是五四时代精神的鲜明体现。而"教育为人生"这一思想在世界教育史上不仅其来有自,而且余音不绝。让雅克·卢梭在《爱弥儿》中就曾借那位家庭教师之口,明确提出"教育为人生"主张;当代法国哲学家埃德加·莫兰更是直接借用卢梭"教育为人生"之说为其教育思想命名,在其代表性著作中多次阐述这一思想。莫兰认为:"'为人生'的教育不仅仅是教阅读、写作和计算,也不仅仅是教历史、地理、社会科学和自然科学的基本知识。'为人生'的教育既不着重于定量的知识,又不偏向于专业化的职业培训,而是要引入一种包含认知学习的基础性文化。"而这种基础性文化就是"一种更好地运用精神去解决自己生活中问题的方法。我们可以教每个人帮助他们避开生活中不断出现的陷阱的方法"④。这和叶圣陶"教育的价值在于打定人生观根基"观点何其相似乃尔!遗憾的是,长期以来,人们对叶圣陶这一重要思想观点关注不够。而在我们的研究中,则将其视为叶圣陶教育思想的总纲,即"为人生"的教育本质观。中小学教育要着眼于学生的成长和终身发展,为学生一生发展奠基,这

---

① 叶圣陶.叶圣陶教育文集(第2卷)[M].北京:人民教育出版社,1994:8.
② 叶圣陶.叶圣陶教育文集(第2卷)[M].北京:人民教育出版社,1994:58.
③ 叶圣陶.叶圣陶教育文集(第2卷)[M].北京:人民教育出版社,1994:84.
④ 埃德加·莫兰.教育为人生——变革教育宣言[M].刘敏,译.北京:北京师范大学出版社,2022:3-4,11.

既是贯穿叶圣陶教育著述的一根思想红线,也和国家当前关于中小学生发展的核心素养高度契合,和立德树人的现实教育指向完全一致,充分彰显出一位教育思想大家的前瞻性教育智慧。

以上这些观点并非零散孤立,而是有着自洽的内在逻辑和鲜明的核心指向,那就是中小学教育要着眼于人、人生和人的发展,打定一辈子有真实明确的人生观的根基,即为人生奠基。通过这条思想红线,可以把其他若干重要观点像串珠子一样串联起来,各个观点之间有了内在的贯通逻辑。"教育为人生"是对教育本质的认识,是其他诸项观点之"纲",其他如养成教育、教学哲学、学生主体、语文观、德智体关系、师表风范等都在其涵盖之下,居从属地位。如此,叶圣陶无意构建自己的理论体系,却在学理层面支撑起一座本色而又恢宏的教育思想大厦。对这座思想大厦的命名,近年学术界多倾向于"教是为了不教"。的确,"教为不教"是叶圣陶颇具独特标识性的一个观点,且为叶圣陶本人生前所认同,但笔者认为,"教为不教"主要着眼点是教学,不具有涵盖叶圣陶教育思想其他内涵的统摄性,以此命名其实是一种"窄化"甚至"矮化";而且,由于囿于历史和现实、主观和客观种种条件,思想者本人意见未必就是其思想命名一言九鼎的权威裁定,最可靠的依据只能是作者的全部著述,这在思想史上的例子并非仅见。因题旨所限,此处不做展开,有兴趣者可参阅拙编《为人生的教育——名家名师对话叶圣陶》一书后记[①],以及新近发表的《叶圣陶教育思想"命名"再论》[②]。

三、语文基地与理想星空:教育家叶圣陶的思想历程、成长道路及其启示

叶圣陶不同于其他教育家的一个显著之处,就是他还是成就卓越的语文教育家。于是,有一个问题常常不期然出现:语文教育家、教育家,这两个身份在叶圣陶身上是如何统一起来的?就时间而言,孰先?孰后?或者是

---

① 杨斌.为人生的教育——名家名师对话叶圣陶[M].上海:华东师范大学出版社,2018:194-195.
② 杨斌.叶圣陶教育思想"命名"再论[J].教育研究与评论(中学教育教学),2024(2).

同时？就关系而言，是前者成就后者，还是后者成就前者？抑或是互相成就？"这是一直萦绕在我心中多年的问题"或"这是萦绕在我心中多年的问题"，相信也是很多同好的共同疑问。本文试图尝试对此作一探究，以就正于大方之家。

首先，从叶圣陶思考教育和语文教育的起始时间考察。叶圣陶早期文学创作中，有一批教育题材的小说，据学者研究，在新文学运动之前，他就曾有过一段创作文言小说的经历。早在1915年，就曾写过一篇《某教师》，发表在《礼拜六》第六十五期上，其内容是"用白描的手法写了某教师一天的生活，揭露他言行不一，品格卑劣，不足以为人师，并嘲讽了当时教师中的某些败类滥用'自由主义'和'趣味教学法'等新名词来掩饰自己的'不自振作'和渎职"[1]。表达了他"教师必须以身作则""身教重于言教"的教师观。从1922年到1936年共出版了6部短篇小说集，其中包含《一课》《校长》《一篇宣言》等24篇教育题材短篇小说和一部长篇小说《倪焕之》。在这些教育小说中，"他把自己在这方面经过长期观察、深入了解得来的素材进行冶炼，塑造典型，从而多角度、多侧面地反映出一定历史时期中国教育界的真实景象。这些作品对当时中小学基础教育陈旧、腐败现象和观念的剖视，以及其中所反映、流露出来的作者关于教育改革的呼唤、追求、思考和忧虑，为研究中国近现代教育史提供了不可多得的形象教材"[2]。这是从文学史角度的阐释，换个角度，我们完全可以说，叶圣陶在用文学作品表达对教育现象思考的同时，其教育主张、教育思想自然也就在酝酿形成之中，叶圣陶早期曾发表过《儿童观念之养成》（1911年）、《我校之少年书报社》（1916年），提出儿童之母"行则为儿童所摹仿，言则为儿童所听从""故教授方法采用自学辅导主义，课前令之预备，课后复令温习，务以养成其自力研修之习惯"的重要教育主张。他的第一篇重要教育论文是发表于1919年的《今日中国的小学教育》，深刻反思当下小学教育弊端，指出"如今小学教师的缺点，就在欠修养功夫"，提出"小学教育的价值，就在于打定小学生一辈子有真实明确的人生

---

[1] 商金林.叶圣陶全传[M].北京:人民教育出版社,2014:249.
[2] 叶圣陶研究会.叶圣陶研究论文集[G].北京:开明出版社,1991:203.

观的根基"这一重要思想①。这都说明叶圣陶对教育的整体思考要早于语文教育学科研究。叶圣陶走上讲台担任语文教员的时间是1912年,真正从事语文教育改革应该在到甪直之后,时间是1917年寒假,写作第一篇语文教育文章《对于小学作文教授之意见》是在1919年,晚于他教育题材小说写作时间;而真正系统代表叶圣陶思考语文教育的作品,是1923年和顾颉刚共同制定《初级中学国语课程纲要》,在这个《纲要》中,叶圣陶语文教育思想雏形已现。

其次,从叶圣陶教育思想和语文教育思想的发展和成熟过程考察。先以精读略读教学思想为例。将阅读分为精读、略读是叶圣陶语文教育思想的重要创见之一,最先提出这一思想是在1923年拟定的《初级中学国语课程纲要》,规定了两类阅读教学的学分比例、大致原则、教材选择标准等,到了1940年拟定的《六年一贯制中学国文课程标准》中,则又有了进一步的发展,譬如精读,提出"必读之名篇"的要求,对略读也提出了课内课外任务之区别,而在1943年出版的《精读指导举隅》《略读指导举隅》中,则有了切实可行的操作方略,譬如精读,有"美读法""咀嚼法""欣赏法""揣摩法""参读法"等,略读也提出"版本指导""序目指导""参考书籍指导"以及一些具体方法指导。因此,精读、略读这一思想至此方可谓成熟。关于语文学科的性质、目标等关涉语文教育的根本问题,叶圣陶也是在经过较长时期的实践思考,到了1940年代才得以定型和成熟。这一时期有两篇重要文章,一是《国文教学的两个基本观念》(1940年8月),一是《国文杂志》发刊词(1942年8月)。在前一文中,叶圣陶对语文学科"独当之任"的重大命题,那就是阅读和写作的训练,阐述了国文学科作为一门学科的独立价值。在后一文中,则进一步提出语文教育的根本目的和价值是"养成善于运用国文这一种工具来应付生活的普通公民",既规定了国文学科的属性(运用工具),也体现了对现代教育目的和价值的追求(培养公民)。因此,我们认为,叶圣陶语文教育思想是自1920年代开始萌芽,经过20余年漫长的教学和语文教科书编辑实践,至1940年代已臻成熟。

---

① 叶圣陶.叶圣陶教育文集(第2卷)[M].北京:人民教育出版社,1994:7-8.

那么,叶圣陶教育思想的发展轨迹是怎样的呢?本文拟以其中几个重要教育观点为例加以说明。先说"习惯养成"思想,这是叶圣陶教育思想中一个经典观点。重视习惯养成这一思想非叶圣陶独创,但将之上升为一种教育宗旨和教育哲学,我们认为是叶氏之功。这一思想最初是在讨论语文教育时提出的,时间最早可追溯至1922年,在《小学国文教授的诸问题》中提出要养成读书习惯:"倘若学校里境遇完好,即儿童求知之欲很易引起;在国文教授方面说,便是读书之欲必盛。这正是国文教授里一种重要目的——养成读书习惯,而一般教师常是忽视或遗忘的。"[①]此后,叶圣陶反复强调这一思想,到了20世纪40年代,叶圣陶再谈习惯就已不限于语文教学,而是逐渐将之上升为一种教育宗旨和教育哲学,并且作了极为精辟的概括:"我想'教育'这个词儿,往精深的方面说,一些专家可以写成巨大的著作,开始就粗浅方面说,'养成好习惯'一句话也就说明了它的含义。"[②]与此有相似之处的是"教为不教"思想,这一思想同样是先在讨论语文教育时提出,时间也在20世纪20年代,初期表述为"自生需要""自力研修""不待老师授与",可谓这一思想之萌芽。不同的是,这一思想的发展过程比较长。20世纪60年代的一个时期,1962年7月、11月,1964年3月,叶圣陶多次谈到这一点。譬如在和梁伯行老师通信时说:"我近来常以一语语人,凡为教,目的在达到不需要教。"[③]直到1977年,《中学语文》杂志请他题词,他写道:"我想,教任何功课,最终目的都在于达到不需要教。"1984年,又进一步予以提炼,最终表述为"教是为了达到不需要教"[④]。以上两个观点都是在语文学科教育内部先行孕育,经过一段较长时间的酝酿发展,最终在教育层面上予以定型,是典型的由学科而教育的逻辑发展过程。由此可见,以丰富的学科教学经验为孕育基地,这是叶圣陶的独特优势,是其他很多教育家所缺乏的一种思想发生过程。

叶圣陶也有一些重要教育观点,与语文学科没有直接关系,而是从教育

---

① 叶圣陶.叶圣陶教育文集(第3卷)[M].北京:人民教育出版社,1994:16.
② 叶圣陶.叶圣陶集(第11卷)[M].南京:江苏教育出版社,2004:129.
③ 叶圣陶.叶圣陶教育文集(第3卷)[M].北京:人民教育出版社,1994:491.
④ 董菊初.叶圣陶语文教育思想概论.[M].北京:开明出版社,1998:111-114.

第三章　叶圣陶："教是为了达到不需要教"

改革实践中逐渐酝酿发展出来的。叶圣陶登上讲台不久,就以教育改革者的战斗姿态向旧教育挑战,发表《今日中国的小学教育》《小学教育的改造》等重要文章。如前曾论述,这是时代的召唤。正是在批判旧式教育弊端的过程中,叶圣陶对教育的认识、理解都带上鲜明的现代意义和特质。譬如叶圣陶师表风范观。在写于1919年的《今日中国的小学教育》一文中,他就认识到教师修养对于教育的极端重要性："教师的手段全仗他的修养,教师若没有修养,便同没有技术的工匠一样,对着机械只好瞪着眼看,不知道如何使用。"①须知,此时的叶圣陶才初登教坛几年时间,这么深刻的认识从何而来呢?一方面,有他自己教育实践的认知体验;另一方面,也是由时代变革而来的新文化思潮影响的结果。怀着一种崭新的社会憧憬和教育理想,自然会对旧式教育中学生循规蹈矩的被动地位不满,认同新文化运动"人的解放"观念自然也就主张平等的新型师生观。此后,他又陆续写了《教师问题》《教师的修养》等文章,表现出对教师修养的高度关注。在1941年写的《如果我当教师》一文中,更是进一步深化了这一认识,全面阐发了他的教师观,即做学生的朋友和榜样："我认为自己是与学生同样的人,我所过的是与学生同样的生活;凡希望学生去实践的,我自己一定实践;凡劝诫学生不要做的,我自己一定不做。"叶圣陶对教师修养的这一认识,贯穿了他的一生,一直到晚年才又以极其凝练的语言予以表达。这在中外教育家中都是极为罕见的。1984年,他在为《教工》杂志题词时,提出"教育工作者的全部工作就是为人师表"。至此,我们认为,叶圣陶对教师修养的重要意义升华到了一个新的高度,其师表风范思想也才有了最为完美的表达。叶圣陶"儿童种子观"思想的形成也大致如此,贯穿了他的一生。此处就不再赘述了。

由此看来,叶圣陶语文教育思想和教育思想之间的关系,的确比较复杂,既不能把两顶不一样的桂冠截然分开,也不可简单地说教育家叶圣陶就是因其语文教育成就而玉成。十多年前,我曾在一篇文章中这样说过:

梳理叶圣陶教育思想的渊源流变,还有一个不能不论及但却又没

---

① 叶圣陶.叶圣陶教育文集(第2卷)[M].北京:人民教育出版社,1994:15.

有把握说清楚的问题,那就是叶圣陶教育思想和语文教育观之间的关系。在很多人的印象中,叶圣陶教育思想不过是其语文教育观的凝练和提升,人们更愿意津津乐道的就是叶圣陶语文教育思想;或者毋宁说,人们更愿意承认叶圣陶是一位杰出的语文教育家,而对其能否尊享教育家的桂冠,则是颇为悭吝。这固然与一直以来人们对教育家称号比较苛求有关,也与叶圣陶在语文教育包括教材编辑方面成就巨大有关,但从根本上说,还是源自对叶圣陶教育思想形成的背景、来源和过程了解不够。笔者认为,丰富的语文教育实践(包括编写教材),无疑为叶圣陶教育思想的形成提供了坚实的学科基础;由学科教学走向教育思考,无疑是一种莫大的优势。譬如"教是为了达到不需要教"的著名思想——如果没有切实的学科教学体验为基础,确实很难提炼出如此精辟通透的教育智慧。但是,必须强调指出的是,和人们的一般印象不同,语文教育并非叶圣陶教育思想的直接基地,换言之,叶圣陶教育思想并非仅仅来自对其语文学科经验的提炼①。

这段文字写于十多年前,当时只是提出观点,主要是为了突出叶圣陶的教育家身份,未及展开。今天看来,基本观点仍然站得住脚,但要作一点修改和补充。"语文教育并非叶圣陶教育思想的直接基地",应该修改为"语文教育并非叶圣陶教育思想的全部基地"。叶圣陶有些教育观点的确是从其语文教育经验中提升而来,但总体上说,叶圣陶确是以一名胸怀改造社会理想的教育改革者姿态踏上教坛,与旧式封建教育彻底决裂、走现代教育变革之路的思想是非常明确的,这种思想同样也影响到了语文教育改革实践。因此,是否可以这样说,叶圣陶首先是一位走在时代前列的教育家。他以教育家的远见卓识投身于语文教育实践,在语文教育和语文教材编辑等方面,和他的朋友们一起,作出了筚路蓝缕以启山林的卓越贡献,成为现代语文教育的一代宗师;而语文教育改革的成功经验,又丰富、拓展、升华了叶圣陶教

---

① 杨斌.叶圣陶"为人生"教育思想概论:兼及其视域下的语文教育观[J].教育研究与评论(中学教育教学),2013(4).

育思想的内涵,使其更加坚实、广阔和深刻,叶圣陶也因而成为不同于任何其他教育家的独特的"这一个"。

教育家叶圣陶的思想发展和成长历程,可以给我们以丰富的精神营养和思想启迪。最为重要的一点就是理想,高远的人生理想才是前进路上乘风破浪之帆。叶圣陶中学时曾改名"秉臣"为"绍钧",就是一次意味深长的改名。陶钧,制陶器时把泥团旋成陶坯的转盘,作动词时是陶冶、塑造之意,"陶钧万物",事实上成了叶圣陶一生的志业追求。事业道路上遇到困难、挫折乃至失败也是一件正常的事,关键看你是否有仰望星空的理想,以及随之而来的毅力、勇气和韧性,其实,说到底也是看你对教育的职业信仰以及忠诚。当然,也包括自身的生命能量是否如同种子一样强大。无论是文学创作,还是站立讲台,或者是从事编辑,叶圣陶总是脚踏实地积淀自己的实践经验,尽自己最大努力做出最佳业绩,不断夯实、丰富自己的经验基础,耕耘出属于自己的一片沃土。如此,理想的种子总有一天会在这片土地上发芽、生长,直至成为参天大树。而他自己,则一如饱满成熟的麦穗,沉甸甸地弯腰站立,读他和普通教师的那几百封通信,你会感受到叶圣陶平凡朴素的人生原色和诚朴绚烂的人格魅力。

四、本土话语与中国风格:叶圣陶教育思想的基本特质、历史方位和当代价值

(一)叶圣陶教育思想的基本特质

叶圣陶教育思想呈现出鲜明的实践性、现代性、民族性特质。

叶圣陶首先是一位实践家。实践中出现的问题,就是他要回答和解决的问题。笔者曾经研究过1949年前叶圣陶主持制定的三个语文课程标准,从清晰完整的课程目标,到剀切详明的教学策略,包括语体与文言、精读与略读、阅读与写作的比重甚至时间比例等,再到通过选文揣摩文法而不是从语法系统入手学习等等,如何参悟玄奥复杂的汉语言学习之谜,叶圣陶像一位运筹帷幄、胸有韬略的高明设计师,又像一位技艺高超、匠心独具的优秀

工程师，精准勾画语文教学蓝图，设计语文教学方案，做出了艰苦卓绝的探索。正是在现代语文教育筚路蓝缕的拓荒时代，我们看到叶圣陶对这一问题的倾心求索和别具只眼。

叶圣陶教育思想具有鲜明的现代性。波澜壮阔的百年中国教育现代化历程，从它开始起步的那一天起，就面临着新与旧、中与西、落后与先进、传承与创新等各种思潮的矛盾与挑战，立志以文化教育改造社会、以教育救国为己任的叶圣陶，就在时代潮流中搏风击浪，为现代教育事业不懈奋斗。五四新文化运动，是叶圣陶现代思想的启蒙之源；在此后一轮接一轮反复进行的新旧教育观念冲突中，叶圣陶总是义无反顾地坚定站在反封建的现代教育立场上。1942年8月，在《国文杂志》发刊词中，叶圣陶对国文教学承袭旧式教育传统提出了激烈批评，指出"旧式教育是守着古典主义的……旧式教育又是守着利禄主义的"，主张语文教育要结合现实生活，让学生终身受用，语文教育的根本目的和价值是"养成善于运用国文这一种工具来应付生活的普通公民"[①]。体现出叶圣陶对现代教育思想立场的深刻把握和牢固坚守。

叶圣陶教育思想具有浓郁的民族性。它包孕丰富的现代意义和价值，却又深深植根于民族文化土壤，是对传统教育思想的创造性转化和创新性发展。语文教育是叶圣陶教育实践的重要基地，也是其教育思想诞生的丰厚土壤，叶圣陶以自身深厚的国学素养和丰富的汉语言创作体验为经验源泉，其教育思想谱系包孕深厚的传统文化图景和现代文化底蕴，具有浓郁的中国特色和民族风格。这一点突出表现在对语文教育传统的批判、继承和创新上。他鲜明反对旧式教育的价值和内容，反对读经，但是对传统语文教育行之有效的方法，譬如诵读、咀嚼、揣摩、涵泳等等，却又积极提倡、躬身示范，在其《精读指导举隅》中就有许多堪称经典的范例。再如作文教学，一方面，叶圣陶继承古人"修辞立其诚"这一作文和做人相统一的民族文化瑰宝，同时又反对作文"为圣贤立言"，而主张"作文即生活""作文源于生活"，鼓励和引导学生从生活中获取作文原料，从生活中训练思想培养感情。这无疑

---

① 叶圣陶.叶圣陶教育文集(第3卷)[M].北京：人民教育出版社，1994：92.

又是极具现代意识的写作指导思想。

(二)叶圣陶教育思想的历史方位

正是这鲜明的实践性、现代性、民族性品格,使叶圣陶教育思想在当代教育改革和实践中,焕发出勃勃生机,获得了引领教育改革和发展的强大生命力,也让叶圣陶毫无愧色地跻身于伟大教育家之列。要准确厘清叶圣陶教育思想的历史方位,需要从多个维度展开透视,本文仅述两点。

其一,从教育史的纵向角度看,叶圣陶是一位承继我国传统教育思想精华并有所发展有所创新的教育家。相比中国历史上的教育家,叶圣陶自有属于他自己的时代优势。一方面,如前所述,叶圣陶对封建教育的腐朽落后观念进行无情批判;另一方面,又高度重视汲取传统教育思想的精华,在新的时代背景下赋予新的时代内涵。叶圣陶的师表风范观可谓典型代表。中国历史上向来有尊师重教传统,从《学记》到孔子、荀子的相关著作,一直到韩愈的《师说》,对师者的地位、功能都有过诸多阐述。叶圣陶继承了这一优秀民族文化传统,同时又在现代意义上作出新的诠释。尊重儿童、师生平等、率先垂范,建立新型的师生关系之类的意见,在叶圣陶著述中处处可见。叶圣陶一方面主张师生平等,另一方面又反复强调教师修养的重要性,直到1983年为《教工》杂志题词"教育工作者的全部工作就是为人师表",并在次年专门撰文强调:"无论言教或是不言之教,总之要把自己的好模样去教人,才能收到训练和熏陶的实效。把自己的好模样之教人就是'为人师表'。"[1]一下子把教师的风范榜样作用提高到了前所未有的高度,而这恰恰又是非常契合中小学教育教学工作特点的肯綮之言。这是产生于民族文化土壤中的典型的中国式教育话语,而在世界教育史上也是空谷足音不同凡响。

其二,从同时代人的横向比较看,叶圣陶是既有时代共性又有个性辨识度的"这一个"教育家。如前所论,叶圣陶教育思想是在中国社会由传统向现代急剧转型时期教育变革的产物。亡国灭种的危机,使得叶圣陶那一代

---

[1] 叶圣陶.叶圣陶教育文集(第2卷)[M].北京:人民教育出版社,1994:556.

教育家的思考和实践,无不和救亡图存的社会改革理想联系在一起。正是这种强烈的社会责任感,使叶圣陶在长期的教育思考和实践中,不断冲破封建教育的思想罗网,积极汲取西方先进教育思想精华,艰辛地探索一条适应社会需要的现代公民培养之路。叶圣陶教育思想是对封建传统教育思想的叛逆,划清了封建传统教育和现代公民教育的界限,具有鲜明的科学民主意识,也因此获得鲜明的时代特征和现代品质。这是叶圣陶同蔡元培、陶行知、陈鹤琴等那一代民国教育家的共性之处。

不同之处在于,叶圣陶的教育家身份及其教育思想还有几个独特的鲜明标识。其一,长达70余年的教育实践体验,这在中外教育家中是极其罕见的,可以与之媲美的大概唯有苏联教育家苏霍姆林斯基,这两位教育家都是从讲台上走来,其教育思想都是由躬身教育实践体验积淀而来。其二,立足于具体学科教学的坚实土壤,这在中外教育家中同样是极其罕见的。丰富的学科经验既是其教育思想形成的宝贵营养,也是其教育思想的实证基地,相比那些缺少教学实践体验而仅作理论研究的"经院派"教育家,叶圣陶由特定学科教学走向教育宏观,有一种莫大的经验优势。譬如,"教是为了达到不需要教"的著名论断,如果没有切实丰富的学科教学体验为基础,很难提炼出如此精辟通透的教育智慧。其三,由文学创作产生的对汉语言特质的体验、把握和认知,也是其他语文教育家无法相比的独特优势,这是叶圣陶有关语文教育的诸多论断之所以颠扑不破的关键因素。

(三)叶圣陶教育思想的当代价值

中国社会现代化转型是一个漫长的历史过程。在这艰难曲折的转型过程中,诞生了一批杰出的教育思想家,叶圣陶是这个教育家群体中的重要一员。在他们身上既集中体现了中国传统教育思想精粹,同时又具有鲜明的现代意识和现代精神,或者毋宁说,他们教育思想的形成过程,就是中国社会转型和教育现代化历史进程的个性化缩影。我们现在仍处于这一伟大历史进程之中,叶圣陶当年遇到的问题今天依然存在,因此其现实意义显而易见。此其一。

其二,社会转型和文化转型唇齿相依。教育也是一种文化形态,同样面临着文化转型碰到的两难选择,即如何对待自身传统和外来文化?西方有西方的先进教育理论,中国有中国的民族教育传统。如何汲取外来教育文化而不是生搬硬套?如何继承民族教育传统而又剔除封建基因,这是一个复杂的文化创造和创新问题。近些年教育改革实践时常提醒我们,这个"度"的把握绝非易事。叶圣陶教育思想可谓一面鲜明的镜子,可以提供诸多思想启迪和方法论启示。再进一步说,开放的中国日益走向世界,中国教育需要有能和世界教育对话的标志性人物,叶圣陶无疑堪为整个20世纪中国教育的代表性人物。同时,叶圣陶教育思想也包孕和凝结着宝贵的教育家精神,倡导"像叶圣陶那样做老师"可谓弘扬教育家精神的生动实践和形象表达。

其三,叶圣陶教育思想萌生于五四新文化浪潮中,形成于20世纪三四十年代,五六十年代发展深化,八十年代臻于完善,这一漫长历史过程所孕育积淀的教育智慧,其核心是一个"人"字,是培养"应未来之需的合格公民",这是一笔丰厚的思想遗产和精神财富。这在今天大力倡导立德树人、深入推进教育改革的核心素养时代,仍将产生积极而深远的意义和影响。

五、余论

最高学历仅中学毕业,教学经历主要是小学教员,然而,叶圣陶用25卷皇皇著述,向世人展现了一位伟大教育家雄伟瑰丽的教育智慧和思想历程,在世界教育史上也属罕见。时代成就了叶圣陶,叶圣陶也无愧于20世纪这一波澜壮阔的时代。与叶圣陶作为时代之子的崇高地位相比,人们对教育家叶圣陶的认识和研究刚刚起步,探索其思想奥秘及其价值意义还任重道远。囿于题旨,略陈几点本文未尽之意,以求正于方家。

其一,关于叶圣陶语文教育观。这是一个歧见甚多讨论日久且仍在争论之中的复杂话题,兹事体大,不容含糊而又说来话长,因此本文回避了这一敏感问题。但笔者此前曾有多篇文字论及于此,有兴趣的朋友可以参阅①。

其二,关于叶圣陶日记。在《叶圣陶集》中,曾经收入若干叶圣陶日记,但这和叶圣陶一生日记相比,只是沧海一粟。据笔者所知,叶圣陶从中学开始,一直到离世前不久,一直有写日记的习惯。前些年曾经听闻《叶圣陶日记》即将出版,但后来又没了消息。相信一部完整版《叶圣陶日记》,定会给研究者带来一片新的广阔天地。

其三,关于叶圣陶教育作品翻译。记得前些年人们在讨论诺贝尔文学奖时,曾有一种观点,中国文学作品之所以难以获奖,一个重要原因是缺少翻译,人们不了解。同理,要让中国教育家走向世界,和国际教育界深度对话,有计划地组织翻译一些中国教育家经典作品,就是一件必须去做的事。而若论20世纪中国现代教育思想代表人物,无论是就其独特标识即民族特色和中国话语,还是就其深刻性即全面回应社会转型时期的教育内在矛盾和时代要求,窃以为叶圣陶都应该成为一时之选。期待有关部门尽早做出筹划。

---

① 杨斌.完整准确地理解叶圣陶语文教育思想[J].语文教学通讯(A),2011(11);辩证认识叶圣陶的语文教育观[J].人民教育,2014(12);筚路蓝缕　薪火相传——叶圣陶语文教育思想研究经典著作述评[J].中学语文教学参考(上旬),2021(4).

身教永远重于言教
——忆爷爷叶圣陶[①]

叶小沫(口述)　杨基宁(采写)

叶小沫的父亲叶至善是叶圣陶的长子,始终陪伴在叶圣陶左右,孙女叶小沫和爷爷一起生活了四十年。叶小沫记得,从小学一年级开始,每学期开学,她都会抱着新包好书皮的教科书去找爷爷。爷爷就会放下手里的工作,拿起毛笔,在书皮上写下科目、年级、姓名。随着年级的增长,需要写的书也越来越多。"爷爷的字写得工工整整,就像印上去的一样,非常漂亮,每次我都会高高兴兴地,从他那儿抱走一大摞写好书皮的书。那时候我站在他的身旁看他写字的情景,直到现在都记得清清楚楚。当时我还小,觉得这一切都再平常不过了,现在想起来真的是既珍贵又幸福。"如今七十多岁的叶小沫,每每回忆起这些画面,都会倍感温馨。

很多人以为,作为大教育家的叶圣陶,在教育自家晚辈的时候,一定会有很多规矩和理念。叶小沫却说,长久和爷爷生活在一起就会知道,爷爷从不说教,他始终坚持的是:教育,身教重于言教。"说到底,他就是通过生活中的每一件事情,用自己的行动,把方法、经验和道理,很耐心地教给后辈,让我们从小养成好习惯的。"

"只有做学生的学生,才能做学生的先生"

叶小沫最近一次回苏州参与公众活动,是去苏州甪直的叶圣陶研究中心,参加《圣陶日记1910—1916》手稿仿真本的出版和捐赠活动。我因为采

[①] 原文发表于《同舟共进》2022年第4期。作者杨基宁,苏州广播电视报社记者。

访工作，曾几次和叶小沫不期而遇，也在不同场合不止一次地听她说："我一直以为，是认真成就了爷爷。"当我在现场看到那一本本叶圣陶从十七岁开始写的日记时，我对叶小沫的这句话有了切身体会。我想，叶圣陶从十七岁开始坚持写日记，一直写到九十几岁，直到视力实在太差了，没有办法写了，还要请家人帮他记录，这种坚持和认真，正是他做人和做事的缩影。

"爷爷一生经历了清朝末年、辛亥革命、五四运动、抗日战争、解放战争、新中国成立等时间节点，除了战乱时散失了的，如今我们整理出来的，足足有七百多万字。更难得的是，日记本是写给自己看的，他写字也那么认真，直到眼睛已经看不太清楚了，写出来的字依旧是一笔一画。这为我们整理他的日记提供了极大的方便。试想，如果他的字写得潦潦草草，每一页都有许多字要我们去猜，去查找，那这七百多万字日记要什么时候才能完成啊。爷爷写字永远整整齐齐、干干净净，这就是他的习惯。"叶小沫感慨地说。

《圣陶日记1910—1916》是叶圣陶最早的日记，刚好记录了他从一个学生转变为老师的全过程。1912年，十八岁的叶圣陶从草桥中学毕业，心怀"立国之本、首在教育"的理想，来到了言子庙小学当教师。这所小学当时设施简陋，课堂三间，教师三人。叶圣陶没有受过专业的师范教育训练，初为人师的他对于教师职业很是忐忑不安，情绪也不稳定。

从日记中可以看到，有时候，叶圣陶看到学生"稍有进步"，就觉得"大增兴趣"，感悟到"学生与教师之精神固互相提携互相竞进者也"。有时候，当他的课堂出现"嚣乱不堪"的情况时，他就会感到"汗颜"和"深为之悲"。"人们都说爷爷是教育家，他是从一开始教书就热爱上了教育事业的吗？现在我们看他当年的日记，知道事实并不是这样的，开始的时候他也苦恼过、迷茫过。"叶小沫说。

叶圣陶在言子庙小学当了两年教师后，却被学校以缩减班次为由解聘了。真实的原因是什么？或许也能从他的日记中找出答案。《圣陶日记1910—1916》中记录了不少叶圣陶对当时教育弊端的批评，比如，督学来校视察，转了几分钟就走了。他说：脚都没站稳，什么都不看，怎能算是视察？再如，学校为保护花草，禁止学生进入花园。他说：学生不能亲近自然，即使没有一花一叶受到损坏，又有什么用？这样的质疑和另类，在观念陈旧的学校里显然是不合时宜的。

1917年,叶圣陶接受中学同学的邀请,来到苏州东郊甪直镇的吴县县立第五高等小学任教,在这里,他和他年轻的同事们,对旧的教育制度进行改革和实践,编写白话文教材,开展各种课外活动,真正践行了一直存在于他们心中的教育理想。

青年时期的叶圣陶

在甪直,叶圣陶尤为重视课外实践。他带领学生在一片荒地上办起了"生生农场","生生"两字指的是先生和学生,师生共同开荒种地,让学生们接触实际的农业劳动。开办"商店",由学生经营,引导他们在做书籍、纸张、笔墨的买卖中学会"算账"。开设"博览室",订阅先进的报刊,汇集当地的文物和书籍,激发学生热爱乡土的感情。建造戏台,让学生通过排戏演戏学会表演,懂得欣赏。还召开"恳亲会",把学生的习作、字画、雕刻以及种植的瓜豆蔬菜陈列出来,请家长们来校观赏。这些努力的探索和实践,目的只有一个,就是通过这样的教育,把孩子们培养成具有公民意识、对社会有用的人。

这样的教育理念,在当年非常了不起。在甪直的三年半时间里,叶圣陶对教师的认识不断深化,认为教师是应该不断学习、不断成长的,尤其要向自己的教育对象学习:"只有做学生的学生,才能做学生的先生。"

"爷爷在甪直教了三年半的书,他尝到了当教师的甜头,奠定了他一辈子搞基础教育、关心和热爱教育的底子。他自己也说过:'我真正的教育生涯和创作生涯是从甪直开始的。'"叶小沫介绍说,离开甪直以后,叶圣陶从事具体教师工作的经历并不多,却从此一生关心基础教育。他编辑过中小学生课本,写了大量有关教育问题的探讨文章,提出过许多关于教育的主张和建议。

教育就是"好习惯的养成"

早在1941年,叶圣陶在《如果我当教师》一文中,就曾对教育下过这样的定义:我想"教育"这个词儿,往精深的方面说,一些专家可以写成巨大的著作,可是,往粗浅的方面说,"养成好习惯"一句话也就说明了它的含义。在这篇文章中,叶圣陶特别强调"养成小朋友的好习惯,我将从最细微最切近的事物入手;但硬是要养成,决不马虎了事"。

叶小沫说,爷爷为了让他们从小"养成好习惯",正是像当年写下的誓言那样,一点儿也不马虎了事。

在孙辈们还很小的时候,叶圣陶就告诉他们:在递给别人刀子的时候,要把刀柄对着对方,为的是让对方好接手;在餐桌放碗筷时,筷子要放在碟子的右边,调羹的把儿要一顺向右,为的是让用餐的人拿起来顺手;在公共场所,在有人休息和谈话的地方,走路的脚步要放轻,关门的动作要放轻,放东西的声音要放轻,为的是不要影响到人家……

"为了这些习惯的养成,爷爷曾一遍遍地训练我们。"叶小沫回忆,自己小时候不长记性,急急忙忙出门,就把门重重地一甩,发出"哐"的一声,因此她不止一次被爷爷叫回来,把门打开,重新轻轻地关上,反复练习,直到养成习惯。"不仅是我,我弟弟永和小时候也挨过罚,他知道错了,赶紧躲到了姑奶奶的屋里,没想到还是被爷爷揪着耳朵拽回来重新关门。这是弟弟唯一一次被爷爷揪耳朵,从那以后,他就是再着急,也不会随手甩门了。"

"这些做事要替别人着想的好习惯,正是在爷爷不厌其烦的督促下养成的,使我们至今受益匪浅。"叶小沫感慨地说。"在我们长大以后,会写信了,爷爷就对我们说,写信的时候一定要为接信的人着想,接信人想知道的事情,在回信的时候一定不要漏掉;写信封的时候,收信人的地址和姓名一定要写清楚,为的是方便邮递员的投递。后来我当了编辑,爷爷又告诉我,写文章一定要为读者着想,句子要通顺,意思要明白;抄写稿子的时候,一定要为排字工人着想,字要写得清楚,不要叫排字工人去猜;稿子发表了要为作者着想,尽快寄样书样报,尽快寄稿费,作者等着看呢……爷爷教我们为别人着想的事情还有很多,看起来都是一些非常平常的小事情,但是在爷爷看来这些都不是小事情,他一遍又一遍地告诉我们,就是希望我们能把这些当成事,养成习惯。"

关于爷爷如何教自己写信,叶小沫的印象最深刻。1966年底,高中生

叶小沫去了北大荒,成了黑龙江生产建设兵团的农业工人。这是她第一次离开家独立生活,和家里互通消息全靠写信。"写信要为接信的人着想",爷爷这句看似简单的话,她却常常做不到:上一封信说自己病了,下一封信就忘了说病已经好了,让在北京的爷爷担心。

在北大荒的那四年,是叶小沫和爷爷通信最多的四年。爷爷在信里从不说教,都是平等地和她交谈。而读叶小沫的信,他总是像一位认真的语文老师评改作文一样,看到写得好的地方,一定会称赞,发现错误,一定会指出,甚至每封信里的错别字,都会一一挑出来,写在旧台历的背后,回信的时候附在后面,让孙女今后一定要改正。

教是为了"不教"

在北大荒的那几年里,还是高中生的叶小沫曾做过一年的小学教师。当年生产队长找叶小沫谈话,说让她去连队新建的小学教书,于是,没有经过任何培训的她,一脸兴奋却又不知所措地走上了讲台,讲台下面坐着一年级和三年级两个年级的学生,她首先要解决的就是如何在一堂课里安排两个年级的教学。

开学没几天,叶小沫就收到了爷爷的一封长信。原来叶圣陶知道孙女当了教师,特意写信把自己几十年来对教育的思考说给她听:"教"好比牵着小孩的手带他走路。他开头不会走,故而要牵着他的手带他走,目的在于他自己能够走。待他自己能够走了,就把手放了,这就是"做到不用教"了。教师有这样的思想,他的"教"才是活的……爷爷在信中反复提醒叶小沫:做教师如果以为就该永远"教"下去,那就是"死"的了,你一定不能做这样的老师。时隔多年,叶小沫对这封信的内容依旧记得很牢。

回想起来,爷爷当年信里的话虽然说得清楚、具体又浅显,却包含了深刻的道理。对于刚刚做教师的叶小沫来说,信的内容似乎看明白了,但是对其中的道理不过是一知半解。她虽然努力按照爷爷信上说的去做,但是一年的教学生活并没有得到更多的领悟。

不过有一件事,叶小沫确信一定会在那些孩子的心中埋下一颗种子。

叶小沫做老师后,叶圣陶就把这所远在北大荒的小学挂在心间,他特地买了一张大尺幅的全国地图,一直想寄过去,又怕邮寄过程中被弄皱,终于等到有回北京探亲的战友回北大荒,就托他带给了叶小沫。他让小沫把这张地图钉在教室的白墙上,告诉孩子们祖国有多大,告诉他们一些基本的地理常识。这果然给这些农村的孩子们带来了不小的惊喜,他们围着地图让叶小沫指给他们看,北京在哪,他们的小学在哪……

"当我告诉他们,依兰县城在地图上不过是个小黑点,我们所在的四连在地图上根本找不到的时候,他们一脸惊讶和失望的表情,至今还留在我的脑海里。"叶小沫笑着回忆说,最初她还不无遗憾地想,这些孩子中间许多人连县城都没去过,即使有了地图,恐怕也无法想象祖国有多么辽阔吧。

事实上,叶圣陶送来的地图,并不是一件简简单单的教具。随后而至的一封信里,他明确给叶小沫提出,要告诉孩子们:"黑龙江和福建,中间隔着哪些省?黑龙江到贵州,该怎么走法?黄河和长江各经过哪些省?南北的纵贯铁路有几条?东西的横贯铁路有几条……"就这样,循着叶圣陶的指引,叶小沫和孩子们一起边看边互相发问,一路下来,不断打开了一扇又一扇通往外界的神奇之窗。

叶小沫说:"爷爷让我教孩子们看地图,是要孩子们学会看地图,要带着问题看地图,引导孩子们多想和多问,其实就是要让教最终达到不需要教。"

不择校,不问分数,不看重学历

1930年,叶圣陶在《做了父亲》一文中这样写道:"一定要有理想的小学才把儿女送去,无异看儿女作特别珍贵特别柔弱的花草,所以要保藏在装着暖气管的玻璃花房里。特别珍贵么,除了有些国家的华胄贵族,谁也不肯对儿女做这样的夸大口吻。特别柔弱么,那又是心所不甘,要抵挡得风雨,经历得霜雪,这才可喜——我现在作这样想,自笑以前的忧虑殊属无谓。"

叶圣陶有三个孩子,分别起名为至善、至美、至诚,真、善、美是叶圣陶一生的追求,取这三个名字,显然是对孩子们的美好祝愿。从上面那段话可以看出,作为父亲,他确实也曾试图为孩子选择一所所谓的"好"学校。经过成熟的思考,他不再为此忧虑,在想明白如何才是真正的爱孩子,只有把孩子送进所谓的好学校才能助他们成才吗,学历和实际能力到底哪个更重要后……这些问题就迎刃而解了。

从那以后,无论是对子女还是孙辈,叶圣陶都坚持让他们和大家的孩子一样,读普通的学校,他的两个儿子甚至连大学的门也没有进过。叶小沫说:"爷爷本人的成长经历对他的影响很大,他的成功主要靠的是自学和认真,所以他不很看重学历,对子女的分数也没有要求。当年同意叔叔退学,绝不是过分惯着孩子,只不过他始终认为,不是只有念书才能称得上受'教育'。"

叶小沫所提到的"退学事件",在当年曾闹得沸沸扬扬。原来叶圣陶的小儿子叶至诚在读高中的时候,曾在作文里发牢骚:语文老师、数学老师各有各的要求,一天满满当当,根本记不住……好像学习是为了应付老师。书不想念了,要退学!叶圣陶看了作文,当真给儿子办了退学手续,甚至还把这篇作文刊发在自己主编的《中学生》杂志上,引发众多讨论。而"高中肄业"的叶至诚后来进了上海开明书店当练习生,看管库房,整理杂书,自学成才,最终成长为一位优秀的编辑和作家。

倘若说三个子女读书时,叶圣陶只是开明书店的编辑,他似乎没有能力和条件,为子女创造更好的教育环境,但是解放后,叶圣陶曾先后担任国家教育部副部长和人民教育出版社社长,他的孙子孙女们,也都没上过北京的名校,而是被送进离家最近的学校读书。在叶小沫兄妹几人的成长过程中,叶圣陶对孙辈的要求是一脉相承的,从不规定他们必须看什么书,背什么文章;也不要求分数要排在班里的第几名,一定要考什么学校等。

1981年11月,叶圣陶已是一位87岁的老人,在听完叶小沫给他念了《中国青年》杂志上刊载的《来自中学生的呼吁》后,心里非常不舒服,当晚写下了《我呼吁》一文。文中呼吁社会救救孩子,各个方面都来关注片面追求升学率造成的严重后果,并振聋发聩地说:进大学是成才的一条道路,可不是唯一的道路。如今,四十多年过去了,叶圣陶的呼吁依旧引人深思。

无字的家训

相对于成绩来说,叶圣陶更关注的是孩子们的兴趣爱好。他更愿意听孩子们说说自己看的课外书和电影,参加的各种课外活动。叶小沫的父亲叶至善,从小喜欢拆装家里的钟表,从不会因此遭受批评。叶圣陶知道他喜欢天文和生物,竟然在经济并不宽裕的状况下,给他买了天文望远镜和显微镜。在中学阶段,因为三兄妹都喜欢作文,叶圣陶就鼓励他们写,晚上吃完饭后,把他们聚在一起,一边讨论,一边修改,最终帮三兄妹出版了作文集《花萼》和《三叶》,这两本被他们自己称为"作文本"的书,至今畅销。

关于爷爷给自己改作文的过往,叶小沫也记忆犹新。四五年级的时候,她喜欢上了写作文,那时候写好一篇就会拿给爷爷看,爷爷每次都会放下手里的事情,先帮她看作文,从来没有说过她写得不好,只是一边念一边改,碰到不通顺的地方和没说清楚的意思,就会向叶小沫发问,帮她改正。

"爷爷喜欢在我写的好句子后面画圈,一个圈的时候多,也有两个圈的时候,最多的时候会有三个圈。这个时候我笑他也笑,开心极了。他给我改过的稿子订成了一个本,我常常会拿出来看看,琢磨他是怎么改的,为什么这样改。我就是在这样的环境里学会写作文的。"叶小沫学写作文的经历着实让人羡慕。

1962年,刚上初一的叶小沫看到墙上壁虎捉虫子的一幕,觉得挺有意思,就写了一篇题为"壁虎捉虫"的作文,后来被语文老师选中,参加了《北京晚报》举办的中学生作文比赛。结果她的作文从上万篇参赛作品中脱颖而出,最终和另外十九篇文章结集出版,还一度被选进小学三年级的语文课本。

"爷爷喜欢教孩子写作,因为他觉得一个人必须会读和写,才可以与人沟通和表达自己,比如要写信、写总结、写报告。"叶小沫反复强调,叶圣陶从来没有希望他的后人都成为编辑或作家。他在《做了父亲》中曾提到对儿女们未来的期望,是希望他们能够像工人、农民那样,生产出可以供人们切实应用的东西来。

事实上,叶家第三代的职业选择正如叶圣陶所愿。除了叶小沫从事编辑工作外,她的三个兄弟都是工人,而爷爷也一直为他们感到欣慰和自豪。

　　"拿我来说,我当年积极要求去北大荒,妈妈真的舍不得,爷爷对妈妈说,让小沫去吧,对她来说,那是一种全新的生活,如果现在我还年轻,我也会想去的。妈妈听了爷爷的话,送我去了北大荒。后来我病退回北京做工人,他很支持,常常向我询问车间里的生产情况。再后来我做了编辑,干上了爷爷和爸爸的老本行,他也很高兴,给了我许多具体的指导,还亲自帮我修改稿件。"叶小沫非常庆幸自己能有这样一个自由、宽松和信任的家庭环境,爷爷言传身教给予她的影响,是她一生都用之不尽的宝贵财富。

　　至今,还常常有人问叶小沫,爷爷叶圣陶有没有给他们留下什么家训,叶小沫总是笑着回答,爷爷从来没有给我们留下写在纸上的家训,但是他的行事守则,他做人做事的态度,潜移默化地影响着叶家的后人。"爷爷一直认为,做老师,身教永远重于言教,而且这种身教不是做出来给孩子看的,而是自身的修养,是已经养成的习惯,是平日里的一言一行。爷爷就是这样一位老师。我从小生活在爷爷身边,他做人行事的作风,潜移默化地影响着我。直到现在,碰到事情我还常常会想,如果是爷爷,他会怎样做,努力照着他的样子去做,争取不让他老人家失望。"

我与叶圣陶先生的三十年①

李业文（口述） 黄 勇（整理）

我从一名普通农村教师成长为民盟常州市委的秘书长，能为常州的统一战线事业做点有益的事，是叶老"至善至真至美宛然圣旨，极清极洁极纯仿佛陶潜"的品格影响了我。在纪念叶圣陶先生离开我们35年之际，我愿与更多的人分享我与叶圣陶先生30多年交往的点点滴滴。

与叶圣陶先生相识始末

1956年，我读初中二年级。语文书里有一篇叶老的文章《多收了三五斗》。我学完后写了一篇读后感，心想，何不寄给叶圣陶先生看看呢？隔了五六天，叶老来信啦！他称赞我那篇作文有真情实感，要我好好读书，长大后参加社会主义建设。自那以后，叶老与我的书信联系一直不断，我六次到他家做客，两次在他家里过年，成了与叶老感情深笃的"忘年交"。一晃间，几十年过去了，当我戴上老花镜再次拜读他给我的250余封信札时，一次次潸然泪下。

我俩的书信往来，诚如叶老所说："好比打乒乓球，一来一去，永无休止了。"信的内容，多是读书、教书，偶尔也谈社会见闻和生活琐事。我印象深刻的是一桩与语文教学有关的旧事。有一日，我忽然心血来潮，想推荐朱自清先生给学生开开眼界。但我翻箱倒柜，就是找不到朱自清的散文名篇《背影》。1972年7月初，我写信向叶老倾诉苦衷，想请他寻一本《背影》。叶老

---

① 原文刊发于《群言》2023年第6期。作者李业文，民盟常州市委原秘书长；黄勇，常州市钟楼区政协副主席、民盟常州市委副主委。

复信:"信悉,《背影》打算向朋友或单位借……"不出一周,好消息来了。"《背影》尚未借到,不久可以借到。"叶老的回信,让我心弦为之一动。在翘首盼望中,叶老又来信说:"至善(叶老长子)从中国青年出版社藏书目录上见读,也终于借到……顾虑邮寄或阅读中恐有散失,我就抄下来寄你。"翌日,叶老将 1300 字的《背影》用工整的楷书抄录在信纸上,用挂号信寄我。观其物,见其人,叶老为了一篇散文,前后四封信谈及,最终让我如愿以偿,如今目睹这份手札,我思绪绵绵,感怀不已。我知道当年近 80 岁高龄的叶老是在眼神、精力不济的情况下,戴着老花眼镜、手执放大镜抄写的。这不是普通的抄件,而是人生的一笔财富。

20 世纪 60 年代,我在农村中学教书,叶老多次在信中与我谈如何培养学生的读书习惯、指导学生读书。他提出"要认真读书,要有目的地读,不能死读书,读死书。要培养学生养成多读书的习惯,非多读不可;同时,为了充实自己的生活,也非读不可"。叶老反对家长、老师硬逼学生读书,他给我的孩子写过这样的话:"李强九岁,喜爱画画,又喜爱小说,都是极好的事。你不要去妨碍他,让他自己去摸索,我极为赞成。请你夫人也采取与你同样的态度。""我劝李强除了画书上的人和事外,还要画日常生活中的人和事。看见有趣的人有味的事,就动笔画下来。这就是'写生'。请你把我的意见对他说说。"

榜样的力量是巨大的

1982 年,我和儿子李强在叶老家过年,有幸聆听到叶老、叶至善先生和萨空了先生议论耳朵识字的事,话题是叶至善先生在叶老与萨空了谈话中插叙了自己参加社科院召开的一次特异功能学术讨论会上的情况。早先听说过萨老与叶老父子是多年的老友,来往密切,感情颇深。可这回在讨论中他们各不相让,说着、辩着,近乎争论。叶老严峻地直言,"科学是真理,我们要相信科学,按照辩证唯物主义观点去认识世界,不要做违背科学的蠢事"。萨老也不示弱,认为现今还未被科学证明的也未必是伪科学。此事过去多年,但叶老等为探求科学奥秘相争不休的情景和三人期望真正按照科学和客观规律办事的信念,我至今仍历历在目。

1982年的元宵节,叶老为我和李强即将离京返乡准备了一顿丰盛的晚餐,正当大家开怀畅饮之际,一位女同志送来了我和儿子归程的车票,告诉大家,春节后的火车票非常紧张,这票是托人搞来的。不料,叶老听到后原本喜悦的脸色一下子变得严肃起来。女同志一走,叶老问话了:"这两张票是谁托她买的?"见无人接话,叶老脸色瞬间变得愤怒。突然,他重重地拍了一下桌子。叶老的孙媳妇才喃喃地说:"爷爷,是我请她去买的。""噢,是你?想过没有,人家为了一张票,要排几个小时队,甚至一整夜。我们托人朝窗口一伸手就拿到票,不用费心,不用排队,可知道我们一家都是从事教育工作的,这样做怎么去教育别人!"叶老越说越气,越说越急,"你们不排队买票,我去!"说完,他真的站了起来,拄着拐杖向外走。围桌而坐的我们都吓得站了起来,七嘴八舌地忙着解释。直到孙媳妇答应去退票重新排队,这场风波才平息下来。

叶老遇事认真,对自己、对他人都是这样。20世纪30年代,叶老在开明书店当编辑,每每收到学生们给他寄来的信都是有询必答,有信必复。他担任教育部副部长、主持人民教育出版社工作后,工作十分繁忙,但他对来信来访,尤其是中学教师给他的信函,仍是件件不落,有求必见,不找秘书帮忙。李强从叶老家过年回来后,写了《在叶圣陶爷爷家作客》等几篇文章发表在报刊上,一下子又闯下了"祸"。全国各地中小学生投向叶老的书信像雪片似的飞来,邮递员每天为他送来一个小邮包。此时,叶老年届九旬,双眼近乎失明,再无力回复成百上千的信件了,但他仍嘱托"全家齐动手,不让孩子们失望"。

作家柯灵说过,在"五四"及稍后一辈的老作家中颇有一些这样的典型,待人接物,谦和平易,朴质无华,看来很有些温柔敦厚气;但外柔内刚,方正耿直,眼睛里容不得沙子,遇到重要行动的时候,绝不落在别人后面。对这种前辈风仪,我怀有衷心的敬仰,叶圣陶就是其中的一位。

叶圣陶先生走了,但绝对没有离去,他永远活在我们的心里。

第四章
斯霞:"我为一辈子当小学教师而自豪"

　　作为一名教师,不仅要掌握知识,更要有童心,有母爱。与孩子打成一片,这叫有童心。把学生当作自己的孩子一样看待,这就是对学生的母爱。

　　　　　　　　　　　　　——斯　霞

第四章　斯霞："我为一辈子当小学教师而自豪"

教育家小传·斯霞

斯霞(1910—2004)，浙江诸暨人。1922年就读于杭州女子师范学校，1927年毕业后，先后在浙江绍兴、嘉兴、萧山、杭州及江苏南京等地小学任教。1932年起在中央大学实验学校小学部（南京师范大学附属小学前身）工作直至退休，被誉为"小学教育界的梅兰芳"。

她从事小学教育68年，用一生践行着初心，始终坚持做教师。她觉得作为教师，应该努力用自己的全部知识去照亮那些幼稚的孩童，全身心地投入到教育事业中。她把学生当作自己的孩子去爱，身上始终蕴藏着慈母般的温情，流淌着爱的暖流。1986年，斯霞在南京师范大学附属小学设立"斯霞奖学金"，奖励品学兼优的学生。

她是一位教学改革的先行者，先后担任过江苏省小学语文教学研究会理事长、全国小学语文教学研究会副会长、全国语言学会理事和全国教育学会常务理事,被聘为全国教材审定委员会委员,为我国小学教学和国家小语教材建设作出了重要贡献。20世纪50年代,她创造出"字不离词、词不离句,句不离文"的小学语文随课文分散识字教学法,大面积、高效率地提高了识字教学的质量。她教导的学生在两年内就认识了2000多个汉字,读了174篇课文,在当时国内小学教育界首屈一指。她首创的"以语文教学为中心,把识字、阅读、写话三者结合起来"的小学语文教学法,在全国产生广泛影响。这些宝贵的教学经验,都被收录到《斯霞文集》《我的教学生涯》《斯霞教育经验选编》等著作中。

她先后被评为江苏省小学特级教师、全国"三八红旗手"、全国"五一"奖章获得者、宋庆龄基金会全国"樟树奖"获得者等,当选为第三、五、六、七届全国人大代表,全国劳动模范。2019年9月25日,斯霞获"最美奋斗者"个人称号。

她在日记中写道:"当我在党的教育下,逐步树立了一切为着孩子的成长,一切为着祖国的未来这样的信念时,我千方百计地去钻研我的工作,如饥似渴地去补充我的知识,再苦、再累也心甘情愿,有了这个信念,个人的安逸、家庭的幸福,如有必要,我都能牺牲;有了这个信念,什么样的屈辱我都能忍受,什么样的磨难我都不怕;有了这个信念,所有那些瞧不起'孩子王'、瞧不起小学教师的世俗观念,都不能使我动摇,我都可以像抹去一缕蛛丝一般地把它丢在一边……有了对所从事的工作的执着的热爱,再平凡的岗位也可以作出不平凡的贡献。"

第四章 斯霞："我为一辈子当小学教师而自豪"

童心母爱：永不熄灭的教育精神[①]

朱小蔓[②]

享誉世界的苏联哲学家巴赫金说过，"在长远时间里，任何东西不会失去其踪迹，一切面向新生活而复苏。在新时代来临的时候，过去所发生的一切，人类所感受过的一切，会进行总结，并以新的涵义进行充实"[③]。

对所有敬仰、热爱斯霞老师的人来说，纪念斯霞老师，都不能不谈她的"童心母爱"。当年，她曾最质朴地解释说"与孩子打成一片，这叫有童心，要把学生当作自己的孩子一样看待，这就叫作对学生的母爱"。四十多年过去了，童心母爱一直生动地标示着斯霞教育人格的精神特质，它已成为教育家斯霞最鲜明的符号象征。

一、童心母爱是儿童最需要的纯朴自然情感，它是儿童发展最宝贵的教育资源

童心母爱源自一种原始的自然——社会性情感，它是一种最自然纯朴的人的情感。童心表征着孩子般的纯洁、率真与好奇，母爱则表达对孩子的仁慈、无私哺育与关怀。斯霞将童心母爱作为自己的教育信念，无论是在工作顺遂时，还是在"文革"受挫时，都从没动摇过。这表明她对教育本质最素朴的理解、对儿童教育特殊性的深刻认识。她说："我知道六七岁到十一二

[①] 原文发表于《课程·教材·教法》2022(2)，有删减。
[②] 朱小蔓，著名教育学家、中国情感教育理论的奠基人和开拓者，南京师范大学原副校长、中央教育科学研究所原所长兼党委书记，联合国教科文组织国际农村教育研究与培训中心原主任，教育部人文社会科学重点研究基地南京师范大学道德研究所首任所长，中国陶行知研究会会长，北京师范大学教授、博士生导师。
[③] 巴赫金.巴赫金全集第一卷(哲学美学)[M].石家庄:河北教育出版社,1998:63.

岁的小学生除了要接受系统的文化科学基础知识外,还正是身心迅速发展的时期,个性逐渐形成的时期,他们需要母亲般的温暖和爱抚,他们需要欢乐的环境,活泼轻松的气氛,他们应该得到和谐的协调的发展。我整天生活在孩子们中间,从他们的表情、动作、言谈中推测他们有什么想法,有什么苦恼,有什么困难,需要得到什么帮助……我和孩子们成天相处,他们也给我补充着稚子的童趣,生命的活力,他们天真活泼的动作,纯洁无邪的心灵,也使我变得年轻了。"[1]在她的心目中,童心是母爱的基础和前提,它们又浑然一体而不可分。在她的行为里,童心母爱天性自然,并不需要刻意的人为。那自然、质朴的情感从她心中流出,一如清澈的小溪,好似和煦的阳光,浸润、温暖着孩子们的心灵。我以为,正是童心、母爱融为一体的温暖情感,自然地展现出人性深处的东西,才会特别吸引儿童,教师也才可能与儿童的情感、与儿童的身心融为一体,从而成为儿童学习、成长最可依助、可享用的重要教育资源。

现在我们知道,对于小学生而言,其身心健全发展最需要、最迫切、最不可贻误时机的教育资源恰恰是情感,即情感关怀与情感理解;最需要被关注和呵护的也是儿童的情绪状况和情感发育品质,即正向的、积极的情绪感受。比如:安全感、被认可和被尊重的自我悦纳感,学习中探索、胜任的快乐,与人相处时适应、合群的惬意,还有共情、想象他人的内心、利他的满足感、安宁和愉悦等。正是这些积极的、正向的情感不断地表达,在脑部形成的神经传导回路,已经被证实是人的自我认识、社会性发展和创造性思维的脑神经基础,也被证明是提供其身体能量、滋养精神发育的心理基础。在今天已经到来的终身学习时代,经由情感反应模式积淀、影响而形成的学习、生活习惯、态度、趣味、价值倾向恰恰是身心、人格健全发展的基础。可是,成人常常被眼前的功利目的模糊了视线与心灵,不能认识和痛感儿童时期情感关怀的缺失以及情绪感受的负性积累可能造成的巨大危害,不能真正意识到支持小学生长远发展的"根"和"翅膀"究竟是什么!

现在的小学教育,甚至学前教育总是把知识教育看得过重,对知识标准

---

[1] 斯霞,等.爱心育人[M].南京:江苏教育出版社,1999:19.

掌握过死,而且往往把知识狭隘地理解为抽象知识、用语义记忆的知识,对直观知识、对社会认知性知识、对那些用情景记忆的知识不那么看重,也不那么敏感。斯霞老师的语文教学,包括分散识字的成就迄今被中国小学语文界视为丰碑。其所以有效,是因为她的教学从来不是枯燥无味的、冷冰冰的。由于她对儿童心理的深度体察和关怀,她便必然地在教学中不仅关注儿童理性思维和操作思维的发展,而且关注儿童情感发展的水平。依据现代神经科学的最新报告,是因为童心母爱的情感可以同时激活儿童多个脑区的活动,将两类知识同时交融学习:后一类知识学习多与人的情绪活跃、情感发展相伴随、多与人的有意义的生活经验相联系。儿童时期的学习需要大量形成其生活、学习和审美习惯的知识,需要学习与脑神经回路的建立和不断完善最有关的知识。小学生虽然开始用高层次的意识学习抽象的知识,但大量仍在用感知的意识层次学习。并且,不是所有孩子都适合现代学校教育体系,其越来越偏向抽象知识的学习取向及其检测。小学学习阶段如果没有教师的童心母爱的情感来保护儿童的感受性,儿童的知识学习不仅丧失其丰富性、完整性,而且,学习时间和生命精力会消耗、浪费很多,产生出学习与自己"无联系""无意义""无自我"的消极情感结果。斯霞老师总是说:"所谓备课、备人、备教法、备学法,实际上都离不开备学生,离不开对学生的爱。真正爱学生,就会让学生把精力用于'有效'的学习上,就会让学生享受童年的欢乐!"①现在,人们往往习惯将德育与智育相分离,学校老师则埋怨给他们"控制"使用的德育时间不够。斯霞老师从来注意在教学过程中培养儿童的道德意识和习惯,也从不放过适时的道德教导与行为要求。

今天我们也已知道,"同情共感"本是人类形成社会秩序基本的天然禀赋,是进化的结果。童心母爱所表达出的关爱的自然情感是可以引发儿童朴素的"道德共情"的。因此,斯霞帮助儿童建立起的价值观和性格倾向不仅是由外至内,更是由内向外的、在情感上的喜好与认同,这对儿童期的道德启蒙特别适合和有效。21世纪初脑科学发现,社会性认知过程需要激活脑的下列三种功能:自我意识、场景记忆、他心想象,从而使自我和他人通过

---

① 斯霞,等.爱心育人[M].南京:江苏教育出版社,1999:47.

场景建立交往关系①。这为斯霞老师智德一体的教育方式及其效果,为新一轮课程改革为什么特别要求扩展学生社会性认知学习的机会增添了新的脑科学根据。这也更让我们深信,小学低年级学生学习时产生的积极情感就像一粒粒富含美善情感的生命种子,儿童身体、智力、审美、精神方面的果实都将由此发育。斯霞为孩子们创生了多么丰富、可持续的教育资源啊!对教育资源如果仅仅做"物化"性的理解是多么的狭隘!她的教育成就在今天进一步证明:情感教育之于儿童的长远发展真正是"根"和"翅膀"的教育。

二、斯霞的童心母爱是教育爱的专业品质,它是小学教师职业最重要的专业特质

当然,斯霞的童心母爱并不是基于血缘,它是一种教育情感、教育品质。它以保护儿童的学习权利、恪守教师的职业义务为基础,但却与教师个人的情感特征、情感品质、人格特质密切相关。过去,我们对教师的这类品质及其在教育活动中的影响缺乏深入研究,没有足够的认识,尤其对教育情感中的教育爱与教师专业水平发挥的密切关系远未取得共识。

我本人从20世纪90年代初不断提出素质教育呼唤具有情感性人文素质的教师,意在彰显教师的健康情感对教师职业、对提升教育品质的特殊价值。我认为,教育爱的品质是教师专业素质的核心要素,也是教师职业专业化最重要的价值取向,它具有道德的性质,既保障教师专业化的道德方向,也提高教学效能及其内在品质,无论对于小学、中学,还是大学。对于小学教育而言,教育爱的情感与能力更感性直观、更需审美化的色彩,如此,才更加符合儿童时代较多具象的、浪漫化的学习天性。小学教师的教育爱既是温柔和激情,又是稳定、平和的心境,是来自人性深处的纯净与慈祥,是源于天赋并在工作中不断磨砺出来的敏感性、感受力。依助这类素质,教师才可能发现儿童身心的真实状况,及时而恰当地应对他们的情感需求和外显行为,从而建立起与儿童间相互依存、共度教育时光的信任关系。现在许多教

---

① 汪丁丁.市场经济与道德基础[M].上海:上海人民出版社,2007:108.

师学历已经不低,他们可能记熟了教学法,也掌握熟练的教育技术,可他们仍然是不那么称职、不受学生喜爱的教师。因为他们并不从心底里爱孩子,缺少与孩子相处的热情和耐心,不善于和孩子打交道。

许多研究已一再证明,年幼儿童的生命潜能远未绽现,他们的神经系统也还比较脆弱,如果没有师生间相互依恋的、信任的关系,只能使隐藏在儿童心中无穷的宝藏丧失殆尽。斯霞以童心母爱为表征的教育爱表明其教师专业性不是技术层面的,而是人文文化层面的,是精神性的。她从来坦言自己对教育的执着不仅出于责任感,也出于兴趣与热爱。我觉得,教育爱的情感正是她刻苦钻研业务最强烈而持久的内驱力。她高度认同教育是科学,也是艺术,看重在教育职场中练就教师的技艺,主张教师要有一系列好习惯,包括具体的教学环节上的习惯,作风上的习惯,在教学的语言、文字、教态上的习惯,写字的习惯,除了写字的姿势外,站的姿势、坐的姿势、走路的姿势、讲课的姿势统统要养成习惯。她认为,养成好习惯全靠长期反复的实践,贵在坚持①。她从教育实践中磨出来的智慧、一招一式,都极其自如。因为她爱孩子,处处替孩子着想,所以,她的教学策略、教学方法、评判标准,都不是从既有的统一标准出发而总是实事求是、灵活掌握。那时,学校没有那么多的检查、评比和竞争,她可以专心致志做她喜欢、认为有意义的教改实验。我以为,她的职业状态始终是充满热忱、积极负责的,也是从容自由的。

分析起来,斯霞的教育爱是一种内蕴丰富淳厚的复合性素质,她的教育爱是人性美善之爱、职业道德之爱、公民责任之爱的集合。这样的教育爱在其行为方式上表现为一贯地无差别对待学生,面对全体学生,不分家庭、不分性别、不分贫富、不分学习成绩,这完全符合今日提倡的全民教育、全纳教育思潮;表现为一贯地尊重儿童的人格,从不训斥儿童,时时刻刻替儿童着想,按儿童的生理、心理特点和需要进行教学与教养的工作。斯霞老师在80多岁高龄时,还一直在呼吁"要克服旧的学习观念,研究学生的学习方法",她说,"教给学生学习方法,他们自己学会了,才能叫'主人',否则只能

---

① 斯霞,等.爱心育人[M].南京:江苏教育出版社,1999:22-26.

是'奴隶',什么'乐学''高效',统统谈不到"①。这也完全符合今日提倡的主体性教育理论、生命化教育理念。直至90多岁高龄,她也常常去学校,想与孩子们在一起,想为学校出点力。她爱教育、爱孩子爱得如此痴迷,爱得艺术高超,钻研业务至炉火纯青,怎能不荣获首批宋庆龄"热爱儿童奖",怎能不获得"教育界的梅兰芳"之美誉。

斯霞的教育爱品质不是偶然的,这与她的人生道路、生活经历相关,与她在职场中的长期磨砺有关,也与她的人格趣味和天然的慈祥、平和性格有关。回望斯霞的生活史,家乡恬静的自然风光、家族的开明、对子女读书的支持以及受母亲影响而植入的自主、不依赖的思想都对她产生了较大的影响。考察斯霞的师范教育经历,当时学校课程丰富、学习的知识面宽,十分注重实际锻炼。师范毕业后的从教生涯,她几乎各科都教过。年轻时代起受到"五四"以来"科学"与"民主"思想的影响和抗战时期的颠沛之苦以及对国民党高官腐败的痛恨等,她的教育爱最终立于社会理想、人生理想和教育信念的高地。从17岁做教师起,她整整做了三代人的老师。她服膺懂教育、按教育规律指导教育的行政领导,也常与他们交流教育认识,切磋教育技艺,但她坚持不肯从政,因为她爱孩子、爱教书,认为小学教师的生活方式更适合自己。她所生活的时代,教育理论书籍远没有今天这么多,更没有今天教师可以得到的学术包装和市场包装。她的教育知识,主要是在与孩子们相处中积累的,虽然朴实无华,却完全称得上是有教育实践理论的小学教育家、小学教育专家。我永远不会忘记:2002年,在南京师范大学与当时的南京晓庄师范学院联合培养的全国首届本科小学教师毕业典礼上,50名年轻人手捧鲜花,面对敬爱的斯霞前辈激情朗诵《献给斯霞老师的歌》。在那个时刻,诵者、听者,还有我们的斯霞老师,眼里全都噙着激动和幸福的泪。这是一个真实的场景,也是极富象征意义的。我相信,斯霞的道路对于我们如何看待和凸显小学教师的专业特质,如何培养称职的小学教师,如何评价小学教师的工作业绩,包括如何甄别和挑选适合于小学教师职业的人才都有深刻的思想启迪。

---

① 斯霞,等.爱心育人[M].南京:江苏教育出版社,1999:85.

三、斯霞的童心母爱,是爱的哲学,是精神性的大爱,是当前中国社会迫切呼唤的教育文化

斯霞因其著名而有魅力的童心母爱成为中国教育界体现爱的哲学、爱的教育精神的教师代表,成为教育从业者的精神偶像。今天,如何看待童心母爱作为爱的哲学、精神性大爱的价值呢?或许还需要从文化传承和改造的角度,从学校教育的社会文化功能上进一步谈点认识。改革开放以来,中国教育在事业发展、教育普及方面取得了举世瞩目的巨大成就,但同时,人的道德教养、学习能力、身心协调以及学校教育品质的差距和困难却日渐显现,其形势与情状无不警示人们,学校教育反映出的问题,与家庭环境、与社会大环境的急速变迁息息相关。现在,一方面,大量的儿童人群和个体得不到应有的关爱,对于他们而言,情感资源极其稀薄;另一方面,从大量的家庭、学校到社会风尚中,无不充斥着功利主义的爱、强制性的爱、算计的爱,以及表现为国民文化性格缺陷的"面子"爱。"爱"文化的缺失与畸形深刻地反映出社会主流价值观的某种离散、优良道德文化的某种倒退。我们的社会、学校和家庭现时太需要纯净自然的爱、温润平和的爱,需要真正为每个不同生命个体着想的爱,需要那些体现着尊重、理解、扶助、给其尊严的爱。斯霞的道路和精神最可贵的是向人们揭示了什么才是真爱,什么是健全的教育爱。她的自然、纯朴,她的自主选择与持守,她从不自卑于小学教师身份的自我尊严与高贵感,她善良、平和、率真与乐善好施,所有了解她的人都知道不论对学生、对同事,还是对家人、对自己的孩子,她都予以真挚、饱满的爱。她那鲜明独特的情感与人格特征,传递的是既自然素朴又超凡脱俗的爱的本质精神。人本主义哲学家弗洛姆认为,爱的本质是给予,无论哪种爱的形式都包括关心、责任心、尊重和了解等基本要素。在斯霞身上我们分明可以感受她的爱是那种具有创造倾向和成熟人格的一种能力。她的爱从来不是"占有性"的,也不仅仅是无私的,而是"生产性"的,即她用她的自然、无私欲和利他精神在不断地培育出会感受爱、也会爱人的孩子,创造出有爱的师生群体,有爱的学校环境。考察斯霞童心母爱从情感、行为到一贯的信

念和信仰,其处处体现的是一种爱的哲学、爱的文化品格。

斯霞老师生前工作过几十年的南京师范大学附属小学是一所百年老校。南京师范大学从南京高等师范学校、东南大学、中央大学到新中国成立后的南京师范学院发展至今,数代教育大家主政、执教于此。作为它们的附属小学,这里保存有1919年杜威来华讲学的"杜威楼",接受和活用杜威的"生活教育"思想,坚持将儿童的学习与生活相联系,主张"教学做合一"是学校最强大的传统。这里感受得到陶行知"捧着一颗心来,不带半根草去"的温暖情怀,回荡着陈鹤琴"一切为了儿童"的仁爱心声,留下了附小俞子夷校长一生专注新教学试验的足迹。先贤们铺就了这所学校民主、厚重、创新,充满人文关怀的文化底色。可以说,是这所历史文化名校特有的精神氛围塑造、成就了斯霞这样优秀的教育家,而作为历史人物,斯霞又成为南师附小百年"爱的教育"集中传承的旗手,斯霞的童心母爱成为南师附小永远的骄傲和取之不尽、用之不竭的精神财富。

今天的南师附小一直行走在爱的教育的道路上。学校秉持"怀大爱心,做小事情"的校训,以培养大爱之才作为办学育人的目标。老师们以爱的教育理念构建校本课程、传承童心母爱的价值追求,他们坚持为儿童生命的"每一天""每一月""每一年"精心设计,期望在"日有所长""月有所盼""年有所伴"的浸润中,轻悄悄地创造儿童一生铭记的生活,为儿童镌刻"爱"的印迹。学校用爱的精神,以斯霞为人格楷模,建设教职工团队,悉心培育一种关爱信任的学校文化。在斯霞诞辰100周年之际,学校增添了"斯霞小学"的命名。虽然时代不能复制,每个教师的生活道路不会相同,在这所学校,也许说不清谁是斯霞的私淑弟子、嫡传弟子,但我们相信,只要爱的精神真正变成学校的文化,乃至品格,传承的必将是整体精神,斯霞精神的传人定会代代涌现。

在今天,斯霞童心母爱的价值也远不止于儿童、不止于学校。追求着"现代性的学校教育体系和制度"正面临着一系列现实而深刻的矛盾,如:教授越来越多的科学逻辑的知识与儿童直观学习特点的矛盾,普及教育、标准化要求与学生生命多样性、民族地域的差异性、社会需求多样化的矛盾,直接量化的评价与人的素质发展复杂内隐的矛盾等,都使得眼下教师与家长、学校与社会、政府行政与教育人之间不尽相同的利益诉求容易演化为对教育的"信任危机"。学校若要真正追求超越"分数"和"升学"的教育品质,需要社会多方的支持。教师、学生与家长,学校、政府与社会间需要真正形成一种价值共识,即基础教育是为人的终身发展奠基,必须克服功利和短视;不同利益群体间也需要相互尊重、理解与包容,更需要积极探索几方间良性互动的制度及机制。以此而言,斯霞所体现的大爱精神,斯霞人格中所蕴含的诚实、平等、尊重、友善、淡泊等美好价值观以及真正为祖国与民族未来着想的公民责任感正是当代迫切呼唤的一种教育文化。斯霞精神遗产可以帮助我们审视和纠正时下戕害孩子、扭曲教育、污染社会的不良文化,可以帮助我们扩展心胸、树立信心,认识"从我做起""从细微处着眼""从微观环境改造着手"的意义和可行性。虽然现代性的教育难题还会继续,社会转型期的教育供求矛盾短期内也难以完全化解,但祖国大地新的价值观、健康的教育理念正在生长、传播,对人性美善的呼唤也日趋强烈,我们希冀斯霞精神作为示范、感召的力量,作为永恒、常青的精神推动社会政策、行政管理、教师队伍以及民风有更快的文化性改变。

斯霞的童心母爱、崇高的教育精神永不熄灭!

纯爱之光润万生

余 颖[①]

> 一个和孩子长年在一起的人
> 她的心灵永远活泼像清泉
> 一个热情培育小苗的人
> 她会欣赏它生长风烟
> 一个忘我劳动的人
> 她的形象在别人的记忆中活鲜
> 一个用心温暖别人的人
> 她自己的心也必然感到温暖

这是诗人臧克家为斯霞老师而作的诗。是的,如果您见过斯霞老师或她的照片,那份慈爱所散发的温暖,一定会让您于一份安宁中如沐春光。是什么让一位温婉的江南女子,在时光浸染中拥有越来越感染人的沉静与温暖?

一、体悟:触摸斯霞老师的生命足迹

作为一名曾与斯霞老师在校园里相遇相交几载的后辈,斯霞老师在我的记忆里是鲜活的。她是每每上课时,悄悄停留在教室后门处、窗口边的身影;是下课时,站在操场边满面慈爱端详着孩子们游戏玩耍的"斯奶奶";是

[①] 余颖,南京大学教育研究院教育博士,南京市北京东路小学党总支书记、校长,中小学正高级教师,江苏省特级教师。

每天上学、放学时,候在校门口或站在中央大道(校园内的主干道)上与孩子们挥手说"再见!"的"斯老师";是课后悄悄跟你说"小姑娘,字要写大点儿,后排学生看不见""不要用红色粉笔写重要的板书内容,看不清楚"的谆谆长者;是即便九十高龄不便上楼下楼时,为了那个令年轻教师和家长苦恼的特殊孩子,每天悄悄爬上三楼看她上课、课后与其谈话的斯老师;是我们每每想去搀扶她,总被摆手拒绝说着"我可以自己走,你们快去忙吧"的那位老人;还是2003年初夏,面对上门看望她的同事,说自己一切都好,然后就拿起手边的语文书,滔滔不绝聊起"课文生字词的教学要融入对课文的理解,识字、阅读、说话要联系起来"的大先生;更是在医院弥留之际,昏迷中听到孩子们的"斯老师好"有所反应的那张令人动容的面庞……这些瞬间,有的当时习以为常,有的让人潸然泪下,其后每每想起,却都倍感温暖与崇高。

犹记得,为了庆祝斯霞老师九十诞辰,学校与她商量,准备为她做个塑像,斯霞老师原来不同意,后来经过再三做工作,她才答应下来。但从不愿向学校提要求的斯老师,那次却一连提了两个要求:一是塑像的选址,希望放在教学楼中间的操场上,"可以陪着孩子们玩耍,看着孩子们上课";二是她的塑像旁要有学生。心里时时刻刻装着儿童,始终希望和孩子们在一起,这就是斯霞老师热爱儿童最直接的体现。

这份热爱,表现为不管是做体育老师、音乐老师还是语文、算术老师,她认为"成天和天真活泼的孩子们生活在一起,自有乐趣"[①]。天气骤然降温了,她把自己孩子的衣服全部抱出来,每个学生发一件;下雨天校门口淹水了,她把学生一个个背过马路;学生家中突遭变故无人照应,她让他们睡在自己家的"大床"上(8平方米宿舍仅有的一张床),而子女则到其他同事的宿舍去借宿。她与学生们一起"为小鸡从鸡蛋里破壳而出发出欢乐的笑声,为小白兔的死而流出眼泪";五十多岁做了祖母的人,还会在孩子们的中队活动上化装跳起"大头舞",与孩子们一起玩"老鹰捉小鸡"的游戏,甚至还系上小围裙、扎起蝴蝶结、两手插着腰、像孩子似的围着扮演阿姨的老师,唱啊,跳啊,调皮地做着鬼脸……

---

① 斯霞.斯霞文集(壹)[M].南京:江苏教育出版社,2010:22.

因为这份热爱,她常常在清晨五点多钟,站在校园的小树林里,把松树柏树当作学生对它提问,与之"交谈"。"交谈"的内容,自然是即将要上的课。为了方便学生理解,她率先学习自制投影胶片,常常自备教学道具;为了《野兔》一课上的一个"小问题"——与老鹰搏斗的野兔竟然踢死了对方,斯老师跑研究所、到大学,四处请教生物专家,就为了搞清楚其中的科学道理;为了节省出时间备课,她经常早起烧好一天的饭菜,简单热热就是中饭,再热热就是晚饭,以至于晚年时戏称自己长寿是"吃馊饭吃出来的";为了更全面地了解学生以便于"合适的时候施以教育",她常年坚持家访,也因为一次家访没有及时收到医院的病危通知书,错过了与先生最后的告别……斯霞老师就是以如此具体朴实的行动,如清泉自然流淌,把对事业的热爱和奉献当作一种理所应当的事,且乐在其中。

也记得,矗立斯霞广场(教学楼前的活动场所)十余年的汉白玉斯霞塑像,因长年酸雨侵蚀而黑旧严重。2017年—2018年间,学校考虑换材质重塑斯霞塑像。在与创作斯民小学斯霞塑像的龙教授的数次交流中,有了更全面观察、走近斯霞老师的机会。有一次,翻看斯霞老师的子女提供的相册,看到最后一页照片下方的文字:"2003年,妈妈最后一次到北京过年,不记得是谁送她来的了,但还记着到了北京要去看望几位老朋友。"这几位老朋友,有学校退休教师程濯秀老师,有原《人民教育》杂志的记者连建生先生。当他们见到斯霞老师时,都非常激动:"斯老师,您年龄比我们大那么多,竟然是您来看我(们)!"

这样的故事不胜枚举。在三年经济困难时期,每人每月只能买二两肉的情况下,斯霞老师常常让子女把一小碗带点肉的菜送给住在附近的两位年迈的退休教师,让子女轮流到他们家帮忙做家务。一位退休男体育老师每每提到斯霞老师时,总是眼眶瞬间盈满泪水,"那时候刚回城,家里生活困难,斯老师每个月悄悄塞给我五块钱"。如此种种,联系龙教授评说斯霞老师"眼睛也不小、鼻梁也不塌,但就是没有雕塑所需的立体轮廓感,都太柔和圆润了"的为难,我深切体会到了"相由心生"的道理。充满慈爱光辉的斯霞老师的模样源于她热爱学生、挚爱教育,柔和面相的背后是纯善的赤子之心。这份纯善,不仅仅表现在她对教师身份的认同中,更弥散于她日常生活

第四章 斯霞："我为一辈子当小学教师而自豪"

与为人的点点滴滴。

整理《斯霞文集》的过程，让我有了更加走近斯霞老师的机会。其中最打动我，也是最广为流传的，是斯霞老师为了坚守三尺讲台，再三辞去教育局副局长任命的故事。坚辞不受的背后，是"我连教导主任都没当过，我不会当官员"的朴实想法；是深知这一任命更多是一种政治待遇、社会待遇和生活待遇的补偿，而并非需要她去学习教育行政管理并进而为南京教育的发展筹谋做出贡献。因为彼时副局长的工资是她工资的三倍，如果做了副局长，一家人可以从住了30年的8平方米宿舍换到一个更大的居所……而68岁的斯霞老师，选择了再三推辞，并在从政府任命到收回成命的几年间，从未要求也并未享受过相应的工资待遇。这个"更优选择"的放弃，充分体现了她淡泊名利的通达与矢志小学教育事业的坚定。正如斯霞老师的墓志铭所表达的——"我为一辈子当小学教师而自豪"。是的！小学教师这一身份，已植根于斯霞老师的灵魂深处并融入了她的血脉。

触摸斯老师的生命足迹，另一个打动我的故事，是斯霞老师从事五年制教改实验的事情。彼时的斯老师已48周岁，她的爱人正值肺病晚期，除了大儿子已从清华大学毕业参加工作，其余四个孩子还都分别在上中学、小学，二儿子体检时又发现有肺结核病灶，需治疗养病。彼时学校唯一的五年制教改实验班，一无大纲，二无教材。可就在这样的情况下，斯霞老师没有犹豫，愉快地接受了任务[①]。每天放学后家访完，她就带着钢板、铁笔、蜡纸到医院，一面照顾、陪伴先生，一面继续定教学计划、编教材、刻钢板……这样的故事每每想起，总让人浑身充满力量。是啊，一个长年跟儿童在一起的人，这样充满生命活力、不惧艰难，她的生命在好奇与摸索中不断创新！这样的斯霞老师，让众多习惯"重复昨天故事"的教师，获得挣脱舒适区的力量，获得不给自己设定上限的勇气，获得将拥抱挑战、突破自我当作享受的愉悦体验。

[①] 斯霞.斯霞文集(伍)[M].南京：江苏教育出版社，2010：105.

二、聚焦：斯霞老师的教育路

斯霞老师温润的坚定与温暖的智慧缘何随着岁月的流逝而愈加醇厚？回望斯霞老师94载人生的教育之路，也许可给我们答案。斯霞老师的教育实践与思想的发展，大致可分为三个时期。

1. 积淀期（1922年—1948年）

斯霞老师1910年12月出生于浙江诸暨东南的一个自然环境优美的山村——斯宅盟泉畈。祖辈虽不富裕，但也是开明绅士。早期的家庭教育塑造了斯霞老师温婉的性格，1922年，年方13岁的斯霞老师就读于杭州女子师范学校，5年的师范生涯，让她这个懵懂的乡村少女初步具备了一名教师的学识与能力。师范学校毕业后，斯霞先后在浙江等地任教，这一阶段虽然对教育没有较高的理性认识，但斯霞老师以整日和孩子们一起学习、游玩的方式，让"学生们也喜欢我，愿意和我接近"[①]。

1932年底，斯霞老师到中央大学实验学校小学部（南师附小前身）任教。彼时的实验学校正处于我国教育改革的最前沿，是"最富于研究者，凡有一新制度出，率先从事实验"，是当时江苏省小学中"最新式者"。实验学校在低年级采用设计教学法，高年级采用道尔顿制，除了语文和数学之外，其他学科的教材需要教师自己根据实际情况进行编写，对教师有着很高的要求。从没有参与过实验研究的斯霞以老教员为自己的榜样，"她先跟着老教员学，听她们研究、确定课题，准备内容，看她们怎样去实施"[②]。在这样的努力中，斯霞老师学到了西方先进的教学理念，又与传统的教学方法结合起来，尝试出了一种"中西合璧"式的教学模式，使课上得活泼生动、充满童趣。崇尚"爱心教育"、推崇"教育实验"的学校，使得斯霞老师充满母爱光辉的个性与热爱学生的情感得到了彰显，为其教育理念的形成奠定了良好的基础。

1937年夏，卢沟桥事变爆发，中央实验学校被炸，战乱中的斯霞老师随

[①] 斯霞.斯霞文集（壹）[M].南京：江苏教育出版社，2010：22.
[②] 斯霞.斯霞文集（伍）[M].南京：江苏教育出版社，2010：35.

丈夫孙士熊辗转多处,最终到达天全修建川康公路。这段颠沛流离的生活,让斯霞老师产生了强烈的教育救国思想。于是,斯霞老师和两位流亡的女教员怀着一片赤诚,办起了员工子弟学校。可以说,是战火的洗礼锻造出斯霞老师作为教师的责任感和使命感。"教师应教好书,办好学校,孩子们掌握了文化,国家就能富强起来,就可以不受外国欺侮。""教师应该全心扑在学校工作上,通过自己的努力,给国家给社会作贡献。"[1]

2. 形成期(1949年—1976年)

新中国成立后,党和国家给予了教师群体关怀和尊重。这一时期,斯霞老师充满激情地投入到了教育教学的改革和实践中,并在党的引领下开始学习马克思主义哲学、教育学、心理学等理论知识。深度且体系性的学习革新了斯霞老师的教育理念,她逐步树立了一切为了孩子们的健康成长、一切为了祖国的未来的信念,并决心为这一信念献身[2]。古平在《育苗人》一文中将斯霞老师这一时期的思想提炼为"童心母爱",指出儿童有一颗"纯洁、稚嫩的心","像水晶一般的明净",教师要以"童心爱童心";儿童"不但需要老师的爱,还需要母爱",教师需要"像一个辛勤的园丁",给我们的幼苗带来温暖的阳光和甘甜的雨露[3]。

这一阶段,斯霞老师的教育实践智慧日渐丰厚,并逐渐摸索出了一条在学课文中教识字的新路子,即斯霞老师后来进一步总结和倡导的"字不离词,词不离句,句不离文"的识字教学原则[4]。

1958年9月,江苏省教育厅决定在南师附小进行小学五年制的学制改革试验,试点班班主任、语文和算术两科的教学任务全落在斯霞老师的身上。斯霞老师用自己孱弱的肩膀,承担起了繁重的教改任务和家庭负担。她凭借着对儿童的理解,敏锐地从儿童的表情、态度中及时判断他们对所学内容的理解程度、接受情况,从而调节自己的教学内容、教学进度和教学方

---

[1] 斯霞.斯霞文集(伍)[M].南京:江苏教育出版社,2010:46.
[2] 斯霞.斯霞文集(壹)[M].南京:江苏教育出版社,2010:152.
[3] 古平,习文.育苗人[J].江苏教育,1963(5).
[4] 斯霞.斯霞文集(伍)[M].南京:江苏教育出版社,2010:90.

法①,一步一个脚印,审慎地探索和创新。这个实验班从二年级开始,每年所做的各项评测结果显示:学生负担不重,身体素质良好,德智体全面发展。五年制学制改革试验取得了成功。学制改革实验提升了斯霞老师的教学实践能力,独立编写教学大纲和教材的过程也促使她不断地完善知识储备,提高理论素养。正如斯霞老师自己所言:"这五年,我在思想上,可以说经历了一场革命,发生了由量变到质变的飞跃。……这在我的教学生涯中具有特别重要的意义。"②

1963年5月30日,《人民日报》刊发报道《斯霞和孩子》,详细记述了斯霞的纯净"童心"和伟大"母爱",在全国掀起了短暂的学斯霞热潮,但也引起了一些争议。这些争议催生了斯霞老师对教育的深度思考,让她深切意识到教师爱学生、教育好学生是本职,但这种爱并不是出自个人的狭隘感情,而是建立在教师对人类教育事业的责任感上,是在履行培养四化建设人才这一崇高职责时所产生的一种思想感情。斯霞在争议中仍然坚持爱的付出,并不断进行理性思考,推动了童心母爱教育思想向纵深发展并最终形成了完整的理论体系。

3. 成熟期(1977年—2004年)

1977年后,斯霞老师"童心母爱"的教育理念得到了更多人的认同。她是第五届全国人大代表,并先后获得全国"三八红旗手"、江苏省首批小学特级教师、江苏省劳动英雄、全国劳动模范等诸多荣誉。但斯霞老师却坚定地提出了扎根教育一线的要求。她说:"我也知道学校工作辛苦,烦琐,但我愿意。我要回到学生中间去,回到教学第一线去。我还能够为教育事业出一点力呢!"③1978年10月,68岁的斯霞老师带着一群入学仅两个月的一年级孩子拍摄了《我们爱老师》的教学电影。课堂上斯霞老师没有什么美妙的动作,没有什么华丽的言辞,没有什么漂亮的教具,但看了这一教学片的人都说是"美的享受"④。这部电影真实、自然地反映了斯霞老师随课文识字的教

---

① 斯霞.斯霞文集(伍)[M].南京江苏教育出版社,2010:107.
② 斯霞.斯霞文集(叁)[M].南京:江苏教育出版社,2010:6-7.
③ 斯霞.斯霞文集(伍)[M].南京:江苏教育出版社,2010:234.
④ 斯霞.斯霞文集(伍)[M].南京江苏教育出版社,2010:237.

学特色,是她热爱教育、热爱学生、几十年孜孜不倦钻研业务的结晶,也是我国小学教育界的宝贵财富。这一时期,斯老师的语文教育思想臻于成熟和完善,她对以"随课文识字"为核心的分散识字进行了系统化的归纳与整理,形成了《分散识字浅见》《我的识字教学观》等代表作。她生动、清晰地表述了"童心母爱"的精神实质:"与孩子打成一片,这叫有童心;把学生当作自己的孩子一样来看待,这就叫对学生的母爱。"

1995年,85岁高龄的斯霞老师正式退休,但她依然会每天来学校转一转,看看孩子们,指导指导青年教师。在与青年教师的交流中,她鲜明提出了"爱生是教师的天职,是最大的师德"①。她认为,教师职业道德的核心是敬业爱生,教育是"太阳底下最光辉的事业",教师要"全面关怀学生""努力做一个儿童灵魂的工程师";教师要因材施教,"针对这一个个既相同又不相同的活生生的'材'来进行加工";教师应严于律己,以身示范,因为"教师的思想品德、工作作风、待人接物、一颦一笑、一言一行,都会使学生耳濡目染,产生潜移默化的影响和感召作用"②。她指导青年教师的教学要"变'主宰'为'主导',尊重学生,教学民主""变重'知'轻'能'为'知''能'并重,教学生'学会生存'""变单纯的'责任'为丰富的'情感',把更多的情和爱注入教育事业,洒在学生心田"③。

与此同时,斯老师发表了系列减轻学生负担的文章,呼吁"减轻学生负担,救救孩子们",发问"写呀,算呀,整天埋在作业里,睡眠不足,怎能不影响身体健康? 近视率大幅度上升,高分低能的现象还不严重吗?""加班加点,题海战术,压得学生喘不过气来。这样培养出来的学生,怎能符合社会主义现代化建设的需要呢?"在各个场合她反复强调轻负高效的策略:充分利用40分钟,上好每一节课;抓主要矛盾,力气花在刀刃上;努力调动学生的学习主动性,教学时尽量让他们多动脑、动手、动口,凡是学生懂得的,就让他们自己来说。

---

① 斯霞.斯霞文集(壹)[M].南京:江苏教育出版社,2010:198.
② 斯霞.斯霞文集(壹)[M].南京:江苏教育出版社,2010:179.
③ 斯霞.转变观念,迎接新世纪的挑战[M]//吕型伟,阎立钦.面向21世纪我的教育观(基础教育卷).广州:广东教育出版社,2000:305-312.

斯霞老师这一阶段所著的《我的教学生涯》《斯霞教育经验选编》《爱心育人》等书及其去世后由南京师范大学附属小学整理的五卷本《斯霞文集》，详细记载了她的教学经验和理论思考，对当下的教育教学仍然具有重要的意义。

三、启示：斯霞是"永不熄灭的教育精神"

比照习近平总书记阐释的教育家精神的六大特征，斯霞老师"处处闪烁着爱之光，满溢着道德情操、仁爱之心"①，让我们"真切触摸到教育家精神的脉动"。回眸眺望20世纪的斯霞老师，不难发现，斯老师并非只是过去，对当下的我们、对中国基础教育的未来，"斯霞"二字，是"永不熄灭的教育精神"（朱小蔓，2010）。

1. 斯霞老师的爱，首先是厚植爱国主义情怀的责任之爱

斯霞引导儿童理解《我们爱老师》课文中"祖国"一词的教学被人们视为经典。她后来回忆备课的过程："为了讲清'祖国'这个词，我考虑了很长时间，估计学生不容易确切地回答。学生往往认为祖国就是一个国家的意思。这样的回答，虽不确切，但也不完全错。怎样帮助学生形成正确的概念呢？我联想到，学校常有日本和美国朋友来访问，如果学生说祖国是一个国家，那么，我可以这样来反问，美国是一个国家，日本也是一个国家，我们能说美国、日本是我们的祖国吗？这样启发，就能够使学生把'祖国'和'国家'这两个不同概念的词区别开来。最后，我再归纳为：'祖国就是我们自己的国家，我们的爸爸、妈妈、奶奶、爷爷，祖祖辈辈生长的这个国家叫祖国。'②是啊！祖国就是我们自己的国家。"斯霞老师用一年级孩子能理解的语言，悄然埋下爱国的种子。这样的例子数不胜数。日常与学生的相处中，逢到节庆纪念日，她都给学生介绍历史。"七一"讲党的历史，"十一"讲在党的领导下，中国人民如何推翻了"三座大山"，创建了新中国；讲新中国成立以来的伟大

---

① 成尚荣.用爱与责任践行教育家精神[J].教育视界，2024(1).
② 斯霞，等.爱心育人[M].南京：江苏教育出版社，1999：219.

成就,讲新中国成立前后南京的变化,讲学校旁边的臭水沟(进香河)怎么被改造成宽阔的马路……斯霞老师就是这样,联系教学或生活中的事情,以润物无声的方式,于点点滴滴中引导儿童立志心系人民、奉献国家。有意思的是,本次重读《斯霞文集》,我对《斯霞文集》前两卷的"教育思想卷"和"教学思想卷"的词语做了一个频次分析,删去"教师""学习""教学""教材"等无价值意涵的常用名词后,有了如下发现:

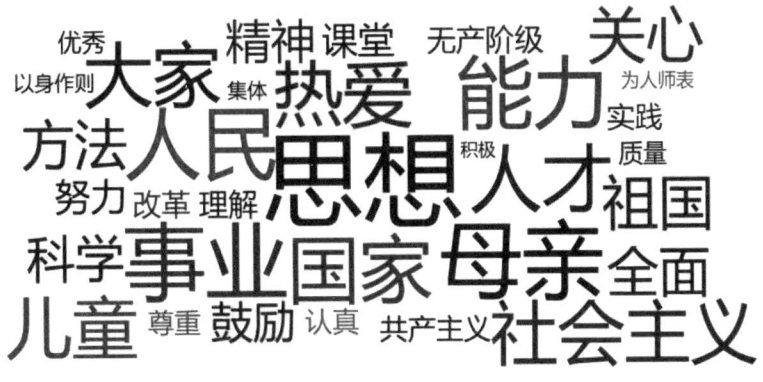

图1 《斯霞文集》(壹)的词语清单和词云图

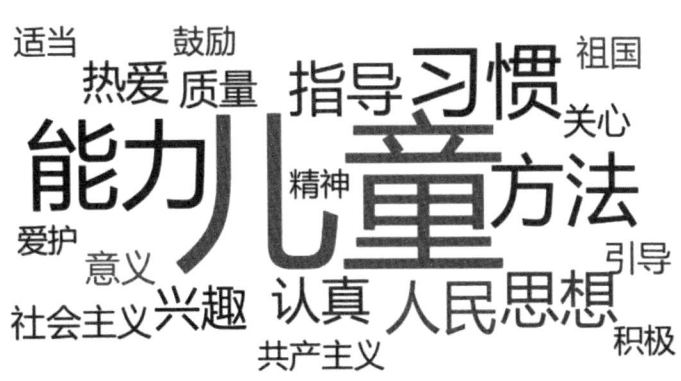

图2 《斯霞文集》(贰)的词语清单和词云图

瞧!图中显示的这些高频词不正印证了斯霞老师的话语:"我们对学生

的爱,不光是一般母亲对子女那样的爱,而是人民教师接受党的委托去教育培养下一代,所以教师对学生的爱,首先是按照党的教育方针,去教育学生,按照党的要求全面关心学生。教师对学生的爱,不是只让他们吃饱、穿暖、睡好、玩好,那只是生活上的照顾,更不是一味迁就无原则地溺爱,而是严中有爱,爱中有严。只有爱得深,才能提出严格的要求,才能认真负责地去教导。"①所以斯霞老师的"童心母爱",是从"爱儿童"开始,走向"爱祖国""爱民族""爱未来"的大爱。

2. 斯霞老师的爱,是传承中国优秀教育文化的理性之爱

爱是教育的灵魂,只有融入了爱的教育才是真正的教育。正如苏霍姆林斯基所言:"教育技巧的全部奥秘也就在于如何爱护儿童。"古今中外的先贤都以不同的方式表达"爱是亘古长明的灯塔""没有爱就没有教育"……但有意思的是,西方民主思想影响下的教育爱,其精神内核是在民主精神的基础上,强调师生之间人权、地位的平等。从教育的本质来看,"教育则是人与人精神相契合,文化得以传递的活动","是人对人的主体间灵肉交流活动"②。故"教育爱"更多是指对儿童的尊重、理解、宽容,呈现的多为民主交流的形式。

而"童心"和"母爱"是中国传统文化特别珍视的词汇。自古以来,母亲承担了很多教育孩子的职责,"岳母教子""孟母三迁"都堪称其中的经典。故此,母爱不仅仅意味着生活上的照顾,还包括了着眼精神的一生的培育。在"性本善"与"性本恶"的矛盾平衡中,教育强调约束也强调感化,注重严格规训,也注重基于童心良善之本质,通过母爱感化孩子,达成教育效果。

南师附小的前身是中央大学实验学校。由于当时的学校领导都由中央大学的资深教授兼任,他们受西方先进教育思想影响较深,注重教育实验,主张以学生为主体。所以,1932年斯霞老师初入中央大学实验学校小学部(南师附小前身)时,就发现"实验学校的老教师们业务能力都很强""他们对学生态度和蔼,从不体罚学生"。可以说,斯霞老师"童心母爱"教育思想的

---

① 斯霞.斯霞教育文集[M].南京:江苏教育出版社,1985:264.
② 雅斯贝尔斯.什么是教育[M].邹进,译.北京:生活·读书·新知三联书店,1991:2-3.

提出,是中国传统教育观在现代文明发展进程中兼收并蓄后的重新诠释。因为洞察儿童不但需要教师真实、理智与平等的爱,也需要像父母对子女那样的温柔、热情和慈爱,因此,这一以"童心"爱"童心"、以"童心"激扬"童心"的师生之爱,是在父母、长辈、亲情之爱的基础上了解儿童、保护儿童、全心全意为了儿童发展的教育之爱,它是东方文化背景下教育爱的独特表达。故此,教师对学生的爱不仅仅是职业性的爱,更是指向人性的爱。它是公平、立体而全面的,如父母般爱"每一个"孩子,指向学生的全面发展,指向学生的未来也关注学生的当下生活。

3. 斯霞老师的爱,还是把握教育本质的永恒之爱

现代教育非常重视师生之间人格、地位的平等。尊重儿童、承认儿童作为"人"的权利,将其视为与教师平等的主体是现代教育的主要特征。从这个意义上看,斯霞老师的"童心母爱"继承并丰富了现代教育中的儿童立场。她眼中的儿童是"有思想、有主见、有感情、活泼好动的小主人"①,他们有着纯净、善良的天性。因此,确立儿童的主体地位,推崇儿童的视角,从儿童出发且为了儿童,才能在平等、民主的氛围中,让我们的儿童真正长成"学习的主人,学校的主人,社会的主人"②。

斯霞老师的"童心母爱"是指向儿童的,但是儿童不是"单子式"的存在,他们更是关系中的存在。斯霞老师曾说,"我知道六七岁到十一二岁的小学生除了要接受系统的文化科学基础知识外,还正是身心迅速发展的时期,个性逐渐形成的时期,他们需要母亲般的温暖和爱抚,他们需要欢乐的环境,活泼轻松的气氛,他们应该得到和谐的协调的发展……"③。要建立起儿童与外部世界的良好关系,最需要被关注和呵护的是他们的情绪状况和情感发育品质。斯霞老师质朴的"童心母爱"思想自然地体现着人性深处的东西,保护着儿童的感受性,引发朴素的"道德共情"。它帮助儿童建立起的价值观和性格倾向不仅是由外至内,更是由内至外的情感上的喜好与认同,为儿童创生了丰富、可持续的教育资源,促使儿童在身体、智力、审美、精神等

---

① 斯霞.斯霞文集(壹)[M].南京:江苏教育出版社,2010:5.
② 斯霞.斯霞文集(叁)[M].南京:江苏教育出版社,2010:8.
③ 斯霞,等.爱心育人[M].南京:江苏教育出版社,1999:19.

全方位的自我生长。

　　因此,斯霞老师的"童心母爱"是一种教育情感、教育品质,并具有道德的性质,它表现为一种稳定而平和的心境,兼具温柔与激情,散发着人性的纯净与慈祥,对儿童的一言一行表现出高度的敏感性与感受力。这不是技术层面的,而是人文文化层面的,是精神性的。因为热爱,才会从语言、教态等诸多细节入手培养自己的教学习惯,才会反复揣摩自己的教育教学策略与方法,才会注重一切从利于学生成长的角度出发,磨炼、提升自己的教育智慧。正如彭钢研究员所表明的,斯霞老师的"童心母爱"是"一种聆听儿童呼唤的真的教育学,是一种洞察儿童内心世界本质的教育学,是促进儿童快乐成长的美的教育学,也是实践性的向上的教育学"[①],是从情感、行为到一贯的信念和信仰,是把握了教育爱之本质的教育哲学。

　　作为一名坚守教育一线近70载的教育实践家,斯霞老师高尚的师德、精湛的教学法及其"童心母爱"教育思想,深远影响着中国的基础教育。正如原中国教育学会小学语文教学专业委员会理事长崔峦先生所说,斯霞老师"是共和国基础教育的见证,是一座教育的富矿"[②]。

[①] 彭钢.斯霞"童心母爱"的现代诠释[R].南京:斯爱论坛,2012.
[②] 斯霞.斯霞文集(壹)[M].南京:江苏教育出版社,2010:13.

吾师斯霞[1]

李吉林[2]

斯霞老师是一位值得我们永远景仰与赞美的老师,是一位至今还活在我们心中的卓越老师。我们是站在斯霞老师这位巨人的肩膀向上的后辈。她留下的"童心母爱"是中国教育一笔宝贵的财富,那是一部"活的教育学"。我多次读过这部"教育学",给我许多的启示和教益。

那是1958年秋天,我在江苏省教育厅编写教学参考书。一天,从王兰老师那里传来斯霞老师开课的消息,我兴奋得几乎跳起来,赶紧奔向南师附小,大教室里早已座无虚席。"斯霞"这美丽的名字,对于当时20岁的我,太富有震撼力了。崇拜与向往的情感交织在一起,我急切地等待着从未见过的斯老师出场。随着一阵清脆的上课铃声,斯老师走上讲台,那眼睛,那笑容,连同那穿着高跟鞋的整个身段,啊!太年轻了,充满活力,那是充满魅力的教师形象——她用另一种语言告诉学生:上课多么有趣,学语文多么快活。——这是名师的风采和智慧。我永远忘不了那动人的、不可磨灭的场景,它告诉我一个小学老师上课就应该是如此全身心地投入。

斯霞老师的教学过程又让我看到她提出的"字不离词,词不离句,句不离文"的原则,在课堂上怎么体现。这让我朦胧地感悟到语言文字的教学是整体的,而不是孤立、破碎的,并由此给我一个启示:一个小学老师也应该学会概括自己的经验,而且是用简要的话语说出明晰的概念。这种感悟对我后来探索、研究情境教育是终身受用的。当然在斯霞老师的教学中还有很多的细节同样是感人的,让人难以忘怀。记得她教《小英雄雨来》讲到"风一

---

[1] 原文刊发于《小学语文教师》2010年第1期,选入时,有改动。
[2] 李吉林,中国儿童教育家、情境教育创始人,江苏首批特级教师,2011年当选为"全国教书育人十大楷模"。曾任中国教育学会副会长、教育部中小学教材审查委员、江苏情境教育研究所所长。

吹,鹅毛般的苇絮飘飘悠悠地飞起来"。什么是"飘飘悠悠"呢?斯老师就利用春天南京杨花到处飞扬的景象,让孩子感受词的含义和形象。虽是一个词的教学,我却很受启发。它表明:语文教学是必须与生活相连的,词语的教学应该是生动形象的,而不是抽象的、以词解词符号式的。在五十年代末,斯霞老师就能如此从儿童学习语言的特点精心设计教学,实在是难能可贵。

"童心母爱"构建了斯霞老师的教育思想,决定了她独特的育人风格和路径,我以为这正是儿童教育的永恒。

还记得1975年秋,我被派到南京参加江苏省小学语文教材的编写工作,竟能和斯老师朝夕相处。她是最年长的,然而因为她的出现,给当时被禁锢的、沉闷的办公室平添了许多生气和欢笑。最令我难忘的是那年中秋节,我们外地的几位老师无一例外地受斯老师邀请,到她家吃晚饭。

傍晚,我们走进南师附小静静的校园,踏上旧式的木楼梯,来到斯老师的居处。屋子很小,但整洁而朴素。最醒目的是墙上挂着一张斯老师放大的照片,她说这是五十岁生日照的。那神采奕奕的甜美笑容,稍稍卷起的发型,俨然是一个三十来岁的人。是的,童心母爱让斯霞老师永远年轻!因为她心中装着孩子,装着他人。在这中秋之夜,斯老师没有过多言语,只是说:"简单的几个菜,大家聚聚。"窗外是一轮皎洁的明月,晶莹的月光慷慨地从窗户外泄进来,把屋里的一切笼罩上明净如诗的光亮。斯老师为我们这些远离亲人的异乡异客带来了莫大的温暖。

在那些离家的日子里,斯老师对我这个当时最年轻的老师倍加呵护,常常做点菜、烧点鱼,用饭盒装着塞给我,让不在母亲身边的我,却享受到母亲般的关爱。第二年年底,我们回家了,我给斯老师写了信,她也给我回了信。读完信,让我吃惊的是斯老师并未能回到学校,而是留在教材组资料室整理图书资料。她在信中说每天和图书、灰尘打交道;但她说一切都会过去的,她坚信终究是会回到孩子中间的。信中还附上了一张在她那小屋里看到的微笑着的照片,似乎在向我暗示:斯霞在坎坷中也是微笑的。斯老师在困境中表现出的那种活跃的思想和精神状态,让我感悟到做人的道理和教师不可侮的人格,令我更加敬佩。

是的,斯霞永远是年轻的,永远是微笑的,永远是充满着生命活力的。八十年代、九十年代,我们又在北京一起审查小学语文教材,每年都会相聚。为了小学语文教材的建设,八十多岁的她,不辞劳苦,南北奔波。她精神的生命之树长青,树上的硕果滋养了她的学生和我们这些做了老师的她的学生。

斯霞吾师,您用生命写成的"活的教育学",我将永学不倦。

最好的怀念是传承[1]

朱 征[2]

近些年因为工作的原因,偶尔会回到南京师范大学附属小学,每次走进这熟悉的校园,自己在附小求学时的经历和外婆斯霞的音容笑貌,都会一点一点浮现在眼前。

读一、二年级的时候,中午都是和外婆在学校东边的小食堂吃中饭,从蒸饭架上取下刻有"斯"字的铝制饭盒,盒盖打开,半截蒸的油亮亮的香肠嵌在米饭中央,那就是人间美味啊;六年级的那个儿童节,在落成不久的大礼堂里,我也因为年年是"三好生"而获得斯霞奖学金,还清楚地记得奖品是一本《现代汉语词典》、一个铅笔盒和一个奔马造型的笔架,那可是附小学子心中的最高荣誉;毕业后甚至工作后,常常是应外婆的要求,搀扶她来附小走走看看,她会开心而又热情地回应那一声声"斯奶奶好",也会去试着拎一拎小朋友的书包重不重……

因为外婆是斯霞,是江苏省语文特级教师,直到今天,还会有人问我,"你当年是不是语文很好呀?""斯老师在家会给你个别辅导吧?"我会笑着借用小品里的一句话来回应——"这个真没有"。在我的印象中,外婆对我们晚辈,包括对我母亲那一辈五个子女,从来不刻意去教授知识,甚至不在意我们的学习成绩,而是用她自己的一言一行让我们学会如何做人做事。

外婆对自己的吃穿从不讲究。穿衣不要求新、不要求贵,得体就行,如今陈列在斯霞纪念馆里的那件花衬衫,她曾穿了很多年;吃饭不要求有鱼

---

[1] 原文发表于南京雨花妇联公众号:父母微课堂|教育家的家庭教育系列——最好的怀念是传承(上)。
[2] 朱征,南京大学教育博士,南京市中华中学党委副书记、校长,正高级教师,江苏省特级教师,"苏教名家"培养工程培养对象,江苏省"333高层次人才培养工程"培养对象,江苏省名师工作室主持人。获评南京市"有突出贡献中青年专家"、南京市"五四青年奖章"、南京市"中青年拔尖人才"等荣誉称号。

肉、不讲究营养均衡,吃饱就行,生虫的米一粒粒分拣,隔夜的饭菜热了又热。我母亲曾告诉我们,因为南京夏天天气很闷热,有时锅里的米饭到下午就馊了,外婆总是说"馊了不要紧,可以吃,倒了太可惜了",于是用凉开水或是用自来水将馊饭冲冲,然后再煮成泡饭和大家一起吃。哥哥曾在一篇文章中回忆道:"夏天,米缸里的米会因为生虫,三五粒黏在一起。外婆为了除掉里面的虫子,又不浪费这几粒米,便拿出三件'法宝'——一张大大的挂历纸、一碗清水和一副老花镜。她先将挂历纸背面(白纸一面)朝上铺开在饭桌上,然后从米缸里舀出几碗米,倒在挂历纸上,接着戴上老花镜,一小撮一小撮地分拣,遇到黏成团的就放进那一小碗水中。不一会儿,这一小团米在水中散开,米粒沉入水底,小虫浮在水面,剔掉虫子,再把米粒从水中捡出晾干。就这样每'一个批次'检验合格了,外婆就用挂历纸一兜,'嗖'一声将拣好的米倒入另外准备的容器中。"关于夏天"拣米",可以说是外婆每年暑假带着我和哥哥完成的"暑假作业",让我们兄弟俩印象深刻。

在我的记忆中,一次给八十多岁的外婆作"靠山"的经历终生难忘。差不多是 1994 年—1995 年间,我刚刚上高中,一直和外婆住在一起。一个周末,姨妈邀请我们一家带上外婆去她那里吃饭。姨妈家离我们家坐公交三站路,骑车大约十来分钟。我父母先骑车出发了,让我和外婆打车过去。我俩下楼慢慢走到大马路边,我正张望有没有出租车,外婆说:"打什么车,这么点路花十多块钱没必要,我们去坐公交车。"语气之坚定不容我争辩,说完抓着我的胳膊朝公交车站走去,一路上我们慢慢地走走聊聊。到了公交站,可能是前一趟公交车刚走,我们左等右等,也不见车来,于是外婆又说:"不等了,没多远我们慢慢走过去吧。""啊,你走得动?""走得动,又不远,你扶着我慢慢走。""好吧。"但是我心里有点担心,这距离比她平时走到附小要远十倍都不止啊。走着走着,原本是外婆抓着我的胳膊,变成了我扶着她的胳膊,而且越来越费力了。到了下一个公交站,我见外婆有些累了,便提议还是等车坐公交吧,外婆却说:"都已经走了一站了,再坐车不值得了。"我拗不过她,扶着她继续向前走,一路上我从一只手扶着她的胳膊,到两只手驾着她的胳膊,再到后来一只手搂着她的腰,一只手扶着她的胳膊,我们两前行的步调从左右同步并行变成了我侧身挪步护她向前,从我提议她歇一会儿变成了她主动提议歇一歇,而且休息的时间逐渐变长,她的身子不断后仰,依靠我的那股力量也越来越大。就这样走走歇歇,我们祖孙俩花了近一个小时才到,她是腰酸腿酸,我是腰酸胳膊酸,我感觉连敲门的力气都没有了。结果,一开门,我就被父母劈头盖脸训一顿,说:"怎么搞的?你们跑哪里去啦?大家都急坏了!"那种疲惫和委屈刻骨铭心。

  从外婆身上我们看到了处处节俭,更学到了她对人的热心大方。我们晚辈的碗里有饭粒没吃干净她会批评,我们没及时关灯关水她也会批评。但是,她会把自己本就不高的工资省下一些给诸暨老家的亲戚汇过去,每次家里烧了好菜,她总会提醒我母亲或者我给住在附近的两位附小的孤寡老教师送去。记得有一次,我陪母亲去给这两位年迈的老师送菜,正好碰上其中的刘老师因为生煤炉不小心引燃了围裙,脸上被烫出了好多大水泡,我母亲立刻送她去医院。因为外婆的言传身教,她的子女、孙辈都很有善心爱心。在清华大学教书的大舅舅和大舅妈长年资助来自农村的小保姆,帮助她们读完中专或者大专;在北京的大表姐孙晓瑛在汶川地震后资助了一对来自什邡灾区的贫困双胞胎,从高中直至他们大学毕业;南京的表姐孙彤从事心理健康咨询,汶川地震刚刚发生就立即飞赴灾区,她是最早赶赴灾区进行义务心理安抚的志愿者,我们也是从中央电视台的报道中才知道她赶赴汶川的;南京的另一个表姐孙潮每年暑假都会带上自己的两个女儿去西北贫困地区给那里的孩子送去大量的书籍、文具和衣物……爱心在家族里一代代延续。

  外婆对自己的子女从不溺爱。母亲告诉我,她上学的年代,外婆又要承担繁重的教学任务,又要照顾患病的外公,根本没有时间和精力照顾他们。我母亲兄妹五人中学都就读于南京师范大学附属中学,他们从初一就开始住校,自己打包衣物,自行前往。那时候,他们五兄妹上高中的每人每月五角钱,上初中的每人每月两角五分钱,这是外婆给他们坐公交的钱。但是,五兄妹为了给外婆减轻负担,通常都是选择来回步行不坐车,从四牌楼南师附小到察哈尔路南师附中,一个来回不下十公里。周末回家,他们也都是自己洗衣晾晒。大舅舅 16 岁高中毕业,先后考上了南京大学和清华大学土木系,他选择了去清华大学。外婆并没有因为大儿子要远行而舍不得他,没有开口要他留在身边,而是在临行前的晚上,脱下身上穿的一件绿毛衣,把女式领口拆下来,改织成男式的鸡心领口,默默装进了儿子的行李箱。第二天一早,大舅舅带着这行李箱只身前往北京求学。外婆这样的"无情"顺理成章地传承给了我父母,在我高中毕业去苏州上大学时,他们也不送我,我就自己拖着一大一小两个箱子坐火车去学校报到,自己铺床、套被子、挂蚊帐时,同宿舍的同学及家长都用异样的眼光看我这个"没人疼"的孩子。

外婆虽然在教育界备受尊重,但是在我们晚辈上学、工作问题上,她从不利用她的"名气"为我们谋一点福利。哥哥中考那一年,离南京市最好的高中就差三分,外婆不仅不去"想想办法",就连那所高中所在区的教育局领导听说并主动关心时,外婆也婉言谢绝,理由是"上哪个学校都一样,关键靠自己"。我大学选择了师范专业,外婆嘴上不说,心里还是很高兴的,但是她也不为我的求学、应聘、发展跟任何人打打招呼。2004年初,我已经在学校工作了三年半,她去世的第二天,办公室一位老教师看着报纸痛心地跟大家说"斯老师走了",然后又自己说道:"她老人家应该九十多岁了吧。""九十四,她是1910年生的",我轻声地回应。"唉,小朱,你怎么这么清楚?按理说,你们这一代人应该不了解斯霞。""她是我外婆。"我难过地说。办公室的老师们都很吃惊:"啊,你是斯老师外孙!"……

从外婆身上我们看到了事事自立,更学到了她对人的关心和尊重。遇到突然降温变天,她会去宿舍把自己或是子女的衣服拿来给衣裳单薄的学生套上;外公在医院被下了病危通知书时,她居然还在家访的路上;她会在教室后门口听完课后,走到前面在窗外提醒年轻老师把黑板上的字写大一点,防止后排的学生看不清;九十三岁的她最后一次去北京时,让大儿子陪她打车去教育部家属院看望生病的老朋友,老朋友十分感动,"斯老师,您年龄比我大这么多,竟然是您来看我",他哪里知道,外婆打车来的一路上因为晕车吐得昏天黑地……

与外婆在一起生活的这么多年中,有一个词是她使用的高频词——"省得"。外婆晚年退休以后,还是会经常参加一些教材审定、教学研讨等学术活动,主办方有时候会安排车子来接她。那时候没电话更没手机,也不知道来接她的人到哪里了,外婆总是坐不住,早早地要我们陪她下楼,哪怕是在雨雪天,理由是"省得人家辛苦爬楼上来了",到了楼下往往又待不住,要走到大路边去等,理由是"省得人家还要把车开进小巷子来"。每每这样,来接她的人都会很不好意思,"哎呀,斯老师,不是让您在家等着嘛,您怎么站路边等啊。"她总是笑笑回应:"没事没事,刚下来,省得让你们等我。"

外婆始终坚守对教育的初心。她一辈子一直坚持也引以为豪的就是做一名小学语文老师,对这份事业,她打内心里热爱并为之奉献。为了背熟教案,她常常在清晨把校园里的松树、柏树当成学生对它提问,与之交谈;为了方便学生理解,她常常自制投影胶片、自备教学道具;为了节省出时间备课,她经常早起烧好一天的饭菜,简单热热就是中饭,再热热就是晚饭;为了搞清楚课文中"兔子踢死了老鹰",她不停查找资料甚至去请教大学教授;为了完成好五年制教改试验任务,她晚上带着钢板、铁笔、蜡纸去医院,一边照顾、陪伴病重的外公,一边编教材、刻钢板;为了坚守在三尺讲台,她再三推辞南京市教育局副局长的任命……

努力做好一名小学老师就是她简单的初心,她用一辈子为之奋斗。离开三尺讲台,她仍时时牵挂教育。担任四届全国人民代表大会代表,她每次提出的议案,都跟基础教育息息相关,都跟祖国的未来息息相关。

1989年冬天,她刚刚过完八十岁生日,就和从清华大学回南京的大舅舅表达她对当下学生学习负担过重、高分低能的现象非常担忧。她说:"只要是加重学生负担的经验,就不算是成功经验。这样的童年,我们的孩子还有快乐可言吗?"之后,由外婆口授、大舅舅执笔,写了一篇短文《减轻学生负担,救救孩子们》,刊登在《江苏教育报》上。外婆在世的最后两三年,尽管年事已高,但是一直坚持让我们晚辈陪她去学校走走看看,劝都劝不住。看到"小眼镜"越来越多、小书包越来越重,她会忧心忡忡。2003年,她最后一次去北京,时任中国教育报刊社社长的刘堂江先生带着《中国教育报》资深编辑农涛来采访她,想听她谈谈对当前应试教育的意见,可是因为年事已高,外婆很多话在脑子里很清楚就是讲不出来,事后她很懊恼,跟我大舅舅说:"我年纪大了走不动了,想讲的话也讲不出来,我心里很着急。你这个当老师的,你要去讲,要去呼吁,救救应试教育下挣扎的孩子们吧。"外婆一生心系教育、心系孩子,在医院开出病危通知之后,当她稍感好些,就向身边照顾的二儿子表示还想去学校看看。我的二舅舅明白她的心意,用轮椅把她推到了一公里外的南师附小,慢慢地在安静的校园中转了一大圈。外婆深情地注视着这里每一个地方,这是她奋斗一辈子的地方,直到生命的最后一刻,她心中最惦记的依然是自己的学校和学生。

外婆的这份教育初心深深影响着她的后代,在她的言传身教下,算到我这个最小的孙辈,家族中共有11人从事教育事业并以此为荣。大家都以外婆为榜样,牢记教书育人的使命,不仅传授知识,更注重培养学生的能力和素养,平等对待自己的每一位学生,亦师亦友。小时候,逢年过节,家里都有很多外婆的学生来看望她,让我从小感受到外婆"桃李满天下"的荣耀。如今,我的很多学生也已经成家立业,有的也成了教师,很多学生在教师节会发来问候,甚至从海外回国时来母校看我,让我越发理解外婆说"我为一辈子做小学老师感到自豪"这句话时的幸福感。

在外婆的影响下,我在高中毕业时毫不犹豫地选择了苏州大学化学教育专业,立志将来成为一名化学教师。从教24年来,我从一名普通教师成长为江苏省正高级教师、特级教师和"苏教名家"培养对象,在专业领域获得诸多国家级、省级奖项与荣誉;担任南京市盲人学校党总支书记,教过盲校的视障学生,因同时具备扎实的普校和特校的教学经验,被邀请参与全国盲校义务教育化学课程标准的修订以及化学教材的编写;在南京外国语学校探索实践"STEM+"教育多年,为拔尖创新后备人才的培养不懈努力,成果丰硕;也曾前往淮安地区创建新校,努力为当地孩子带来更多优质资源。2023年5月,我调任至百年老校中华中学担任校长,又一次站在新的起点,开启了新的教育征程。这一段段看似"割裂"的经历,指向的是我在外婆"童心母爱"思想感召下始终不变的教育初心——敬业爱生。我对"敬业爱生"有一种最简单的理解:"敬业",就是敬畏课堂,认认真真备好上好每一节课,让每一节课都充满教育的智慧和生命的灵动;"爱生",就是尊重学生,关爱呵护每一个孩子,让每一个孩子都得到适合的教育和个性的发展。无论是从事教学工作还是管理工作,我都把"敬业爱生"作为我的座右铭,保持初心,勤恳耕耘,用心做事,低调做人。

今天,当我再一次站在南师附小校园内外婆的塑像前,凝望着塑像下面的"敬业爱生"四个字,回想起马克斯·韦伯说的:"任何一项事业背后,必须存在着一种无形的精神力量。"人只有始终保持开拓进取的奋进姿态和接续奋斗的顽强韧劲,才能在以学促干中推进事业的发展与进步。

如今,我的教师生涯正处在第 3 个 10 年,相比于外婆执教近 70 年,我的教育之路还很长。我想,最好的怀念是传承,最好的传承是奋斗!

第五章
鲁洁:"学问的高度,就是做人的高度"

> 人本来是可以这样美好的,教育的神圣使命就是为了实现这个"可以"而努力。这已经成为我的教育信念,我会坚守我的信念一直走到人生的尽头。
>
> ——鲁洁

第五章 鲁洁:"学问的高度,就是做人的高度"

教育家小传·鲁洁

鲁洁(1930—2020),祖籍四川阆中,生于上海。1948年参加革命工作,1949年1月加入中国共产党。1947年9月至1953年8月在金陵女子大学、沪江大学、金陵大学、南京师范学院学习。1953年9月至1960年9月任南京师范学院马列室教师,1960年9月后,先后任南京师范学院、南京师范大学教育系教研室主任、系主任、教育科学研究所所长、教育科学学院名誉院长,资深教授、博士生导师,兼任全国教育科学规划领导小组德育学科组组长、全国德育理论专业委员会主任。

她是改革开放后中国教育学科重建的重要奠基人,德育学科的奠基者和领导者。她长期致力于教育基本理论、德育学等方面的研究,合作编写的《教育学》(人民教育出版社1985年版)获全国高校优秀教材一等奖;主编的《教育社会学》(人民教育出版社1990年版)获全国第三届普通高校优秀教材一等奖;与王逢贤共同主编的《德育新论》获教育部人文社会科学优秀成果一等奖。曾获首届中国杰出社会科学家、全国教育科学研究突出成就奖、江苏省首批"社科名家"、当代教育名家等荣誉称号。

她是新世纪义务教育德育课程改革的引领者。主持第八次课程改革小学《品德与生活》《品德与社会》课程标准的研制,任国家统编教材小学《道德与法治》总主编。领衔的"小学德育课程改革与实践研究"项目获国家级教学成果一等奖,任总主编的统编教材小学《道德与法治》获首届全国教材建设奖(基础教育类)特等奖。

她说:"我是从事教育和德育工作的。就我的工作而言,需要我能够触摸到人身上最具光辉、最为美好的部分,并通过教育而使它成为生活中'普照的阳光'。我深深感受到这项工作带给我的幸福和快乐。"

第五章　鲁洁:"学问的高度,就是做人的高度"

跟着鲁洁先生学做人①

冯建军②

布鲁姆在给老师施特劳斯的信中这样写道:"我们当中了解他的人从他身上看到了一种心灵的力量,一种生命的和谐与坚毅,一种罕见的人性品质的混合,这一切构成了道德德性与智慧德性的和谐表达。"先生,如斯人也。

先生说:"道德和道德教育学术成就的高度只能是自己生活的高度。"先生几十年道德教育研究悟出来的道理,在她身上得到了印证。

威严又温暖

先生见到每个认识她的人,都是微笑的,微笑是发自内心的爱护、欣赏。但每个认识先生的人,又都能够感觉到先生的威严。我第一次拜访先生是在 1995 年的秋天,那时我准备报考南京师范大学的博士。那个秋日的下午,我来到南师大博士生宿舍,见到了后来成为师兄的雷鸣强、项贤明,我请他们帮助打电话联系先生(电话是学校内部电话,放在宿舍楼三、四楼之间的拐角处),想拜访先生。两位师兄先是说,下午四点半以后才能给先生打电话。可是四点半到了,两个人又推来推去,谁也不敢打。那天我没有能够拜访到先生,但第一次感觉到先生在学生心目中的威严。入校后听说,檀传宝师兄因为没有请假周末外出了一趟,先生给他留了便条,至今檀传宝师兄还保留着这张被先生批评的便条。听说已经是大学领导的张乐天师兄因为

---

① 原文刊发于《中国教师》2021 年第 2 期,选入时有改动。
② 冯建军,南京师范大学教师教育学院院长,二级教授,博士生导师,教育部"长江学者"特聘教授,教育部人文社会科学重点研究基地南京师范大学道德教育研究所所长,国家教材委大中小学德育一体化专家委员会委员。

早买了一天回家的船票,被先生问到后,吓得马上把船票退了。读书期间,我和陈佑清等同学一起去先生剑阁路的家,每次到门口敲门,几个同学为谁敲门都要相互推诿一番,谁都不敢敲门。最后,终于敲了,那声音还很小很小。先生轻轻地开门了,把我们迎进屋里,给我们每人发一块糖,我们紧紧握在手里。先生的威严,永远定格在我们心中。就是多少年毕业后,师兄弟来看望先生,都是要事先打电话约的,先生不让来,他们谁都不敢"违命"。

先生的威严来自学生发自内心的敬畏。其实,先生并没有批评过我们,更不要说严厉训斥了。先生是严师,更是慈母。学生是学生,也是孩子。每个学生学习怎么样,家庭怎么样,先生都关心。学生有困难了,她会伸出援助之手;学生生病了,她会看望;家庭有矛盾了,她会劝说;学生的爱人和孩子来南京,她知道后,都会特意送上小礼物。看似平凡的一举一动,彰显着慈母的爱,温暖着我们的心。王啸是先生最后一个博士生。先生说,她平时参加会议,尽可能坐在一个不起眼的地方,但王啸毕业典礼那天,因为没有师弟师妹为他送行,先生一反常规,特意坐在了第一排,就是要让学生可以在第一时间看到自己的老师,使他在毕业典礼这一天过得愉快,留下美好难忘的回忆。在先生八十华诞时,她提到这个事,在场的人无不为先生对学生的爱而感动。

先生爱护的不只是她的学生,还有更多的儿童。2017年,先生对我说:"年轻的时候总想做点大事情,报效国家。现在老了,回想起来,大事没有做成,现在只想做点儿有意义的小事情。"她看到农民工孩子进城后,要适应城市生活,亟待提高文明素养。因此,她联系了南京市栖霞区的甘家巷小学。这所学校外来务工人员子女较多。她捐资为孩子们购买课外读物,联系志愿者为小学开展"共享阅读时光"活动,每周定期开设儿童阅读课,希望能让孩子们爱上阅读,为提高这些孩子的文明素养出点儿力。她说:"改变一个孩子,就能改变一个家庭。我们能做一点儿是一点儿,改变一点儿是一点儿。"

先生说她不担心现在学生的聪明、勤奋,就怕培养的高级人才缺乏人文情怀和生命关怀。如果我们培养的人都是冷冰冰的"知识人""技术人",缺乏温暖与人文,这是很可怕的,令人担忧。她言中的小事,不仅传递着她对外来务工人员孩子的关爱,也传递着一位学者的社会责任感,体现出一位真学者的大情怀。

谦虚又低调

2010年4月,先生八十寿辰,众弟子回到先生身边,举办鲁洁先生思想研讨会,学习先生的思想,重温在先生身边学习的一幕幕。先生最后动情地说道:

> 我知道我并不是一个合格的老师,我很清楚这一点。但是,和你们在一起的日子,却是我一生中间最为幸福、最充实的日子。你们知道,我们这一代人都是在无穷无尽的运动和斗争中耗去了不少宝贵年华,等噩梦醒来的时候,已经进入知天命之年。对我来说,真正的学术生活在这个时候才算真正开始。还来不及为失去的一切去伤感、埋怨的时候,只是匆匆忙忙地上阵,把本科生、硕士生、博士生,以至以后的博士后都招进来。
>
> 其实,我自己连一个学术学位都没有,我们那个时候也不授予学位。因此,我在整个儿的带研究生的过程中间,我工作的过程,我行走的步伐显得跟跟跄跄、蹒蹒跚跚。与其说你们在跟我学,倒不如说我在跟你们读书、思考、钻研。每当有人问我,最近你在做什么,我的回答是跟着学生读书。这不是调侃,是事实;不是谦虚,是真情。

跟着先生读书的日子,先生为我们开设了"教育基本理论前沿研究",先生很少讲课,也不是给我们布置多少书要读,而是围绕着一个专题,让我们互相推荐学习材料。20世纪90年代,没有网络,先生会把她看到的好文章剪裁下来、复印下来给我们,我们也给先生推荐文章。学习的过程,不是上课,而是思想的交流。先生先是倾听,以期待的目光看着我们,认真地记录着,先生有非凡的发现能力和点拨能力,她话语不多,几句话定会使你茅塞顿开,打开一种新的视野,找到一种新的思路。但先生总是说:"说真的,你

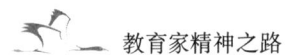

们给予我的远多于我给予你们的,因为你们给了我读书、思考,更给了我人生中最重要的东西。"

2012年12月31日,《中国教育》报刊登了报道先生的文章《教育是得以获取永生的事业》,文章开头有段编者的话:"鲁洁为人低调,只见过她少数几次,每次她都是坐在会场,安安静静地倾听。"它提醒了我翻看先生的学术大事记。先生一生中,除了为数不多的几次到加拿大、美国、日本等国和香港、台湾地区的学术交流外,几乎没有见到先生在全国各地讲学的报道。国内学者熟悉先生思想的人不少,但真正见到先生的人不多,一个重要的原因,是先生很少出去讲学、做报告。

2017年,我主持德育所工作,邀请先生给研究生做一个报告,先生回复我说:"这些年来,我学术鲜有长进。虽然每天都在读点书,但记忆力和精力的衰退难有深入的思考,更谈不上有什么创见。要我做报告,不是给你支持,只能给你添乱。人老了,必须有自知之明,这也是一种德性,请理解。"2020年9月,德育所举办"走向有魅力的德育课堂",想请先生为论坛说几句话,先生回复道:"《道德与法治》课我已经多年没有实际接触,这样的讲话只会是'说白话''说空话',有害无益。浪费大家的时间,相信你能理解。"先生就是这样,践行着她一贯为人低调的风格。

先生晚年受命承担起了小学《道德与法治》统编教材总主编的任务。编写教材是一项十分重要且辛苦的工作,先生在编写过程中,坚持不取一分报酬。2018年11月,先生将自己多年参与编写《道德与法治》教材、教师用书所得的全部稿酬和劳务报酬捐给南师大道德教育研究所,设立专项资金,用于资助小学《道德与法治》教材与教学的研究,至今已经捐赠200万元。在捐赠备忘录中,先生特别提出不宣传,更不要提及是她捐赠的。先生教我们学会研究,以人格教我们学会做人,但她却说:"我所做的这些只是在成就自己的灵魂。"

勤俭而质朴

在先生身边的这些年,无论是读书还是工作,和先生一起用餐的次数不多。仅有的两三次用餐,是因为我们做"211建设项目",课题组一起吃饭。吃饭就在先生家门口的小餐馆。先生亲自点菜,她问我们喜欢吃什么,她给我们点,忙来忙去。吃完饭,不管剩下多少,先生都会让服务员一一打包,分给我们每个人带回去,她开玩笑说,这叫"连吃带拿"。

平时不能与先生聚聚,总会以她的生日为由头,找与先生聚聚的机会。因为我在她身边工作,师兄弟就把生日聚聚的事情委托我跟先生说。我打电话给先生,先生说:"你们要真来看我,随时都可以来,为什么非要那天来看我,都是些形式。"从此,我们再也不敢在先生生日那天提与先生聚聚的事了。

我没有与先生一起出过差,但先生去世后,在全国教育基本理论学术委员会的一个微信群里,四川师大一个青年老师说:"我只见过先生一次,2006年我们学校组织开德育年会,她发言敏锐、态度谦和。印象最深的是,我陪她在望江宾馆退房时,她忽然说,忘了东西在房间。我问她是什么,她说,香皂忘了拿走。我以为是她自己带的。她说,房间里拆了的一块香皂,我用过了,别人都不会用了,丢掉了很可惜。"无锡南长区教研室的张爱琴老师,描述了她参与课标制定时与先生在一起的点点滴滴。张老师说:"与先生在一起,你会发现,她的一言一行都自然地彰显着道德的品质与高贵的人性。例如,在旅馆,她十分注意节约用水、用纸、用电;在餐馆,她一直强调按需定餐,不讲排场;在学校,她一定要走到孩子们中间与他们攀谈,了解他们的需要,给予适当的关照。"

我在先生身边这些年,每次去先生家拿到的材料,一般都是手写的,即便是打印,一定是双面打印的。她手写的材料,都是写在废纸片上,从来不浪费一张纸。先生有次在"211学科建设"会上说:"我们用的每分钱都是国家的税收,你想一想,20万需要多少农民辛苦劳动多长时间啊,我们要对得起每一分钱。"这句话给我印象很深。先生勤俭不是因为缺钱,而是让我们把每一分钱发挥到极致,不浪费每一分钱。高尚和伟大不一定是惊天动地,往往就在平常的一点一滴。

担当与责任

治学，做学问是大学老师的职责所然。但有的人做学问为利益，有的人做学问为真理。前者不管写多少文章、发表多少高见，只是披了一张做学问的外衣。先生说，她一辈子没有离开南师大，"一生平淡"。但"一生平淡"并不意味着"平淡一生"。虽然先生写的文章并不算多，但她提出了改变时代教育理论的原创性观点。先生对当代中国教育学理论，尤其是德育理论有着重大的、特殊的贡献，这是教育学术界的同仁——无论是前辈还是后学，都公认的。先生曾担任全国德育理论专业委员会主任。卸任时，她深情地说："作为一个学术团体，大家没有任何功利的目的，只因为对学术的热爱。"正是用这种无功利的、对学术的热爱，她把全国德育研究者紧密地团结在一起，成为中国德育研究专业团队的思想灵魂、精神领袖。

先生研究道德教育，深知治道德教育哲学之难。这不仅因为道德的发展比知识的掌握具有复杂性，也因为德育与政治联系更为密切，受政治影响更大。20世纪80年代，先生承担德育基本理论研究的课题，开始建设德育学科时，就意识到要把德育作为一门学问来研究，既不能把德育研究作为政策的阐释，也不能作为经验的描述。科学研究就是要探索德育的规律，改变德育的主观随意性。当她说这些话的时候，或许有些人不爱听，但我能够非常真切地感受到先生有难能可贵的为真理而研究的知识分子的风骨。2019年4月，全国德育学术委员会2019年学术年会在南京召开，先生在书面致辞中指出：当前包括道德教育在内的教育问题已经成为我们全社会共同关注的一个焦点，也几乎被看成一种社会焦虑症的症结所在。面对这种形势，相信每一名教育专业的学术研究者都能感受到一种沉重的社会压力，相信我们一定能不负众望，在学术专业问题上发出新的声音，担当起历史责任。

2001年，我国基础教育课程改革全面启动。先生在71岁高龄承担了研制《品德与生活》《品德与社会》课标的任务。促使她下决心承担这个任务，是一种强烈的社会责任、使命感。她深深认识到：我国思想品德课"假大空"、不受欢迎的现状，德育理论研究者是有不可推卸的责任。"我们都是局中人,而不是局外人。我不能袖手旁观,我们也不能只会批判,没有参与,必须承担起这个责任。""课程标准做好了,上亿儿童都会受益。"为此,她决心要啃下这块"硬骨头","让道德教育成为最具有魅力的教育"。在分析现实中中小学德育课程不受欢迎的原因之后,她最终确立了将"回归生活"作为课程标准的核心理念。回归生活,使道德教育基于儿童生活,通过儿童生活,最终为了儿童生活,提升儿童的生活质量,建构完美、幸福的生活。这样的德育课程,克服了远离儿童的宏大政治叙事,克服了成人化、高大化的空洞说教,使儿童在生活中学会过一种有道德的生活。

她说,自己一直从事理论研究,通过做这个事情,想挑战一下自己。"我本性还是喜欢做一些对自己有挑战性的事情,老是重复去做以前的事,我会很不耐烦。"当然也会有种种担忧,"反正感觉到自己已经年逾古稀,大不了就了结我的学术生涯,也不后悔。"先生说这话的时候,大有为理想牺牲的悲壮情怀。

2002年6月,课程标准研制结束,先生又接手了《品德与生活》《品德与社会》教材的编写。2004年,小学《品德与生活》《品德与社会》12本教材正式出版了。事实证明,这个阶段有多套教材,先生主编的教材是广受好评的一套教材。按说,这个任务已经圆满完成了,她可以休息了,但她仍放心不下:孩子们接受这套教材吗?老师们会教这套教材吗?教材中还有哪些问题?因此,她又开始对新教材的教学进行了长期跟踪。她捐赠了上百万元稿费给南京师大道德教育研究所,设立小学德育课程教学研究基金,面向全国资助小学道德与法治课的教师开展教学研究。先生最牵挂的是德育课堂中真正发生了什么。她期望德育课堂是迷人的、充满人性魅力的,是值得学生终生留恋的,也是能让他们终生难忘、终身受益的课堂。在先生看来,德育不同于智育,智育重在知识获得,人格的生成重在情感。知识可以学习,情感只能理解。人对人的理解,是德育的基础。德育课堂是人与人的精神相遇。在这里,有心灵的相撞、情意的相融,许多动人心弦的事会在这里发生。要让儿童在德育课堂里是全身心投入的,每一个人都以"全人"的身份出现在其中,自由、舒展、快乐、幸福,让他们的身心获得解放,天性得到释放。

在完成课标研制和教材编写这一艰巨的任务后,先生感叹道:"这几年中,几位老朋友都离我而去,我自己的人生也已经接近终点。我想,当我走向彼岸世界的时候,也许我见不到马克思,但是我只想再见到老朋友时能向他们汇报,在我比他们多活的几年中间,我还在为我们共同的梦,振兴中国教育的梦而工作着、努力着。"

功夫不负有心人。2014年,先生从2001年到2013年持续主持了13年的小学品德课程改革,终于结出了硕果,"儿童道德生活的构建——小学德育课程改革与实践研究"获得了国家基础教育教学成果一等奖。可以说,先生把她的一生都献给了中国的教育事业。

风骨与尊严

尊严是人格之魂,有尊严,就会有风骨,就会有定力,就会使人活得更为体面,更为优雅。凡了解先生的人都知道她鲜明的个性,从不人云亦云、趋炎附势,更不随波逐流,而是坚持独立判断和选择。先生在口述史中谈到她为什么不愿意做"官"。她做了一届的系主任,校长再让她做时,她坚决不做了,她说:"行政工作和我的个性有很多矛盾的地方。我有自知之明,我缺乏一种圆通,不能做到糊涂处世。我书桌的玻璃板下面就放了一张'难得糊涂'。但糊涂很难,我做不到。有的时候还是太过于较真,会发生各种各样的矛盾和冲突。"先生的眼睛里揉不进沙子,她有一种较真的劲,这种较真就在于维护和捍卫人的尊严。

尊严也体现在先生的日常生活中。先生是一位热爱生活的人、有生活情调的人。在我的印象中,先生家里总是一尘不染,无论是在剑阁路的老房子,还是仙林新居,都是一样的洁净、雅致,其不变的审美趣味有如她清旷、高洁的人格。先生也富有生活情调,几幅书画、几株花草,把家里装扮得素朴而有生机。无论是我们预约,还是突然造访,先生总是穿着朴素而得体。即便是病重期间,先生的衣服都是干干净净,保持着她一生的洁净。先生说:"如果有人问我,人生最大的享受是什么?我会回答:'给我一个安静的空间,泡上一杯淡淡的清茶,读上一本好书,让我的思维自由驰骋。'"这是一种多么富有情调而高雅的生活。即便是在生命的最后,先生都是在自己朝阳的书房中,阳光照耀在先生的身上……

先生晚年不大希望别人看望她,一是怕麻烦别人,二是先生不愿别人看到她生病的样子,她要保持生命最后的体面和尊严。在弥留之际,先生给家人留下了这样的字条:"当我处于病危之际,请一定不要用生命支持疗法,如切割气管、心肺功能复苏等等进行抢救,让我自然安详地走完人生的道路,有尊严地离开这个世界。我的骨灰抛入于江河,让我能从自然中来再回归于大自然之中。"这就是我的导师鲁洁先生,走完了她优雅而精致的一生。

先生曾在《回望八十年:鲁洁教育口述史》一书中写道:学术成就的高度只能是自己生活的高度。做人的高度,其实也是学问的高度。学问做到最后,靠的是人性和道德的力量。

这是先生学术人生和教育人生的总结,也是她一生的真实写照。

用生命书写有品格的教育学[①]

庞学光

鲁洁先生是当代中国一位真正的教育哲学家！诚然,鲁洁先生并未重新构建一种教育哲学学科体系,但是,她却一直乘着哲学的机翼,遨游于教育世界的天宇;她的卓有建树的教育理论研究始终建基于对时代精神的深刻洞悉,充盈着对人的内心超越与人生幸福的观照。作为鲁洁先生的学生,我敬仰她自身修养的超群出众、为国尽才的独特贡献、救世济时的责任担当,也敬佩她那时常展现出的极具理想主义和英雄主义特质的哲人风范。哲人风范,是鲁洁先生的学术人生与治学精神的集中体现。

一提到哲人风范,人们往往认为这是哲学家才拥有或应有的风格和品性。其实不然。事实上,哲人风范不仅仅体现在那些直接从事哲学研究的大家身上,也会体现在那些从事其他专业活动的出类拔萃的人物身上。哲人风范内在地蕴含于人的品格之中,是人的品格之中那些体现远见卓识与美好追求的品行和品位类型的极致表征,主要包括勇敢、诚实、热情、执着等[②]。这些风格和品性在鲁洁先生身上都有着极为鲜明的体现。她是一位在治学与做人上尽显哲人风范的教育思想家。

一、鲁洁先生是一位勇敢的教育思想家

凡是认识鲁洁先生的人都知道,她从不会像有的人那样被指认为"狂

[①] 原文刊发于《天津市教科院学报》2021年第4期,选入时有改动。作者庞学光,教授,天津市和平区人大常委会退休干部,曾任九三学社中央委员会委员,九三学社天津市委员会副主委,天津大学教育学院博士生导师,天津市教育科学研究院副院长,天津市和平区人民政府副区长,天津市人大常委会副主任等职。
[②] 聂锦芳.哲学原论:经典哲学观的现代阐释[M].北京:中国广播电视出版社,1998:123-130.

妄""孤傲"与"不逊"。但是,她追求真理、坚持真理的勇气与行为,与任何一位哲学大家相比都毫不逊色。

我最早感受到鲁洁先生的理论勇气,是在拜读她在《教育研究与实验》1988年第2期上发表的《值得每个中国人担忧的教育危机》一文时。在此文中,她在历数中国教育危机的种种表现的基础上,以高度的社会责任感和历史使命感发出了"救救教育"的呐喊。

1988年9月,我有幸来到先生身边攻读博士学位。成为先生的学生之后,对先生的理论勇气感受得愈加深切。先生主张,"教育要善于保护、引导青少年学生的批判精神,不要去扼杀它。一代人英气的磨灭,将会形成我们民族在人格上的普遍缺陷。缺乏批判、超越向度的'单面人',正是当代发达社会人性没落之表征,我们应当引以为戒"①。先生心之所思亦是其身之所行。

一方面,她一向注意精心呵护、培育学生的批判精神。记得当年我向先生汇报博士论文选题并表明自己欲将教育哲学作为学习和研究的主要方向时,先生欣然表示赞同,并用自己的语言转述了黑格尔的这一名言:"追求真理的勇气,相信精神的力量,乃是哲学研究的第一条件。"②先生告诉我,批判性和理想性是教育哲学的两大重要品格,它要求它的研究者保持一种刚正不阿的品行,担负起责任来。如果一个国家或民族的教育理论工作者都缺乏理论勇气,那么这个国家或民族就不会有真正的教育哲学。先生的教诲我至今记忆犹新。

另一方面,先生以其学术上的"英气"给学生以精神上的化育和熏染。先生特别善于对现实的教育问题进行"形而上"的思考,透过这些思考我们可以感受到,她从不迁就任何一种早该被时代和教育生活所抛弃的旧的教育观念或教育理论观点。她的论著不仅数量多,而且品位高。在这些论著中,她力求做到并确实做到了用自己的眼光审视教育,用自己的头脑思考教育。这些思考在许多方面源于已有的教育理论,但不为已有的教育理论所

---

① 鲁洁.培养有理想的人——世纪之交对德育的一点思考[J].教育研究与实验,1999(2).
② 黑格尔.小逻辑[M].北京:商务印书馆,1980:36.

左右;坚持以马克思主义指导自己的思考,但不是以马克思主义代替自己的思考。她不仅善于识别违背人的本性的教育制度和教育行为,而且勇于批判这样的教育制度和教育行为。"失掉了一半的教育"[①]"塑造知识人的教育"[②]"病态适应的教育"[③]"'改嫁'了的教育"[④]……她对当代教育诸如此类异化现象的精准概括与深刻剖析,句句切中要害。鲁洁先生身上拥有的理论勇气——那种不人云亦云、不趋炎附势的批判精神和批判行为,是其教育理论研究成果充满革命精神的深刻的内在根据。

然而,在待人接物上,包括对待同事、朋友和学生们,鲁洁先生却极为谦逊。例如,先生的学生都以她为为人、为学、为师之楷模,而先生却说自己并不是一个合格的教师,只是一个陪读,只是在跟着学生们读书和钻研。每次出席学术研讨会,每次参加由她发起的南京师范大学教育系(即后来的"教育科学学院")的学术沙龙,她都是一位和蔼可亲的长者和朋友,对每一位参与者的发言,她都极为认真地倾听。先生到无锡市深入基层学校指导课改、搞实验研究,为了不让学校破费,每次都是自费住在一个小旅馆里。她一次又一次地敬谢"大师""泰斗""鲁派"等称谓,一再强调自己不是什么大师,也并没有取得成功……每每念及凡此种种,我总会记起马克思曾经明确区分的两种"谦逊",即追求真理上的谦逊和待人接物上的谦逊。对于后者,马克思认为是极其需要的,他还引用蒙田的话说明虚心与谦和的重要性。蒙田说:真正的有学问的人就像麦穗一样,只要它们是空的,它们就茁长挺立,昂首睨视;但当它们臻于成熟,饱满膨胀的时候,它们便谦逊地低垂着头,不露锋芒。鲁洁先生在待人接物上的谦逊,恰恰就是她的思想"臻于成熟,饱满膨胀"的印证。

与待人接物上的一向谦逊不同,鲁洁先生在教育研究和追求真理方面却从不谦逊,而是始终表现出与深思熟虑和自主决断相伴随的大胆和勇敢——"忘掉谦逊和不谦逊,使事物本身突出。……按照事物本质的要求去

[①] 鲁洁.实然与应然两重性:教育学的一种人性假设[J].华东师范大学学报(教育科学版),1998(4).
[②] 鲁洁.一个值得反思的教育信条:塑造知识人[J].教育研究,2004(6).
[③] 鲁洁.超越性的存在——兼析病态适应的教育[J].华东师范大学学报(教育科学版),2007(4).
[④] 鲁洁.教育的原点:育人[J].华东师范大学学报(教育科学版),2008(4).

对待各种事物"①。先生一生关注的教育科学领域比较多,从大的方面看,主要包括教育学(包括普通教育学、德育学和教育社会学)学科建设、教育和道德教育基本理论问题、教育与德育的现代化、国家义务教育新课程标准研制和小学德育教材建设,如此等等。在她关注和涉猎的每一个教育理论和实践问题的研究上,都彰显着建设新的教育世界所推崇的创造、进取、尝试和探索。

二、鲁洁先生是一位诚实的教育思想家

同为先生弟子的檀传宝教授在一篇回忆文章中曾谈到这样一件往事:"我的一位比我年长十岁、在职攻读博士学位的师兄,当时已经是一所高校的常务副校长。在校学习那一年放寒假的前一天,我们一起到老师家请假回家,当时说是'明天回去'。但是师兄买的船票实际上却是当天晚上的。傍晚的时候,老师电话找师兄有事,听(接电话的外系同学)说买的是当晚的船票,只是对师兄轻轻说了一句'你不是说明天走的吗'就挂断了电话。于是我的这位已过不惑之年的师兄马上毫不含糊地骑车去码头,退了当晚船票,买了第二天的船票!"②此事显现的是鲁门弟子共同感受到的先生之于学生的严厉和严格,但深藏其中的乃是先生为人治学的诚实品格。

诚实是哲人的一种重要而优良的品行。所谓诚实,简单地说就是忠于事物的本来面目,不隐瞒自己的真实想法,自己怎么想就怎么说,自己想说什么就说什么。在中国文学界,巴金以敢讲真话、善讲真话而闻名。他声称,给自己讲真话以榜样力量的第一个老师是卢梭。卢梭的鲜明特点是:"我要说真话,我会毫无保留地这样做,我将说出一切,好事,坏事,总之一切都说。"③在我看来,在襟怀坦白、善吐真言方面,鲁洁先生堪称"当代中国教育理论界的卢梭"!

鲁洁先生是一个极为诚实的教育思想家。在学术问题上,先生对他人、

---

① 中共中央马克思恩格斯列宁斯大林著作编译局.马克思恩格斯全集:第 1 卷[M].北京:人民出版社,2016:8.
② 戚万学,等.静水流深见气象——鲁洁先生的教育思想与教育情怀[M].北京:教育科学出版社,2010:197.
③ 卢梭.忏悔录(第 2 卷)[M].北京:人民文学出版社,1982:819.

教育和社会态度明朗,立场坚定。例如,参加学术研讨会或课题论证会时,她从不隐瞒自己的观点,并且能直言不讳地提出自己对他人的质疑或不解之处;对于现存的教育实践,她总能表示应有的尊重,但也往往提出十分尖锐的批评,而且,她针砭时弊,话无虚指。先生的学术研究始终都有自己确定的立场和见解,从不迎合、附会某些"权威"的定调,也从不热衷于为流行的观点作论证。

鲁洁先生的诚实不仅是对他人、对教育和社会的,更是针对她自己的。对于自己,她勇于解剖,坦陈不足。她从不认为自己的研究结论是唯一正确的,也从不认为别人的探索成果一无是处。在教育理论界,曾有多名学者就学术问题与鲁洁先生商榷。对于所有善意的批评,她总是能以虚怀若谷的态度欣然以对。即使对那些不能接受的批评意见,她也认为能促使自己进行更加深入的思考,或真诚地承认自己论述得不够充分。先生博览群书,却总是诚恳地表白自己知之甚少,这应该是她对"读书越多就越觉得自己无知"一说的真实感受。

鲁洁先生针对自己的诚实还表现在,当发现自己的教育理论观点出现偏差或存在不足时,她能及时予以补正,而毫不顾虑是否会有损于自己的"声誉"。例如,"道德教育要回归生活",这是鲁洁先生在2001年新课程改革以后的主要学术追求,也是她主持的《品德与生活》《品德与社会》课程标准研制和教材编写的基本理念。先生认为,道德不是为道德而道德的,而是为了生活的;道德与生活密不可分,生活是道德存在的基本形态。因此,道德教育要从生活出发,引导学生去选择和构建有道德的生活及生活方式。后来,她对这一观点产生了怀疑:"当时这样说确有它的针对性和根据。但是,作为一种理论的建构就必须考虑它的严肃性,任何一种理论上的片面性都会带来它自身的困境,在实践中也会带来危害。"[①]通过重读康德,特别是从康德的道德自足性去考察"道德为生活"的观点,她发现了几个需要深入思考的问题:道德与生活何者是第一性的? 道德究竟是手段还是目的? 道

---

① 鲁洁.关于"道德教育回归生活世界"的自我质疑[G]//道德教育评论(2006).北京:教育科学出版社,2007:1.

德标准的本意是动机性的还是评价性的？……在提出这些问题之后,她坦诚地表示:"随着学习和思考的深入,我意识到:'道德源于生活,为了生活'的理念面临着诸多理论上的挑战和难题。到目前为止,我本人还处于困惑之中,需要作进一步的探索。"①勇于自我质疑并明示自己的困惑,这最能体现鲁洁先生诚实的品性。

海涅曾说:生命不可能从谎言中开出灿烂的鲜花。鲁洁先生的学术人生表明:只有在诚实之树上,才能结出真正有价值的智慧果实!

三、鲁洁先生是一位热情的教育思想家

卢梭曾有过这样一段由衷的道白:"我的全部才华都来自对我要处理的题材的热爱,只有对伟大、对真、对美的爱,才能激发我的天才……人家以为我也和所有别的文人一样,为谋生而写作,而实际上我是永远只晓得凭热情而写作的。"②此话道出了一个充满历史根据的结论:真正伟大的哲学家、思想家乃至真正的学者,无论是其求索真理还是表达思想,都充溢着炙热的情感。鲁洁先生就是一位充满激情的教育思想家,她不仅拥有透彻地把握教育天地的能力,更有着对教育真知、教育智慧的真切渴望与热烈追求。

长期以来,人们一直有一种误解,即似乎只有包括文学在内的艺术活动才是热情的,而纯理智的学术研究的唯一合适的面孔就是严肃。其实,虽然学术研究是一件十分严肃的事情,但其研究过程与表达形式却未必要始终穿着严肃的外套。马克思曾引证特利斯屈兰·善第关于"严肃"的定义:"严肃是掩盖灵魂缺陷的一种伪装。"③马克思的引证,绝无贬低严肃的本真价值之意,而是意在表明,哲学不应该把热情逐出自己的大门。哲学如此,其他专业的学术研究活动也应该如此。在此方面,鲁洁先生也有着非同一般的

---

① 鲁洁.关于"道德教育回归生活世界"的自我质疑[G]//道德教育评论(2006).北京:教育科学出版社,2007:4.
② 卢梭.忏悔录(第2卷)[M].北京:人民文学出版社,1982:634.
③ 中共中央马克思恩格斯列宁斯大林著作编译局.马克思恩格斯全集(第30卷)[M].北京:人民出版社,2016:274.

表现。2005年,在中国教育学会教育学分会德育理论专业委员会开封年会的闭幕式上,卸下承担了20年之久的主任委员职务的鲁洁先生说,自己长期担任主任委员一职,没有功利的目的,只是因为热爱!此话不仅是先生主持德育理论专业委员会的真情流露,也是她投身教育科学事业的心灵坦白。先生似乎从来都不是为谋生或赢得某种个人利益而研究和写作的,她甚至不是把自己的教育研究和著述仅仅看作一项任务、一件工作,而是把它作为对教育、对人类的真挚的爱的一种表达形式。先生的教育理论研究,一直都是从人学立场出发的,她始终都高度关注人的现实历史境遇,关心人的生存价值与意义,关心教育如何帮助人实现对有限的生命的超越,这其中涌动着先生对生命的热爱,对人类幸福的憧憬与向往。只要大家翻阅鲁洁先生的学术论文就不难发现,她的著述脉络清晰,遣词造句一丝不苟。然而,她的每一件作品都不是佶屈聱牙、晦涩难懂的,也不是干瘪的、故意咬文嚼字的,而是充满激情和生气的,洋溢着一种纯正的浪漫精神。

言说至此,我油然想起先生那篇关于德育之享用功能的论文的结尾。该文的结尾是这样写的:

> "最后,录下席勒为嘲讽康德所写的几行诗句,以解对我的'康德式'之诘难。
> 乐为朋友效劳,哎呀
> 却又出于爱好,
> 我为我的不善
> 时常感到烦恼。
> 你能有何作为
> 除须蔑视一切,
> 遵照义务行事
> 哪怕满怀怨嫌。"①

---

① 鲁洁.再议德育之享用功能——兼答刘尧同志的"商榷"[J].教育研究,1995(6).

信手拈来的诗句,为其理性思考赋予了情感的色调。其实,不仅从此文中,而且从她其他的教育哲学论著中,都既能体验到康德、黑格尔著作中的思辨艺术的魅力,又能感受到尼采等"诗哲型"哲学家的优美的诗性和火热的情怀。这些充满激情和生气的作品,是充满激情和生气的作者的真实写照。

鲁洁先生把热情注入教育研究中,还表现在她的作品的多种多样的形式上。鲁洁先生的作品,不仅有着自己独特的气质和禀赋,而且有着丰富多彩的表达形式。仅从其出版的著作来看,既有概念界定规范、体系相对完善的教材,如在我国教育界影响深远、得到国内同行专家高度赞誉的《教育学》(人民教育出版社,1984年版)、《教育社会学》(人民教育出版社,1990年版)、《德育社会学》(福建教育出版社,1998年版)等,又有虽无面面俱到的理论框架但研究主题极为鲜明的专题研究力作,如《当代德育基本理论探讨》(江苏教育出版社,2003年版)、《道德教育的当代论域》(人民出版社,2005年版)等;既有她主编的聚焦于某一学科领域的丛书,如"教育社会学丛书"(南京师范大学,2001年版)、"德育理论丛书"(福建教育出版社,2005年版)、"道德教育的时代议题系列丛书"(教育科学出版社,2013年版)等,又有她主编的某些专题研究成果选辑,如《华人教育———民族文化传统的全球展望》《中国教育:文化传统的国际透视》(南京师范大学出版社,1999年版)等;既有立足实践经验的理论提升成果,如《德育现代化实践研究》(江苏教育出版社,2003年版),又有被称为"最优秀的教材"的小学德育教科书,如《品德与生活》《品德与社会》(江苏教育出版社、中国地图出版社,2003年版)和《道德与法治》(人民教育出版社,2018年版)。透过这些形式多样的研究成果可以清晰地看到,在教育研究工作中,鲁洁先生意气风发、强劲豪迈地驰骋于历史与现实、现实与未来之间,奔走于理论与实践、国际与国内之间,真正从书斋中走了出来,解放出来,回应时代和教育实践的迫切呼唤,尽情释放和宣泄自己的热情。

作为老一代知识分子的优秀代表,鲁洁先生是在"文革"之后、年过半百才有机会从事教育研究工作的,真正摆脱行政管理事务而只专注于专业研究时已经60多岁了。此后,老当益壮的她生命不息、战斗不止,勤耕不辍、创见迭出。据不完全统计,鲁洁先生 75% 以上的学术论文是在她 61 岁以后发表的。何以会如此神勇?窃以为,洋溢奔放的热情,是先生长期保持学术青春并取得卓越学术成就的重要动力之源!

四、鲁洁先生是一位执着的教育思想家

所谓执着,就是始终不渝地坚持真理和信念,甚至为真理和信念而不惜牺牲自己的一切。执着是表征哲人风范的又一种重要的品格。

对于一个致力于包括教育研究在内的学术研究的人来说,执着是一种不可或缺的高贵的品格。爱因斯坦曾经不无根据地说过,"那些我们认为在科学上有伟大创造成就的人",几乎无一例外地都"会有那种不屈不挠的献身精神,而只有这种精神才能使人达到他的最高的成就"①。作为一名教育研究者,要达到自己的最高目标,取得有价值的创造成就,也同样需要无畏的勇气、坚韧的毅力、顽强的斗志和锲而不舍的执着精神。在此方面,就我生活、工作所及的范围而言,至今罕见能与先生相媲美者。如前所述,鲁洁先生涉猎的教育研究领域较为广泛,她在每个领域都留下了深深的足迹和丰硕的成果。毫无疑问,先生从中获得了无限丰富的由自我超越和自我创造带来的快乐和充实。然而,学术研究从来都不仅仅是快乐的。先生在这些领域展开的上下求索有时是极其艰辛的,甚至是痛苦不堪的,她为此付出的心血也远远超乎常人的想象。尽管求索之路艰辛坎坷,但她始终干劲十足,勇往直前。在先生身边学习期间,我和同学们私下都夸她身体很好。毕业以后才知道,先生一生都没有摆脱过疾病的困扰,但她从不以病弱的模样示人,因病住院时也不告诉学生和同事,生怕给学生及他人增添麻烦。她三十岁时就有了困扰其一生的高血压,五十多岁时患上心脏病,六十几岁时又染上眼睛疾病。更为严重的是,20 世纪 50 年代,先生曾身患肺结核(1949年患病,1952 年复发)——这在当时可谓不治之症,四十几岁时又身罹癌症。就是在七十岁后开始致力于《品德与生活》《品德与社会》新课程标准研

---

① 爱因斯坦.爱因斯坦文集(第 3 卷)[M].北京:商务印书馆,1979:256.

第五章 鲁洁:"学问的高度,就是做人的高度"

制和新课标教材编写的13年间,先生又做了两次癌症手术。先生能够战胜病魔,并能取得令人钦羡的学术成就,不能不让人感觉是一大奇迹!这一奇迹所彰显的,既是先生超乎常人的勇敢,又是她超乎常人的执着。

当然,执着的品格绝对不是人人都能具备的,更非人人都随意可得的。要想获得这一品格,就得把真理和自己投身的事业看得高于一切。在那些"拔一毛以利天下而不为"或"把一个铜板看得比磨盘还要大"的人身上,是找不到这种高贵的品格的。鲁洁先生平时喜欢读书,进入中老年后读书更是成了她生活的主要内容。在她看来,读书是人生最大的享受,也是自己向未知领域不断探索、不断酿造新的智慧琼液的前提条件和重要路径之一。在谈及读书的体会和方法时,她说:"自己读书总是心有所系,总是出于对国家教育的成败,下一代的成长、发展、前途等问题的思考。"[1]此言自然而真实地展露了先生的心迹。若不是超越个人忧患得失而注目国家教育事业的发展、教育实践的完善以及孩子们的健康成长和人生幸福,她就不会"博学而不穷,笃行而不倦",就不会为教育和教育科学事业倾尽全力!

大家都知道,以鲁洁先生为总主编的小学《品德与生活》《品德与社会》教材编写团队,经过长期艰苦、辛勤的工作,取得了极具影响力的成果。2016年3月,教育部基教二司专门致函南京师范大学,对鲁洁先生深表谢意,并赞誉她为该套教材的编写"作出了重要贡献"。多数人有所不知的是,当初,先生对接受这一任务还是心存顾虑的。其主要原因如先生所言,对于"涉及小学生实际的那一部分,自己接触得很少,了解得很少,更不要说是研究了。以前品德课的大纲之类的制定也没有参加,这本身就是我的软肋,不是我的长处。做这件事要面对的是两亿多的少年儿童,这事不像搞理论研究,理论只要你去说,听不听随他;但课标是作为一种公共知识产品,是一种体制性的东西,一旦制定出来,人家就必须执行,我觉得这个责任重大,也有点不堪承受之重。为此,对于是否要接受这个任务当时心里很矛盾"[2]。所以,当时教育部基教司副司长王建国、教育部原副部长王湛专就此事找先生

---

[1] 鲁洁.读书是人生最大的享受[J].人民教育,2015(10).
[2] 鲁洁,等.回望八十年——鲁洁教育口述史[M].北京:教育科学出版社,2014:278.

谈话,先生很长一段时间没敢给予肯定的答复。后来之所以承担下来,一方面是因为,先生认为,关于道德、道德教育的理论知识本身是不完善的,是一种没有完成的知识,应该、也必须到实践中去完善它;另一方面是因为,在先生看来,"面对我们国家思想品德课的现状,一种被否定的现实,我们这些所谓的德育理论工作者,有不可推卸的责任。觉得自己既然搞了德育这一行,对于中小学德育课的现状就不能以旁观者的身份无动于衷,不能光以批判者的身份去指手画脚。这件事没有办好,即使我们没有参与,但作为德育研究者也还是负有责任的"[1]。话语虽然朴实无华,但昭示的境界却极为不凡。无论是起初的不想承担,还是最终的接受任务,所体现的都是先生对少年儿童和中国德育理论与实践的责任担当!

2010年4月17日,为庆贺先生八十诞辰,在南京师范大学举行了以先生的学生为参会主体的"鲁洁教育思想研讨会"。在这次会议上,鲁洁先生对学生们说了一段发自肺腑的话:对于你们,我"所有的,可能就是和你们共筑的一个梦,就是要改变中国教育的面貌,使得我们未来的一代充分享有更美好的人生"。虽然自己年事已高,但"中国知识分子身上所普遍具有的社会使命感,这种文化意识的传统还在我灵魂中间游荡,我逃脱不了它的纠缠。这同样也是自己结下来的情结,自己也解不开。所以,梦还在继续做"[2]。这个梦,是鲁洁先生执着品格形成的深厚根基之所在。

结语:以鲁洁先生为楷模砥砺前行

诚如毕达哥拉斯所说:"美德乃是一种和谐。"[3]勇敢、诚实、热情、执着等虽然是相对独立和分离的,却又不是绝对独立、互不相干的,而是彼此依存、相互融合的。当且仅当它们融合成一个和谐整体的时候,它们才是完美的。我认为,它们在鲁洁先生的身上是融为一体的,是极其和谐的。例如,先生

---

[1] 鲁洁,等.回望八十年——鲁洁教育口述史[M].北京:教育科学出版社,2014:278.
[2] 鲁洁.学生给予我的远多于我给予学生的——在鲁洁教育思想研讨会上的讲话[EB/OL]. http://caonanshan2004.blog.163.com/blog/static/51568927201011231058 40786.
[3] 北京大学哲学系外国哲学教研室.古希腊罗马哲学[M].北京:商务印书馆,1961:36.

的诚实体现为敢讲真话,而"敢讲真话是需要极大的勇气,有时甚至需要极硬的'骨气'"①,这既体现了先生在探索和捍卫真理上的无所畏惧,也体现了先生对真理的无限热爱与执着追求。与此同时,我还坚持认为,正是勇敢、诚实、热情、执着等品格在鲁洁先生身上的完美融合,成就了她独树一帜的教育哲学、特别是道德教育哲学建树,成就了她的教育论著之思想的高度和文辞的大气,也成就了她顶天立地(此处之"顶天立地",主要是指鲁洁先生穿梭于理论与实践之间的研究风格,以及她的学术研究成果所具有的一般人难以望其项背的高度、深度和厚度)、气象恢宏的教育思想家的形象和境界。

鲁洁先生一直强调,教育这个领域,是需要我们用生命去进入的。先生的学术成就,就是她以整个生命"行走在意义世界中"收获的智慧之果,是一本用她自己的生命书写的有品格的教育学!

鲁洁先生实乃后学如吾辈之楷模。后学如吾辈当追随先生为人治学之道,砥砺前行!

---

① 李敏.听季羡林讲述人生哲学[M].北京:石油工业出版社,2008:38.

德性是真诚的行动[1]

方峥嵘

清明时节总让人格外思念故人。每个人的生命中都会遇到很多人,得遇德高望重的鲁洁先生,并能追随她踏上德育课程实践研究的征程,成为我教育人生中的转折点。2002年秋,已72岁高龄的先生,带着生活德育理论走进南京市郊的上元小学开展德育课程的实践研究,我有幸成为实验教师中的一员。见到先生之前,我内心很忐忑,无数次在心中描绘着大师威严的模样。然而,她是那样亲切,有如时雨化之者,是给予我最深远影响的恩师,我总是亲昵地称她"鲁老师"。

回望与鲁老师在一起的日子,她如一盏明灯启迪智慧,温暖心灵,照亮远方。她用自己的一言一行诠释了她的教育思想——德性不是说或写出来的,而是生活中真诚的行动。鲁老师对教育的情怀与追求、静水流深的人格魅力本身就是一部值得我们认真学习研究的大书。

引领我们在实践研究中成长

鲁老师一直引领我们在"学"和"教"的体验中前行。记得刚刚开始接触生活德育理论时,"为什么德育要与生活相结合""生活化的德育课堂是什么样子的""生活化之后的德育要往哪里去"等问题都让我们感到十分茫然,不知道该怎样在课堂上实现教育理念的真正转变。每两周,鲁老师都会带领她的德育专家团队来到我们的课堂听课。最初,我们常把课上得"乱糟糟"

---

[1] 原文刊发于《福建教育》2021年第17期,选入时有改动。作者方峥嵘,南京市江宁区小学道德与法治学科教研员,南京市道德与法治学科带头人,统编教材《道德与法治》核心作者,参与鲁洁教授主持的"儿童道德生活的建构——小学德育课程改革与实践研究"课题研究,获基础教育国家教学成果一等奖。

的，因此很不自信，担心挨批。鲁老师从没有因为我们对教材理解的粗浅、对目标把握的偏颇、对课驾驭的失控而批评我们，反而不断调适教材和我们的距离。鲁老师鼓励我们："没关系，按你们自己的理解进行教学。"教研课后，专家团队会结合课例对我们的教学行为进行理论分析，并结合新的课程理念给出合理的建议，我们再回到课堂时就慢慢体味出其中的真谛。

鲁老师总是不断地向一线教师传递着真诚与尊重、理解与赞许、指导与帮助。每一次研讨，她总是耐心又专注地听我们汇报自己的实践心得。她总能在我们支离破碎的絮絮叨叨中发现我们的进步，给予高屋建瓴的点拨，让我们得到提升。她也会自然而真诚地提出自己的疑虑，引导我们去思考、学习、探索和实践。有一次，鲁老师阅读了钟海燕老师写的《家校携手共塑美好品德》的实践感悟后，随即认真写了长长的一篇《〈家校携手共塑美好品德〉一文释读》的文章，用心指导我们怎样解读"亲情"主题的教学内容和把握教学的重点，怎样引导儿童在活动中获得体验。她总是这样用智慧帮助我们建构起理论通往实践的桥梁。

每隔一段时间，鲁老师就会带着一些前瞻性的问题让我们思考，开展实验研究。从"德育教材实验实践研究"到"德育课程向生活延伸的研究"，从"史地教学内容难点突破的教学策略探索"到"引导学生自主地开展道德学习的路径研究"……鲁老师带领我们边实践边思考边研究。2005年初，在鲁老师、潘慧芳老师的倾心指导下，我们认真梳理和分析教学过程中遇到的具有普遍性的问题，组织反思性教学研讨会，总结我们在新课程实践中的教学经验。历时整整一年，鲁老师和潘老师陪伴了我们无数个休息日，在她们手把手指导下，由上元小学老师集体创作的《走进德育课堂——小学品德与生活（社会）课堂教学百例》一书终于出版，并获得了江苏省教育科学研究成果二等奖。其间，鲁老师躺在病床上为大家修改文稿、推敲书名并为这本书写序。

鲁老师的一生从未停止过学习和思考。2012年，我有幸再次追随她参加品德学科统编教材（即现行统编小学《道德与法治》教材）的编写。在编写过程中，大家常常遇到难题不知如何突破，她常说："当我们想一个问题想破了脑袋，也想不出来时，干脆就不想了，读读书，读着读着也就想通了。如果读书也想不通,那就去问问孩子,他们会告诉你答案。"她是这么说也是这么做的。她有一个"百宝袋",每次见面,她总会在那个袋子里掏出我们曾经和她讨论过的某个问题的相关资料。有时候是复印的文章,有时候是书籍,有时候是儿童的日记或和儿童有关的新闻素材。平日里,我也常收到她寄来的书和资料,她帮我,春风化雨般给予我智慧的滋养。

给予我们最温暖、真诚的关心与支持

记得有一次,我谈到自己参加七年级品德新教材试验的感受时说道:"假如我不参加试验了,我会觉得非常失落,会产生被遗弃的感觉,估计我真的会很快'死'去,这不是指生命的结束,而是精神的陨落与价值的迷失。我真的觉得人应该有追求、有目标。"鲁老师听后亲笔给我写下了这样一段话:

"录德国哲学家雅斯贝尔斯的几句话赠予我同甘共苦的老师们——

对于这批最有能力的人来说,学习和研究不再只是一项苦差,或者只是多种职业选择中的一种;毋宁说,它是一种特权,这种特权可以帮助他创造新的知识,帮助他投身于真理探索的事业,这种特权对于他们来说是一种生死攸关的、个体性的关切。

2009年9月28日听江宁方老师一席谈,有所感而录。鲁洁。"

鲁老师的话给予了我这样的年轻教师一辈子用之不竭的鼓励和鞭策。

后来,鲁老师年事渐高,身体已不能允许她时常走进学校和课堂听课教研了,但她对孩子的关心、对一线教师的支持却一刻也没有停止,她总是在我们身后默默地关心、支持着我们。2020年,突如其来的疫情把大家都困在了家,我和团队的教师做了一些微课,通过学科公众号进行推送。鲁老师看到推送后,给我发来了信息:"方老师,这门课(道德与法治)的网课是不是已经启动了?需要什么材料我可以在家帮你找,乐意充当你的一名小助手。"这条温暖的信息是一份牵挂,更是鲁老师对教育的责任担当与至深情怀，怎能让我不努力？

鲁老师不仅给予我专业成长的引领，而且在生活上无微不至地关怀着我。我体质不太好，经常生病，我爱人不支持我多花精力在学科研究上。2008年冬天，我生病在家。天下着大雪，鲁老师和潘老师来我家看我。鲁老师和我爱人聊了很多，说了她的很多生活小故事。事后，我爱人感叹："没想到一个这么大年纪的老人会有这样执着的敬业精神，没想到这样一位德高望重的学者竟这样的亲切与细心。这真让我们年轻人汗颜。"在鲁老师眼中，每一位教师都是最棒的，个个都是辛苦的。在我们取得成绩时，她开心地与我们共享；在我们遇到挫折时，她热情地予以鼓励；在我们遇到委屈时，她及时给予安慰……鲁老师用行动传递着新课程理念，让我们享受着道德引领的魅力，帮助我们找到了人生成长的坐标。

带给我们静水流深的智慧感召

德育是一场美丽的旅程，是一个充满意义的世界。鲁老师引领我们踏上这段美丽的旅程，走进意义的世界。坚韧、乐观、希望、谦逊、严谨……这些闪闪发光的高尚人格使她充满了魅力，像一块巨大的磁石吸引着我们向真、向善、向美。

鲁老师谦逊而真诚，她常说这门课需要更多人的关心和研究。为鼓励一线教师研究德育课程，她拿出私人积蓄在南京师范大学设置基金，给教师的研究提供一些物质上的帮助。南师大道德教育研究所举办了2018年、2019年两个年度的全国优秀案例、优秀课题评比，吸引了全国各地的教师参与，为广大教师提供了相互学习、交流的平台，让更多的人体验到德育课程的魅力，让更多儿童受益。鲁老师说，小学课堂让她体悟到人与人之间的精神关系："小学课堂中的师生关系类似亲子关系，是一种直接的激励，一种灵魂的净化。大学老师关注知识，使得人与人之间有隔离。所以（教师）一定要注意，不要在这个有中介的关系中被异化——只是为了知识，而不是为了学生。"

鲁老师坚韧又执着。她做过好几次大手术，身体不是很好。我与她共同经历过两轮教材的编写、实践研究,每一课教材编写的讨论她都坚持参与,从早晨到晚上,晚上回去她还会继续思考,往"百宝袋"里装入我们需要的资料给予我们引领。为了让教材距离学生更近,教材中的每一课都要到不同特点的学校进行试教。她也都尽可能地亲临现场,带领我们反思教材是否能走进学生和生活的实际;探究学生如何通过教材和教学将所学的一切运用到自己的生活中去,解决他们生活中的问题,提升他们对生活的认识。有一次在南京市江宁区的一所乡镇学校听试教课,鲁老师上午连听四节课,下午又召开座谈会,研讨结束时已经下午五点多,她回家时脚肿起来了,走路都很吃力。她用心、用行、用生命向人们诠释了什么是有道德的生活——人应该有目标、有执着的追求、有吃苦耐劳的精神,要学会关爱他人,学会彼此合作。

先生是亮在我们前行道路上的永明灯,温暖我们,陪伴我们,指引我们。我们亦会用行动践行鲁老师的教育思想,和儿童一起行走在意义的美丽世界里。

第六章
朱小蔓:"任何时候都可以是生长的开始"

> 我素以为,所谓教育研究往往就是教育研究者本人价值倾向、关注重点、研究趣味,乃至自身生命的投射与展现,也是个人生活与学术道路、轨迹的必然表达。
>
> ——朱小蔓

教育家小传·朱小蔓

朱小蔓(1947—2020),江苏南京人,教授、博士生导师,当代教育家,主要研究领域为情感教育、道德教育、教师教育、教育哲学农村教育等。

她是中国当代德育的建设者和推动者。创办南京师范大学道德教育研究所并任首任所长,在较短时间将道德教育研究所建设成为具有一定国际影响力的德育研究机构。创办《中国德育》杂志,为中国德育理论研究走向世界、推动新德育课程改革起到了重要作用。获2021年首届全国优秀教材特等奖,为中国德育教材建设作出重大贡献。

她是中国当代情感教育研究的开拓者和实践者。出版《情感教育论纲》《反思与构建——小学素质教育模式理论研究》《教育的问题与挑战——思想的回应》《儿童情感发展与教育》《情感德育论》等重要著作,先后获江苏省哲学社会科学优秀成果奖等;在情感教育、道德教育等领域提出了许多带有中国本土特色、具有鲜明个人学术特征的原创性理论并付诸实践,为丰富中国教育学理论发展作出了重要的贡献。

她是教育理论家,也是教育实践家。她将生活教育视为理论研究的土壤,将中小学视为教育思想的实验室,将儿童视为生命的主体与成长的主体。通过课程研究指导、专题学术报告、教师对话沙龙、课堂教学诊断等方式,与一线教师结成了具有教育创新活力的专业共同体,推动了儿童情感教育与发展、情感文明与教育、苏霍姆林斯基教育思想应用,是我国基础教育课程改革的重要指导专家。

朱小蔓学养深厚,道德纯粹,始终保持着教师、学者的本色和天真,"用探究高尚道德、纯真情感之教育实践"诠释了教育的真谛。

试论朱小蔓教授的情感教育学说及其"性格因"[①]

孙孔懿

盘点当代中国本土有影响的教育思想,朱小蔓教授的情感教育学说当在前列。朱小蔓教授的情感教育学说酝酿于20世纪七八十年代,这一关涉实践与理论的重大选题,是她对当时教育忽视情感现象的审察、追问、深思,与她在理论学习时触发的灵感相撞击的产物,她视之为自己学术生涯的"安身立命之根"并为之付出三十余年的心血。

古往今来大凡有影响的人文学说,既是社会和时代的深刻反映,实践和理论的客观需要,也是学说倡导者自身性格的外化,即所谓"有其人,然后有其说"。朱小蔓教授的情感教育学说,正是她充沛情感的理性外溢。多情的天性与多彩的生活体验,赋予她的教育学说以蓬勃的生命活力和鲜明的个性色彩,增进着她的学说的亲和力和影响力,也体现出她教育学说背后挚诚的教育情怀。

一、一个躁动心中十余年的选题的价值

对于研究者来说,获得一个好的选题往往等于成功的一半;而一个好的选题的获得并不容易,每每需要长期酝酿才能诞生,可谓"踏破铁鞋无觅处,得来确实费工夫"。"情感教育"就是经过朱小蔓教授长达十余年的孕育过程,才得以"一朝分娩"的优秀选题。

[①] 原文刊发于《中国教育科学(中英文)》2019年第2卷第6期,选入时有改动。作者孙孔懿,江苏省教育科学研究院研究员、基础教育研究所原副所长,"江苏人民教育家培养工程"第二期指导专家。

1973年至1985年,朱小蔓教授在高校担任团委书记、党委宣传部部长等职务,从事大学生德育工作。与一般习惯于上传下达的"德育工作者"不太一样,颇具哲学天赋的她从这一时期就开始思考:个体品德的形成固然需要社会环境、舆论、规则、法律等外部力量的规约,但一定也与个体内部的某些因素相关——究竟是哪些因素在人的内心持续生长,使他成为好人、有德之人呢?她有一种朦胧的直觉,这将是她一辈子要求解的问题。她深感当时那种概念化、体系化、浅表化、教条化的德育,仅仅注重学生知识的掌握和行为的规范,而不是内在情感和信念的改变;主要依靠外部的知识灌输和行为规约,无视学生的鲜活生活和情感世界,无视情绪和情感的感染性、激励性和动力性功能;正面效果有限,负面影响不小。而且,这种忽视学生情感的现象不是仅仅存在于德育工作上,而是存在于教育全域。人们过度关注受教育者的认知能力,对其情感发展的误区、偏差,对情感教育的缺失则熟视无睹,不仅严重影响了受教育者认知的方向、效率和质量,而且造成了他们负性情绪的发展,阻碍了他们社会性的发展,遮蔽了他们的生活的意义。没有人的感性层面的发展,人将成为"单面人""失去一半的人"。她的思考顺理成章地进入理论层面,她注意到:"系统的教育理论是作为'科学'的教育学出现的,它的文化背景是西方近代工业与科学的发展,以及受其影响的知性思维方式,其根本缺陷在于将认知从情与意中剥离出来,将真从善与美中抽取出来,撇开情感与意志讲认知的发展,从而走上了唯理智主义的绝路。"[1]面对情感教育在实践和理论上都受到忽视的现状,朱小蔓教授产生了研究者的使命意识和角色意识,"发愿要从教育学理上做这个工作"[2]。

1986年,她读到苏联学者季塔连科的《情感在道德中的作用和感觉论原则在伦理学中的作用》一文,大受启发,绵延十余年之久的思考和困惑,一下子被理论的光芒照亮,一个清晰的选题似乎一下子从她心底迸发出来:"情感教育研究",这将是自己教育学术的"安身立命之根"。她随即用俄文写信向季塔连科求教,1992年又在鲁洁老师支持下赴莫斯科大学伦理学教

---

[1] 朱小蔓.情感教育论纲[M].北京:人民出版社,2007:224.
[2] 刘慧.关注人的心灵成长[J].中国德育,2018(11).

研室,成为季塔连科的访问学者。这段时间,她对导师的理论观点有了更为深切的理解,时有茅塞顿开之感。特别幸运的是,这期间季塔连科以世界伦理学会主席的身份组织了一次伦理学国际会议,朱小蔓教授幸运地获得了在分会场发言的机会,其发言《以情感发展为特征的中国学校道德教育模式》获得季塔连科的肯定,并被编入《关于人的权利的伦理学》(俄文版)文集。这给了她莫大的鼓舞和学术自信,她以情感教育为重大选题的思想之根,扎得更牢了。

情感教育是一个具有现实针对性的选题,也是当时居于学术前沿的选题。20世纪六七十年代,情绪心理学家有个判断:人类已经历了两个伟大时代,在第一个时代学会了简单的生存技术,在第二个时代,科学、技术和教育得以迅速前进,但教育的重点一直放在客观知识的价值上;当代人类进入第三个时代,理智和情绪的功能已被区分,人们意识到不能片面地突出前者而忽视后者,教育者应把注意力集中到人的细微的情绪反应上,情绪、情感问题开始受到重视,不过,当时国际上对其进行研究的信息仍很稀少,直到1972年,美国心理学家斯托曼的《情绪心理学》才"首次在这一领域中做了可喜的尝试"[①]。该书于1986年由辽宁人民出版社翻译出版后,情绪、情感问题开始引起国内心理学界的注意,可惜在教育学界仍是春风未度。正因为这样,在朱小蔓教授师从鲁洁教授攻读博士学位,将方向确定为从教育学角度研究情感教育时,鲁洁教授因缺少现成成果的借鉴而对此心存顾虑。1993年,朱小蔓教授的专著《情感教育论纲》正式出版。面对第一部从教育哲学角度探索情感教育的专著,鲁洁教授在序言中用"居然"一词表达了自己的惊喜和对高足的肯定,她写道:在朱小蔓的艰苦努力下,"一个纲要性的理论框架居然被立起来了",这是"一个良好的、十分有意义的开端",相信"这一充满学术魅力的课题一定能获得更加丰满的果实"。这一评价,充分肯定了朱小蔓教授确定选题的可贵胆识和开创精神。情感教育是一个内含宽广、前景广阔的选题,是一个值得研究者终身以赴的长远性课题,也是一个具有较强辐射力、渗透力的课题,一个能够辐射、渗透到德、智、体、美、劳

---

① K.T. 斯托曼.情绪心理学[M].张燕云,译.沈阳:辽宁人民出版社,1986:译者自序.

诸育,能够在学校管理、课程教学、教师教育、学校文化以及家庭教育、幼儿教育、社会教育乃至教育全域建立新的生长点、开辟新领域的课题。综观朱小蔓教授后来的著述,无论以何为题,几乎都与情感教育有不同程度的联系——情感教育无疑成了她学术生涯的主旋律。

二、情感教育学说在深化研究中完善与拓展

《情感教育论纲》出版后,朱小蔓教授从南京师范大学调任中央教育科学研究所所长,陆续兼任了中国教育学会副会长、中国陶行知研究会会长、国家督学、《中国德育》杂志社社长等职,还受聘为俄罗斯教育科学院外籍院士。在超负荷的工作中,她对情感教育研究念兹在兹,紧抓不放,继续将情感价值论、情感机制论作为自己的专业主攻,如她所说:"我愿将自己的学术生命永远与情感教育研究及实践纽结在一起。"[①]同时,她受佐藤学的话的启示,不是以"规范论"的研究线路,而是采取"逼近论"的思路,一步一步地深化自己的研究,使自己的学说走向成熟。这期间的努力与成果都很多,这里且举其荦荦大端。

(一)确立了"情感文明"这个具有统摄意义的新概念

朱小蔓教授在与苏霍姆林斯基女儿苏霍姆林斯卡娅(以下简称"卡娅")讨论情感教育时,卡娅建议可将"情感文明"确定为情感教育的研究宗旨,因为情感教育就是让孩子去体验诸如交往、信念、尊敬、同情、悲哀、快乐、爱和互助等情绪、情感的教育,这样的教育将人的情绪、情感交汇在一起,便会促成学生产生一种情感的美丽,也就是形成一种情感文明。孩子形成了情感文明,就等于有了多样生活的体验,从而具有了自我独立判断和选择的能力,哪怕是在单独的环境里,也能作出道德的选择。[②] 朱小蔓教授欣然接受了卡娅的建议,因为她已经注意到了:从某种意义说,苏霍姆林斯基思想就

---

① 朱小蔓.情感德育论[M].北京:人民教育出版社,2005:12.
② 朱小蔓.与世界著名教育学者对话:第一辑[M].北京:教育科学出版社,2014:26.

是道德情感教育思想,他所有的教育努力都是为了建设情感文明。朱小蔓教授自此将"情感文明"作为新的带统摄性的核心概念进行研究,对这一概念进行了理论的探讨和论证。她注意到美国学者特纳、斯戴兹在《情感社会学》的一个观点:人类大脑在自然选择的过程中,被配置了产生复杂情感的构造,如羞愧、内疚、同情、自豪等情感,这些复杂情感在数量上超出了所有高等哺乳动物共同具有的基本情感。对于人的情感来说,这个过程也就是情感不断走向文明的过程。就个体层面看,情感文明意味着个体的情感结构逐渐走向和谐,表现出情感品质的不断提升,展现作为人类情感进步和开化的状态,显示良好的情感生活方式与风尚。就人类整体看,情感文明不仅意味着个体的基本情感欲求得到合理满足,而且意味着情感的社会意义也越来越丰富,越来越纯正,富有情感因素的文化氛围和环境越来越趋于真善美的境界。因此,情感文明应当成为情感教育的宗旨和主要目标。学校的情感教育就是要为个体成长创造丰富而良好的情感文化和情感环境,就是要让孩子去体验诸如交往、信念、尊敬、同情、悲哀、快乐、爱和互助等情绪、情感,这样的教育将人的情绪、情感汇合在一起,会促成学生产生一种情感的美丽,也就是形成一种情感文明①。"情感文明"概念在理论上获得确立,意味着最初为"矫治"情感缺失现象而提出的情感教育,现已转化为情感文明"建设"的一大举措,意味着从"针对现实"(注视大地)到"向往理想"(仰望星空)的取向的转变;尽管这两种视角不可或缺,但不同的偏重反映了不同的立意和不同的境界,这方面的意义不宜低估。

(二)情感与认知关系的再阐释

1990年前后,朱小蔓教授将人的发展分为认知维度和情感维度,突出的是两者的区别:将情感教育主要解释为关心认知维度以外的情感维度的发展,强调要着力探索情感发育的独特机制。这种将情感置于认识"以外"的观点,采用的是形式逻辑的"A与非A"的分类方式,容易引起人们质疑或误解,担心强调情感教育会贬低认知发展。发现这一现象之后,朱小蔓教授

---

① 王平,朱小蔓.建设情感文明:当代学校教育的必然担当[J].教育研究,2015(12).

注意以辩证逻辑阐释两者关系，多次强调情感教育不反对认知，强调情感是助力认知的，认知也是助力情感的；有了认知的条件，情感才可能细腻、深刻、复杂、博大；情感不是孤立于认知"之外"，而是与之相互渗透，共生共存。她还注意到当代学者对"认知"的理解也不同于既往，最新的见解认为，人类有两种认知形式，即"冷认知"和"热认知"。情感被称为"热认知"，"当我们自觉使用情绪情感作用机制时，知识学习过程不仅作为信息传递的过程，而且伴随有情感动力机制。情绪展开的过程有一个'动量'存在，构成一个'场所'，在这种时刻，不同学科的知识与方法容易引起交融。可以设想，如果学生的情感、心灵没有因为对学业的厌恶、拒绝而闭锁、僵硬，那么开放的、自由活泼的心灵便是一块播种并生长真、善、美人格品质的丰茂绿地"[①]。

（三）从本体研究向应用领域拓展

一是向德育领域拓展。朱小蔓教授对道德情感的兴趣，经历了一个"之"字形的过程。最初，她是从德育工作中发现道德情感缺失现象，进而引起对道德情感的关注。从1989年到1992年，她把对道德情感的关注扩展到对教育全域的情感的关注，并于1993年出版了《情感教育论纲》。从1994年到1998年，她在指导研究生论文选题时，不满意原有的教育学和伦理学教科书对道德情感的界定，特别不满意将道德情感局限于德育理论的狭窄范围之内，忽视道德情感与一般社会情感、日常生活情感以及原始情感的天然联系，其实，前者不仅与后者密切相关，并且可以从中孕育、产生出来。于是，她在一种全新视域中回视道德情感，发现人的一些基础性社会情感，如归属感、依恋感、自我认同感、自尊感和由此产生的自尊、自爱、同情、怜悯、利他心、荣誉心、责任心、崇高感、敬畏感等，都包含着丰富的道德意味；其他一些情感种类如兴趣、好奇、冒险、格局感、秩序感、节奏感等，也都可能与道德发生关系。道德情感不仅仅是道德认识的产物，同时是人的情感系统本身的发展升华。站在这样的认识立场上思考道德情感，她有了全新的感受，萌发了新的学术冲动，进行了新的理论与实践相结合的探索，于2005年出

---

① 朱小蔓，朱永新.中国教育：情感缺失[J].读书，2012(1).

版了新著《情感德育论》。

二是向课程领域拓展。1996年—1997年,教育部酝酿并发起第八次基础教育课程改革,朱小蔓教授有机会参与研究,并结合此项工作展开对课程理念及各门学科如何发挥自身特点影响学生的情感、态度、价值观的深入研究。这一阶段她的主要成果《课程改革中的道德教育和价值观教育》发表于《全球教育展望》2002年第12期。该文在国内产生较大影响,译为英文后被国际SCS引用,引发著名教学论专家小威廉·多尔夫妇的评论。特别是第八次基础教育课程改革明确提出,将情感、态度、价值观的培养列为"三维目标"之一落实到各科教学,意味着朱小蔓教授长期研究的成果获得国家教育行政部门认可,正式转化为国家级教育政策的重要内容。新的课程功能观的确立,为学校情感教育带来了新机遇,将使学科教学中的情感维度进一步凸显,进而有效地影响教师的教学行为和学校的管理文化。事实上这些年来,从教育理论界到大中小学,大家越来越认同教和学过程中教师和学生情感的重要性,越来越认识到情感不仅是动力系统,更是发展目标。情感教育正一步步地得到较为自觉的落实。

三是"情感—交往"型课堂研究。这是情感教育研究深入一线课堂的具体展开,目的是提炼出课堂教育质量的完整内涵,以改善教与学的关系、师生关系及课程育人目标达成的状况。朱小蔓教授的研究团队在北京、南通的两所"种子学校"以及其他多所学校,深入课堂进行教学观察,与授课教师坦诚对话,共同研制出具有指导性、支架性、开放性的《"情感—交往"型课堂观察指南》,尝试用一套非量化的表现性指标,将课堂教学中的知识学习、教与学行为、师生与生生的情感交往、价值体验与理解等多维度内容,纳入一个可以观察的框架体系,以增强教师的情感投入与引导意识,使其学会观察和调控课堂情感氛围,促进课堂教学目标的全面达成。"情感—交往"型课堂不是孤立地着眼于教或学,而是着眼于师生的共同发展、和谐发展,将教与学统一于情感交往之中,这就使得它的立意远远超出了一些单纯的教法研究或学法研究。而且,这一模式还要求教师通过课后回味,反思并记录下课堂上鲜活生动的现象、场景、冲突与体味,进行基于回溯、描写、叙事、体验、反思等人文方法的教研写作,力求将每天发生的课堂实景,通过文字转换成可供表达、交流、积累、提炼的教育经验和智慧,扩充自身的生命体验①。这一重要环节常常为一些单纯关注"45分钟"的课堂教学研究所忽视,是十分珍贵的创意。

四是向师范教育与教师教育拓展。朱小蔓教授发现,内在情感和精神世界丰富并保持开放性的教师,能够关注儿童的情感情绪状态及其表达,敏锐地发现学生冷淡、沉默、对抗等消极情绪背后的精神活动,创造性地捕捉并利用转化学生消极情绪为积极行为的契机。她常常痛心地发现师生之间每每处于冷漠、对立、紧张甚至敌意之中,究其原因,除现代化过程中的种种负面影响在师生关系上的投射外,也有教师自身情感素养方面的原因。"教师只顾视学生为流水线上的产品,客观化、对象化地拿捏把控学生成器成材,遮蔽了师生同为活生生的人的人性体验,禁锢了人的自主创造性的能动性。教师将自己为人师的道德主体地位让位于外界评判,教师的生命从此黯然失色,在被人摆布、漫无边际的职业倦怠中苦苦挣扎。"②再追究下去则可发现,不论是师范教育还是教师职后培训,都缺乏对教师情感素养的培养。有鉴于此,朱小蔓教授从20世纪90年代初起,提出了"情感教育呼唤具有情感人文素质的教师"的命题,将教师的情感素养分为情绪情感觉察、情绪情感表达、情绪情感调适三个方面,希望通过提高教师文史哲修养,尤其是文学阅读、影视观赏,找到相似情境而情意感通,提高对情境的感知力、识别力、洞察力、移情与共情能力;通过叙事分享和现象学写作,理解教师情感表达的意义,由此增进教育的理解力。

她尤其重视对在岗教师的情感素质提升,因为这是一项更为紧迫的任务。她多次接受《中国教师》《教师教育研究》等报刊的专访,阐述自己关于教师发展的观点和主张。她还依据教师情感人格条件与其教育素质的关系,创造性地提出教师"情感——人格素质"的初步框架。这是一个由以教育爱为核心的教育价值观、教育思维方式、教育行为技艺以及教育风格类型等组成的综合体。教师的情感能力固然与其天赋条件有关,而更重要的则

---

① 朱小蔓,王坤."情感—交往"型课堂:课程育人的一种人文主义探索路径[J].课程·教材·教法,2018(5).
② 钟芳芳,朱小蔓.论当代教师道德生活的困境与自主成长:基于情感自觉的视角[J].教师教育研究,2016(6).

源自长期的人文修养,因而是可以经过教化和训练而提升的。

三、形成全国性的情感教育思潮

朱小蔓教授的情感教育学说从20世纪70年代开始酝酿,1986年确定选题,到1993年初步成形(《情感教育论纲》正式出版),到21世纪走向成熟(《情感德育论》《关注心灵成长的教育》于2005年、2012年相继出版),至今三十余载,由"而立"走向"不惑"。2010年11月,全国情感教育研究所在南通大学成立,先后举办过六届全国情感教育论坛。2015年11月,中国陶行知研究会教育与情感文明专业委员会成立后,联合各地教育行政部门和各级学校、幼儿园开展情感教育研讨,推动了情感教育的实施。

情感教育这项开创性研究着力抓住了人的根本,释放出了比较强大的理论说服力。情感之于人具有本体性价值而不仅是工具性价值,是一个普遍的永恒的又能与时俱进的人学、心理学、文学、美学等多门学科共同关注的话题,自然也应当是教育学的重要话题。朱小蔓教授发现并提出了这个长期未引起普遍与足够关注的重大问题,提出了"情感教育"这个能够辐射教育全域、全程,并具分化和繁衍潜能的核心概念;对相关问题进行了渐趋清晰的理论回答,核心概念不断清晰,概念体系趋于严密;经过缜密的逻辑推论,最终建构起系统严谨的思想体系。有鉴于此,她注意突破思辨哲学和教育学的域限,广泛吸取人类学、生理学、脑科学、神经科学、心理学以及社会学、伦理学等学科的相关成果,力求从综合视角揭示情感生成与发展机制,作出令人信服的阐述,在教育理论界获得了越来越多的肯定。

近些年来,《情感教育论纲》的部分内容被翻译成俄、日、英文,其基本思想在俄罗斯、英国、美国、日本、韩国、泰国、瑞典等国以及我国香港、台湾地区得到传播。该书初版于1997年,再版于2007年,是一部经过一定时间检验的著作。2008年11月20日,"情感教育国际论坛暨《情感教育论纲》再版座谈会"在北京举行,陶西平、黄济、皮特朗(Peter Lang)等著名中外学者与会,充分肯定了该书的理论价值。有学者指出,由于现代社会的深层矛盾,教育中的知识化倾向和情感缺失还会长期存在,该书的思想理论将在当今和未来较长时期的教育进程中展示其学术生命力和影响力。①

除了接受逻辑检验外,一种学说最根本的价值在于受群众欢迎,为群众接受和掌握,能给予实践以有效指导,能经受实践检验。马克思说过:"思想根本不能实现什么东西。为了实现思想,就要有使用实践力量的人。"②情感教育研究并非纯粹的理论研究,而是实用性基础研究。朱小蔓教授从研究理路上力避巴赫金所批评的"致命的理论化",追求融哲学思想阐发、科学机理探寻、操作工艺提炼为一体的教育理论形态,同时在叙事论理的字里行间,总是将诗人的激情与女性的温情熔为一炉,饱含深情地娓娓道来。有读者反映,读她的文章是一种精神上的享受,容易引起理论认同和情感共鸣,还会引起一系列的联想和启发。人们注意到,情感教育并未像素质教育那样获得行政推动,而纯粹凭着自身的理论魅力逐步赢得了实践的欢迎与接受。

朱小蔓教授历来对群众性教育科研情有独钟。她既乐于在书斋中沉思默想,安静地享受阅读和写作的愉悦,又总是千方百计争取机会深入学校,深入课堂,与教师朋友打成一片,在积累和丰富自己教育现场的经验感受的同时,宣传、实践自己的情感教育主张。她善于以"有朋自四方来,不亦乐乎"的胸怀,团结起多多益善的合作者组成庞大的研究群体,开展形式多样的实验或试验,在各个不同层面形成学术影响。其中,来自基层学校的若干教育实验,如情境教育、愉快教育、和谐教育、赏识教育、小主人教育、审美育人教育,等等,在取得初步成功之后,因为朱小蔓教授的加盟和情感教育理论的渗入,获得了新的思想资源和精神营养,纷纷走出"高原区",展现出崭新的成长状态,作为情感教育思潮的重要组成部分,顺应着又推动着情感教育思潮呼啸向前。在另一个层面,她的一批批博士生陆续成了情感教育研究的中坚力量,近年来的成果可谓洋洋大观:刘次林的《幸福教育论》、刘惊铎的《道德体验论》、刘慧的《生命德育论》、吴安春的《德性教师论》、丁锦宏的《品格教育论》、侯晶晶的《关怀德育论》、周晓静的《课程德育论》,等等。

---

① 其东.一部情感教育的力作——《情感教育论纲》介绍[J].中国德育,2007(5).
② 马克思恩格斯全集(第2卷)[M].北京:人民出版社,1957:152.

如同情感教育思潮中一个个各具特色的流派,波光粼粼,熠熠生辉,应和着波澜壮阔的情感教育的主潮,开创教育的美好未来。

四、朱小蔓情感教育学说形成的内在肌理

当年梁漱溟在谈到蔡元培的"兼容并包"时说:蔡先生除了他意识到办大学需要兼容并包之外,更重要的乃在他天性上具有兼容并包的特点。意识到某种需要而去兼容并包,不免是人为的(伪的);天性上喜欢兼容并包才是自然的(真的),才是真器局,真度量。① 朱小蔓教授也有这样的体会:"所谓教育研究往往就是教育研究者本人价值倾向、关注重点、研究趣味,乃至自身生命的投射与绽现,也是个人生活与学术道路、轨迹的必然表达。"② 可以说,任何一种人文学科的学说主张,都是倡导者自身性格特别是自身情感、情操的外化,是他自身作为情感积淀的性格的副本,此即通常所言:"有其人,然后有其说。"

情感教育学说之出于朱小蔓教授,有其必然或天然的"因",这个因就是她的性格及其核心的情感世界。她说过:"情感可能是生命最内核的东西,它是最率真、最个性的品性,是极不易伪装的东西。可以设想用情感作为生命的一个重要标志。"③ 她以充沛、敏感、纯真、热烈、执着的情感,使得情感教育学说不仅是一系列概念的结合,不仅是以论文论著为载体的知识体系,更是浸透了她和她的合作群体的炽热情感的诗篇,是她"多年来胸中涌动的情思",是经她的赤子之心预热过的有温度的教育信仰,体现着她的以人为本的教育情怀。她说过:一个从事道德教育研究的学者需要有影响人的魅力。她就是这样一位富有人格魅力的学者。

鲁洁教授称赞:"她身上总有一种急公好义、热情待人理事的品质和劲头,有一种不做便罢,要做就要尽最大可能做好的心愿和执着。"④ 她做过三

---

① 陈平原,郑勇.追忆蔡元培[M].北京:中国广播电视出版社,1997:145.
② 朱小蔓.关注心灵成长的教育——道德与情感教育的哲思[M].北京:北京师范大学出版社,2012:自序.
③ 朱小蔓.育德是教育的灵魂,动情是德育的关键[J].教育研究,2000(4).
④ 朱小蔓.关注心灵成长的教育——道德与情感教育的哲思[M].北京:北京师范大学出版社,2012:序二.

十几年行政工作竟能俗尘不染,保持着学者的本色和天真,真是难能可贵!凡与她有过交往的人,几乎都会被她的亲切、坦荡、率真、平易、优雅,被她的似火热情,被她的情感、情操、情怀所感染,所鼓舞,都会在心灵深处获得感动,受到"磁化"。她曾阐述过"情怀"的源泉何在,就她个人而言,她出生于20世纪40年代后半期,作为一名"红二代",从小经历过革命家庭的氛围的熏陶、蓬勃向上的中小学教育、下乡插队时的纯朴的农村生活、工农兵大学生学员的欢欣以及后来正规的研究生阶段的学术训练,一段段不同凡响的履历如同一条条跳跃向前的小溪,为她的情感世界注入了清醇的活水,每每在她回忆往事之际如闸门打开,滋润着她的教育性格。多情的天性与多彩的生活体验让她拥有了一双"情感之眼","登山则情满于山,观海则意溢于海。"她坚信:不管天下局面怎么变,社会怎么变,有一种东西是永恒不变的,这就是几千年来人性中的最美好的善良、温暖、关心、同情、大家共在,这些最美好的东西是最真实、最朴素的,这就是赤子之心,它很单纯,没有任何功利目的,没有污染。失去这个东西,人的精神性、神性都无处附丽,"它们是我后来选择走上情感教育研究与实践之路的生活依托"①。

朱小蔓教授的教育情感,最突出地表现为对学生、对教育的大爱,表现为一种博大的全纳教育情怀。她与本来不相识的残疾青年侯晶晶相识、相知、终于结为师生关系的过程,就是一个感人的范例。侯晶晶回忆说:"初见朱小蔓先生,立即被她富于亲和力的、高雅的学者风范深深吸引。对于讲座内容,我这个门外汉虽然懵懵懂懂的,但是仍为朱老师丰富的讲座内容、深刻的思想、优雅的风采所折服。在自身体验之外,首次从学术角度感到教育学之神奇、教育事业之崇高,播下了我对于教育学产生学术兴趣的最初的种子,内心朦胧地掠过一个想法:希冀着将来能受教于朱老师,跟随她探索教育学的奥秘。"②这就是"善教者,使人继其志"。侯晶晶后来终于成了朱小蔓教授的博士生,成了"中国首位轮椅上的女博士",继而又成为第一个坐在轮椅上指导自己的学生完成博士学业的导师,这一过程堪称教育奇迹。朱小

---

① 王平.寓德于情,以爱育人——专访情感教育研究的开拓与实践者朱小蔓教授[J].教师教育研究,2014(3).
② 侯晶晶.公平而有质量的全纳研究生教育之个案研究——朱小蔓先生培养"中国首位轮椅上的女博士"之生命叙事[J].中国特殊教育,2018(5).

蔓教授对另一类特殊的教育对象——超常儿童同样给予关爱,当发现这些超常儿童身上常见的畸形优越感、人际关系上的孤独感等情绪障碍时,她呼吁高度重视超常儿童个性的健康发展[①]。她还常为西部失学、农村留守儿童潸然落泪。她喜欢艾青的名句:"为什么我的眼里常含泪水,因为我对这土地爱得深沉。"正是拥有这种对各种不同学生的博大的爱,朱小蔓教授能敏锐地发现学生成长中的欠缺,尤其是情感的欠缺,为之忧心、操心、尽心,一心思考解忧之道。

朱小蔓教授对师友、同行、同事的情感也很感人,她和他们不仅仅是工作性、学术性的交往,更是精神性、情感性的交往,超出了事务性和功利性,具有共建共享精神共同体的意义。她写过自己的导师鲁洁先生和季塔连科教授,写过中央教科所的老前辈董纯才、胡克英,写过苏霍姆林斯基,写过斯霞、李吉林、李庾南这样的名师,也写过她的学生、晚辈。例如她写她的学生李庆明:"我跟庆明是朋友,虽然我可能还没有庆明身上这种更为执着的、更为愿意奉献的、更愿自己亲身去做的这样一种品质。但是我跟庆明有相同的地方,就是我们都喜爱教育哲学,教育哲学给了我们要追求教育的理想,要批判现在不合理的教育现实,要执着地去批判,要执着地去建构,要执着地对理想做一点什么或者说要有教育的责任感。"[②]1995 年,山东省教科所副研究员张志勇出版了《情感教育论》,朱小蔓教授热情地为其撰写书评,给予很高评价,并在文末郑重推荐,"最后,我要重申:《情感教育论》是当代中国教育理论园地一本不可多得的研究性著作。凡欲涉及情感教育领域的人,都需要从这本书读起"[③]。这是多么博大的胸怀!

最令笔者感怀的是她写一位"布衣学者"的事。在南京师大刁培萼教授逝世两周年之际,她决心"为这位素朴无华、个性执着的老师,写一点回忆和感念,它不仅是表达两年来淤积于心的哀思,更是灵魂的作业"。这份"灵魂的作业"长达 1.5 万余字,全面系统地评析了刁教授一生的学术思想和精神遗产,条分缕析,鞭辟入里,满腔深情注于笔端,情理交融,感人至深。该文

[①] 朱小蔓.超常教育与情感发展[J].现代特殊教育,2002(12).
[②] 朱小蔓.教育哲学界非常难得的真正的一颗星[J].江苏教育,2003(18).
[③] 朱小蔓.《情感教育论》与情感教育理论建设[J].教育科学,1995(4).

最后写道:"以前辈老师为榜样,我不禁要省思和追问:真正的教育学精神是什么?如何看待教育哲学的效用和境界?难道不是像刁老师这般,其知识、方法、视野、情怀浑然天成而贯通宇宙人生吗?难道不是像刁老师那样自觉终生学习、教学相长、立人立己、达人达己吗?对比他们,我也时有莫名的愧疚和不安,有时也会扪心自问:时光飞逝,转瞬自己也年近70岁了,未来余生我能否做到像刁老师那样执着于事、纯净做学术?我能否做到只要一息尚存、志业所系、劳作不止?能否做到处变不惊,'每临大事有静气'?"[①]她是一位坚定的伦理乐观主义者,坚定地相信人,相信人的善良本性,总能出自内心地做到"斯世当以同怀视之"。她以一位女性所常有的善解人意的本能,使朋友们乐于向她敞开心扉,与她肝胆相照。她与许多世界著名学者结为学友,她在其中倾注了情感,也收获了情感。

她写道:在这些交往中,"我总能从对方那里获得在学术视野、教育问题的历史脉络、文化差异以及思维方式和方法论方面的不少启发,其中有许多东西,尤其是现场被触动的刹那间的感觉,是平日看书、查资料所无法获得的","一个生活中的人感受过程有时比结果更加重要。以对话'发现自己',以对话'联系别人',培育一种开放的、敏感的、积极的态度,诸如平等、友善、谦恭、欣赏、宽容、协商,且独立、勇敢、创造的人生态度和学术态度,在今天这个时代变得十分必要而紧迫"[②]。她正是这样善于体验,善于在高情感的交往中不断地为自己的情感世界注入圣洁之水。

朱小蔓教授的亲情之胸,亦堪称楷模。她是一个好女儿。她从她的革命家与教育家的父亲朱启銮先生和母亲杨坤一女士那儿,获得了优秀的性格遗传和革命家风的熏陶,她衷心感激父母润物无声的教育,在父亲去世之后配合父亲原单位编辑出版了《朱启銮画传》[③],与母亲一道在朱启銮塑像落成仪式上,深情地抚今追昔。她与在美国哈佛大学工作的弟弟朱小棣天各

---

① 朱小蔓."布衣知识分子"的教育人生——刁培萼先生学术思想和精神遗产[J].南京师大学报(社会科学版),2016(3).
② 朱小蔓.与世界著名教育学者对话:第一辑[M].北京:教育科学出版社,2014:前言.
③ 朱小棣,朱小蔓.朱启銮画传[M].北京:中国大百科全书出版社,2015.

第六章 朱小蔓:"任何时候都可以是生长的开始"

一方,亲若比邻,《朱小蔓与朱小棣跨洋对话——出国留学与教育"立人"》①一书,就是她与弟弟对中国当代留学教育的深层思考与深度交流,同时洋溢着温馨的姐弟之情。她与爱人吴志明先生伉俪情深,令人称羡。朱小蔓教授的情感教育世界中另一个重要方面,是洋溢于她学术生涯中的浓郁的人文精神。首先是她献身教育研究的精神以及从中获得的乐趣。她在俄罗斯教育科学院授予她外籍院士证书仪式上的祝词中说过:"关注人的生命中精神生活质量的研究旨趣和深邃的思想,一直是我以及我所带领的年轻学者们治教育学术、追求教育理想,并愿意将我们的全部心血贡献给教育科研事业的极为强大的,也是充满无限乐趣的动力和重要的认识基础。""我相信,在一种过于追逐物质财富、过于看重眼前事功的时代风尚里,我们会不断面对理想与现实之间的落差、困惑,甚至是剧烈的矛盾,只有把学习和做有意义的工作视为人生最高价值并体验到快乐时,人,才是真正幸福的。"②她写道:"把认识真理变成对真理的爱恋,变成欢乐之源,这是一种科学认知所带来的理智的爱。它具有永恒的、无尽的欢乐。"她引述过维纳在《人有人的用处》中的一段话:"老实说:艺术家、文学家和科学家所从事的创作,都是在受到一种不可抗拒的冲动所驱使的。即使,他们的工作得不到任何报酬,但他们还是付出代价去获得研究和创造这一工作的机会。"她写道:"我心中涌动着,那种尊严和乐趣相融合的令人心醉的体验","这种感受和体验,成了我不可抗拒的研究力量"。此外,她在学理层面追本穷源的探究精神,深入实践并从中吸取鲜活智慧的扎根精神,既咬定青山又与时俱进,既坚守初心又始终保持开放的研究态度,等等,都是作为一名优秀研究者所应具备的情感品质。她的研究过程和研究方法,也无不有真挚坦诚的情感相伴相随。

她写道:"主体之间的互相影响与位置置换在我们最近的研究中发现是完全可能的。我以我的心来体会当时你的心,从而走进你的世界。而这同时我们自己的情感境界也在悄然变化,体会到情感教育研究对自我提升的

---

① 朱小蔓,朱小棣.朱小蔓与朱小棣跨洋对话——出国留学与教育"立人"[M].南京:南京师范大学出版社,2014.
② 朱小蔓教授在授予仪式上的答词[J].国家教育行政学院学报,2005(1).

价值。"鲁洁老师称赞她"善于将生命经历转化为新知学习、转化为学术灵感与想象力的悟性、活力与自觉"[1]，保持开放的和不断进取的情怀。她说："情感教育研究是一个无止境的学术过程与生命过程。包括之前的情感概念、提问方式、命题等都可能在不断'重新建构'，借用福山最近在清华大学的演讲中的一句话：'要对世界的变化保持开放性，否则就无法做一个严肃的学者。'"她的行政工作一度繁重而琐碎，学术研究多在八小时之外完成，然而她不以为苦，甚至总是在寻找和享受一种美好的感觉，在艰苦的脑力劳动中享受游戏的感觉、游戏的愉悦和物我两忘的境地。她充满诗意地写道："我现在很沉醉和享受写作的感觉：……居然可以在键盘上选择词语，寻找着最能表达我的心声的句法，那种愉悦是无法替代的。喜欢读书学习、不断扩展新知的感觉与体验，我觉得是天底下最快乐的事情。"[2]与读书和写作相比，她特别喜欢深入学校和课堂，既不是"理论地做"，也不是"实践地做"，而是像古希腊人推崇的那样，以专注的热情、浪漫的情怀、有时近乎天真幼稚的任性，去"诗意地做"，产生散文诗般的思想和智慧。她写道："康德大师用'艺术'眼光看人类的'目的论'问题，主张以审美的情感体验与态度，以道德的意志精神进行认知与道德、理论与实践、理想与现实之间的沟通。这种解决问题的智慧、大趣味，那样令我向往，简直成了我愿意用全部生命去追求的一种'生活样式'。"[3]这是多么奇妙的情感体验啊！按照马斯洛的观点，这种奇妙的心理体验可遇而不可求，只在自我实现者心醉神迷的高峰时刻才会产生！

2015年底，《中国教师》记者孙建辉采访了朱小蔓教授，在"附记"中满怀深情地写道："到了朱老师家才知道，年近70岁的她，身体不适已有好长时间。在采访的过程中，她吃了一次药，数次持续地咳嗽，让我们于心不忍，心中自责。后来，朱老师告诉我们，近期她推掉了好多事，本也不便接受我们的采访，看到采访话题中有中国陶行知研究会的话题，才应允的。采访中，我们大部分时间是在静静听着，听着这位热忱、坦率、对教育怀着赤子之

---

[1] 朱小蔓.关注心灵成长的教育——道德与情感教育的哲思[M].北京：北京师范大学出版社,2012：序二.
[2] 王平.寓德于情，以爱育人——专访情感教育研究的开拓与实践者朱小蔓教授[J].教师教育研究,2014(3).
[3] 朱小蔓.小学素质教育实践：模式建构与理论反思[M].南京：南京师范大学出版社,1999：后记.

心的长者,时而动情,时而深思,时而忧虑地讲述着……不知不觉天已黑,两个多小时过去了。陶行知先生说过,'不要你的金,不要你的银,只要你的心'。这位把心全都给了教育的长者,让我们深刻地体会到教育在她心中的分量。用心做教育,用心做教师,这既是朱老师自己教育生涯的写照,也是对广大教师的期待。"

读这段实录,我倍感真实。2019年2月13日下午,我去朱小蔓教授家中拜望她,我们所见到情景亦是如此。朱小蔓教授不时地咳嗽,可是一谈及教育与教育研究,她竟能停住咳嗽,一如往常地侃侃而谈,毫无倦意。我们看到了她对教育与教育研究的一往深情,看到了这种珍贵情感蕴含的神奇力量,似乎一瞬间领悟到了情感教育学说从她这儿诞生的自然与必然。

朱小蔓,永远和崇高之美在一起[①]

成尚荣

朱小蔓老师很美,她永远和美丽在一起。道德的美好、学业的深厚、学术的纯粹、高尚的心灵,让她的人生永远美丽、永远闪亮,让我们永远怀念。

和朱小蔓老师认识比较早,接触也比较多,后来接触越来越多,因此,对她的美,感受也越来越多,也越来越深。她留在我记忆里,她以自己的美映射了审美的本质:崇高。

记得20世纪90年代末,我去江阴华士实验学校参加中央教科所基地的研讨会,朱小蔓老师时任所长,是会议的设计者和主持人。那天上楼时看到了墙上挂着一些教育家的照片,其中有苏霍姆林斯基,而旁边就是朱小蔓的一张肖像照。学校如此的设计和安排,意图很明显,我当然领悟到了,也深为赞同和感动。我在朱小蔓老师的照片前驻足了好几分钟,情不自禁地说了一声:"朱老师真美!"朱小蔓正好经过,她肯定是听到了,可她没有说任何一句话,只是微微笑了一下,便悄悄地走了过去。她真正的美,不仅在她的学术,在她的生命,在她的灵魂,还在默默之中。朱小蔓并未关注自己的美,但在不经意间已让人称羡不已。这便是庄子所言的"大智闲闲"。大智者,从不张扬,而是在默默之中,有从容的心态、谦逊的品格。

朱小蔓把整个生命献给了教育。她一生都在不懈探索并努力构筑理想的教育。也许她对教育的情怀是在她中小学时期就萌发、生长起来的。我曾参加过南京九中的校庆研讨会。作为著名校友,朱小蔓也参加了,我为她主持了报告会。那天她深情满怀,回忆在母校的生活,其中有老师的谆谆教

[①] 原文刊发于《中小学班主任》2020年第A1期,选入时有改动。作者成尚荣,江苏省教育科学研究院研究员,原国家督学,教育部基础教育课程改革专家委员会委员,教育部中小学教材审定委员会委员。

海,还有当年参加"小红花"的经历,讲得激情满怀,诸多细节令人动容。对母校的爱、对老师的爱,如清泉一样流淌。她爱母校、爱老师、爱教育,并把这种爱带到了大学,带到硕士学习生活中。她读南师大的教育专业,跟鲁洁老师读博士,留校当老师,这些,正是早年那颗钟爱教育种子的继续生长。她尤爱农村教育。2008年,朱小蔓担任联合国教科文组织国际农村教育研究与培训中心主任,她把关注的目光更多地投向农村,把关爱更多地给了农村,给了农村孩子。她既研究国际农村教育的发展走向,又研究中国农村教育的"以县为主"管理体制对国际农村教育的影响;将中国农村教育纳入世界格局,也让国际农村教育关注并借鉴中国农村教育发展的经验。宽广而又深沉的教育情怀让朱小蔓永远美丽。

朱小蔓把整个生命献给了学术研究。她的一生都在构建情感教育体系。她在读博士时,就以情感教育为研究方向,率先提出情感教育命题,足见她的学术敏感性和前瞻性,足见她对教育规律的准确把握,对学生发展时代特点的准确判断。

在我的记忆深处永存着一个特别的情景。

2015年11月下旬,第六届情感教育暨中陶会教育与情感文明专委会成立会议在南通市田家炳中学召开。会议有三个关键词:情感教育、生命教育、教师教育。会议着力研究情感教育与生命教育的内在关联,探索如何通过提高教师情感素养,构建良好的师生关系,从而达到教育教学活动呈现出情感教育、生命教育之相融相长的气象。朱小蔓主题报告的题目是"学校与人的情感文明:信念与方法",还有一个副标题:"以个人研究经历为线索的讲述"。报告以"信念的不断磨砺,方法的不断跟进——30年情感教育研究的基本心得"为中心,她激情澎湃而又从容地讲述着,把现场带到那个迢迢的研究历程中,让大家感受她的信念,学习她研究的方法。在她报告后,我好像是这么说的:"从朱小蔓老师的讲述中,我们仿佛看到一个学者在情感教育之路上的远行,蓝天白云下,行走得那么富有激情,那么坚定,一走就是30年。"她是一个学者,却并不孤独,她以真挚的情感带领我们,而我们永远陪伴着她。朱小蔓本身就是情感教育的精神和思想的符号,闪耀着情感文明的熠熠光彩。不懈的追求与高深的学术研究,贴着大地行走,让朱小蔓永远美丽。

朱小蔓把整个生命献给了学生。她的生命在学生情感脉管里流淌。王坤是朱小蔓的关门弟子。我在北京开会时，常与王坤因为教材问题联系。一天傍晚，我和王坤在北师大校园里散步，不知不觉地走进了教学大楼，在朱老师的办公室待了几十分钟。只见办公室里有一张躺椅，有暖水瓶，当然还有电脑，许多翻开的书……这里已成为王坤读书、思考、写论文的地方，朱老师的办公室成了学生的书房、写作室！房间虽然显得凌乱，但是仍是那么有读书味、学术气，那么温馨。相信王坤永远忘不了朱老师的办公室——自己的书房。爱生如子，她可能对自己的女儿陪伴不够，关心不够，好在子女理解她。正是教育学生成才，正是学生的发展，正是她的仁爱之心、道德情操、育人智慧，让朱小蔓永远美丽。

朱小蔓把整个生命献给了教材建设。她创造性地探索《道德与法治》教材的呈现方式。课改以后，朱小蔓领衔主编过小学《品德与生活》《品德与社会》以及初中《思想品德》教材，都获教育部审查通过。统编以后，她仍然被委任为初中《道德与法治》总主编。她几乎用上了所有的时间、全部的精力，她的弟子、参与编写的老师们都说，朱小蔓老师是拼着命在干，在无私地奉献，在燃烧自己。她牢牢把握立德树人这一根本任务，培育、践行社会主义核心价值观，坚守生活的逻辑，改变知识传授的体系，建基于学生的生活经验，让学生在真实、丰富的情景之中探索、体认；她将情感教育理念自然地渗透在教材中，用情感这一"燃料"点燃学生的学习动力，用情感呼唤道德，提出"有助于道德的知识"的学识概念，引导学生道德学习，帮助初中学生精神发育与生命生长。那时，我是审查组的组长，常与编写组一起讨论修改。有一次讨论修改时，朱小蔓老师突然哭起来，而且哭得响，哭的时间长，劝也没能劝住。她没有任何掩饰，没有任何顾忌。她为追求教材的完美而纠结，她为问题的破解还没有找到好办法而着急，编写过程中的一切酸甜苦辣刹那间都涌上了心头，她需要释放啊！我理解，我们都理解，因此没有再劝说她。今天，朱小蔓伤心的哭声还在我耳畔，还像当时，不，比当时还猛烈地撞击我们的心灵。朱小蔓为国家教材建设作出的贡献，让她永远美丽。

朱小蔓是教育家，她永远和教育在一起；她的思情和心灵，永远和学术在一起，永远和美在一起。她是美的化身，我们永远将她的美铭记心里，也让自己崇高起来。

第六章　朱小蔓："任何时候都可以是生长的开始"

跨越时空的爱①

侯晶晶

初识朱小蔓先生,是在 1997 年,那是我因医院误诊导致双腿瘫痪在家自学的第十年。当时,我即将完成全国高教自考本科学业,自行向两所高校写信咨询考研被婉言谢绝。苦闷之际,我通过亲戚有幸联系上时任南京师范大学副校长的朱小蔓先生。当年,轻度残疾者报考本科往往困难重重,更何况坐在轮椅上的我想申请跨省报考硕士生。朱小蔓先生百忙之中的关心使我摆脱了自行向其他高校咨询考研未果的困境,得以在她当时任教的南京师范大学获得了平等参加全国硕士生统一招生考试的机会。朱小蔓先生与我那时处于双重意义上的陌生关系中,无论在物理空间维度还是社会场域的空间维度,先生的爱都跨越了很大的距离。我们不仅是不同省份的从未谋面的个体,而且在陌生人伦理的意义上,残疾人与健全人在当时还是很陌生的两个群体。朱小蔓先生关心保障残疾青年考研之高层次公民权利的做法,代表了社会的前进方向。

1998 年,我有幸以考研总分第一的成绩获得了梦寐以求的社会身份——南京师范大学硕士研究生,从而"走"出家门,迈出全方位回归社会、服务社会的第一步。在外国语学院攻读硕士学位期间,我师从英语语言学专业翻译方向的著名学者吕俊先生。后有幸获准报考朱小蔓先生的博士生,于硕士毕业同年以教育哲学方向总分第一的成绩被南师大教育科学学院录取为博士生。所在学院及学校各部门的多位领导、老师、同学给予我很多关心,其中朱小蔓先生的关怀和带教对于我走出单调的私域空间,融入社

---

① 原文刊发于《中小学班主任》2020 年第 A1 期,选入时有改动。作者侯晶晶,南京师范大学教育科学学院教授,博士生导师。

会、服务社会具有前提作用。

初见朱小蔓先生，便强烈感受到她跨越学科空间的教育爱。当时，我在读硕士一年级。朱小蔓先生在三楼大教室面向全校学生开设情感教育讲座，我在校园里看到通知后去聆听，立即被她富于亲和力的、高雅的学者风范深深吸引。对于教育学讲座内容，我这个门外汉虽然懵懵懂懂的，但是仍为朱老师丰富的讲座内容、深刻的思想、优雅的风采所折服。在自身体验之外，首次从学术角度感到教育学之神奇、教育事业之崇高，播下了我对于教育学产生学术兴趣的种子，内心朦胧地掠过一个想法，希冀着将来能受教于朱老师，跟随她探索教育学的奥秘。

跟随朱小蔓先生攻读博士学位的过程中，我深切地感受到，先生在繁重的"双肩挑"工作中，对于授课、指导学生总是高度投入。先生不仅用心备课授课，尽力在课上帮我们拓展学术视野，而且每个月都给我们批阅指导读书笔记，提高了我们的学术思维能力。没有想到这样的近距离带教过程会在我博士一年级下学期突然改变。当先生奉命从南师大调至北京工作时，我这个转专业的学生在先生的悉心引领下对于教育学初得门墙而入。先生以高度的责任感远程关爱着我们这些在南京的学生，每次出差回到南京，一定忍着疲惫为我们面授指导，还使我们多次有机会受教于和她相熟的著名英国学者以及港台地区的学者。

先生离开熟悉的南京故里，异地开展新工作有诸多不易。我们各位弟子在谈及先生的关爱教导时，总是充满由衷的感恩之情，但先生却在一次访谈中对我说："你一年级还没有结束，我奉命调至北京，这件事情我总怀有歉意。"听到先生竟有这种自责之语，我在意外之余，再一次深深体会到先生在各个方面都怀有深切的责任感，深深体会到先生自我要求之严格。若干年后，我自己成为研究生导师，曾有一年在美国访学，那期间我借助白加黑指导法克服时差带来的不便，确保了二、三年级硕士生的学位论文较理想地完成。次年春天，德育所兼学位点领导在答辩会上对此表示赞赏。能在先生曾任首任所长的德育所传承先生的优秀教风，是我作为弟子的荣幸和使命。

难忘在我进行博士学位论文选题时，朱小蔓先生把中国教育研究置于全球教育的宏阔背景中，以精深的学术造诣、广阔的学术视角，结合我的学

第六章 朱小蔓:"任何时候都可以是生长的开始"

习需要、知识储备,智慧地运用"优势视角",推荐我研究当时处于国际教育前沿的关怀道德教育问题。该论域的重要文献当时几乎只有国外出版的英文版,我面临着"拙妇难为无米之炊"的问题。先生立刻请当时在美国访学即将结束的刘次林师兄施以援手,刘师兄回国时利用他宝贵的行李配额帮我背回沉甸甸的第一手研究资料,使我得以渡过获得核心文献的第一个难关,努力展开跨国别研究,为完成博士学位论文打下基础。我完成博士学位论文初稿后,由于非常担心朱小蔓先生术后的身体状况,根本不忍寄去初稿打扰导师。但导师放心不下,从医院亲自打来电话叮嘱我务必寄去初稿。蒙先生多次悉心赐教,我认真打磨拙文,后来我们师生将这篇学位论文中析出的单篇论文投给《教育研究》获得发表,并被《新华文摘》全文转载。

2004年5月底,先生在没有事先告诉我的情况下,乘火车从北京千里迢迢赶到南京,跨越空间阻隔,亲临我的学位论文答辩现场。先生始终恪守答辩程序的规则,保持缄默,但是她坚定的眼神和不时点头的认可,使我更能从容地去整理思路,应对校内外答辩委员们的各种提问,全票通过答辩。我毕业留校后,继续在先生帮我亲自选定的这个论域努力耕耘,投给国际道德教育学会两次年会的新文章被接受为年会专题报告论文。这也印证了先生当初选题的精准和恰当,说明不仅中国教育研究欢迎关怀道德教育理论这个视角,同时这个论域也需要来自中国的教育研究。

如果说朱小蔓先生积极主张我获得平等的权利报考南师大的硕士研究生,是在我和高校之间架设了桥梁,那么同意我报考她本人的博士生,则意味着如果我考上,她将付出更多的心血去探索性地带教一位坐在轮椅上的学生至少三年之久。后者对于朱老师是一个更为切己的决定。后来发现这也是关乎我国保障残疾人高等教育权利历史进程的一个重要决定,以之为起点,才使我2001年有机会考上朱小蔓先生的博士生,蒙先生三年悉心带教和其他一些领导老师共同关心,翻开了我国特殊高等教育新的一页。

朱小蔓先生的上述两次同意,是守护教育公平的创造性实践,对于我国研究生教育在融合教育方面和国际接轨具有相当重要的示范带动作用。2004年,即先生指导我攻读博士学位的第三年,我国进一步完善相关法律,制定出台《普通高等学校招生体检工作指导意见》,规定学业条件合格的残疾人可以报考研究生,为许多有志为学的残疾青年打开了学业精进的广阔空间,有力地促进了我国高等教育的公平与全纳化。朱小蔓先生与受益于特殊教育法规演进的众多残疾青年没有直接的生命时空交集,但是她的全纳教育探索无疑加速了该法规的出台,在许多青年人的成长关键期中,这不仅仅是时间早晚的问题,也往往影响他们生命的走向。

朱小蔓先生对于残、健学生的大爱,深深植根于她的"四有"教师高尚品质。她以坚韧的理想信念支撑融合教育探索,以高尚的道德情操增强师者正能量,以扎实的学识高水准发挥导师作用,以仁爱之心实践有教无类的树人理念。关于这一点,我在协助朱小蔓先生筹办2009年非洲14国妇女女童能力建设来华考察培训活动以及2014年"女学生教育质量与女性受教育权利国际研讨会"的全过程中,也有深刻的体会。先生生病期间,每次我在她家中、在医院、在疗养院向她汇报我的教学情况时,她对于德育所和学院的学生们总有一份深深的关切。教育关怀问题也是先生内心深处一直牵挂的。2020年仲春,我在她家里向她汇报网课中我们对此问题的研讨学习,当时言语已经困难的朱老师注视着我,缓慢而清晰地对我说"这很重要"。

恩师朱小蔓先生用她光辉的一生把深挚的教育爱留在人间。她浸润在半个世纪教育实践中的大爱一定会长久地产生跨越时空的润泽化育的作用。

第六章　朱小蔓："任何时候都可以是生长的开始"

情感教育的力量①

高军玉

美丽、优雅、充满智慧的朱小蔓先生让我更加真实地感受到了情感教育的力量，这力量可以体现和捕捉，可以传达和影响；这力量不仅体现在先生一辈子追寻和呐喊的学术中，也体现在被学术影响和改变了的人群、学校中。

庆幸，我曾感受并追随。

初见：美而善的情感力量

第一次见到朱小蔓先生是因为参与浙江教育出版社组织的《品德与生活》教材编写研讨会。那天参加会议的人很多，不乏国内德育研究领域的专家学者。其中有一位举止优雅的女士，始终笑意盈盈，别人告诉我，她就是朱小蔓。

那年我刚30岁出头，第一次参与这样的教材编写讨论会。我以为自己是来向专家学习并领取编写工作任务的，没想到讨论没多久，朱小蔓先生说要请在场的一线教师也谈谈自己的想法和意见。

内心一阵打鼓后，我选择分享学生对当下小学德育课程的学习态度和我所在学校如何对德育课程进行改造和创新。我当时发言的大致内容是，原先的小学德育课程的成人说教味太浓，榜样人物跟学生相隔年代太远，学生学会了说道理，却处理不了现实的问题。特别是教材的内容设置基本是

---

① 原文发表于《福建教育》2020年第34期，选入时有改动。作者高军玉，杭州市余杭区禹航实验学校教师，浙江省特级教师，正高级教师，小学《道德与法治》(人民教育出版社)以及《品德与生活》(浙江教育出版社)教材核心作者。

成人视角,对学生怎么想、要什么,缺少真实的了解,所以学生学习德育课程难真信,更难动情,希望教材编写者多听听学生是怎么想的。之后,我还"不知天高地厚"地开始向各位专家介绍起自己学校设计的德育课程,比如"六年走遍杭城的春秋游设计""我爱学校的N个理由"的系列展示活动,并表示这样的课程设计才更有效、学生更喜欢。

我讲完后,会场一阵安静,随后传来朱小蔓先生亲切鼓励的声音,她说:"杭州有这样的校长,有这样的一线老师,我们的教材编写就会有灵气,有生命力。这次德育课程改革有两个突出的特点:一是品德培养回归生活,关注儿童现实生活质量;二是教材的呈现方式要引导儿童的自主探索性学习……"这时,时任教材执行主编的王健敏博士和执行副主编林莉博士听后都向我投来鼓励的目光。瞬间,我有了一种被专家肯定和鼓励了的幸福感。原来,一线教师的实践经验和感受也是如此重要,我们的声音在专家眼中也如此有价值。朱小蔓先生用柔而美的声音继续鼓励着,我被暖暖的善意包围着。那时,孤陋寡闻的我尚不知道朱小蔓先生的研究领域是情感教育,我只是远远瞥见她,看她的笑容,在听她说话的过程中感受到一种美而善的情感力量,这力量能凝聚人、能鼓舞人、能吸引人。

再寻:教育著作的理性指导

当美好被发现,人就愿意追随这美好。情感的力量促使我开始有意无意地搜寻并阅读朱小蔓先生的著作。如下是我当年断断续续读完《情感教育论纲》后记下的部分文字。

本书的第一章剖析了现代教育失落情感层面的原因,其中让我感觉到比较有意思的是,情感教育的难题几乎是世界性的难题。写到这里,忽然想到了马加爵,如果教育除了关注分数和竞赛成绩,还能关注内心的情感,有一些悲剧是否就可以避免发生?因此,"我们并不追求某种情感教育的实体性存在"[1],但情感的确是不能忽视的教育层面。

---

[1] 朱小蔓.情感教育论纲[M].北京:人民出版社,2007:15.

第六章 朱小蔓:"任何时候都可以是生长的开始"

在阅读第七章《当代与情感教育有关的几种教育模式》时,我重点连线阅读了尼尔的《夏山学校》,其中基于情感而进行的教育研究能给人不少启发。首先,是孩子的培养目标认识问题。"我情愿看到学校教出个快乐的清洁工,也不愿看到它培养出一个神经不正常的学者。"①然后,是孩子的教育引导方法问题。尼尔先生种的土豆被连根拔起,他感到非常气恼,但"这种气恼和专制者的气恼有很大区别,我只是为了土豆本身而气恼,而不像专制者那样认为这是一个涉及是非的道德问题。"②与此同时,尼尔先生会在每周二的晚上,给十二岁以上的小孩进行"心理学"谈话,"我的讲题有:自卑感、偷窃心理学、强盗心理学、幽默心理学、人为什么会成为道德家、手淫、群众心理学。很显然,当他们踏入社会时,他们已经对自己和他人有了相当广泛的认识"。③

联想到前几年《窗边的小豆豆》一书在中国教育界的风靡,对照国内"行走学校"所试行的对问题孩子的惩戒,忽然感觉:情感教育在我们周围依然缺失,惩戒和恨教育不出充满爱的孩子。正如尼尔说的:"和孩子打交道,我们一定要深入运用心理学,找出他行为的深层动机。"④

每一所学校都不可避免地会有一些问题学生、特殊学生,如果教育要实现全面的爱的关怀,情感教育是不可缺失的重要的润滑剂。感谢朱小蔓教授涉足了这一领域,而且从哲学、伦理、认知等方面给我们认识情感教育搭了一个很好的认识框架。我想,朱小蔓教授这种敢于尝试攻克难关、甘于寂寞、以苦为乐、乐而不疲的科学研究精神,应该也是我们这些教育工作者所要学习的吧!

回望这些文字,我想一定有许许多多人像我这样受到情感力量的感召,跟着朱小蔓先生的著作学习、探索、实践情感教育。

---

① A.S. 尼尔.夏山学校[M].海口:南海出版公司,2006:4.
② A.S. 尼尔.夏山学校[M].海口:南海出版公司,2006:7.
③ A.S. 尼尔.夏山学校[M].海口:南海出版公司,2006:9.
④ A.S. 尼尔.夏山学校[M].海口:南海出版公司,2006:187.

回望：人格成就的卓然高度

后来，因为有浙教版《品德与生活》教材的编写经验，我又很荣幸地参与了教育部组织的统编小学《道德与法治》教材的编写。当我多年多次往返于南京师范大学和杭州之后，我知道了默默滋养我学术成长的南京师范大学道德教育研究所的首任所长就是朱小蔓先生；当我被南京师范大学孙彩平教授推荐，在"杏林讲坛"进行教材使用的公益演讲后，发现朱小蔓先生曾担任《中国德育》杂志社社长兼主编；当我惊闻先生千古，再一次翻阅先生赠送我的那本著作《关注心灵成长的教育——道德与情感教育的哲思》时，发现先生的思想与当年的阅读早已滋养在我自己的教育生命中，浸润在学校办学、教材编写乃至自己的职业生涯规划中。

"教师的心灵关怀会引起留守儿童精神世界产生这样一个层级性的发展变化过程：闭锁心扉的打开——尊重感、平等感的获得——感受到生活的乐趣和希望。"①"我一直相信高等教育中的师生亲密关系应该是有深刻的思想性、精神性的。希望我们之间的交流，包括做事都与双方个人生活产生某种新的联接，个人可以从中获得'意义'。"②读着这些我画了横线的句子，换掉"留守儿童""高等教育中的师生"等名词，先生不就是用这样的方法和原则跟我们全国各地的一线教师交往的吗？

我记得有一次，她在王健敏博士的陪同下，跑了很远的路程，来到我新创办的学校看我。我很兴奋地陪他们参观了校园，因为我们学校的校园设计和学校教育活动开展都力图体现出情感教育的思想。如，学校是一个大综合体，这样能够帮助儿童实现更好更多的交流；学校教室的四面都是软包，可以随时刷新、呈现更多儿童的学习成果，留下儿童成长的足迹，给每一个儿童更充分的自信心；学校不同年级的洗手台和书包柜的高度都不相同，这是采集了当下各年级学生的身高进行平均计算后设计的；学校把最大、最

---

① 朱小蔓.关注心灵成长的教育——道德与情感教育的哲思[M].北京:北京师范大学出版集团,2012:109.
② 朱小蔓.关注心灵成长的教育——道德与情感教育的哲思[M].北京:北京师范大学出版集团,2012:576.

方正、最朝阳的空间都留给学生,行政管理人员的办公室安排在相对狭小而偏暗的地方,这也体现了"以学生为中心"的关怀理念。当我介绍到学校根据谐音设立的"528 吾爱吧"亲情节时,如有培育儿童情感关怀的"鱼爸鱼妈评选"、有帮助儿童交往的"伙伴节",有"我替老师把课上"的尊师教育等,朱小蔓先生都不停地微笑颔首赞许。第二天,恰逢她要在我也参与的杭州市名师培养班开设师德培训讲座,她阐述着情感教育的思想,同时热情洋溢地介绍和鼓励了我校的亲情教育。望着台上她那温暖而亲切的笑脸,我的心情比第一次见面受到的夸赞更多了一些兴奋,因为我终于不仅把情感教育的理论学习用在教材编写上,而且开始尝试践行在学校的管理中。

培训结束,朱小蔓先生把带在身边的这本《关注心灵成长的——教育道德与情感教育的哲思》一书赠给我,更令我惊喜的是,书上还留下了她娟秀美好的字迹:"军玉校长指正,朱小蔓,二〇一三年七月六日于杭州。"

我感动得不知道该说什么,只是不停地表示感谢,沉浸在幸福中。现在回想起来,无论是先生来学校,还是当时赠书于我,我都应该争取和她留下一张宝贵的合影以作纪念。但当时的我,彻底被她那种看不见的魅力所吸引,我只想向她汇报我们的行动,想告诉她情感教育是有效的并且真正能让教育和学校更美好,想多听她对我们的指导,想多看她温暖的笑容。如果说情感是一种看不见的力量,那朱小蔓先生的一颦一笑、一言一行都似有一种神奇的力量,吸引我去追随、去表达,去像她那样行动,去让教育变得更加美好。

当时我觉得只要我还在德育研究的道路上行走,总有机会再见到朱小蔓先生,那时,我一定要申请与她合张影。可惜,后来却传来她乘鹤西去的消息。为了表达自己的哀悼,我在朋友圈里发了文,没想到当时学校的总设计师吴奋奋老师在我的朋友圈留言:"几年前,我在北师大见到朱小蔓先生,她说'我去高军玉的学校,高军玉特意强调,她的学校是你设计的',她(朱小蔓先生)真是中国极少有的,对教育装备敏感的教育理论家。"

我又一次被感动,我没想到这么多年过去,她依然记得我这样一位普通的教材作者和小学校长,而且如此全面细微地关注着每一个教育细节。她说:"我素以为,所谓教育研究往往就是教育研究者本人价值倾向、关注重点、研究趣味,乃至自身生命的投射与绽现,也是个人生活与学术道路、轨迹的必然表达。"①

如是,我何其幸运,如此深切地感受到了朱小蔓先生的研究成果,并且有机会继续学习、研究和实践。

落笔至此,我又看到了书中朱小蔓先生的微笑的照片,她一如既往的美丽,而且仿佛会永恒地这样微笑着。

---

① 朱小蔓.关注心灵成长的教育——道德与情感教育的哲思[M].北京:北京师范大学出版集团,2012:1.

第七章
李吉林:"我,长大的儿童"

> 诗人是令人敬慕的。其实,老师也在用心写诗,而且写着人们最关注的明天的诗——不过,那不是写在稿纸上,而是写在儿童的心田上。
>
> ——李吉林

教育家小传·李吉林

李吉林(1938—2019),江苏南通人,1953年就读于南通女子师范学校,1956年毕业后,终身任教于南通师范学校第二附属小学。先后担任中国教育学会副会长兼学术委员会副主任,中国教育学会小学语文教学专业委员会副理事长兼学术委员会主任,教育部中小学语文教材审查委员,江苏情境教育研究所所长等职,荣获全国"三八红旗手"、全国先进工作者、全国教书育人楷模等荣誉表彰。

她是情境教育的创始人。1978年,她从语文学科的改革实验开始构思,首先从中国传统文化"意境说"得到启发,萌发出通过生动、形象的载体和教育方法激发儿童学习兴趣,进而培养儿童学习创造性、道德情感等思路和方法,归纳提炼出"真、美、情、思"四大元素,并以马克思主义关于人的全面发展理论为根基,吸纳融合国内外前沿教育学、心理学、脑科学方面的理论,创造性地建构了"情境教学——情境教育——情境课程——情境学习"一整套具有中国特色的儿童情境学习范式,提出了一系列自己独特的教育主张。李吉林历经40多年探索,构建了具有民族文化特色和时代气息的情境教育的理论体系与操作体系,为儿童快乐高效学习、全面发展开辟出了一条有效路径,成为我国实施素质教育的一面旗帜。

她先后出版《情境教学的实验与研究》、《情境教育的诗篇》、《李吉林文集》(八卷本)、《情境教育三部曲》等专著30多部,发表论文350余篇,"儿童情境学习范式"丛书英文版由世界著名学术出版机构斯普林格出版社向全球发行。"情境教育实践探索与理论研究"曾先后获全国教育科学研究优秀成果奖四个一等奖;2014年,获首届国家级基础教育教学成果特等奖。情境教育研究被赞誉是"回应世界教育改革的中国声音"。

从小学教师到大教育家：
李吉林的成长之路及启示[①]

王毓珣　刘丽淼

从教育家个体成长史的视域分析，每位教育家的成长历程既潜隐普遍性的同，又存在着特殊性的异。从小学教师里走出来的教育家李吉林，坚守小学教育61年，坚持情境教育实验41年，把小学变成自己"学思行著"的大学，不仅创造了情境教育学派，而且成长为大教育家。

一、准备阶段（1938年—1956年）

李吉林出生于江苏南通一个贫寒的家庭。在其依稀的记忆里，她父亲是个凭给人看金银成色养家糊口的人，对其影响明显：一是戏迷父亲自幼熏陶其对艺术朦朦胧胧的爱；二是在她5岁、父亲去世时留下的遗嘱："吉儿天资聪敏，是天赐给我们的女儿，无论多穷多难，要给孩子……上……上学……"[②]相对而言，母亲对其一生的影响更大。李吉林回忆："母女相依为命，在艰难的生活中挣扎，可母亲还是想方设法让我上了学。母亲在困境中挺直腰板，竭力承担家庭重压的坚强也深深地影响着我。"[③]可母亲对她的教育既有身教，又有富有特色的谚语式家教。这种谚语式家教是中国家庭教育的一大特色。在逆境中，母亲的"人穷志不穷"使其矢志不渝，"天无绝人之路"使其顽强前行，"不教自成人"使其终身向学，"人往高处走，水往低处

[①] 原文刊发于《教育史研究》2021年第3期，选入时有改动。作者王毓珣，天津市教育科学研究院研究员，中国教育学会教育理论刊物分会副理事长；刘丽淼，天津师范大学教育学部硕士研究生。
[②] 李吉林.李吉林与情境教育[M].北京：北京师范大学出版社，2019：3.
[③] 同②.

流"使其拾级而上……①在中国教育史上,自幼丧父的教育家有孔子、孟子、王充、陶行知、吴贻芳等,体现了"逆境出教育家"的规律。其实,"逆境与顺境均能成就教育家。这是因为环境只为教育家发展提供了一定的条件,教育家要善于巧妙地利用环境,并将其转化为正向发展的动力"②。在孤儿寡母之逆境中,伟大的母爱能够转化为子女博大的爱。李吉林的童年生活是艰难的,这本为不幸,但是李吉林却把这种不幸化作坚强意志、培养想象之幸。正如李吉林的回忆:"造物主是公正的,它把想象的翅膀不分贫富贵贱,同样赋予了穷孩子。话得说回来,冷漠的现实也催逼着穷孩子快快长大。"③

一个人的发展是与其生活的环境、所处的时代密切相关的。李吉林出生时的中国已经进入全面抗战时期,南通也已沦陷。因此,自幼就耳闻目睹日本人暴行的李吉林,逐渐萌生了发自内心的爱国志,以及终身践履的爱国行。这与没有沦陷区亲身体验的其他教育家相比是迥乎不同的。

一方水土养一方人。江苏南通,地处长江下游,与上海隔江相望,濒临东海。独特的地理环境与交通优势,不仅逐渐形成包容会通的南通文化,而且造就了崇文重教的教育氛围。早在北宋时期,南通人胡瑗创造苏湖教法,强调"致天下之治者在人才,成天下之才者在教化,教化之所本者在学校"。1894年状元出身的张謇,不仅于1902年在南通创办了中国第一所私立师范学校通州师范学校,而且于1905年创办通州公立女子学校,1906年11月,改称"通州公立女子师范学校"。该校设有四年制师范本科和初、高两等附属小学。谁也想不到,李吉林的教育一生竟与这所学校结缘。这种尊师重教的文化积淀形成了南通特有的教育水土:"全国教育看江苏,江苏教育看南通。"李吉林回忆:"南通这座江滨小城,文化的积淀比较深厚,是个人文荟萃的地方。这对在南通土生土长的我来说,是一种文化的熏陶,尤其是我所就读的南通女子师范学校,更培养了我终身从教的志向,以及可以满足孩子需求的各方面的才能,为我进行情境教育的实验打下了必要的基础。"④

---

① 李吉林.李吉林与情境教育[M].北京:北京师范大学出版社,2019:3,36-37.
② 王毓珣,王颖.教育家与环境[J].教育学术月刊,2013(9).
③ 李吉林.我,长大的儿童[J].人民教育,2003(17).
④ 李吉林.李吉林文集(第8卷)[M].北京:人民教育出版社,2013:44.

第七章 李吉林:"我,长大的儿童"

一个人的成长往往与其出生地相关,还往往会打上祖籍烙印。李吉林的祖籍镇江,人文荟萃,文化底蕴深厚,马相伯、柳诒徵、李公朴、茅以升、戴伯韬、吕叔湘、匡亚明、华罗庚等均为镇江人。在基础教育界,镇江籍的三位教育家于漪、李吉林、洪宗礼是新中国教育家成长的典范①。生于镇江的刘勰在《文心雕龙》中提出的"意境说"给李吉林研究情境教育带来了灵感。每个人的发展都或多或少地受到关键事件的影响。李吉林上到小学五年级时,母亲再也无法供其读书,"母亲求亲戚、拜熟人,梦想能找到帮助我们的热心人,可得到的却是失望和更大的悲哀"②。困厄常与幸运相伴。1949年正月初五,南通解放,本该辍学的李吉林"靠着人民政府的救济和学校给予的人民助学金,上了中学"③。难以想象,假如没有南通解放,李吉林的一生会是怎样?但有一点是肯定的,她不可能成为一名教师,更不可能成长为教育家。李吉林后来称:"正月初五,南通的解放日是我心中的感恩节。"④可见,一名教育家的成长是与其生活的社会、所处的时代密切相关的。南通解放这一关键事件给李吉林带来的是幸运。

1953年,家境贫寒的李吉林以优异的成绩从初中毕业,考取了南通女子师范学校。南通女子师范学校这一历史名校底蕴深厚,名师荟萃,校风淳厚,师生融洽,活动丰富,生活多彩,因材施教,循循善诱……特别重视历练未来教师必备之实际能力。在南通女师三年中,李吉林沉浸于各科学习,门门全优;成为排球队队员,被评为二级运动员;参加文学组,奠定创作之基;担任班合唱指挥,摘得优秀指挥奖;贪婪练琴,走向多才多艺……直到2019年李吉林在回忆自己这段难以忘怀的女子师范生活时仍心存感激:"三年的师范教育,许多的情景难以忘怀。作为行者,那是起跑前的历练。回首往事,那是一首充满活力的、影响我人生的'青春之歌'。"⑤事实证明,南通女子师范学校的教师教育是成功的。李吉林在此不仅树立了终身从教之志、爱

---

① 裴伟,朱洪祥,等.文化寻根 精神还乡——"于漪李吉林洪宗礼教育实践与教育家成长座谈会"综述[J].镇江高专学报,2015(3).
② 李吉林.李吉林与情境教育[M].北京:北京师范大学出版社,2019:5.
③ 同②。
④ 李吉林.情境教育理论探究与实践创新[M].北京:北京师范大学出版社,2019:342.
⑤ 同④。

满天下之德,而且习得了教书育人之艺,奠定了终生的为师之基。贫困磨炼其坚强意志,贫寒历练其担当精神,逆境使其成为生命强者,解放教会其懂得感恩,师范奠定其为师之基。

二、成长阶段(1956年—1966年)

1956年夏,李吉林这只教育的雏鹰以22门功课全优的成绩从南通女子师范学校毕业。站在人生的十字路口,她面临两难的抉择,最后为了含辛茹苦的母亲,在上大学深造与去小学工作之间,李吉林不得不放弃接受高等教育的机会,选择了小学。眼睁睁看着同学们纷纷走进大学的李吉林,没有怨天尤人,更没有沉沦,而是把小学变成了自己的大学,在边教边学中奋力前行。

人无志不立。李吉林的从教志向是在南通女师立下的,挣钱养家虽是其为师的目的之一,但不是唯一目的。正如她后来所言:"当然,挣钱绝不是我生活的目的。我虽不敢有远大的抱负,但心里一直对自己说:当老师就得当好老师,当孩子喜欢的老师。"[①]这一朴素而平凡的教育志向竟令李吉林在小学教师岗位上一干就是61年,并逐渐成长为令人景仰的教育家。立志易,而达志难。这是因为立志往往出自一念之想,而达志却需要坚强的意志。家境的贫寒,父亲的早逝,母亲的坚韧,使李吉林自幼就拥有了坚毅的意志品质。这一意志品质使其无论在顺境中还是在逆境里,均能够顽强地生存、成长、发展。

1956年初秋,李吉林到南通女师第一附属小学任教。她受教于张謇创办的南通女子师范学校3年,从教于张謇创立的南通女师附属小学(1958年更名为南通师范学校第二附属小学)61年,李吉林在物理空间上与我国近代著名教育家张謇创办的学校存在高度的重合性,只不过张謇的贡献在创办学校,而李吉林的贡献在服务学校。幸运的李吉林遇到了缪镜心校长,缪校长看到李吉林的优异成绩非常高兴,直接安排其到六年级四班任班主任,

---

① 李吉林.李吉林与情境教育[M].北京:北京师范大学出版社,2019:6.

第七章 李吉林:"我,长大的儿童"

教语文与音乐。李吉林的教育生涯开始与小学语文紧密地连在一起。人生的命运常在偶然与必然当中穿插而行,偶然中存在必然,必然中存在偶然。也正是在偶然与必然中,李吉林走上了小学语文教学之路。

打开任何一本教育家的传记,每位教育家都有过自己的青葱岁月。初出茅庐的李吉林从教之路也并非一帆风顺。面对教室里生龙活虎的孩子,李吉林常常手足无措。正如其回忆所言,刚刚启程,步履维艰,她感到十分狼狈,想到在大学里读书的同学,心里难受至极。① 然而眼泪只能宣泄情绪,但不可能改变一个人的命运。命运的改变,一靠主体内在努力,二靠客体外在帮助。在主体内在努力方面,李吉林作为女性的自尊与自幼形成的强大耐挫力发挥了极其重要的作用。她干脆把行李搬进学校,早起晚睡,把课备得更充分,把课上得更有趣,在课间则和学生打成一片。这时在南通女师习得的多才多艺有了用武之地,凭借这些她逐渐转变了师生关系。教然后知困。在做好本职工作之余,李吉林借来了大学中文系教材开启了自修生活:每天坚持三个小时的读书学习……在客体外在帮助方面,初遇从教挫折的李吉林得到了缪镜心校长的及时帮助,缪校长一方面派老教师对其传帮带,另一方面亲自深入班里听课,给予鼓励与指点:不仅称赞她的课上得好,而且还称其是当老师的好苗子,只要努力肯定能够成功。在新任教师的关键期,缪校长的肯定既是对其职业素养的肯定,又是对其职业发展前途的首肯,还是对其成长之路的激励。为了促进李吉林快速发展,缪校长还让李吉林为师范实习生上公开课,请南通教育局局长、江苏省教育厅厅长听李吉林的课。教育家在成长之路上常常需要得到贵人的指点、帮助与提携。缪校长就是李吉林在新任教师时期遇到的第一个贵人。从此,李吉林暗暗顺应了优势积累规律,快速成长。所谓优势累积规律,就是"当某些个人或团体一再获得有利条件和奖励时,优势就累积起来。这些有利条件和奖励使获得者越来越快地成长,相反地却使未能获得者(相对地说)越来越贫乏"②。

---

① 李吉林.李吉林与情境教育[M].北京:北京师范大学出版社,2019:6.
② 哈里特·朱克曼.科学界的精英——美国的诺贝尔奖奖金获得者[M].周叶谦,冯世则,译.北京:科学出版社,1979:85-86.

后来，李吉林回忆："校长越是培养我，我越是努力地工作。"①而李吉林越努力工作，校长就越培养她，李吉林因此得到的发展机会就越多、越好。功夫不负有心人。在那年的升学作文《我的班主任》中，初为人师的李吉林竟成为许多同学笔下的偶像。李吉林在晚年回忆这段经历时心存感激："我现在可以骄傲地说，我的大学在小学！"②

1958年，李吉林的"好运"接踵而至：代表南通到省里参加排球比赛，被国家跳伞队相中；在市里因表演《采茶扑蝶》被市歌舞团看好；因教学出色，被一所中学选中……从省里打完排球比赛回来，李吉林的人事关系竟然已经被调走了。这对许多小学教师来说是天大的好事，可是在李吉林眼里却是坏事。为了能够继续当一名小学教师，她在家里哭着不肯吃饭。万般无奈，她母亲不得不跑到市委宣传部求人助其重返小学讲台。陶行知在1924年3月15日写过一首诗《自勉并勉同志》："人生天地间，各自有禀赋。为一大事来，做一大事去。多少白发翁，蹉跎悔歧路。寄语少年人，莫将少年误。"③在人生的这个十字路口，李吉林坚定地选择了小学，正是这一选择使李吉林与小学教育续缘，并有机会在未来创造情境教育学派。

刚刚教书两年就崭露头角的李吉林接到市教育局的通知，省教育厅请她到南京参加小学语文教学参考书的编写工作。这对李吉林的快速成长可谓是难得的机遇。机遇，人人都能碰到，但是只有有准备的人，才能抓住机遇，乘势而上。在南京编教参的日子里，她一方面向这些专家、学者和教师积极虚心请教，另一方面主动向他们借来了相关专业书籍，利用休息时间如饥似渴地学习。她回忆："我没有闲情去逛街，每天晚上和星期天都在房间里读书，连看电影都怕浪费时间。"④这次机遇为其后来开展情境教育研究打下一定的理论基础，丰富了人脉资源，得到时任江苏教育厅厅长吴天石的赏识。1962年，在全省小学语文教学座谈会上，吴天石对李吉林的发言大加

---

① 李吉林.情境教育理论探究与实践创新[M].北京：北京师范大学出版社，2019：344.
② 李吉林.李吉林与情境教育[M].北京：北京师范大学出版社，2019：8.
③ 江苏省陶行知教育思想研究会，南京晓庄师范陶行知研究室合编.陶行知文集[M].南京：江苏人民出版社，1981：158.
④ 同②。

赞赏,还特意安排《江苏教育》编辑向其约稿。后来,吴厅长还特地嘱咐南通市委书记要对李吉林好好培养,这最终促成一个专家工作组专门对李吉林进行长达一个学期的蹲点培养。工作组到校后,深入班级,天天听课,课课点评,事事检查,处处指点……李吉林积极配合,放弃假日,开起夜车,虚心学习,乐在其中。这最终使李吉林迅速成长,"教学水平、教学艺术都得到明显的提高,并日渐娴熟"[①]。在工作组的精心指导和自身的持续努力下,李吉林从成长走向了成熟,并逐渐成为江苏省小有名气的小学语文教师。吴天石成为李吉林在教育家成长之路上遇到的第二位关键人物。

三、曲折阶段(1966年—1976年)

教育家个体成长史是与其所处的时代及环境紧密相连的。正当李吉林在小语教学之路上踌躇满志、不断前行的时候,"文革"不期而至。年仅28岁的李吉林一下子跌入深渊,不得不离开了自己心爱的讲台。为了保护自己、躲避灾难,她不得不把凝结自己心血的日记本、备课笔记等化为灰烬。李吉林遇到了从教以来最大的挫折,内心陷入了极度的苦闷与彷徨之中。任何一位教育家在其成长过程中几乎都会遇到挫折,只不过挫折各不相同、大小不一罢了。

为了打发日子,李吉林学起了裁剪、缝纫,并逐渐滋生了一种颓废的情绪。这是一帆风顺的人突遇逆境极易产生的一种心理现象。只不过有的人因此走向沉沦:一蹶不振,销声匿迹,走向倒退,陷入颓废;有的人则走向奋发:困而益坚,矢志不渝,愈挫愈奋,韬光养晦。幸运的是,李吉林迅速发现自己走向沉沦的问题,在沉沦与奋发之间,她毅然走向奋发,重新拾起书本,以书籍支撑起自己强大的精神世界。这时,高尔基《童年》中的"我很小的时候就已经了解,人是在不断反抗周围环境中成长起来的"[②]在黑暗中点亮其生命的灯火;鲁迅先生的杂文使其微笑着走向生活,无论生活如何对待她:

---

① 李吉林.情境教育理论探究与实践创新[M].北京:北京师范大学出版社,2019:345.
② 李吉林.李吉林与情境教育[M].北京:北京师范大学出版社,2019:9.

被下放到乡下的钟秀小学去"改造世界观",她力争做一名优秀乡村女教师;有机会重返南通师范二附小,她"用我的工作、我的言行告诉世人,女性即使在逆境中也依然是强者"①。

1973年,李吉林又得到了难得的上公开课的机会,她全力以赴,认真备课,课上得非常成功。她用事实告诉人们:李吉林是好样的!逆境摧不毁她!困难压不倒她!李吉林如此,霍懋征、斯霞、于漪也如此。女教育家以其特有的性别特质,"在曲折坎坷的人生中始终表现出坚强的性格和顽强的意志……在风云动荡的年代始终具有勇敢的挑战精神和对教育的创新自觉"②等,用心血谱写壮丽的女教育家史诗。

回忆这段过往经历,李吉林颇有感慨,作为女性,"家庭中的多种角色加在一起的责任和负担足够一个女人承受的,这时需要的就是意志。我的个人经历告诉我,情感会产生信念,会转化成意志……意志使我体验到作为人的一种力量。我觉得意志会使情感持续、稳定、强化"③。在这段文字中,她把心理学上孤立的词汇联系起来,全面论述了人的信念、情感与意志等心理现象之间交互影响、辩证统一的复杂关系。正是凭借自幼养成的顽强意志力、南通女子师范树立的坚定教育信念,以及从教后对孩子、对小学教育的情有独钟,李吉林才在韬光养晦中挺过了难关,迎来了彩霞满天。

四、发展阶段(1976年—1989年)

风雨过后终见彩虹。1978年10月,教育部、国家计划委员会颁发了《关于评选特级教师的暂行规定》,在全国拉开了评选特级教师的序幕。已至不惑之年的李吉林荣幸地成为江苏省18位特级教师中的一员。12月18—22日,党的十一届三中全会召开,改革开放的大幕徐徐拉开,教育的春天翩然而至。

李吉林敏锐地觉察到即将到来的教育改革的热潮,面对人民教育出版

---

① 李吉林.李吉林与情境教育[M].北京:北京师范大学出版社,2019:10.
② 章跃一.中外女教育家成长的启示[J].江苏教育研究,2012(25).
③ 李吉林.李吉林与情境教育[M].北京:北京师范大学出版社,2019:9,34-35.

社新版的形式新颖、充满童趣的小学语文教材,根据20年小学语文教学经验,李吉林决定在小学语文里面做出大学问。1978年暑假,她毅然放弃了自己熟悉的小学中高年级语文教学,找到周琪校长,要求从一年级开始进行小学全阶段语文教学改革实验。从此,教育科研成了李吉林教育生活的常态。

李吉林对教小学一年级是没有经验的,但凡事皆利弊相随,她的过人之处在于擅长除弊兴利。面对小学低年级语文教学存在的单调、呆板、低效、乏味问题,李吉林看在眼里,急在心里,怎样才能在改革中找到一条新路?正在其苦思不得其解时,中学英语老师蒋兆一谈到的英语情境教学法使其茅塞顿开,她第二天就找来相关文章认真阅读,基于儿童自幼就是在情境中习得语言之现象,充分利用一线教师即知即行的优势,开始在教《小马过河》时尝试使用了情境教学法。李吉林回忆:"我真想不到,孩子们这么欢迎情境的创设。孩子们的语言活动热烈地进行着,思维非常活跃,词语的检索快速地运转着。我真是开心呀!"[1]依据心理强化理论,此时的李吉林得到了正强化。这种正强化使其拥有了科研自信,继而产生继续实验的强大内驱力。为了攻克小学生怕写作文,教师怕教作文、改作文的堡垒,李吉林尝试带领低段小学生走进自然,引领学生在境中游,游中观,观中察,察中思,思中说,说后写,充分激发了小学生的表达欲望,使"儿童作文由'难'变'易',由'苦'变'甜'"[2]。李吉林的学生们不仅因此喜欢上了作文,而且还在其循循善诱下开始不知疲倦地写起观察日记。1980年,江苏人民出版社为其实验班的小学生正式出版《小学生观察日记》。

为了搜寻小学语文情境教学法实验的理论依据,苏霍姆林斯基的活的教育学、杜威的从做中学、卢梭的自然主义教育、刘勰的意境说、王国维的境界论、勒温的场论等都成为李吉林情境教学理论与实践的滋养源。几乎与开展小学语文情境教学同步,李吉林也开始了自己的论文写作。

1978年11月,她带着第一篇论文《在小学低年级语文教学中发展智力》

---

[1] 李吉林.李吉林与情境教育[M].北京:北京师范大学出版社,2019:12.
[2] 李吉林.情境教育的诗篇[M].北京:高等教育出版社,2004:29.

到南京参加江苏教育学会成立大会。该文不仅因得到张焕庭的赏识得以在大会上宣读,而且在《江苏教育》1979年第1期和第3期上刊发。从此,"学思行著"逐渐成为李吉林这名小学教师独特的治学方法,也正是秉持这一方法,她逐渐把情境教学实验带入学术殿堂。

在教育家成长之路上,幸蹇常会不期而至,教育家区别于普通人的最显著特征是不仅能够征服蹇,而且能够利用幸。1980年春,与南通一江之隔的上海慕名派来一个由特级教师、教授、专家等组成的教育代表团,点名要听李吉林的课。在上海教育代表团在校的三天时间里,李吉林运用情境教学上了三种课型:阅读课《小白花》、口头作文课《一瓶墨汁》、作文评讲课《精彩的马戏》等,并大获成功。在一片赞扬声中,李吉林没有飘飘然,而是牢牢抓住这一难得的良机。一是虚心听取上海师范大学柴崇英教授之点拨:"你的这些课确实上得不错,但是你还要有意识地走到儿童思维发展的前面,既要去启发引导,又要顺着他们思路去展开教学过程。"[①]二是走进上海教育学术圈。1980年秋天,谢淑贞老师邀请李吉林给中国教育工会教育实验小组在上海举行的学术活动做报告。在会上,她又结识了华东师范大学的杜殿坤教授、中央教科所教学论的专家胡克英,也正是在这两位大咖的建议下,李吉林开始尝试构建情境教学理论体系,并将情境教学视角转向关注儿童的特殊发展与一般发展上。后在杜殿坤教授引介下,李吉林又见到教育大家刘佛年,并在其帮助下,李吉林被聘为华东师范大学的兼职研究员。李吉林晚年曾回忆:"我常常想,我总是很幸运的,总有那么多专家偏爱我这个第一线的小学老师,关注情境教育的发展。"[②]现在看来,李吉林的上海教育之缘对其结识专家及以后的发展影响很大。

自开展情境教学实验以来,幸运好像总是与李吉林相伴。上海教育代表团走后第二天,新华社记者韦顺与殷学成慕名而来,在考试现场,两位记者亲自命题《小鸡》,并目睹李吉林教的二年级学生的确比三年级学生写得好的事实。1980年6月15日《人民日报》刊登李吉林学生的三篇习作:《一

---

① 李吉林.情境教育的诗篇[M].北京:高等教育出版社,2004:38.
② 李吉林.情境教育的诗篇[M].北京:高等教育出版社,2004:236.

朵小花》《小鸡》《一瓶墨汁》,并加了编者按。同年10月11日《人民日报》在"实干家"专栏刊发《用心血催开智慧花朵的李吉林》。这是中国第一大报对李吉林与情境教学的首肯。

1980年8月,李吉林应北京师范大学高惠莹教授之邀,到大连参加全国小学语文教学研究会成立大会。作为江苏代表,她宣读论文,引起了大会代表对情境教学的关注与好评,并在会上被选为全国小学语文教学研究会副理事长。正是在这次会上,她接受《光明日报》记者王劲松女士采访,并从此与《光明日报》结缘。1980年9月,《光明日报》以《李吉林和情境教学法》为题报道其教改先进事迹。此后,李吉林在1982—2000年陆续在《光明日报·教育科学版》上发表一系列文章。正是在这些新闻记者的积极宣传下,李吉林获得了一种精神支撑。

李吉林的情境教学实验还得到了学术刊物的青睐。1980年,她撰写的《一年级口头作文初探》在《人民教育》第4期上刊发。1981年,李吉林撰写的《语文教学中的情境创设》在《教育研究》第8期正式刊发。从此,她在《教育研究》上发表了10余篇论文。此外,《课程·教材·教法》《江苏教育》《上海教育》等在李吉林的学术之路上都曾发挥了助推作用。从感性认识到理性认识,从实践到理论,李吉林渐次实现一名小学教师的学术超越。这些也使李吉林意识到:"一个改革者,必须及时总结自己改革的心得;情境教学的路要走下去,必须要有自己的理论概括。"①

1983年,作为母亲的李吉林,她的儿子要考高中,女儿要考大学;作为教师,李吉林五年实验班毕业成绩为:"合格率100%,93.5%的学生达到优秀、优良,作文优秀率是城区小学平均比例的12倍之多,阅读优秀率也是区的4.6倍。全班43人,33人考取了重点中学。"②这一年李吉林可谓三喜临门:一喜是用实践证明了小学语文情境教学的科学性、实用性、轻负性与高效性。二喜是当选了省人大代表、省人大常委会委员。三喜是儿女各自拿到了高中与大学录取通知书。这是女教育家在多重角色上的福。

---

① 李吉林.情境教育的诗篇[M].北京:高等教育出版社,2004:420.
② 李吉林.李吉林与情境教育[M].北京:北京师范大学出版社,2019:15.

根据美国学者哈里特·朱克曼的研究,优势累积规律具有两种形式:"相加的累积或相乘的累积。相加的方式是,那些在开始他们的事业时即具有某些天赋优势的人们继续处于有利地位……第二种方式是,按照与专业有关的标准来衡量,那些似乎最能有效地运用有利条件的人,也就是那些最有可能得到这些条件的人。"①假如说李吉林早期起步顺应的是优势相加累积形式,那么其在教学改革大潮中进行情境教学实验后则更多顺应的是优势相乘累积方式。这时,南通教育局秦局长通知学校一年内不要给李吉林排课,请其对5年情境教学实验进行全面梳理与总结。在一年的时间里,李吉林把在实验期间撰写的50余篇论文及教学随笔也结集成《训练语言与发展智力》,然后认真反思5年的情境教学实验历程,总结情境教学规律,撰写情境教学专著。

此后,在王秀芳校长的建议下,李吉林把情境教学实验从一个班的小学语文扩大到一个年级所有学科。为了把情境教学实验更大范围地推广,李吉林开始了对小幼衔接的摸索,并跑到幼儿园上了32节课。正当李吉林的小学语文情境教学向全学科情境教学推进之时,她申报的江苏省教育科学规划"七五"课题"运用情境教学,促进儿童整体发展"却因课题最后成果归属的疑问,不得不又退回到小语领域。虽然"运用情境教学,全面提高小学语文教学质量"这个课题创造了低年级"识字、阅读、作文"三线同时起步改革、中高年级"四结合"单元教学改革经验,使南通二附小语文教学质量大幅提高,但令人遗憾的是,本应于20世纪80年代中期就提出的情境教育却被拖延至80年代末。关键人物不仅能够助推教育家成长,而且可以延缓乃至阻滞教育家成长。

五、成熟阶段(1989年—2000年)

1987年,江苏省成立"江苏省教委推广李吉林教改经验领导小组",在

---

① 哈里特·朱克曼.科学界的精英——美国的诺贝尔奖金获得者[M].周叶谦,冯世则,译.北京:科学出版社,1979:86.

全省推广情境教学经验。江苏省教委先后三次下发文件,举办"李吉林实验讲习班",推广李吉林情境教学经验。1987年11月《江苏教育》专门刊出"李吉林教改经验专辑",宣传李吉林情境教学经验。1988年2月,李吉林的第一本专著《情境教学实验与研究》出版,该书从情境教学的提出及过程,特点与理论依据,与儿童发展的关系,情境教学五要素,情境教学在识字、阅读与作文中的应用等方面对情境教学进行系统而全面的论述,这一专著的出版标志着情境教学理论的系统化。1989年,获得首届全国教育科学优秀成果一等奖,并获得新闻出版署全国教育优秀图书一等奖。

情境教育是在情境教学中孕育出来的。早在1983年夏,在总结与推广5年情境教学实验经验的过程中,李吉林就萌生了把情境教学转向旨在促进儿童整体发展的情境教育的初步想法。然而,知易行难。把情境教学改为情境教育并不那么简单。多少个夜晚,李吉林在灯下苦思冥想,情境教育的目的是什么?情境教育包含什么内容?……在1989年一个月明星稀、万籁俱静的晚上,李吉林终于决定把情境教学改为情境教育。1990年4月,她悉心策划出"着眼发展,着力基础,全面提高儿童的素质——情境教育综合实验方案"。该方案系统勾勒情境教育实验蓝图,被立项为全国教育科学"八五"规划重点课题。

1993年10月,李吉林应邀参加中国教育学会在上海举办的纪念邓小平同志"三个面向"题词发表十周年学术研讨会,宣读论文《情境教学——情境教育的探索与思考》。该文全面回顾从情境教学到情境教育的发展历程,不仅明确提出情境教育目的在于优化儿童成长环境,让儿童主动、欢乐地学习,而且根据实践与感悟,借鉴心理学中的暗示、移情以及心理场等理论,创造性归纳情境教育基本模式:拓宽教育空间,追求教育的整体效益;缩短心理距离,形成最佳的情绪状态;通过角色效应,强化主体意识;注重应用操作,落实全面发展的教育目标等。这标志着李吉林对情境教育由行动自觉步入理论自觉[①]。该课题完成后,1996年,李吉林申报的"运用情境教育促进儿童素质全面发展的实验与研究"被立为全国教育科学"九五"规划重点

---

① 李吉林.从"情境教学"到"情境教育"的探索与思考[J].中国教育学刊,1994(1).

课题。这标志着情境教育实验步入深化研究阶段。

1996年12月11—13日,由中央教科所、江苏省教委联合举办的"全国情境教学——情境教育学术研讨会"在南通师范第二附属小学举办。国家教委副主任柳斌等全国70多位领导专家学者参会。李吉林在会上做了题为"为全面提高儿童素质探索一条有效途径"的学术报告,该报告系统梳理了18年来从情境教学到情境教育的探索历程,系统归纳了情境教育之情感驱动原理、暗示倾向原理、角色转换原理与心理场整合原理,明确了情境教育的基本模式,初步构建了情境教育课程体系:学科情境课程、大单元综合课程、野外课程、专项训练课程与过渡课等[①]。情境教育不仅得到柳斌副部长的充分肯定和与会专家的好评,而且得到《中国教育报》《光明日报》等多家新闻媒体的争相报道。专家们的发言后来结集为《李吉林与情境教育》出版(人民教育出版社,2000年)。这是情境教育首次全国性学术会议,也是改革开放以来少有的能够吸引70多位全国著名专家学者围绕一名在世小学教师的教育主张展开研讨的学术会议。自此,情境教育开始走向全国,影响越来越大。

1998年夏天,李吉林的好运再次降临。她于8月21日下午参加了党中央、国务院召开的科教兴国座谈会,不仅受到党和国家领导人的接见,而且代表小学教师发言。22日,她带着崇高的使命感返回南京,又抢抓机遇,利用有关领导听取其汇报之机,提出建立情境教育研究所的建议。10月,江苏情境教育研究所正式挂牌成立,由李吉林任所长。此后,该研究所相继创办了《情境教育》刊物,建立李吉林情境教育网站。情境教育研究从此有了专职在编人员、刊物与网站。情境教育研究越做越大。

在2000年12月5—6日,李吉林在全国教育科学规划"九五"重点课题"情境教育促进儿童全面发展的实验与研究"结题现场会上,全面汇报了课题的研究情况,向专家们展示各科教学、班队活动、儿童表演以及青年教师基本功等。该课题成果得到鉴定专家翟天山、张铁道、吕达、成尚荣、卓晴君

---

① 李吉林.为全面提高儿童素质探索一条有效途径:从情境教学到情境教育的探索与思考[J].教育研究,1997(3-4).

的高度肯定,认为该课题研究探索了一种素质教育模式,开创了一条促进儿童发展的途径,提供了一种学校教育科研范式,创造了一种培养科研型、学者型教师的范例[①]。此时的李吉林已经把自己一个人独自进行的情境教学实验,发展为由李吉林团队合作开展的情境教育实验;把仅仅在小学语文教学领域进行的情境教学实验,发展为全学科领域的情境教育实验。

六、超越阶段(2001年—2019年)

2001年,国家拉开新一轮课程改革序幕,这为情境课程研究提供最佳背景。恰在此时,李吉林的情境教育推广也遇到瓶颈,只有借助情境课程开发,才有可能走向大众。于是,李吉林决定以"情境课程的开发与研究"申报全国教育科学规划"十五"重点课题,并获立项。该课题于2002年9月28日顺利开题。这既标志着情境课程研究正式启动,又标志着李吉林即将步入情境研究的超越阶段。

其实,李吉林关于情境课程的研究,早在1978年秋启动第一轮情境教学实验时就已经开始。为了激发学生的学习兴趣,李吉林带领实验班学生走进田野、小河、菜地、瓜棚等,把野外变成孩子们留恋的课程。为了丰富课程资源,她在5年的时间里用铁笔、蜡纸刻印出10本小学语文补充教材《注音阅读》。在第二轮情境教学实验中,她基于幼小衔接的问题,在幼儿园开展汉语拼音游戏化过渡课程研究,在小学低年级进行"识字、阅读、表达"三线同时起步实验研究,在中高年级通过教材整合,实施读与写、学文与育人、课内与课外、语言训练与思维发展等"四结合大单元教学"。这些都与情境课程开发密切相关。

在实践推进的同时,李吉林还进行了情境课程理论研究。早在1996年,她就已经提出情境课程开发的"儿童——知识——社会"三个维度,明确情境课程四个领域:野外情境课程、幼小衔接过渡课程、主题性大单元情境课程、学科情境课程。这为新立项的情境课程开发课题研究打下坚实的

---

① 李吉林.情境教育的诗篇[M].北京:高等教育出版社,2004:233-234.

基础。

超越,特别是超越自我是艰苦的。为了提高情境课程开发与研究的可控性,李吉林把情境课程开发研究对象缩至南通师范二附小。在长达4年的时间里,李吉林从古今中外汲取情境课程滋养,明确情境课程的目的是为了儿童学习,明晰情境课程整合、熏陶、启智、激励四作用,厘清情境课程四大领域为核心课程、综合领域、源泉领域、衔接领域,提出情境课程操作要义是以美为境界、以思为核心、以情为纽带、以儿童活动为途径,构建了情境课程理论与实践体系。

更可贵的是,李吉林还带领实验教师积极投入情境课程开发之中。实验老师们编出妙趣横生的《数学乐》《打开阅读之门》,开发特色鲜明的专题性文化课程,编辑富有童心的孩子作品集,自编《情境速递》《热点追踪》《珠媚教苑》,出版《情境语文》《情境数学》各6册补充教材……极大地丰富了情境课程。

2002年12月,李吉林在华东师大课程与教学研究所举办的首届建构主义与课程教学改革国际研讨会上,宣讲《情境教育:促进儿童——知识——社会的完美建构》。此后,她先后参加北京21世纪教育论坛、苏州国际学习科学论坛、上海国际校长论坛等,开始把情境教学、情境教育以及情境课程推向世界。

2004年9月,李吉林回顾情境教育的探索历程,写成《情境教育的诗篇》,作为中国当代教育家丛书16本之一,由高等教育出版社出版。该书从情境教学的探索、情境教育的构建、情境课程的开发、情境教育的推广四方面,对情境教育探索历程进行系统介绍。在挖掘情境课程富矿中,李吉林带领其团队共同营造着情境教育的乐园。这是李吉林首次与"教育家"一词结合。2006年4月,由教育部师范教育司组编的《教育家成长丛书·李吉林与情境教育》,由北京师范大学出版社出版。该书是李吉林再次与"教育家"一词结合。

2006年5月,八卷本的《李吉林文集》由人民教育出版社出版,"李吉林教育思想研讨会暨《李吉林文集》首发式"在人民教育出版社召开,70多位专家到会,围绕李吉林教育思想进行了研讨,情境教育学派呼之欲出。这是以"李吉林教育思想"为主题召开的一次重要的全国性会议。2007年,朱小蔓、成尚荣、裴新宁、丁锦宏、王灿明、冯卫东等一批学者开始使用"情境教育学派"一词对李吉林情境教育思想进行研究。

2008年,李吉林情境教育国际论坛在南通召开,中外近百位教育专家参加论坛。这是情境教育首个专题论坛。李吉林携由外语教学与研究出版社11月出版的情境课程研究成果《为儿童的学习——情境课程的实验与建构》一书参会,并做《中国情境教育的建构及其独特优势》主报告,受到中外专家的好评。这是以情境教育为专题召开的首次国际论坛,也标志着李吉林及其情境教育包括情境课程开始走向世界。同年10月,李吉林主编的另外一本著作《情境课程的操作与案例》由教育科学出版社出版。这两本书既是情境课程研究成果的荟萃,又是情境课程理论研究的总括,还是情境课程操作的指南,标志着情境课程之成熟。

学无止境,情境教育研究也无穷期。为了进一步明晰情境教育对儿童学习的影响,68岁的李吉林联合华东师范大学学习科学研究中心、南通大学教科院的学者们,从学习科学的角度申报全国教育科学规划"十一五"重点课题"情境教育与儿童学习的实验与研究",该课题于2007年9月13日在华东师范大学开题。明知研究情境学习有难度,但又不愿重复过去的李吉林率领22个子课题团队又向情境学习这座高峰攀登。

在情境学习立项研究时期,李吉林通过反思自己小学教育生涯以及情境教育研究历程,深刻地认识到:"为儿童的学习是我探索的原点,让儿童不仅快乐、高效地学习,还要身心健康,使一个个充满情感的生命个体的心灵也美起来,是我追求的教育的高境界。"[①]为了解开情境教育之所以快乐、高效之谜,李吉林汲取古代文论经典意境说的萃华,积极从心理学、美学、学习科学,特别是脑科学的角度去寻找儿童情境学习的理论支撑与实践策略,做出了杰出的贡献。一是创造性地提出了中国式的儿童情境学习四大核心要素。"真",让儿童认识一个真实的世界,符号学习与多彩生活连接;"美",美的愉悦唤起情感,在熏陶浸染中促进儿童主动、全面发展;"情",情感生成儿

---

① 李吉林.李吉林与情境教育[M].北京:北京师范大学出版社,2019:175.

童学习的内驱力,让情感伴随活动;"思",想象是创造的萌芽,意境广远开发儿童的潜在智慧。二是发现了儿童快乐、高效学习的金钥匙,那就是"在优化的情境中","情感活动与认知活动的结合"①。进而将其确立为儿童情境学习的核心理念。三是概括了儿童快乐、高效学习的五大原则:诱发主动性、强化美感性、着眼创造性、渗透人文性、贯穿实践性。四是创造了儿童情境学习的四大策略:学习知识的复杂性——整合知识,选择最佳途径设计情境;学习过程的不确定性——以情激智,唤起持久投入的内驱力;学习系统的开放性——链接生活,凭借活动历练实践才干;学习催发潜能的不易性——着眼创新,不失时机发展儿童的想象力②。五是构建了中国儿童情境学习范式。这一范式包括四大学习要则:择美构境、以美生情、以情启智、情感活动与认知活动融合;四大操作策略:境中学、境中做、境中思、境中"冶"③;四大环境优化要则:拓宽教育空间、缩短心理距离、保证主体位置、强化创新实践。2012年7月,李吉林主持的全国教育科学规划"十一五"重点课题"情境教育与儿童学习的实验与研究"通过。结题鉴定,其核心内容《学习科学与儿童情境学习》在2013年第11期《教育研究》刊发。李吉林在该文最后写道:"儿童全面和谐的发展是情境学习矢志不移的宗旨。"④至此,情境教育理论趋于完备。

2011年,李吉林入选全国年度教书育人十大楷模。12月,由顾明远先生主编的《李吉林和情境教育学派研究》一书,由教育科学出版社出版发行。吕型伟先生在题为"蕴涵民族文化意韵的教育理论"的序中写道:"李吉林情境教育学派的出现,与苏联的合作教育学派一样,打破了认为学派只能出现在高等学府的传统观点……情境教育学派产生于教育实践的肥沃土壤,更具原创性,更显个性,是最鲜活的。"⑤顾明远先生从"广泛共鸣、形成流派""理论构架、催生学派""心灵追求、提升品位"三个方面,给予李吉林与情境

---

① 李吉林."意境说"导引,建构儿童情境学习范式[J].课程·教材·教法,2017(4).
② 李吉林.学习科学与儿童情境学习[J].教育研究,2013(11).
③ 李吉林.李吉林与情境教育[M].北京:北京师范大学出版社,2019:179-183.
④ 李吉林.学习科学与儿童情境学习[J].教育研究,2013(11).
⑤ 顾明远.李吉林和情境教育学派研究[M].北京:教育科学出版社,2011:序.

教育高度的评价。该书收录情境教育研究论文55篇,对李吉林的情境教育学派进行了全方位的研究与评介。这标志着以李吉林为代表的情境教育学派得到学界公认。

2013年12月25日,由华东师范大学学习科学研究中心、《教育研究》杂志社、中国教育报刊社、《人民教育》编辑部等7家单位联合主办的"35年改革创新——情境教育成果展示会"在南通师范二附小举行,来自全国各地的专家学者围绕一个主旋律、情境教育三部曲和儿童情境学习展开深入研讨。当天,江苏教育学会情境教育专业委员会成立,这为情境教育搭建了省域研究推广平台。

2014年9月9日,李吉林申报的"情境教育实践探索与理论研究",摘得首届基础教育国家级教学成果奖特等奖,在颁奖大会上,她荣幸地受到习近平总书记的亲切接见。2016年4月9日,中国教育学会发文成立中国教育学会情境教育研修和推广中心。4月24日,该中心正式挂牌成立,并进行了面向全国的第一期情境教育推广活动。情境教育推广开始有组织地面向全国。

2017年,李吉林情境教育展览馆落成。2017年11月6—7日,中国教育国际交流协会、中国教育科学研究院、中国教育学会、中国教育报刊社、德国斯普林格出版社、江苏省教育厅、南通市人民政府联合举办"中国情境教育儿童学习范式国际研讨会暨儿童情境学习系列丛书(英文版)首发式"。李吉林的代表作"情境教育三部曲"(《田野上的花朵——对话:情境教学的萌发》《云雀之歌——纪实:情境教育的拓展》《美的彼岸——诠释:情境课程的建构》)正式走向英语世界。李吉林及情境教育学派也昂首走向世界。

2018年10月,李吉林的《40年情境教育在路上》由人民教育出版社出版。它包括《催开教育智慧的花蕾》《倾听时代的声音》《大专家牵手长大的儿童》三卷。2018年11月13日,中国教育学会、中国教育报刊社、江苏省教育厅、南通市人民政府主办了"40年情境教育创新之路展示交流活动暨中国教育学会情境教育研修与推广第三次培训会"。80岁的李吉林老师做了题为"40年情境教育创新之路"的主题报告。该报告对其情境教学——情境教育——情境课程——情境学习研究之路进行了全面而系统的梳理。回首 40 年情境教育创新之路,李吉林颇为感慨:"没想到,这一个主题,从 40 岁做到 80 岁,整整花了我 40 年的时间,连我自己也感到惊讶。"①会上还举行了《40 年情境教育在路上》一书的首发仪式。

2019 年 1 月,李吉林最后一本专著《情境教育理论探究与实践创新:一切为了儿童的学习》由北京师范大学出版社出版。她在本书的结尾处写道:"情境教育发展前景宽阔而美好。为儿童的发展,这是教育永恒的课题,作为它的探索之路,必然是一条没有终点的跑道。'行者无疆',我有了真切的体验。路在脚下,目标却在远方。感恩与珍惜,爱与责任,在我的心中生成前行的不竭动力。"②这是她对情境教育学派必经之路的总结,也是对自己从小学教师到教育家成功之路的概括。

归纳起来,李吉林之所以能够从小学教师成长为大教育家,一是因为地域环境、时代环境、政治环境、家庭环境、从教前与从教后的学校环境、学术环境、媒体环境等诸多环境因素交互作用,为其铺就教育家成长之路。恩格斯曾言:"我们自己创造着我们的历史,但是第一,我们是在十分确定的前提和条件下进行创造的。其中,经济的前提和条件归根到底是决定性的。但是政治等等的前提和条件,甚至那些存在于人们头脑中的传统,也起着一定的作用,虽然不是决定性的作用。"③二是因为李吉林能够凭借主体自觉与人格特质,巧妙地利用环境,把环境的阻力与助力化为强大内驱力,并朝着教育家之巅执着地向上攀登。这是为什么在同样的环境下李吉林能够成长为教育家,而其他人却默默无闻的缘由。李吉林的成功之路给我们留下了深刻的启示。

一是立基。早在学生时代,李吉林就打下了当一名小学教师的坚实基础。而张謇创办的南通女师不仅把这位准教师培养成了 22 门课都是 5 分的全优生,而且把其培养成为毽子、足球、排球、篮球、羽毛球、乒乓球、能歌、善舞、能弹等多才多艺的高材生。

---

① 李吉林.40 年情境教育创新之路带来的 6 个甜果子[J].人民教育,2018(24).
② 李吉林.情境教育理论探究与实践创新[M].北京:北京师范大学出版社,2019:351.
③ 中共中央马克思恩格斯列宁斯大林著作编译局.马克思恩格斯选集(第 4 卷)[M].北京:人民出版社,1972:477-478.

二是立志。在李吉林的词典里,志向是与信念、情感和意志密切相关的。她一生抱定这样的志向:"当老师,就得当好老师,当孩子喜欢的老师。"[1]梁启超曾言:"天下古今成败之林……有毅力者成,反是者败。"[2]李吉林就是这样一个有毅力者。她曾回忆:"为了情境教学,我苦恼过、委曲过,甚至不止一次地哭过。但是孩子贴在我的心上,孩子是苦恼,还是快乐,那目光、那神情,常常是我魂牵梦绕的,所以我心中对学生的这种纯真的情感,赤诚的师德,产生了巨大的力量,使我在教育的实践与研究中有可能坚持不懈,甚至百折不回。"[3]的确,5岁丧父、家境贫寒、学历偏低、文革打击、实验艰难,这本是阻力,但是她却挫而不败,以意达志。

三是立足。立足就是植根教育沃土,扎根教育一线。李吉林自1956年进入南通师范附属二小工作,除了短暂到农村小学钟秀小学接受改造之外,她的61年小学教育生涯几乎都是在南通师范二附小完成的。

四是立学。为了儿童的发展,她把小学变成自己的大学,如饥似渴地学习,在没有终点的跑道上,永远向前奔跑着。刚参加工作时,她每天五点半起床,开始诵读唐诗宋词,走进名家郭沫若、普希金、泰戈尔、海涅、席勒……到了老年她仍什么都想知道,什么都想学。通过立学,她在小学里做出了大学教授都难做出的大学问。

五是立新。为了解决教学低效、乏味问题,为了儿童发展,她在克服女性之脆弱与碌碌无为中前行,在警惕老年之封闭与停滞中攀登,不断为自己树立一个又一个新的目标,自"七五"承担省级课题,到"八五"至"十一五"连续承担全国教育科学规划重点课题,一步一个脚印,沿着情境教学——情境教育——情境课程——情境学习创新之路,拾级而上,最终开创了"具有中国特色的原创的教育思想体系"[4],形成了独具特色的情境教育流派,为世界教育宝库奉献上了中国智慧、中国话语、中国流派。

---

[1] 李吉林.李吉林与情境教育[M].北京:北京师范大学出版社,2019:6.
[2] 张品兴.梁启超全集(第2卷)[M].北京:北京出版社,1999:703.
[3] 脚踏实地,追求卓越——访特级教师李吉林[J].教育研究,2001(12).
[4] 顾明远.李吉林和情境教育学派研究[M].北京:北京师范大学出版社,2011:73.

六是立群。"独学而无友,则孤陋而寡闻。"①一路走来,李吉林的立群就是团结一大批情境教育研究的支持者、指导者、帮助者与实践者,前行不辍。她的成功得益于许多关键人物的相助,得益于众人拾柴火焰高。正如其在80岁时发自肺腑所言:"回顾情境教育发展和我个人成长的历程,是各级领导和众多专家以及学校教师的关爱、支持和指导,让我心中充满感激之情,'珍惜'和'感恩'在心中涌动。"②

七是立德。李吉林在2001年春自题座右铭:"师德为上,真情倾注,终身乐学,方为人师。"③其实,这恰是对其立德的真实写照。在她看来,"爱,是当好教师的第一要素"④。这种爱既包括爱祖国、爱工作、爱孩子,还包括履行义务、责任与使命。也正是"在爱孩子中,我长大了,我懂得了一个老师的责任"⑤。爱是责任的前提,责任是爱的升华。这是李吉林的立德给予我们的启示。

八是立功。作为一线小学教师,她基于强烈的责任心与使命感,植根小学教育沃土,继承中国古代意境说精华,秉持社会主义教育本土性,汲取西方教育智慧,回应世界教改大潮,既构建了具有中国特色的、原创的情境教育学派,又创造了中小学一线教师构建教育学派的范例,还有利地促进了儿童的发展,可谓功勋卓著。

九是立言。作为一名小学教师,她创造性地运用"学思行著"治学方法,在边教、边学、边思、边行、边研中,孜孜矻矻,笔耕不辍,一字字、一句句、一篇篇、一本本,合计发表350余篇论文,出版专著和相关书籍29部,给人们学习与研究情境教育留下丰富的文字资料,为后人续写情境教育的壮丽诗篇提供了丰富的精神滋养。

十是立范。作为一名只有中师学历的小学教师,李吉林"把探索教学实践改革和教育理论学习研究以及开展教学实验这三件事情和三种角色,融

---

① 高时良.学记研究[M].北京:人民教育出版社,2006:2.
② 李吉林.40年情境教育创新之路带来的6个甜果子[J].人民教育,2018(24).
③ 李吉林.情境教育理论探究与实践创新[M].北京:北京师范大学出版社,2019:插页.
④ 李吉林.情境教育理论探究与实践创新[M].北京:北京师范大学出版社,2019:9.
⑤ 李吉林.我,长大的儿童[J].人民教育,2003(17).

为一体,集于一身,具体体现了现代教师的新追求和新特色"[1]。这是王策三先生的评价。的确,她把一线中小学教师的劣势转化为即知即行、即试即改的优势,为广大一线中小学教师提供了努力提高教育科研含量的典范。

冰心先生曾言:"成功的花,人们只惊慕她现时的明艳!然而当初她的芽儿,浸透了奋斗的泪泉,洒遍了牺牲的血雨。"[2]在特定的时代、地理、家庭、学校、教育、学术、媒体等自然与社会环境诸因素之交织的、动态的、综合的影响下,李吉林执着于立基、立志、立足、立学、立新、立群、立德、立功、立言、立范,在 41 年情境教育研究之路上,汲汲求真、漫漫求实,最终拾级而上,从一名小学教师成长为令人景仰的大教育家。

---

[1] 顾明远.李吉林和情境教育学派研究[M].北京:教育科学出版社,2011:84-85.
[2] 冰心.繁星·春水[M].长春:吉林大学出版社,2010:26.

李吉林，一个时代的教育奇迹[①]

施建平

儿童教育家李吉林给中国教育留下了宝贵的精神财富。作为长期跟随李吉林老师学习研究情境教育的弟子，我不禁在想：李吉林情境教育究竟为中国教育贡献了什么？李吉林老师又为什么能成为中国教育的一个奇迹呢？

一、李吉林情境教育为中国教育贡献了什么？

自李吉林老师1978年创立情境教学至今，已有40余年。其间经历了情境教学、情境教育、情境课程和情境学习四个研究阶段。随着情境教育研究的深入，传播的广泛，其影响越来越大，李吉林情境教育已成为一个时代的教育标杆。其突出贡献主要表现在这样三个方面。

其一，为中国教育理论宝库增添了一笔宝贵财富。情境教育顺应儿童天性，突出"真、美、情、思"四大元素，以"儿童——知识——社会"三个维度作为内核，提出了一系列独树一帜的教育教学主张，构建了完整的理论框架和操作体系，形成了具有中国特色的教育范式，标志着中国原创的教育思想流派的出现和成熟。情境教育已成为当代中国教育理论宝库中熠熠生辉的珍宝。

其二，为素质教育的实施提供了一条最优路径。情境教育通过优化情境使学习成为真正鲜活的生活。正如原国家教委柳斌副主任所说，情境教

[①] 原文刊发于《七彩语文（教师论坛）》2019年第8期，选入时有改动。作者施建平，江苏省特级教师，正高级教师，江苏省人民教育家首批培养对象，曾任江苏省情境教育研究所所长、南通师范二附小副校长。

学把教材教活了,把课堂教活了,把孩子们教活了,把教学过程的育人功能充分地体现出来了。情境教育不仅切实提高了教学质量,而且促进了儿童情感、意志等非智能因素和潜在智慧的发展。情境教育为素质教育提供了切实可行的实施方略,成为达成立德树人教育目标的最优路径。

其三,为中国教育对话世界赢得了一席应有之地。为实现中华民族的教育梦,李老师从中国文化经典中寻"根"。她反复研究中国古代的"意境说",把中国古代文论的精髓创造性地运用于儿童教育,从而形成了具有中国特色、中国气派、中国风格的教育思想体系。两次国际论坛的举办、三本英文专著的出版让情境教育进一步走向世界,情境教育使中国教育在世界教育舞台上拥有了一席之地,向世界教育界发出了中国声音。

一个小学教师在普通的教师岗位上,创立了情境教育学派,构建了情境教育体系,在国内外产生如此大的影响,李吉林堪称中国教育界的奇迹。

二、李吉林老师为什么能成为中国教育界的奇迹?

1980年从南通师范学校毕业后,我有幸分在了李吉林老师所在的南通师范二附小,从那时开始,我一直在李老师身边学习、实践、研究情境教育,合计有39年。我几乎见证了李老师探索情境教育的全过程。我深感李老师能创造中国教育界的奇迹不是偶然的,而是与她的家国情怀、好学精神、人格特征等密切相关,现谈其中感受最深的几点。

第一点是关于"变"与"不变",就是变化的世界,不变的热忱。李老师创立情境教学正值改革开放元年,到2019年共41年。围绕一个专题持续探索长达41年,这在全国中小学界是极为罕见的。我想,李老师的情境教育实践与研究也许可以算得上是持续时间最长的教改实验了。改革开放以来,中国经济飞速发展,人民生活大幅改善,中国大地发生了翻天覆地的变化。世界在变,但李老师对教育事业的热忱,对情境教育的执着却始终没有变。40年里,她就这样日复一日,年复一年,围绕"情境"这条脉络,孜孜不倦地探寻,研究的方向始终没有改变过。我想,无论是谁,如果怀着满腔热忱认准一件事用自己毕生的精力持续不断地去做,怎么会不成功呢?从李老师身上我发现,这种热忱源自对儿童的爱。李老师生病后,选择的医院是与学校仅一墙之隔的南通市中医院,所选的病房也是从窗口就能看到学校教学楼和操场的。学校的广播操音乐、课间学生的吵闹声普通人听来会觉得嘈杂,感到厌烦,但对于躺在病床上的李老师来说却成了动听的"乐声"。我想正是因为心底里充盈着对学生的爱,李老师才会几十年如一日用整个身心去探索情境教育这一让儿童快乐学习、幸福成长的教育范式。这给我们什么启示呢?我想就是身处变化的世界中要有定力,也就是——变中寓定。

第二点是关于"向下"与"向上",就是向下沉潜,向上飞扬。这是李老师在研究情境教育时呈现出的两种"姿态"。这两种姿态虽不相同但却密切关联。沉潜是飞扬的基础,"潜"得越深,才能飞得越高。在我的印象中,李老师从来没有休息日。每逢周六周日或节假日,她总是来到自己的办公室,或学习理论,或撰写文稿。她曾对我说,如果哪个休息日待在家里,不工作,不学习,就会觉得很无聊。平时去李老师的办公室,看到最多的就是她戴着老花镜手捧一本厚厚的书读书的情景。她读起书来特别专注,常常是我在门口站了会儿她才发现。她读过的书上会留下各种记号、许多批注。她经常兴致勃勃地告诉我哪本书对深入研究情境教育有启发,要我好好研读。李老师坚持在真实的学习情境中探究儿童学习的规律。她自己留下来的优秀课例就有近百节,在年近七旬时她还给青年教师上示范课。在自己不再上课后,她经常走进年轻老师的教室听课,去世前一年她还进课堂指导徒弟上参赛课。学校开展主题性情境活动,她总是亲自策划,亲身参与。正是因为李老师有了这样的"下潜深度",才有了她350篇论文的发表,才有了30本专著的出版,才有情境教育研究的不断突破,才会在2014年获得首届国家级教学成果特等奖……一次次的"深潜",带来一次次令人惊艳的跃升。李老师的情境研究告诉我们,理想的研究状态应该是——静水深流。

第三点我想说的是"坚守"与"突围",也就是守望传统,开拓创新。任何一项研究的推进都会经历一些关键期,情境教育实验的推进也不例外,比如,如何将情境教学发展为情境教育,如何将情境教学拓展为情境课程,如何将情境教学深化为情境学习。每当研究进入关键期,李老师总是潜心钻研，大胆开拓。李老师特别重视从中国古代传统文化中汲取营养，《文心雕龙》《人间词话》等书籍李老师都研读了十多遍。她多次对学校情境教育研修小组的老师说，情境教育与中国传统文化的精髓是契合的，是相通的，可以从这个角度展开深入研究。中国传统文化的滋养使情境教育走出了一条具有中国特色同时体现世界教育潮流的教育之路。一直以来，李老师十分强调在借鉴的过程中培植和强化自己的个性。我想正是因为这样，情境教育才会被誉为"蕴含东方文化智慧的课程范式，回应世界教育改革的中国声音"。这对我们开展教育教学实验的启发是——根固木长。

第四点我想说的是教师与儿童，李老师身上表现出一种鲜明的特点，那就是师者情怀，飞扬童心。作为教师，李老师热爱事业，关爱儿童，提携后学，具有一个卓越教师的高尚情怀。但李老师特殊的地方是她始终葆有一颗童心。在她的文章里提得最多的词就是"儿童"。在65岁时她还专门写了一篇文章《我，长大的儿童》。她常常用儿童的眼睛看世界，她说："孩子的眼睛是通往童话世界的门扉，我常常'倚在'这神奇的门扉旁，用孩子的眼睛去看呀，揣摩着孩子的心理去想呀！"平日里，她常常会有孩子般的行为和想象，她说，"夏天来了，我仍然像往年一样，从街上买回两只蝈蝈，听着蝈蝈的歌声挑逗起蝉的鸣叫，哈，它们对歌了……"在学校的童话节上，年近七旬的她还特地扮成松树爷爷和同学们对话……因为她时时关注儿童的生活世界，揣摩儿童的所思所想，所以在李老师身上表现出了一种特殊气质与人格特征，那就是——大师童心，可能也不仅仅是教育家，大科学家、大艺术家等等也是如此，真正的大师往往有一颗纯真的童心。

第五点我想说的是德性与学问，也就是修德养性，科研精进。做人与做事表面上看好像是两回事，但其实是一回事，做事归根到底在于做人。看李老师，大家很容易关注到她在教育研究上取得的辉煌成就、她为中国教育作出的杰出贡献，但其实这一切与李老师的为人密切相关。李老师注重所做事情的精神意义，她创立情境教学就是为了儿童快乐高效地学习，就是为了让儿童有一个幸福的童年。大家也都知道，李老师与许多高校、研究院所的专家、学者都有交往，她与华师大四代学者持续40年交往的故事更是成了一段佳话。在中国有那么多的专家学者关心、研究李吉林和情境教育，这在教育研究中是一种十分罕见的现象。为什么会这样呢？我想那是因为李老师的谦虚诚恳。有人说，做事要如山，坚定不移，做人呢？要像水，放低姿态，因为这样你才会变得宽广。关于做人与做事，我想李老师用她的行为告诉我们——人诚事成。我们都说天道酬勤，那么人道呢？人道酬诚。

第六点我想说本土与世界，也就是立足本土，放眼世界。李老师多次对我们说，她从来没想过自己情境教育的专著还能出英文版，一下子出三本，向全球发行。我想这可能也是新中国成立以来全国中小学教师中绝无仅有的。那么李老师的情境教育为什么能走向世界呢？一方面，是因为在情境教育发展的过程中李老师非常重视学习国外教育家的先进经验，比如她提出的野外情境课程就是受到了苏霍姆林斯基"蓝天下的学校"的启发。另一方面，是因为李老师特别重视培植和强化自己的个性。因为有中国传统文化的滋养，使情境教育拥有了一种"东方气质"，就像人们常说的"越是民族的，越是世界的"。无论是情境教育被中国教师广为运用，成为中国素质教育的一面旗帜，还是走向世界，其实都说明了一个道理，那就是——道正声远。

因为在变化的世界中保持了定力，在沉潜中积蓄了腾跃的力量，在传承中不断开拓创新，在长大变老的过程中始终葆有童心，在做事的同时更看重做人，在研究之路上重视培植自己的个性，李老师创造出了中国教育的奇迹。我想，情境教育虽然李老师已研究了41年之久，但依然具有巨大的拓展空间。我们一定要沿着李老师开辟的情境之路走下去，走向生命的深处，成就美好的人生。

记李吉林老师及其对我的精神感召[1]

冯卫东

2023年教师节前夕,习近平总书记在致全国优秀教师代表的信中,提出并深刻阐释了中国特有的教育家精神,即"心有大我、至诚报国的理想信念,言为士则、行为世范的道德情操,启智润心、因材施教的育人智慧,勤学笃行、求是创新的躬耕态度,乐教爱生、甘于奉献的仁爱之心,胸怀天下、以文化人的弘道追求"。在认真研读教育家精神的内涵时,我的脑海里不禁浮现出李吉林老师的形象。我们完全可以说,李老师就是习近平总书记致信中所说的"教育家"的典型代表,在她身上,理想信念、道德情操、育人智慧、躬耕态度、仁爱之心和弘道追求无一不体现、彰显到极致。

2003年,我由学校借调到江苏省南通市教育科学研究所工作,此前和李老师只有"单向认识"的关系。那时的我年轻,想做点事,自然地,就去拜望李老师。第一次见面,我不揣浅陋,说自己想"研究李吉林",李老师非常高兴。她看我热情之中不免稚拙的表现,即能推知我内心的诚恳和个性的实在。翌年,我正式调入南通市教育科学研究所,不久就申报并成功立项省级课题——"李吉林研究",后来还获得了江苏省教育科学优秀成果二等奖。获奖其实是因为两个因素:其一,确乎对这个"真课题"进行了"真研究",取得还算不菲的"真成果";其二,李老师其人其事其生平值得研究,我做了一件值得做、应该有人做而此前尚未有人专门做的事。说到底,获奖并非完全由个人之为所致,更拜李老师的声望以及从她那里获得的得天独厚的资源等所赐。

---

[1] 原文刊发于《福建教育》2023年第49期,选入时有改动。作者冯卫东,南通市教师发展学院原副院长,江苏省特级教师,正高级教师,江苏情境教育研究所副所长。

从那时起，直到李老师 2019 年大病住院，我和她往来都比较多。其间，我有将近两年在她手下工作，跟她参与一些活动，做了一些事情。对李老师而言，我是一个"迟到者"，却是一个"密接者"。她比我母亲小一岁，自是我尊敬的"母辈之人"，却说自己是"大姐姐"。我由资质驽钝、起点较低的教师，成长为小有知名度和影响力的"教育专家"，与我和李老师十多年来走得较近的教育活动经历，与李老师对我亲人一般的关爱、教诲和熏染等，有内在而深刻的关联。对李老师，我有着由衷、至诚而又丰富、多样的情感。李老师是最值得我报之以子女般深情的人，没有之一。李老师聘我为江苏情境教育研究所副所长，我不喜欢虚荣加身，却永远不想"卸任"这个"副所长"，它是李老师对我人品和学问的一种认可。

余生也晚，未能赶上改革开放之初以及此后较长时期李老师所发起和领导的如火如荼的情境教学变革；可憾而有幸，见证了情境课程开发与研究的晚近历程，目睹了年逾古稀的李老师向着"情境教育与儿童学习"这一高地进发的"夕照美景"。李老师是我无人可代的"重要他人"，这十多年来受她关爱、向她学习、跟她进步的经历则是我生命成长无事可替的"重要事件"！

李老师是著名儿童教育家，她的人生经历、事业生涯可以很好地展现"中国特有的教育家精神"的所有因素和方方面面。本文难以用较多事例去一一"诠释"，仅从一种视角或者说一对关系的维度来表达我对李老师身上所蕴藏的教育家精神的粗浅体认，它们即是李老师人格精神交相辉映的两个侧面——共享人格和独立人格，亦可并称"共享型独立人格"。学者杨道宇在《试论阳明心学的"共享型独立人格"说》一文中说："这种'共享型独立人格'作为中国传统人格文化的精髓……彰显了中国传统优秀文化对世界发展的重大贡献。"作为老一辈知识分子，李老师的精神血液里流淌着这种"中国传统人格文化的精髓"，这与她植根本土的情境教育实践与探索深度契合。李老师是在共享和独立的人格"对成"中走出的"大先生"。所谓"对成"，意即唯物辩证法三大规律之一——"对立统一"。在李老师的人格构成中，是共享优先，还是独立居前？凭我对她的认识和理解，这真是一个不易回答也难有答案的问题。它们有时似乎分而立之，更多形诸不同情境之中；

有时则融二为一,相生并长,共同完成她在特定境遇之下多维、多层和多彩的人格表达。也许,正是因此,李老师才成了一位精神世界尤为绚烂、立体的师者,成了一位名副其实、实至名归的教育家。

从李老师的共享人格中,我们可以读到她甘于奉献的仁爱之心和以文化人的弘道追求;而从其独立人格中,我们则可以读到她行为世范的道德情操和求是创新的躬耕态度。当然,这些只是为了言说便利而作的简单归类与联系。实际上,人格是潜藏于言行举止、情绪态度等可见可闻因素之下的"冰山基座";是一个"综合体",整体观照着、折映于、作用在、辐射到人们的多种或各种行为及表现,亦即人们往往是以整个人而非单维人立身处世的。从这两种人格出发,我们同样可以看见李老师心有大我、启智润心等教育家精神的存在与痕迹,同样可以领略和享受"李吉林其人"的人生风采和生命之光。

相较而言,我更钦佩和推崇李老师的共享人格。只说一点理由:大凡学问好、成就高的知识分子都容易有清高心境,不能说李老师就没有它,而当一个清高之人眼中、心里只有自己时,其对于群体、社会乃至人类的意义就将大大消解、流失。心有清高之境,又不习惯或满足于"独乐乐",而是自觉自愿走向"与人乐乐"(孟子语)之境地,这样的人才能拥有人生大格局、生命大气象。李老师就是一个"与人乐乐"的典范!"用大家来涵育自我","共享"本身也意味着双向或多向互动,一味输出起码算不上"理想型共享人格"。李老师中师毕业,她常念叨自己"没文化",说要"在小学里读大学"。除了自学大学或高于大学的一些专业课程(如多次通读刘勰《文心雕龙》),还向北京师范大学、中央教科所等高校或科研机构的一流学者学习。比如,刘佛年、王策三、鲁洁、裴娣娜、朱小蔓等,都是她"常学常新"的老师。"转益多师为吾师",这些学者毫无保留地给予李老师新鲜资讯,与她分享学界及自己最近的成果。我曾有幸跟李老师一道拜访学习科学方面的泰斗、华东师范大学的高文教授。在高老师面前,李老师完全是一个嗜学成癖的小学生的样子,如饥似渴地从高老师那里学习新知,猛补不足。其时,高文教授团队青年学者郑太年在座,李老师也以极其诚恳的态度向他请教,可谓"道之所存,师之所存"。腹无诗书,岂能共享;胸藏万汇,方能吐纳。

在小语教育、课程建设等若干领域,李老师和近在身边或远在天涯的各地同行共享智慧甘果,这在很大程度上得助、得益于她"打开自我"——以如海襟抱倾情吸纳,以若谷虚怀尽力蓄积。"金银有价心无价。"李老师是精神"巨富",物质上她也可以过上丰足生活。但她似乎缺根筋——关于物质、关于金钱的"筋"。有人建议她和有关教育机构"合作经营",还举出若干冠冕堂皇的理由,如"以情境教育养情境教育"。但她丝毫不为所动,说要是这样,还有什么脸面推广情境教育。上级教育行政部门为她设立实验区、实验校,她从不和任何单位、个人谈自我利益之事,她有一句口头禅是"谈钱骂人"。不敢说她视金钱如粪土,但确乎"没怎么当回事",绝不斤斤计较、锱铢必较,她的内心拒绝"铜臭"侵入。而客观上,她用于自身的少之又少,"身外之物"无法对她的精神世界和精神生活产生任何干扰作用。可另一方面,她又"大手大脚",如早年把写书所得稿酬、获"王丹萍教育奖"所得奖金悉数用来资助贫困学生;"见不得人穷",时不时给学校临时工或左邻右舍条件不好的人一点接济(我曾在一篇文章中称她为"大写的'人道主义者'",由衷称赞她悲天悯人的情怀);似乎与生俱来就有一颗感恩之心,别人为她做点小事,她都会送去价格不一的礼物,我的家里至今还有几件她所赠衣物,不时穿上,一幅幅情景、一股股暖流就会在眼前和心间掠过、涌现……还有一事,足以让人为她"以天下为心,以教育为命"之举感动至极:她去世后,家人捐出百万元,与华东师范大学联合成立教师发展奖励基金。他们所捧出的,其实就是一名"把整个身心献给党的教育事业"的老教师的赤胆忠心!"不要你的金,不要你的银,只要你的心"(陶行知语),李老师和无数相识或不相识的教育同道"有心共育百花开"。

"平的才是大的。"这是夏丏尊①先生的一句话。李老师自是卓越大家,朱小蔓教授说李老师"从20年前就在代表当代、当代教育,解决一百年来没有解决好的教育难题"。绚烂之极归于平淡,又因为平淡而向外弥散和凸显

---

① 夏丏尊(1886年6月15日—1946年4月23日),浙江绍兴上虞人。文学家、语文学家、出版家和翻译家。夏丏尊自幼从塾师读经书,清光绪二十七年考中秀才。次年到上海中西书院(东华大学的前身)读书,后改入绍兴府学堂学习,都因为家贫未能读到毕业。光绪三十一年他借款东渡日本留学,先在东京弘文学院补习日语,毕业前考进东京高等工业学校,但因申请不到官费,于光绪三十三年辍学回国。

亲民情怀与色彩，使更多教师易于理解、运用和推广由她原创的理论及范式，进而使情境教育得以遍地生根、开花、结果。曾有专家建议李老师按照"严格的学术规范"来书写课题报告，可她认为，如此表达既不符合自己起于草根、不断探索、适时总结等行为特征，又会使广大一线教师产生"高处不胜寒"、拒人千里的隔膜感，因而渐离渐远。她坚持自我，最终开创出既有重大理论突破和重要学术价值，又能自如转化为强大教育教学生产力的独特的教科研方式。这种方式既具有中国本土特质，接天连地，走向师生，又把大家不断引向、带到教与学的优质境界。我曾和李老师说，我愿做一名教科研方面的"科普工作者"，为"普罗大众"提供一套学得来、用得上、易见效、推得开的普惠式研究方法，她似遇知音，称许不已。由她力荐，我的《微型课题提升教师的实践智慧》《未有金针亦度人》等文章先后成为《人民教育》当期重点文章；个人出版的《今天怎样做教科研》一书，如今已再版至第三版，印刷三十余次，发行十余万册。我也沐浴于李老师共享人格的煦阳之中，在"共享科研"的方向上走出一条"属己"也适众的"康庄大道"。"要一辈子对别人好！"这是李老师生前说的最后一句话。在微弱的气息中，我们却能感受到它的深厚力量。也毋宁说，这是李老师共享人格的"最强音"！它绝不可能是陡然间提高八度唱出来的：在学校"青培中心"或其他场域，李老师手把手教出一批批徒弟、一个个名师；在我和她之间，她一次次提供机会与舞台，并请我与另一位助手合著《情境教学策略》一书，而她坚决不肯署名……倘若没有这许多"序曲"、无数"铺垫"，人们何以能听到这响遏行云般的"生命绝唱"？从另一角度看，独立人格亦非"独立"存在，李老师的一些共享故事本身也蕴含着独立人格的因素与力量。譬如，为了让自己的科研方式和成果被大家更好地理解、接受与运用，她坚持个人的研究与表达风格；她在各个阶段都"敢入未开化的边疆，敢探未发明的新理"（陶行知语），深情捧出、与人共享的皆非人云亦云的东西，而是戛戛独造的"属己"知识与智慧……缺失独立精神的"共享"不过是庸人自乐或互乐，是"你好我好大家好""和稀泥"式的庸俗哲学，是固守一方、不求进步的庸碌境地，这与李老师的共享人格不在"同一频道"上，或者说，这不是"李吉林式的共享"！

李老师的独立人格是显著、鲜明的，她是柔中带刚、颇有风骨的知识分子。她宁可遭受别人冷眼,宁可被"发配"到郊区边远学校,也不"选边站",不说违心话;情境教学从语文走向数学之初,有老师对情境创设方法进行简单迁移,结果碰了壁,她一方面坚信情境数学自有希望,另一方面也承认各科有异,不可轻易套用,务必另探新径;当不少名师都在各种舞台上大放异彩时,她耐得住寂寞,"为儿童的学习"苦苦求索;在她身边工作时,我时常看到她"往来有白丁",却从未见过有任何一个油滑、世故抑或市侩之徒进入她的交往圈,她以人格的纯粹和通透为自身砌筑了一方精神世界的"独立王国"。是的,是这样的独立品质使李老师领袖群伦,带着我们朝前走。想起一件事:一位大学教授出书,请李老师作序。那时,她正在紧张地筹备一个大型会议,我主动提出为她代写初稿,她勉强同意。我揣摩她的语气和风格,努力如她所言。她看后觉得很好,但认为彼此的行文还是有明显差异,坚持另写一篇。我的文字和她的"不像"?这至多是一个表层因素,深层原因在于李老师有"道德洁癖",她不愿请人代劳,也不敢"掠美",她的十几本专著、几百万文字无一不是用自己的生命写就的,这就是她的底气所在,她无穷的力量更多源自个人的艰辛历程和心灵深处。

  李老师的生命中自有更多因素呈"对成"关系,这里只选择其中之一略做讨论。在我看来,其中任何"一对"都是对习近平总书记所倡导的教育家精神的生动注脚、深刻阐释。也可以讲,教育家精神就是对以李吉林老师等人为代表的全国优秀教师群体精神的概括和写照,教育家精神就在我们身边。因而,弘扬和践行教育家精神,不妨从学习做"李吉林式的教师"开始!

教育需要虔诚以对
——李吉林谈什么是教育家型教师[①]

余慧娟　钱丽欣

2009年3月3日。江苏南通。

连绵几天的小雨,把空气渗得阴冷阴冷的。不少人又重新套上了羽绒服。中午吃过饭,我们临时决定去拜访李吉林老师。

南通师范学校第二附属小学的大门很开阔,鲜艳的建筑外墙彼此映衬,把校园照得暖融融的。操场上,正上体育课的学生们蹦蹦跳跳,热闹得很,给刚下过冷雨的空气平添了些许生气。

"呵,欢迎欢迎!"李吉林老师还是那样,红扑扑的脸上挂着慈爱的笑容。一件橙色的上衣,一条宽腿九分裤晃来晃去,十分精干。最引人注目的是一双红色的皮鞋,火热火热的,好像总在燃烧着一股激情。

办公室不大,里外两间。外间大约十几平方米,还用一排书柜、一张长桌隔成电脑工作区、会议区、会客区三个空间。那些有年头的木质家具,绿色的沙发,让这间屋子有了实在感。

我们都已落座,她却里外屋进进出出,忙着给我们倒茶水、拿瓜果,之后才坐了下来。

虽然未曾谋面,却毫无生分感。大家像是老朋友一样谈笑自如。

窗外时不时飘进来孩子们嬉戏打闹的声音。莫非生命的力量就是这样滋养着这个儿童教育研究的主人,一个"长大的儿童"?

话题一开始,李老师就关不住话闸了。

[①] 原文刊发于《人民教育》2009年第11期。作者余慧娟,中国教育报刊社副社长、《人民教育》总编辑,基础教育中心主任。钱丽欣,《人民教育》编辑。

记者：李老师，对年轻教师来说，想成长为教育家型教师，您认为最重要的特质是什么？

李吉林：教育家型教师，怎么说呢，我觉得不是说你想成为教育家就能成为教育家的。因为教育本身是神圣的、丰富的，也是复杂的。

记者：那么您认为教育家型的教师应该是什么样子的？

李吉林：从教育家的特质来看，我觉得最重要的，是对教育、对孩子执着的爱，是任何情况下都不会改变的那种始终不渝的爱。爱是教育家的灵魂。如果他一心想成为教育家而去搞教育，那他是成不了教育家的。你看我们历史上出了那么多教育家，他们都是数十年如一日潜心研究教育，甚至把毕生的精力都用到教育上。但谁都没想过自己要去成为教育家。教育家为了教育，为了学生的发展，必定会孜孜不倦、百折不挠地去探索。探索历程可能是美好的、平坦的，也可能是一条没有鲜花的坎坷之路。一般说来，教育家的道路不会一帆风顺，甚至可能遇到种种障碍走不下去。但是教育家往往会执着地向前，那就一定能走出一条路来。最终，他们的思想、他们的论述和言行堪称教育家，有的甚至在他们逝世以后，后人才认他们是教育家。

记者：是啊，这种爱其实是很难长期保持的。除此之外，教育家型教师还有什么特质呢？

李吉林：教育家的第二个特质，我以为是要有思想，形成自己的理论体系，一定要是自己的，有独特的风格的，独立地创建出来的，又是实践证明的，是有效的、科学的、符合规律的，并且形成广泛影响、能够为教育界认可的。也就是说，成为教育家是水到渠成的事。

对照这两点，很显然，青年教师要成长为教育家并不是轻而易举的，但也绝不是高不可攀的。时代是召唤教育家的。教育家首先得底气足。就像是金字塔，基础要宽厚，视野要开阔。像现在对教育家都提出了很高的要求，要能让人心服口服。我觉得我自己离教育家还有距离。

不学习总归是不行的，而且要学得宽一点、厚实一点。倘若只能上课你成不了教育家，就是上100节课、1000节课也是不行的，一定要有理论的构建，要有著述，形成自己独特的东西。杨振宁在讲物理学的构建时，就和美学结合起来，他觉得物理学是很美的，甚至是诗化的。我觉得我们的教育更美,形式是美的,内涵也是美的,从事教育的人心灵也应该是美的,只有这样,教育在我们心里才始终是有魅力的。那就会产生一种力。力来自何方?来自自己的心灵,来自精神世界。所以对教育我们要虔诚以对,这是发自内心的。其实虔诚就一定会执着;也可以说你对教育、对学生的爱是执着的,那种圣洁的情感正是虔诚所至。

记者:我记得您说过,年轻教师成长期可以缩短。结合您自己成长的历程,您认为哪些方面能够提速呢?

李吉林:一个优秀教师的成长要具备外部的条件。比如,我开始搞改革是1978年,正逢国家实行改革开放,这为我们的教育改革创新提供了难得的机遇。但是,那时候的理论书籍很少,心理学、美学的书都没有,都是要靠借、靠抄的。现在信息技术发达,社会进步了,可以读的东西就多了,信息量很大。我们原来接触的面很窄,就是上课、听课、读书、研究。现在不同了,教师的活动很丰富,见识也广。所以,这方面完全可以提速。另外,现在教育行政部门非常重视教师成长,师资培训力度很大,而且有鲜明的目标,应该说,为青年教师的发展提供了一个很好的平台。那你就得拼命向前,停下来是不行的,人是要有压力的,每个人也是有惰性的。各种培训、比赛、课题研究都可以为今天年轻人的发展以至成为教育家提速。

我觉得现在的年轻人在专业成长方面,也有不利的一面。我们有坎坷的经历,现在看来,这也是一笔宝贵的财富。早些年,华东师大刘佛年校长看中我和顾泠沅,让我们俩去读他的研究生,但最后顾泠沅去了,我没去成,因为我过了45岁,又不是本科毕业,没办法。我是特别特别想去读书的。后来,刘佛年校长只得让我去华东师大做兼职研究员,这样可以很方便地读一些书,我很高兴。总之,始终就是想提高自己,而且非常迫切,所以很刻苦。对于学习机会,我就特别懂得珍惜,觉得这一切来得是很不容易的。特殊的经历让我们的情感世界很丰富,也特别深沉。

年轻的时候,没有那么多花花世界。现在虽然这么大岁数了,从内心来讲还是挺纯真的。这对做好一个优秀的教师乃至成为一个教育家是非常重要的。他的思想观念、他的审美是一定要正确的,不能掺和很多的东西进去,但丰富是另外一回事,你可以很丰富,但不能掺杂质,名利的东西不能太多。如果自己想成为名教师，成为教育家，又想速成，这恐怕就要打折扣，反而成不了。所谓"欲速则不达"。

现在年轻人成长的客观条件好，周期可以短一点，要珍惜它。另外自己的努力可以加速一点，本来是 10 点钟睡的，现在 11 点睡觉，看一点书，写一些东西。双休日别人去休闲，你就得关在屋子里用功。有人做了统计，如果一个人把双休日全用上，可以读 5 个大学。生活上做点减法，要简单一些。

再一点，现在有的青年教师迫于外界的压力想早日成名，把盘子做得大大的，有关方面渲染得很厉害，当然可以造成一种影响，但可能对自己反而成为一种束缚、一种负担，不容易轻装上阵。如果为了学生，你可以说这样做不对，我改一改；如果先冠一个名，那么就不是这么回事了，就很容易作茧自缚。大家都知道，教育的一个理论体系、教育思想的形成必然要经过相当长的时间的积淀，在无数次的反馈、反思后逐步明晰，因为教育毕竟是一个周期比较长的事业。所以我觉得一定要顺其自然，不能偏离孩子的学习规律。像我开始也没想到说搞一个情境教育出来，教育家是更加没想的了。当时只是感觉情境教学给课堂带来了生机，孩子特别带劲，孩子喜欢了，用了就有效。只觉得情境教育的路会很长，但是我坚信一定可以走下去。由此历经 30 年，才慢慢构建了它的理论框架。

现在的年轻人起点高，很多人已经是本科毕业，有的还是研究生了。但光有理论不行，光有实践也不行，更重要的是把两者结合起来。结合起来了，就会有自己的东西。

记者："欲速则不达"，这几乎是一个很大的人生哲学的命题，能给我们今天的一些教师以警醒。咱们再退到教师层面来谈。在您看来，当好一个老师最重要的潜在品质是什么？

李吉林：如果让我带徒弟，我首先看重的是他的纯真。要是我觉得他比较虚假，我肯定不会看中。因为我们的学生就是世间最纯真的人，作为他们的老师如果杂念很多、很陈腐，孩子肯定不愿和你亲近。你自己是真的，说的做的就不一样，你对孩子不一样，孩子对你也不一样。纯真就是讲究真的情，真的爱，甚至还有点天真。我和孩子会有很多共同语言，一直到现在我仍然习惯用儿童的眼睛看世界，用儿童的心去体验他们的处境，尊重孩子的

第七章 李吉林:"我,长大的儿童"

天性。因此,我与儿童靠得很近。像大家知道的朱小蔓、裴娣娜、郝京华她们都是知名的大学教授,是学者,也都是60多岁的人,我们在一起时就像老小孩,彼此都是那样坦诚,对教育的纯真把我们连在一起。我们谈话无拘无束,笑声不停,思维也在无意间碰撞,没什么杂念。事实上,对于老师只有自己纯真了才能沉浸其中。常常处于这样的状态,你才能出东西,你潜在的智慧才能跳出来。事实上,也只有纯真,才能虔诚以对。

注重纯真就势必忌虚假。拿上课来说,现在有些观摩课会让人觉得有点假。先铺垫好再上,这是最糟糕的。这给予儿童的压力很大,对他们的自信心以至人格都会产生不好的影响;另外迫使教师忠实执行教案,亦步亦趋,也就不可能在课堂上有所生成。那怎么能恰好把握住孩子思维的脉搏和情感的火候,启发他,引导他,这看起来是个技巧问题,其实是和教师的纯真联系在一起的。如果你满怀真情,你和孩子们很容易就沟通了,你就会十分看重来自孩子的反应和问题,就会觉得孩子的主体性太重要了,你的课自然而然会有鲜活的生成的东西,必然就生动了。这样的课现在挺难看得到。课是充分准备的,但是课堂上老师是不是能把所有的孩子都放在心上,不是五六个,十几个,不是为保证自己的教学顺利进行,老喊好学生,差一点的不敢喊。如果你是对全体孩子发自内心地爱的话,你就敢于请差一点的学生而且有意请他回答问题,帮助他树立自信。

一句话,名教师乃至发展成为教育家还是要为了儿童。不是为了著书立说而著书立说,不是为了身后的名的问题,一定要有一个很正确的目标才行。

记者:是的,真实的目的决定最后的方向和高度。李老师的谈话真是语重心长。

李吉林:我就是喜欢说真话。

记者:现在很多特级教师评上特级以后,就找不到方向了。您觉得特级教师的高端发展方向在哪里,如何去突破?

李吉林:的确,当特级教师绝不是终极目的,仍然可以并且应该继续向前,这些教师的高端发展方向就是进入新的高地。要进入新的高地,不搞科研是不行的。要有课题研究,课题会带动你把学科拓展开来,提高理论素养,使自己的教育教学更具有科学性。课题是要有新意的,这样就能逼着你去创新。

总的来说,现在这个时代是出教育家的时代,青年教师不一定都能成为教育家,但一定会有人成为教育家。国家有这个目标,自己有这个目标,一定要往前、往上,奔要有奔劲,不管你成不成得了教育家,往前总比退缩好。

记者: 李老师给我们的感觉,是到了一种境界。大凡有卓越成就的人,能在事业的道路上走得很远的人,多半与他的人生哲学有很大的关系,他们对于事业的投入绝不会是一种功利性付出。可以说,真的是这种心态决定了他们人生的高度。您谈得太好了,谢谢李老师!

四十多分钟的谈话很快结束了。其间笑声不断,像是跟个孩子在快活地聊天,又像是学生在听她讲故事,说着说着,就在心间引起强烈共振。她的口头语中,出现最多的句子是,"我也说不准啊""我就是这样想的""不一定对啊",哪里有大家的威风啊?可是后面说出来的话,就让你肃然起敬,让你掂量出一个儿童教育家的分量。

临走前,李吉林老师非要找出几个口袋,把盘子里的瓜果一股脑儿装起来塞给我们:"路上吃啊!你们要赶飞机来不及吃晚饭了。"仿佛我们就是孩子。

真是一个被儿童净化了的教育家。

第八章
于永正:"人生是花,语文是根"

　　一个老师能否在学生中站住脚,能否在教育教学中取得好成绩,成为学生喜欢的老师,最终取决于他的文化。

——于永正

教育家小传·于永正

  于永正(1941—2017),山东莱阳人,在50多年的教育生涯中辛勤耕耘,成绩卓著,是我国当代教育名家,全国"五一劳动奖章"获得者,国家有突出贡献的专家,享受国务院特殊津贴。

  1962年,21岁的于永正从徐州师范学校毕业后,一直从事小学语文教学工作,曾在江苏省徐州市大马路小学任教18年。1985年,于永正被评为江苏省特级教师。1990年,中国教育电视台拍了三集报道于永正的"言语交际表达训练"作文教改实验的电视片,向全国播出。1991年初,《人民教育》发表了报告文学《徐州有个于永正》;《小学语文教学》《江苏教育》《小学教学》等刊物先后报道了于永正的教改事迹。1995年,于永正被评为"国家有突出贡献的专家",享受国务院颁发的政府特殊津贴。1999年,教育部在南京专门召开了"于永正语文教学研讨会",推广他的"五重教学",这是新中国成立以来教育部为个人召开的第一个教学研讨会。而后的两年里,于永正又被评为"江苏省教育模范",并获得全国"五一劳动奖章"。

于永正建立了系统的语文教育思想,教学理念先进,课堂实践直指教育本质。他提出的"五重教学""儿童的语文"等教育教学理念具有很强的科学性、实用性、借鉴性。1995年到2014年间,他先后出版《教海漫记》《于永正语文教学精品录》《于永正教育文集》等十余本专著,在全国、省级报刊上发表论文二百余篇。2014年,"于永正'言语交际'式语文教学实践探索"获国家基础教育教学成果一等奖。2017年,"儿童的语文:徐州小学语文教学变革的区域样本"荣获江苏省教学成果特等奖,于永正被评为"当代教育名家"。

教育部原部长柳斌先生称他为"中国的苏霍姆林斯基",并为他题词:"敬业情怀远,育人智慧多";潘自由先生称于永正是"谱写我国小学语文教育崭新一页的引领人";中国小语会原理事长崔峦先生认为他"引领着小学语文教学的正确方向,作出了永载语文教学史册的重要贡献"。

人课一体的生命升腾

杨九俊

众所周知,于永正老师的课上得好。上好课对于永正老师而言是一种自觉的追求。他说,学生心中的好课,是教师的学生观、教学观、课程观、审美情趣、道德修养、艺术修养、知识能力等方面的综合体现。于老师赞美自己上学时遇上的恩师,说这几位老师"已经和他们的课融为一体了——课即师,师即课"。于老师以自己的老师为样子,几十年锲而不舍,在教学的征途上拾级而上,臻于化境,呈现了人课一体、生命升腾的景象。

一、对儿童主体地位的充分尊重

于老师的人课一体是和学生一起生成的,其生命升腾是师生共同的状态。这首先在于师生的相互认同,相互映照。如佐藤学所说,在教学中学生是"被动的主体",关键在老师。于永正老师是怎样做的呢?

第一,尊重并且喜欢学生。他说:"如果我们能做到喜欢每一个学生,教育无疑会进入一种别样的境界。"他的夫子自道有:

——讲课时,我"眼观六路",会用亲切的目光看着每个学生;

——学生回答问题时,我会以专注、期待、鼓励的目光看着发言的人;

——用手摸摸孩子的脑袋;

——向学生跷起大拇指;

——此处应该有掌声,绝不吝啬。

---

① 原文刊发于《江苏教育(小学教学版)》2018年第5期。作者杨九俊,江苏省教育学会名誉会长,江苏省教育科学研究院研究员,江苏省特级教师。

……

于是,师生互相喜欢,上课都是"欣欣然"了。

第二,回归童年。于老师说自己"教了50多年的书,最终把自己教成了孩子"。他列举了自己童心不泯的几个表现:始终保留孩子的好奇心;具有"孩子气";想学生所想,做学生之想做;等等。在课堂上,于老师就是个大孩子,他主动稚化自己,全身心沉浸在课堂情境中。学生说他是"大朋友",同行说他"没长大",他自己说"岁月的刻刀,可以在我脸上刻上深深的、密密的皱纹,却刻不到我心上"。他的人生从儿童出发,在一个更高的层次上让童心闪耀,他的不俗成就很重要的一点就在于把自己成就为大孩子,让自己回归童年。

第三,理解儿童。理解有认知意义的,也有情感意义的,教育情境中的理解儿童,两种意蕴都有。从认知角度看,于老师非常注重研究儿童、了解儿童,儿童的喜好特长,甚至家长里短,都清清楚楚。这使得他眼前的孩子都是充满活力的生命个体,使得教育的针对性具有可能。当然,于永正老师理解儿童更具有情感意义,就像有些哲学家说的,人与人的理解让人们构成互相缠绕、互相周旋、融为一体的关系,在教学中就进入对话状态。"对话是一种平等、开放、自由、民主、协调,富有情趣和美感,时时激发出新意和遐想的交流。"(滕守尧语)这是我们经常在于永正老师的课堂上看到的生动场景。

二、对语文本体规律的深刻把握

于永正老师是教育部"跨世纪名师工程"向全国推出的首位名师,他"五重"的语文教学思想也因此得到广泛传播。"五重"是基于于老师对语文教学规律的深刻认识,"重情趣""重感悟""重积累""重迁移""重习惯",在一定意义上,可谓说尽了语文的本体特质。每一"重"深入进去,我们都可以领略到于老师对语文独特的发现。如他把"重情趣"放在工具性与人文性统一的高度来认识,他所说的"情趣"首先来自语文本体,"汉字的结构表现了有形的动作,还通过有形的动作提示不可见的精神哲思、文化"(郑敏语)。于老师的课上得那么有味，与他对汉语多层含义的发掘不无关系。当然，这"重情趣"也包括对学生有情，把课上得有趣，而这些与语文本身的人文意蕴、工具价值，皆融为一体，所以课的味道就出来了。

于老师对语文本体规律的深刻把握，还在于他十分注重引导学生绘就心智图景。于老师的教学很重视从一个到一类。从"学会"到"会学"，从"学得好"到"带得走"，这其实都关系到认知框架和心智图景。我们经常强调语文的工具性，而有的学者反对简单地提工具性，因为一味"工具"，本身就是对语言多重含义的遮蔽，一味"工具"，让语言像锤子、铁镐一样，用了就放下了，语言应有的价值就难以实现。语文的工具性在什么意义上有作用呢？只有内化为生命的一部分，构成了我们的认知框架和心智图景，形成了我们认知世界的基本方式，才能发挥作用。恰如有学者所说，儿童通过语言，脱离了当下实际生命的限制，他们得以回忆以往，憧憬未来，想象未必看到、触到和听到的东西，获得了一种独特的观察世界的方式。于老师念兹在兹让学生"带得走"，可以看作是在这方面的努力。

三、对综合素养的不断充实

美国教育家内尔·诺丁斯在讨论教育情境中的人际关系时，特别强调"师者令人惬意的品质"。在我看来，于永正老师就具有"令人惬意的品质"。诺丁斯放在突出位置的是"身体的吸引力"，于老师风度翩翩，儒雅帅气，可以当仁不让。于老师很在意自己成为"文化人"，他说："一个老师能否在学生中站住脚，能否在教育教学中取得好成绩，成为学生喜欢的老师，最终取决于他的文化。"腹有诗书气自华，如荀子所说："君子之学也，以美其身。"于老师的"天生丽质"，再加上后天的"以文化人"，于是"身体的吸引力"就不得了了。

于永正老师说"'以文化人'的'文'，除了书外，还包括艺术"，"实事求是地说，我之所以成为一名学生喜欢的老师，很大程度上，得益于艺术修养的支撑"。于老师有底气说这样的话，于老师的京剧演唱堪称一绝，我曾经说过，于老师大概是全国语文教师中京剧唱得最好的，也一定是唱京剧的人当中语文教得最好的;他的京胡演奏,很有表现力;他的书法可以与"艺术"挂上钩;他的朗诵那是"国标级"的。于老师曾说:"艺术修养提升了我的审美情趣,丰富了我的情感,让我拥有了包容的心和开朗、随和的性格。我的悟性和灵性,有一半儿来自艺术。"我想全面的艺术修养也是于永正"身体吸引力"的重要元素。

于老师的"以文化人"主要在"做",他用一节节课去立德树人,他的人生高度是一节节高质量的语文课垫就的。于老师"以文化人"的"文"还包括读大自然这本书,读万卷书,行万里路,他是积极的践行者,而且,他还带学生走进大自然,他说:"当大自然的美融入了学生的血液,不也会化出一道绚丽的风景吗?"这当然可以理解为他自己实现的一种生命境界。于老师的"以文化人"还在"写",如梁启超先生所说,教书有两种趣味,一方面可以教学生,一方面可以做学问。于永正老师做的就是怎样"教学生"的学问。他的影响力与他的说和写是分不开的。

于永正老师有本书,其中一章是"明天的风景",他认可成就自己的是"明天的风景"。从他讲述自己的故事中,我们可以看到,一个人的有限目标使他成就斐然,走上无限,也使他自己的师者形象不断充实、丰满、完善。

四、对教学艺术的执着探索

于老师的课臻于化境,他是教学艺术的大师,除了以上列举的诸多方面外,我认为还要特别说说他对备课的重视,他曾经对我说,课堂上说的每一句话、每一个教学行为,都要反反复复推敲。看于老师的课,我常常想起木心对陶诗的评说:朴素且精致。正因为他本身朴素,特别用心,于是他的课朴实、扎实、丰实。有人说于老师的课简单,我是不赞成的。于老师的"简"是经过千锤百炼的,是有饱满感的,所以我特别强调丰实的"简"。

于老师给自己的课定了一个标准:有意思。什么叫"有意思"呢? 于永正列出的有:教出恍然大悟来,有意思;朗读好了,有意思;轻松的课堂,有意思;学有收获,有意思。每一点深入下去,都可以看到一片丰饶的语文天地。比如"轻松",于老师是通过研究学生,吃透教材实现的;是通过深入浅出,引导得法实现的;是通过游戏化、幽默感实现的。而于永正老师对朗读几近到了"迷信的程度"(于永正原话),反复揣摩停连、重音、语气、节奏四大朗读技巧,通过朗读走进语文情感的深处,感动学生,让学生感到有意思,可见他把技术逐渐上升到艺术的层面。

于永正老师的课很讲究教学设计,往往又有精彩的动态生成。于是,在他的课上,经常可以看到教学高潮的出现。于老师说课要上得"有意思",其实教学高潮的形成就是"有意思"的高峰现象;于老师说,要让学生有灵性,灵性的闪亮往往也是在教学高潮中出现的。我不反对一些老师把课上得平实,但我更希望一批优秀的老师把课上得趣味盎然。人们常说听到好课,沉浸在美好的艺术享受中,那一定是感受到学生在课堂上获得了审美高峰体验。在教学高潮中,师生的心灵完全敞开了,相互周旋着,融为一体,主体性得到充分释放,灵性也就在闪亮。诺丁斯在阐释幸福教育时曾经描绘过这样一种场景:有时,在晴朗的白天,从日落到日出都会有一缕红色的光带横跨天空东方。我的卧室面对着大海,躺在床上,我可以看到这红色的影子刚好位于海面上。直到迟迟地落下之前,实际的日光离我窗户偏北一点。我不得不起床,到另一个房间看日出。当我走进书房或种花的房间时,甚至在看见窗户时,我常常会对那穿越我左边书柜的阳光着魔,不得不停下来观赏一会儿。大海在右边,在我向前走再转回来时,我会看到整个日出。而且现在,这儿挡住了光线的方向,光线的图案是最壮观的,有几个早晨它是金色的,还有几个早晨是粉红色的,偶尔,整面墙和所有的书都沐浴在红色的闪亮中。灵性开始升腾。

我以为,诺丁斯幸福教育的最高境界,就是精神性的升腾。在想到、说到、回味到于永正老师的语文教学时,每次,我的脑海里都叠现出诺丁斯描摹的这个场景,灵性升腾的场景。于老师的课进入教学高潮时,就似这个场景,师生相互映照,师生的创造性不断迸发,师生的生命都在升腾之中。即使下课了,这种美妙也会留在记忆中,也会成为生命的一部分。于永正老师人课一体创造的正是最美好的生命成长的图景,最高贵的人生价值实现的图景。

回眸于永正

张　庆[①]

从20世纪70年代末,我就认识了于永正,直到他去世,屈指算来,整整40年。我们的结缘,全在"语文"。

那时我是徐州市的语文教研员。于永正,还有高林生、徐善俊、郝敬华、孙景华等,他们都是我家的常客。见面所谈,三句话不离"语文",名之曰"语文沙龙"。大家你一言,我一语,不经意间就能碰撞出一些"金点子",于永正就自告奋勇,在课堂上做实验。成功了,我们就分头整理实录,或写研究文章。我写的文章相当一部分都与于老师有关,就是这个缘故。后来我到南京编苏教版小学语文课本,还邀请他参与作文部分的编写,以便让更多的老师分享他的教学成果。

一

于永正1942年出生在山东半岛一个普普通通的农民家庭。

他从小就爱好广泛。小学时代,爱读书,爱作文,爱书法,他的家乡是个京剧的"戏窝子",耳濡目染,上四年级的时候,他就能吱吱扭扭拉京胡。中学时代,于永正各门学科成绩都很突出。有一次,语文老师在他的作文后面批道:"语言风格颇似老舍。"老师一句鼓励的话,激发了他对文学的浓厚的兴趣,从此于永正和文艺杂志、文学名著结下了不解之缘,并开始学习写小

[①] 张庆,江苏省小学语文特级教师,原国家课程标准苏教版小学语文教科书主编。长期从事语文教学和研究工作。2013年获"江苏省首届基础教育教学成果奖特等奖",2021年被国家教材委员会评为首届全国教材建设先进个人。著有《我的小学语文观》《面向未来的母语教育》《张庆文集》(八卷本)、《爷爷教我写作文》等。

说和诗歌。

如果说,在中小学时代,他对各门学科的爱好还基本上是出于个人的兴趣的话,那么进入师范,便由兴趣变为了志趣。

他读师范时,学校针对小学教学的实际,向学生提出了"一专多能"的要求。这个提法是具有远见卓识的。于永正立志将来做一个优秀的小学语文教师,为此,他在全面发展的基础上,努力钻研文学、心理学和哲学,涉猎了不少有关这方面的著作,并做了大量的读书笔记,练写了不少小说、散文和诗歌。

作为语文教师的于永正,多方面的才艺让他的语文教学如虎添翼,为他的教学增添了不少光彩。教《燕子》,他又画画,又弹琴,又唱歌,把学生带入了一个非常美妙的境界;教《翠鸟》《草》《壁虎》,他边讲边画,收到了良好的教学效果。于永正上作文课,坚持写"下水文",清新的文笔,浓浓的童趣,有效地开拓了儿童的写作思路,激发了写作的兴趣。

不少教育专家说,语文教师应当是一个杂家——什么知识都通晓一点儿,什么技能都会一点儿。这是很有道理的。于永正可以称得上是名副其实的"杂家"。

二

于永正痴心于语文教学研究,对事业的执着是他成功的关键。

在他评上特级教师以后,有一次,我俩走在黄河岸边。我对他说:"你是就此止步了呢,还是想着在'特级教师'的前边再加上'著名'二字?""不愿意做将军的士兵不是好士兵,我当然想再加上这两个字了。那该怎么办呢?""搞教学实验!天道酬勤,只要选对题目,坚持数年,不怕不出成绩。"

他对作文教学的现状很有看法。写文章应当是有感而发,应该是生活中的需求,可是学生的作文,大都是命题作文,而且是为了应付考试。一次,徐州市有个小学六年级学生写信给《中国少年报》的知心姐姐,反映班主任布置作业太多,往往做到深夜 12 点也做不完。但把收信人和发信人的地址写反了,结果信又寄回了学校,被班主任收到了。这个事情引起了于永正的深思,深感作文教学严重脱离生活需要,认为作文教学必须从生活的实际需要出发,为言语交际的实际需要服务。

于是我们在鼓楼小学开展了言语交际作文的实验。于永正以高度的责任感和极大的热情,率先实验,亲自带实验班的作文课。教学中,他调整、充实了训练内容,并改变了传统的命题作文的训练方式,把作文教学寓于活动、交际之中,使学生感到作文是生活的需要、是交际的需要,让他们在现实的言语交际中学会交际。

搞"言语交际表达训练"教学实验,于永正身体力行,从一年级开始,随班往上带,一搞就是两轮。从1986年到2000年,十几年的时间,他一边作为教研室的教研员,负责全区的语文教学;一边搞实验,在鼓楼小学带作文实验班。

于永正经常忘事。下班会忘了回家吃饭;雨伞不是丢在公共汽车上,就是忘在教室里。有一次,于永正乘公共汽车回家,人到了车上,脑子里还在想《高大的背影》的读写结合点应该放在哪里,选择什么样的写作素材……突然,公共汽车"咯噔"一下停了,老于望一眼窗外,已经坐过两站了!他赶紧下车,再乘车往回走。这一折腾,等他到家,饭菜早凉了。

这也忘,那也忘,只有一件事他怎么也不会忘,那就是他魂牵梦绕的教学。他翻阅了大量资料,反复学习了叶圣陶先生有关作文教学的论述,学习了《教育心理学》以及国内外有关作文教改的信息。他为了思索一个问题、构思一节课,常常夜不能寐。有一段时间,他反复琢磨怎样在作文教学中加强思想教育问题。一次,他已经入睡,蒙眬中脑海里突然迸发出一个念头——采访先进人物!他想,采访先进人物,不仅能使学生获得写作素材,培养他们的言语交际能力,同时也能使学生受到思想教育。他越想越兴奋,干脆披衣下床,拉开电灯,埋头书案,写起他的采访计划来。就这样,一直写到公鸡报晓,东方大亮。有人曾问他,作文教学中的各种"点子"是怎样想出来的,他开玩笑地说:"是睡觉时神仙点化的。"其实,哪里有什么神仙点化,那不过是他思维高度紧张、高度集中的结果罢了,是他入迷的执着追求的结果罢了。

《中庸》有句名言:"诚则明矣。"只要在某一个方面执着地追求,就会形成超乎常人的职业敏感。具有丰富经验的染布技师能辨别几十种不同的颜色,这是"色感";音乐家对声音极为敏感,称为"乐感"。于老师由于常年执着地投入语文教学,把语文课上得左右逢源,出神入化,有人把它称为"课感"。我认为这现象值得我们研究。

三

于永正的课为什么能上得这么好?为什么这么有吸引力呢?对于这些问题,我思考了几十年。后来发现,好的语文课堂,必须是师生之间有交流、有感应的课堂。要如何才能使师生间产生这种"感应"呢?思维科学家张光鉴教授解答了我的困惑:"不是让学生跟老师相似,而是老师要跟学生相似。"细细想来,这话说得太精辟了!

于永正的课正是追求教师与学生相似的典范。他的课能很快地形成一个师生和谐、互动的读书气氛很浓的气场,师生关系融洽,课堂气氛活跃,探究空气浓烈,每每给听课者以强烈的感染,这可以用一个"和"字来概括;在他的课堂上,学生的学习自信心大增,难的似乎也变得容易了,笨学生也变得不笨了,这可以用一个"易"字来概括;学生的思维活跃,乐于主动思考,这可以用一个"思"字来概括。这就是《学记》上所说的"和易以思"。

于永正的课,总能做到"以讲助读、以演助读"。教《梅兰芳学艺》一课,上课伊始,于永正便对学生说:"我知道你们都很喜欢听音乐,今天我要让同学们听一段京戏。"于是就播放了梅兰芳在《宇宙锋》中的几句唱词。优美动人的旋律,独具韵味的唱腔,激起了学生的极大兴趣。于老师问:"好听吗?"学生都说:"好听。""你们知道这是谁唱的吗?""梅兰芳。"老师在电子屏幕上播放梅兰芳的大幅照片,说:"这就是梅兰芳。他是四大名旦之一,是著名的京剧大师。他9岁那年,跟一个姓吴的师父学戏,师父说他眼睛没神儿,不是唱戏的料子。他没有灰心,下决心练好基本功,终于成为世界闻名的京剧大师。想不想知道他是怎么学戏的?""想!"一段唱腔,一幅照片,几句颇能勾起悬念的开场白,激起了学生学习这篇课文的兴趣。上课过程中,有学生提问:"梅兰芳的眼睛真能说话吗?眼睛怎么会说话?"老师听了,并未多做解释,而是请这位学生走上台来,请他试着不说话,只用眼睛作表达,学生按要求一连做了兴奋、难过等数个表情，越做越好，真的靠眼睛传递出感情来，全班学生也就此笃定了"梅兰芳的眼睛会说话"这件事，对梅兰芳也更加喜爱与敬重了。

于永正的课上得很有魅力，他上课就像一块磁石，把孩子紧紧地吸引着。之所以这么有魅力，是因为于永正乐于"蹲下来看孩子"。一次，他要求学生把"春风吹又生"的诗意画出来。小朋友想象力真是丰富极了，画出的风也多种多样。有的把风画成黄色，有的把风画成绿色。按照成人的逻辑，风是无形的，画成黄色、绿色岂不荒谬？而于永正却认真地欣赏着他们的作品，微笑着点评："这位小朋友想，风会挟带沙尘，所以画成了黄色。""这位小朋友想，风会吹绿小草和庄稼，所以他把风画成绿色。"有位小朋友的画作上没有风，永正看过后大加赞扬："草都被吹得倒向一边。这位小朋友没有画出风，却能让我们看到风，真了不起！"于永正真可谓善解"童"意，经他评说，孩子们的脸上现出了会心的微笑，个个心里乐开了花。

于永正在课堂上，还特别喜欢给差生鼓劲。记得有一次上课，当让学生回读课文时，他没有喊那些举手十分踊跃的同学，而是把眼光投向了一个没有举手的腼腆女孩。于老师亲切地问："你为什么没有举手呀？"女孩的声音低得几乎听不到："这么多老师，……我，我，有点怕。""坐在位子上读，是不是好些？就坐在位子上读吧。"说着，于老师蹲下身来给她当面指点。在老师的鼓励下学生居然读下来了，于老师便让全班学生给她掌声鼓励。第一次试读成功，她的信心似乎增加了许多。于老师趁热打铁："读得不错嘛，我看你站起来读，会读得更好的。"她站了起来，脸红红的，越读越流畅，果然比第一次读得好。

"以童心激发童心"，是于永正一生从教的深刻感悟。他常说："我教了几十年的书，把自己也教成了儿童。"这句话特经典，能把这句话参透，我们就能破解他上好课的密码，领悟其教学思想的真谛。

四

于永正得了白血病之后，我想：我该怎么帮助老于呢？我十来年前得过一场白血病,并且已经治愈,这是我独有的资源,我要用我独有的资源帮助老于走过这个"坎儿"。

他在天津化疗期间,我就通过他女儿及时了解他的病情,并及时告诉他遇到什么情况,该怎样应对。有一次,他爱人问我:老于化疗后,胃口不好,怎么办?我就凭经验建议他服用灵芝孢子粉,果然效果不错。这一类的小窍门,我给他介绍了不少。

我还告诉他,走中西医结合的道路,是白血病患者的最佳选择。急则治标找西医,缓则治本找中医。他非常认同我的观点。很快,老于就康复了,面色红润,也胖了起来,看起来跟健康人一样。我对他说:你是知道的,这不叫治愈,这叫缓解。若不注意,还会复发。白血病防比治更重要,重点是防劳累、防生气、防感冒。语文的事暂时就不要做了,可以跟你爱人学学太极拳,唱唱京戏,拉拉京胡。我当时正给青年教师讲《易经》,就用《易经》的道理开导他:你现在刚刚缓解,阴盛阳衰,一点儿微阳,好比是星星之火,要好好维护,千万别折腾,一折腾这火种就熄灭了。

我对他"约法三章":一不要再写文章,二不要再给徒弟研究教材,三不要参加有关教学的活动。他当时满口答应,可是当他身体状况有所好转,就情不自禁地偷偷干起来,而且一干起来就十分投入,乃至一发不可收拾。

很不幸,老于的病复发了。刚上化疗,血小板就打没了。没了血小板,随时有可能发生脑出血或内脏出血,危及生命。大家都以为这一关老于怕是闯不过去了,就在这个档口,有个老师给他介绍一个治白血病的偏方——用猫眼草煮水喝。他抱着试试看的心态喝了几剂,没承想竟然再一次缓解了。大家都喜出望外,庆幸他又度过一劫。

我说:"老于,你的命真大,太幸运了。以后可不敢再折腾了!"他连说:"我懂,我懂,再折腾我的小命就没了。"我说:"留得青山在,不怕没柴烧。坚持五年,如不复发,就彻底痊愈了,到那时,你想做什么就做什么。"后来的事实证明,撼山易,让于永正不搞语文,太难了!

于永正经常说"我就是语文",我终于明白了,语文就是老于生命的一部分。第二次复发后,我去看他,他说:"活着干,死了算。愿老天爷再给我半年时间,让我把《于永正的故事》写完,我就死而无憾了。"我被他的执着打动了,再也不忍心继续阻拦他了。

我看他之后的第二天,他就入院去接受治疗。没承想,这次见面竟成永诀!他去世的当天,几位好友来找我,要我给老于的灵堂拟个挽联。我思索了一会儿,提笔写下14个大字:

> 教坛出巨匠
> 白首怀丹心
> 红烛泪干(横批)

是的,他像一支无比硕大的蜡烛,无怨无悔地燃烧了一生,用他的光辉照亮了成千上万小学生的心,照亮了弟子们攀登事业高峰的崎岖道路。

行文至此,我的脑海里忽然跳出了冰心的几行诗:

> 成功的花,
> 人们只惊慕她现时的明艳,
> 然而当初她的芽儿,
> 浸透了奋斗的泪泉!

第八章 于永正:"人生是花,语文是根"

始终不忘记自己也曾是一个孩子[①]

于 然

我的父亲于永正对我的影响无处不在,深入我的灵魂。爸爸一生从事语文教育事业,虽然我是一名小学英语老师,但是爸爸的教育理念同样适用于英语课堂,我是最直接的受益者。回忆同爸爸在一起的一桩桩、一幕幕,既是为了纪念,更是为了传承。

爸爸教我学做人

爸爸是懂爱的人。

爸爸爱国,爱家乡。他每天都看《新闻联播》《海峡两岸》,读书看报,关心国家大事。对于生他养他的家乡胶东半岛,一直念念不忘。我虽然生在徐州,长在徐州,但是我一直把自己当作山东姑娘,因为我经常从爸爸口中听到故乡,跟着爸爸去过故乡,也爱那里的山山水水,仿佛被故乡的山水滋养了一般。爸爸也常去故乡探亲访友,去故乡的学校给老师、同学们上课。

爸爸爱大自然,爱生活。他爱山乐水,喜欢大自然中的一草一木、雾雨云风。他在大自然、在生活中处处都能发现美,拉京胡、唱京剧,琴棋书画样样精通,把生活变成了艺术,让平凡的日子充满诗意。就连叠被子这样的小事儿也做得一丝不苟,边边角角齐齐整整,叠成豆腐块,仿佛被子也是件艺术品。

爸爸爱家人,爱亲人。为了减轻妈妈的家务负担,爸爸承担了家里一年

[①] 原文刊发于《人民教育》2021年第17期,选入时有改动。作者于然,江苏省徐州市大马路小学教师,于永正女儿。

四季的洗衣任务,还总骄傲地说自己是"省电牌洗衣机"。外婆和我们一起生活了几十年,她的衣服全都是爸爸洗。爸爸经常陪外婆聊天,嘘寒问暖,给她添置新衣。外婆说,她有我爸这个女婿是上辈子修来的福气。

　　从小到大,我都是在爸爸无比宠爱中长大的。我常常想起——爸爸背着我上幼儿园和一年级,爸爸爱给我买礼物,爸爸带我游泳,爸爸带我溜冰,爸爸出差的时候给我寄当地的明信片,上面写满了对我的爱……爸爸从没对我发过一次火,总是微笑着对我说:"我的小然然……"无论我成绩好还是退步,爸爸总是慈爱地摸着我的头说:"我女儿真好!"

　　爸爸常说:"要常怀仁爱之心,常修宽人之道。"他是这样说的,也是这样做的。他一生宽厚待人,谦逊友善,从不论人长短,他口中常提的是别人的优点,对于不认同的人或事,理解、宽容是他的态度。

　　小区里的清洁工人夏天干活汗流浃背,爸爸经常让他们来家里喝水,每次都微笑着问:喝凉点的还是热点的?给他们拿水果,如果他们不愿意吃,爸爸还会追出去硬塞到人家手里。家里来了修理工或者家政人员,爸爸也端茶倒水,嘘寒问暖。妈妈经常笑着说爸爸:"于永正同志,你就是热情过度。"

　　爸爸生病住院期间,每次护士换水递药,他都会微笑着说谢谢,即使到生命尽头非常虚弱的时候,也依然如此。我心疼他,不想让他多说话:"爸爸,我替您说。"爸爸却说,只要还有一口气都要道谢,这就是爸爸骨子里对人的尊重。爸爸住院期间,周围有不少来自外地的病友,爸爸总让我尽可能给他们帮助,比如给他们带点家里做的饭菜,帮他们打热水,等等。

　　爸爸常说,帮助别人就是帮助自己,要懂得给予。受爸爸的影响,我也总是尽己所能帮助需要帮助的人,给别人送去温暖。一天傍晚,我在回家的路上看到一位老人在路边卖桃子,天已经快黑了,可桃子还有一大堆。为了让老人早点回家,我就把桃子"包圆儿"了。当我把一大袋桃子带回家时,爸爸妈妈都很吃惊。我说明原委,爸爸笑呵呵地说:"然然这一点,随我!"妈妈掂掂袋子说:"18斤?好像不够吧。"果不其然,一称,15斤。我当时气坏了,觉得自己成了东郭先生。可爸爸却说:"天色晚,还是老人家,应该是看错了。"我的气顿时烟消云散,心里却更加敬佩爸爸——遇到这种情况,爸爸心里想的依然是对别人的体谅。

第八章 于永正:"人生是花,语文是根"

爸爸教我当老师

爸爸最爱的还是语文教育事业。罗曼·罗兰说:"幸福是灵魂的香味。"我想,爸爸这一生是幸福的,因为爸爸此生深爱的语文教育是他灵魂的香味。爸爸的生命长在语文教育里,他的思想也必将在语文教育里延续。但在我的成长道路上,爸爸从没有对我要求过什么,总是尊重、包容和支持。

考大学报志愿的时候,亲朋好友都建议我报师范——女承父业,可我当时想选商务英语,总梦想自己在谈判桌上"纵横捭阖、挥斥方遒"的样子。在我纠结的时候,爸爸对我说:"然然,不要有压力,爸爸妈妈都尊重你的选择,你要遵从自己的内心,喜欢做什么就去做,无论你选择做什么,爸爸妈妈都会永远支持你!"

大学毕业后我应聘到一家外贸公司,工作十分努力。爸爸非常支持我的工作,看到关于进出口方面的书籍,就会给我买一堆。我自己看着书边学边干,经常把一台沉重的老式打印机用自行车驮回家,在家里打单据。有次到夜里两点,静静的房间里还回荡着我噼里啪啦打字的声音。第二天爸爸用赞赏的眼光看着我说:"打字的声音在夜里听起来格外美妙,我女儿真棒!"

工作之后,我对爸爸的教育事业也有了更多的了解,爸爸经常受邀去外地上课、讲座,赶上周末,有时也会带着我。坐在台下看爸爸上课,感觉课堂上的爸爸总是那么神采奕奕、妙语连珠,在他的引导下,学生学得快乐、学得充实。爸爸和学生在课堂上的表现感染了我,我跟他们一起笑,一起思。课后,很多老师找爸爸签名,请教教育教学中的困惑,爸爸总是耐心地给老师们释疑、指导。看到他们豁然开朗的样子,爸爸忘掉了自己满身的疲惫。

爸爸的徒弟都很优秀,爸爸也总是尽自己所能去帮助他们。有时候电话里指导外地的徒弟朗读、教学、写作,一说起来经常是一个多小时。外地的徒弟来看爸爸,他总是提前晒好被褥,更换床单,铺好床铺。徒弟来了,他们聊教育、聊教学,聊得兴高采烈。

看到爸爸这么受学生、老师、徒弟爱戴,我觉得爸爸很了不起,心里也滋生出当老师的想法。当我把想法告诉爸爸时,他很开心,说:"然然,你有当老师的天赋,小时候不是一直就想当个幼儿园老师吗?不如我们现在当个初中老师试试?"我脱口而出:"不要,要当也是小学老师,小学生可爱。"爸爸笑了:"那我们试试?你想教什么学科?"我又脱口而出:"当然是英语,一来,我的英语好呀;二来,当个语文老师,在你的光环下,我可不干。除非教英语,否则不当老师!"爸爸又笑了,说:"好,当个英语老师。"

定下目标,我便开始努力。我以优异的成绩考取了教师资格证,进入一所小学开始了小学英语老师的职业生涯。6年后,我转正啦。爸爸为我写下了《给初为人师的女儿20条贴心建议》(见附录),这是爸爸从教一生的宝贵经验,也是对我的谆谆教诲和殷切期盼。教书不久,爸爸听了我一节课。课后爸爸说我有成为优秀教师的潜质,有灵气,会上课。在爸爸的鼓励下,我充满自信,也更努力了。

有一次,外地的老师来我们学校,要听我一节课。我在上课的前一天晚上,想想还是和我的"大师"爸爸说说我的上课思路吧,这样心里比较踏实。虽然这个"大师"对英语一窍不通,权当练说一次课。我坐在爸爸身边,一句一句说我的教学过程。爸爸边听边点头,时不时给我一些建议,告诉我几处细节的处理,安排哪些问题,增加哪些互动,应该关注哪些课堂可能生成的东西。最后,爸爸笑着说:"去睡觉吧,这课你一定能上好!"得到了"大师"的肯定,我像吃了一颗"定心丸",安心地睡了一个好觉。

第二天,我的课果真得到了老师们的一致好评,他们说我的课行云流水,课堂轻松、有趣、自然,生成的东西很精彩,能感受到学生对课堂、对老师的喜欢。那一刻我明白了,爸爸虽然不懂英语,可是他给我的点拨,却让我受益匪浅,我意识到教学原来是相通的,爸爸的教学机智、教育艺术是符合儿童学习规律的,是各学科都可以通用的。

我决心开发爸爸这座"宝藏",翻看爸爸以前的教学实录、随笔文章、课堂录像。爸爸的"儿童的语文思想""五重教学法"深深打动了我!原来爸爸真是位了不起的教育家!当我看到爸爸戴上头巾扮演"奶奶"听"孙子"背《草》,看到爸爸变身头戴毡帽、身背猎枪、留着八字须的"猎人",看到爸爸戴上狐狸头饰在"老虎"面前耀武扬威……我常常忍俊不禁后又陷入沉思。

爸爸的教学艺术令我深深折服,我努力揣摩爸爸提出的"儿童的语文"思想及五重教学法,运用于我的英语课堂教学中。争取像爸爸那样,成为不太像老师的老师,上不太像课的课。在设计教学时,我时常问自己:这节课有趣吗,能吸引我的学生吗?那天,我戴着海盗帽,罩着眼罩,穿一身黑衣,脚上还蹬了一双黑色长筒靴,手里握着纸做的尖刀,把一张寻宝图挂在黑板上。学生被我这身打扮吸引了,津津有味地听我讲起关于寻宝的故事,下课了还围着我不停地追问。我想:这不就是爸爸说的"不太像课的课"吗?有趣的课多么令人难忘!

爸爸的教育思想越来越打动我。是啊,像爸爸一样热爱学生,用心钻研教学,就能成为学生喜欢的老师。我努力每节课都有让孩子开心的时刻,表演、编创、唱歌、韵律诗、游戏……在教学上多想点子,多搞活动,给课堂增加乐趣。不知不觉间,我也像爸爸一样收获了学生的喜爱。

爸爸教我什么是坚守教育初心

爸爸曾经有几次转行的机会。年轻时,徐州市组织部门几次想把爸爸调过去,还有一次北京的某位人大代表想让爸爸过去做他的秘书,爸爸热爱语文教育事业,舍不得离开他的三尺讲台,最终都婉拒了。

爸爸当了20多年的一线老师,1983年暑假后调到徐州市鼓楼区文教局教研室,先后任教研员、副主任、主任。在这期间,他依然没有离开教学一线,爸爸在鼓楼小学带了两届实验班,接着又在大马路小学带了一个作文班。到了退休年龄依然没有退下来,在没有一分报酬的情况下继续干到65岁才离开工作岗位。

1985年,爸爸被评为特级教师后,当年的9月就在中央教科所和徐州市教育局教研室两位老师的指导下进行了"言语交际表达训练"的作文实验。实验在徐州市鼓楼小学一年级(1)班这个普通班级里进行。爸爸把这个班级一直带到毕业。1990年又开始了第二届实验,积累了大量的材料和经验。今天,"言语交际表达训练"中的"口语交际"部分已写入国家九年义务教育语文课程标准。"言语交际表达训练"是对我国小学语文教学的一大贡献。1996年,56岁的爸爸送走了第二届"言语交际表达训练"班,又到大马路小学二年级(1)班教起了作文……可以说,爸爸这一生几乎都没离开过课堂。

我原以为爸爸会一直这样美好地执着于他的教育事业,没想到2014年突如其来的一场大病降临到之前从未进过医院的爸爸身上。这场病让我更加全面、深刻地认识了父亲。他留恋生的美好,却又坦然接受别离。在他生病的近4年中,他从未抱怨命运的不公,只是感恩老天的厚爱。爸爸经常说,老天特别厚爱他,他这一生得到的太多太多。他从未胆怯、退缩,总是坦然面对、接受。他从未悲悲切切,依旧谈笑风生,笑看生死,爸爸这种面对死亡的大无畏精神,让我在深深心疼之外,更加敬佩他。爸爸一直是我的榜样,哪怕在生命的最后时刻,也在告诉我,学会面对、接受、处理、放下。爸爸说,如果生命的长度不够的话,那么就用宽度去弥补吧。感谢上苍,即使在爸爸患病休养期间,他仍旧听京剧、读书看报、写作、散步看风景,拓展着生命的宽度。我清晰地记得,爸爸临终前十天,他的徒弟兴奋地发信息告诉爸爸,他被评上当代教育名家了。那一刻,爸爸躺在病床上,身体已经非常虚弱,眼睛里却闪烁着光,高兴地说:"我非常开心!我的徒弟都是世上最好的教育人!"

爸爸患病最后一次复发时,艰难地用我都很难辨别的字迹写出了30篇"我的教育故事"。看着爸爸虚弱却坚韧的身影,我看到了一个教育工作者的执着与初心坚守!临终前,爸爸说他很遗憾,他想写100篇,他想再多给老师们留一些有价值的东西,但也许有遗憾的人生才是真实的吧。

时至今日,我依然常常翻看爸爸给我写的《给初为人师的女儿20条贴心建议》,这当中凝聚着爸爸对我的期望,这也是爸爸对所有刚走上教育工作岗位的年轻教师的贴心建议。我牢牢记住爸爸的谆谆教诲。爸爸说,要尽快记住每个学生的名字,所以我每接新班的时候,都能在一周内记住三个班的学生名字。学生在听到我叫他们名字时的欣喜让我更加体会到爸爸的用心。能叫出每个学生的名字,这是学生与我情感联结的纽带,每个学生都觉得他在我心中是最重要的人,从而更加亲近我。亲其师,信其道,我和学生之间的共同学习之路就此开启。感谢爸爸。

第八章 于永正:"人生是花,语文是根"

朦胧中,爸爸笑吟吟的面容又浮现在书页间,他的话也时常萦绕在耳边——

尊重善待每一位学生,对学生宽容,不要忘记我们自己曾经也是个孩子。只有那些始终不忘记自己也曾是一个孩子的人,才能成为真正的老师。

理想的课堂上,应该经常会出现这样的场景:老师蹲或半跪在你的身旁,耐心地为你讲解每一个困惑,直到你弄明白为止。

"你的书写真工整""读得棒极了""你的表演打动了我"这些话语应该充满着整个课堂,每个学生在这种激励下,都会想表现得更出色。

善待每一位学生,尤其是后进生,后进生更值得关爱,做个学生喜欢的老师。

……

抹去眼中的泪水,我更加坚定了心中的信念:爸爸,我一定向您学习,努力做一个学生喜欢的老师。

从前总感觉爸爸给予别人的爱太多太多,爸爸患病期间也让我深刻体会到"爱出者爱返,福往者福来"的含义。他在患病期间得到医护人员、家人、亲友、徒弟甚至陌生人很多的关爱,这些爱也将在我心里留下不可磨灭的印痕。

我感恩大家对爸爸的厚爱。我感恩,爸爸的徒弟和受他教育教学思想影响的老师在祖国的四面八方传承着"儿童的语文"教育理念,为祖国的教育事业呕心沥血、发光散热。我感恩,无数个我知道、不知道的教育工作者,在用自己的智慧、心血培育着祖国的下一代。我感恩,我是爸爸的女儿。

爸爸高尚的人格魅力、艺术魅力,把教育事业当作毕生追求的恒心以及他对教学的探索、钻研、痴迷精神,造就了他扎实、精妙、清新、独特、隽永的艺术课堂,爸爸的教育思想就像夜空里最亮的那颗星星,必将一直指引我,照亮着我前行的路。

附录:《给初为人师的女儿 20 条贴心建议》

给初为人师的女儿 20 条贴心建议

于永正

女儿要当老师了。她和所有即将踏上神圣教坛的年轻人一样,既激动又不安。由于她是非师范院校毕业的大学生,心里就更没有底儿了,于是向我讨教,索要"锦囊妙计"。我说:"妙计没有,经验倒是有一些。"她说:"那就请老爸支几招儿吧!"

下面,是我和女儿谈话的要点,算是为她支的招儿。

1. 教师要在上课铃声未落之前到达教室门口

铃声落了,教室里的多数人如果对你视而不见,依然我行我素,乱哄哄的(低年级小朋友尤甚),你不要发脾气,要静静地观察每个人,目光不要严厉,但要犀利、灵活、有神。一般情况下,片刻之后,多数学生会安静下来。此刻,你一定要及时给学生们一个满意的表情,表扬表现好的人,表扬要具体,指出哪一排哪一组的学生安静,哪些学生坐得端正。

如果还有人在说话,甚至打闹,则用一种期待或者严厉的目光"盯"住他。无效,则点明某一排或某一组的某一人仍在做影响大家上课的事,因为你不可能知道他们的名字。再无效,则迅速地走到他们眼前,请他们站起来,严肃但措辞文明地告诉他们,之所以请他们站起来,是因为他们无视课堂纪律,影响了别人的学习。必要时,则请他们把名字写在黑板上,然后说一句:"噢,你叫李勇,你叫王强。"不要指责,更不能挖苦。这一招儿肯定有效。千万不要不管班级里怎么样乱七八糟,傻乎乎地走进教室立刻开始教学。否则,你很难把课上下去。

2. 一旦进入课堂,就要像京剧演员一样,精气十足

走进课堂,要把 90% 的注意力放在学生身上,10% 的注意力用在教学方案的实施上。要善于用眼睛表达你的满意、生气和愤怒。尽量不要吼叫,训斥只可偶尔为之。

目光要经常瞥向那些神不守舍、好动、好说的学生。可以请他们做点事——比如读书、读单词、表演、到黑板上默字等,这叫"以动治动"。最要紧的是不断地鼓励、表扬、提醒学生,但话要简洁明了,忌婆婆妈妈式的唠叨。

这样的表扬会更有效：

"第二组同学坐得最端正。"——如果班级里某一个角落出现"骚动"。

"李勇的眼睛一直看着老师。"——如果李勇的同学走了神，或者在做小动作。

"小强同学善于思考。"——如果小强的同桌读书心不在焉。

要把问题消灭在萌芽状态。必要时，把个别学生的座位调动一下，最好把个别自觉性差的学生调到离老师近的位置。对此类问题，处理要果断，快刀斩乱麻，不必说为什么。最不得已的手段是惩罚——如罚他停课。但最好不要在上课时请他到办公室去，课间休息时，把他请到办公室去。

惩罚尽量少用。千万不要体罚，切记。宁肯让教育失败一次，也不要因体罚而造成更大的失败。这种失败是无法挽回的。

3. 要尽快记住每个学生的名字

首先记住表现好的和表现差的学生的名字。直呼其名地表扬胜于不指名道姓的表扬，指名道姓地批评、提醒，有时效果更好。把所授课班级的学生座次表写出来，上课时放在讲桌上，这样做，有助于记住学生的名字，尽快地了解每个学生及其家庭的情况。

4. 要注意教学形式、手段的变化

低年级学生的注意力是很短暂的。如果第一个词是老师领读，第二个词也是，那么第三个词就要请优秀的学生当回老师了。第一遍读课文是齐读，第二、三遍最好自由读，或者同桌之间互相读。读书、读词不要让学生扯着嗓子读。如果让全班学生读单词，能不能声音由低到高，再由高到低？那一定是很有趣、很有意境的。

板书"大"和"小"，故意把"大"写得大大的，把"小"写得小小的；板书《骆驼和羊》，故意把前者写大，后者写小；板书《鲸》，则特意把这个字写得斗大。如此，学生一定会发出会心的微笑。这也是变化。第一次分角色朗读，全由学生参与；第二次，如果你参与进去，学生一定会读得更有精神。讲燕子、翠鸟的外形，画简笔画；讲鲸，让学生看图片；学习《桂林山水》，看看课件……这些，都叫"变化"，没有变化，学生会厌；没有变化，也就没有教学艺术。

5. 要细心观察学生，全面了解学生，倾听学生的谈话

如果你在适当的时机和场合，不经意地说出某一个学生做的一件值得称道的事或一种表现，他不仅会感到吃惊，而且受到的鼓舞也会特别大。表扬要有实指性，忌空泛。"你做作业总是那么细心，很少有错误。""你回答问题不但对，而且口齿清楚。"——这样说就具体了。恰当地使用肢体语言，可以让学生感到你的真诚和亲昵，拉近师生的距离。如抚肩、握手、贴贴学生的脸蛋等。

6. 搞点小激励

教低年级，可把全班分为几个组，上课时，不论哪个学生在哪方面表现好，都在他所在的组上画一面红旗或一个苹果；有人表现不好则擦掉一面红旗或一个苹果。下课时，表扬表现特别好的组。这个办法对维持课堂纪律很有效。

7. 培养学生的思考能力

不要追求课堂教学的热闹，小手如林，你说我说，有时可能是"虚假繁荣""泡沫经济"。要让学生学会思考，潜心体会文本，告诉学生回答老师提出一个问题必须经过思考方能举手。老师的提问要有一定的深度、难度，要有价值。可以直截了当地告诉学生：我不喜欢问题一提出来就举手的人，喜欢想一想，想好了再说的人。

可不要把孩子教浮躁了。宁静以致远。宁静是心无杂念、专心思考、刻苦钻研的意思。有的学生很优秀，也喜欢举手，你可以这样对他说："我知道你很优秀，当别人说不出、读不好、写不好时，再请你出马，怎么样？"不能让少数学生"独占课堂"。

8. 课间尽可能多和学生一起玩

如果和他们一起做游戏，要遵守游戏规则，倘若犯规，同样要接受相应的处罚。这样，学生就会真真切切地感到你是他们中的一员，你和他们一样。老师要和学生相似，不应该也不可能要求学生和老师相似。

9. 上好第一节课

精心备课，把握准教材，把教材装在心里。准备好教具，组织好教学。一旦学生安静下来，要尽可能地展示自己的特长和才能。如果一开头的一段话热情洋溢;板书的第一个字让学生为之赞叹;第一次朗读让学生为之感动;用丰富的表情和机灵的眼神吸引住学生;得体的幽默让孩子笑起来;充满爱意的一次抚摸让学生感到亲切;教学方法的变化让学生感到有趣,使他们注意力集中。那么,你成功了。如果这样,而且今后也不懈怠,我敢说,你绝对成功了。

以上说的几个方面,能做到一半,也会成功。要有信心,哪一方面不足,就努力去修炼。

10. 肚子里要有几个故事和笑话,找机会讲给学生听

老师讲的故事,学生会终生不忘。忘不了故事,就忘不了你这位老师。讲故事特别能让调皮的学生亲近你。当好动的学生拉着你讲故事时,你不要趁机给他提要求,更不要批评他,否则他会难堪。你可以这样说:"没想到你喜欢听我讲的故事!以后肯定有机会。"要利用这个机会和他们进行交流。

11. 驾驭好课堂

必须这样对影响大家学习的学生说:"这个班不是只有你一个,而是几十个人。你做任何一件事都得先考虑:会不会影响大家。利己,但不能损人。损人利己是大家所不容的。"对低年级小朋友可以把话说得浅显一些:"你一说话,就会影响别人听讲、做作业,所以请你不要随便讲话。"

课堂上,教低年级的老师说得最多的话是组织教学的话。"苦口婆心"这个成语,是教低年级的老师的真实写照。

12. 要经常注意学习

要经常读——注意,我说的是经常读——教育学、心理学以及教学论等方面的著作,要养成翻阅各种教育杂志的习惯。读书要跟自己的实际联系起来,要把读书所得运用到工作中去。建议你做读书笔记,把名言名句记下来。

13. 如果犯了错,向学生道歉

如果你犯了错误,比如问题处理不当,说话欠妥,甚至体罚了学生,一定要当着全班学生的面认错,向学生道歉。老师向学生认错、道歉,错误就成了一种教育资源。

14. 讲到重点、难点时，一定要进行组织教学

讲到重点部分，或者讲到关键问题的时候，一定要组织教学，给注意力不集中的人提个醒儿，否则，学困生的队伍不断扩大将是不可避免的。

15. 切不可让学生看出你的偏爱

品学兼优的学生谁都喜欢，但切不可让学生看出老师的偏爱。偏爱是当老师的大忌之一。你和孩子相处时间长了，会感到每个孩子都有可爱之处，即使长得丑的学生，慢慢也会看顺眼。更要关心学困生，让学生感到你赏识他的办法很简单——主动地和他们说说话；夸夸他们的某一长处；拍拍他们的肩；和他们一起玩，如掰手腕；请他们替老师做点事，如收收作业本等。如果掰手腕，你让着学生点，而且让他赢一次，他一定会兴高采烈，念念不忘："哇，我战胜了老师。"

16. 最好当班主任

最好当班主任。当班主任，才能真正感受到当老师的甘苦，才能锻炼自己。如果当了班主任，别忘了搞活动。想一想，你童年时代最喜欢什么活动，那时你希望老师搞什么活动。搞活动最明显的作用是能增强学生之间的团结和班集体的凝聚力。

17. 对学生要严格要求，但不要太厉害

清代的冯班说："师太严，弟子多不令。柔弱者必愚，强者怼而严，鞭扑叱咄之下，使人不生好念也。"意思是说，老师如果太厉害了，懦弱的孩子就会被教愚笨，个性强的孩子会变得暴戾。什么事过了头，就会走向反面。

要像孔子说的那样，做到"温而厉，威而不猛，恭而安"。如果你今天狠批了张三一顿，明天一定要找个理由表扬他。至少要主动和他说话，就像昨天什么事也没有发生过。

18. 对所有学生家长都要以礼相待

不要在家长面前指责学生。对任何学生都要首先肯定他的长处，把优点放大，也要让学困生的家长树立心。"罗森塔尔效应"同样适用于学生家长。

尽量不要请家长到学校来，而应该主动到学生家里去，老师踏进学生家门，而且心平气和、推心置腹地和家长交谈，学生和家长该是一种什么感觉、

一种什么心情啊！在这种情况下,我想,无论谈什么,学生和家长都会接受。

19. 多听别人的课

记得京剧艺术大师梅兰芳说过这样一句话:"不看别人的戏,就演不好自己的戏。"演戏如此,教学也如此。我实习的时候,就是先听别的老师上课。至今还记得当时老师上课的情形。看优秀老师的课,就是读活的教育学、活的教学法,这与读书的感受是大不相同的。你走向讲台前以及走向讲台后务必抽时间听听别人的课。我要不是听了众多的优秀课,恐怕是不会把课上好的。也可以这样说:"不听别人的课,就上不好自己的课。"

20. 学高为师,身正为范

以上说的,都是初为人师时所要特别注意的。你今后若有志当老师,请记住古人的这两句话:学高为师,身正为范。虽然此话只有八个字,但它把怎样当一个好老师讲全了。若干年后,当你把这两句话读"厚"了,读成一本书了,你就是个很优秀的老师了。

我相信你会成为一位十分优秀的老师!

点亮人生　润泽生命
——记我的恩师于永正

刘　杰[①]

不知不觉中，师父于永正已经离开我们六年多了。我们都很想念于老师，却常常感到他还在身边，校园里慈祥的塑像、走廊上经典的名言、于永正研究所细腻的画作、名师工作室潇洒的书法……都默默地陪伴着我们、温暖着我们、照亮着我们。而每回想到于老师、说到于老师，大家都会不约而同地谈起和于老师在一起的乐事、趣事，他是那么具有人格魅力，顽皮可爱，幽默睿智，谦逊自然，朴实简单。他对我的影响是深远的、是持久的，他的教育理念、教育思想、教学艺术也已经浸润到大马路小学教师们的血液中，提醒着、引领着、激励着我们不断前行……

"就是带着学生玩呗！"

初识于老师，是阅读他的《教海漫记》，这本书我翻了很多遍。我惊讶地发现原来可以这样当教师啊，和我最初对这个职业的认识完全不同，真没想到教书这个工作竟然如此好玩！书中的教学故事幽默、轻松、丰富、有趣，于老师的教育生活不受拘束、自由自在、创意无限、乐趣无穷！这让我对教育教学工作产生了极大的兴趣，我迫不及待地把于老师的做法一一实践到我的班级管理和语文教学中，取得了很好的效果。站在于老师的肩膀上，借助于老师的智慧，我在不断成长的同时也感受到教师职业浓浓的幸福感。

---

① 刘杰，徐州市大马路小学教师，于永正老师的徒弟，江苏省于永正语文教学研究所成员，先后被评为国家重大人才工程项目教学名师、全国模范教师、全国优秀班主任、正高级教师、江苏省特级教师、江苏省劳动模范、"苏教名家"培养对象。

于老师多才多艺,活泼开朗,爱玩会玩。他擅长绘画、书法、京剧等,自小就跟着老师拉京胡、唱京剧,博大精深的京剧丰富了他的精神生活,培养了审美情趣,提高了文学素养,发展了思维,启迪了智慧。于老师说,京剧界有句话叫"无丑不成戏",看戏是愉悦的事,但是戏太"文"了,时间太长了,观众也会疲劳。如果小丑一出场,剧场内顿时就会活跃起来,使观众感到轻松,京剧里的丑角是教会他幽默的第一位老师。他特别强调"幽默是教师的第一位助手",他有效使用这一得力的助手陶醉了学生,也陶醉了老师们。

聆听于老师的课,你会发现他的课堂情趣盎然,氛围轻松,一节课总是不知不觉就过去了。尤其他蹲下来看学生,理解学生、尊重学生,常常出其不意地"幽上一默",放松学生们紧张的神经,驱走他们身上的疲劳。有一回,他给学生上《翠鸟》第三段,发现学生小庆打了个呵欠,又与同桌嘀咕起来,于老师微微一笑、计上心头,语调平缓却十分认真地说:"小庆,请你去逮一只翠鸟。"小庆慢慢腾腾站起来,很茫然。于老师又重复了一遍刚才的话,并加了一句:"请你不要推辞。""到哪儿去逮呢?"小庆可怜巴巴地说。其他学生也是面面相觑,于老师忍住笑,说:"你看看书嘛,大家都读第三段,看看到哪儿去逮,看出来以后告诉小庆。"还没等别人发言,小庆自己说:"翠鸟不好逮,它住在陡峭的石壁上,洞口小,里面又深,谁上得去呀?"于老师哈哈大笑,小庆说的正是第三段的主要内容。当于老师问小庆为什么老师请他去逮翠鸟时,小庆不好意思地笑了,说:"刚才我和同学说话了。""你有点疲劳了,是不?不过逮翠鸟这个光荣而艰巨的任务你虽然没有完成,却帮助同学们读懂了第三段,功不可没!"学生们都笑了。这就是于老师啊,巧妙地保住了学生的自尊,点出了不足,化解了尴尬,正如他所言,"我教来教去,把自己教成了孩子",他始终保持一颗童心,始终和儿童学在一起、玩在一起。

有一回,我听完于老师的课,佩服地说:"师父就是师父,您的点子就是多!"于老师满脸都是笑:"语文课,就是带着学生玩呗!"我豁然开朗,是啊!一个"玩"字似乎概括了于老师的教学风格——幽默诙谐、轻松自然,怪不得他把"重情趣"放在教学的首位,怪不得他反复强调:"语文课,要有意义,但更要有意思、有趣味,要让学生愿意学,乐此不疲!"这不正体现了语文课程的生活化、儿童化、游戏化吗?学生怎能不愿意自主参与、自主学习、自主发展呢？受到于老师的影响，我也成了一个"爱玩"的老师，不知不觉中竟然"玩"了32年。为了让学生玩得有目的，玩得有智慧，玩得有效果，我在钻研教材上下功夫，在朗读课文上下功夫，在教学设计上下功夫，在班级管理上下功夫。学生们在一节节妙趣横生的语文课上、一个个独具特色的班级活动中学会了交流，学会了表达，感受到了语文学习的魅力，体验到了学校生活的乐趣。

于老师在课堂上玩得开心，在生活中更是一个贪玩、会玩的老顽童。有一回，他去昆明讲学，到景洪游览了西双版纳植物园，植物园中有一种树叫"舞蹈树"，导游说这种树听到姑娘唱情歌就会翩翩起舞，便唱了一支傣族民歌，叶子果然动了起来。于老师的好奇心上来了，他与同行的赵主任高声合唱《红灯记》中的"临行喝妈一碗酒"，没想到叶子跳得更厉害！周围的游客以为俩老头得了疯癫症，纷纷过来看热闹，他们却旁若无人，一直唱完，然后如孩童般地拍手大笑。

于老师为人随和，很好相处。他总爱跟别人开玩笑，无论是家人、朋友，还是同事、徒弟，只要和他对话，总能听到他幽默的话语和爽朗的笑声，他思维敏捷、底蕴丰厚，说出的话很有味道，当时觉得好玩，事后再品品，还是会情不自禁笑出声来。即便是发个短信问候一下，他的回复也向来是与众不同、幽默诙谐的，那种豁达、开朗、睿智、淘气，哪像一位七十多岁的老人！

至今还记得2016年末，我去看望病中的于老师。尽管他的身体有些虚弱，却依然眼睛明亮，很有精气神。他声情并茂地跟我讲起执教《那片绿绿的爬山虎》的情形，尤其谈到他在课堂上煞有介事地从口袋里掏出小纸条，学生们好奇不已的有趣场面，他顽皮而陶醉地笑了。这是我最后一次单独和于老师见面，他孩子般的笑容一直定格在我的脑海中，是那么灿烂美好。以后，每次想到于老师，我都想到这样一句话：他来过，他真的玩得很开心，他享受玩的过程，他追求玩的境界……

"模仿是最好的老师"

于老师从事语文教学，极为重视朗读。他说："语文教学的所谓亮点，首先应该在朗读上,把课文的内容和感情通过自己的声音再现出来,这是一种再创造,是赋予作品以生命。师生能读得入情入境的语文课堂,一定是充满生机、充满灵性、充满情趣的语文课堂。"他总是跟我们强调:"课文读不好就不开讲。"意思是如果学生读书不能达到正确流利,是不能进行下一步的语文学习的。假如一堂课上完了,学生还读书读得磕磕巴巴,连正确流利都达不到,那是严重的"教学事故",是低效的语文教学。同样,用这个标准要求语文老师,如果对于自己教的课文不能够有感情地投入地读好,就不要走进课堂,不要"开讲"。

于老师的朗读堪称艺术,他的朗读能力与他的情感、情操、艺术修养密不可分。因为他具备扎实的京剧艺术的功底,具有很强的感受能力、理解能力和表情达意的能力,在朗读时能一下子捕捉到文章的思想感情,并与之产生共鸣,悲痛处为之落泪,惋惜处为之顿足。尽管他有一口"标准的胶东普通话",音色也不是那么完美,但学生和老师们都很喜欢听他朗读课文,听他读《马背上的小红军》会禁不住落下眼泪,听他读《狐假虎威》会乐得捧腹,听他朗读《我的伯父鲁迅先生》会被鲁迅先生的高尚品质深深感动……《小稻秧脱险记》《第一次抱母亲》《秋天的思念》等课文中那些精彩的片段,于老师总能信手拈来,熟练背诵,通过声情并茂的语调、节奏、韵律再现文章的美,把抽象的语言文字变成动听的声音信息,使听者进入文章的意境,得到美的享受。

我曾经好奇地请教:"于老师,您的朗读水平这么高,是不是和从小唱京剧有关?"他一听到"京剧"二字,顿时神采飞扬,说:"当然,京剧讲究坐念唱打,念对白是基本功,读得很夸张,很有味道!"我追问:"那您是怎么练的呢?每天都坚持念?"于老师想了想:"主要是听,听得太多了,听多了就会了。"说到这儿,于老师提到了他的名言——"模仿是最好的老师"。他说:"学语文,靠的是模仿。老师的字写得好,课文读得好,作文写得好,学生耳濡目染,受到熏陶,自然也会写字、会朗读、会作文,还愁语文学不好吗?"

于老师曾经给我们全区的老师做了关于朗读的讲座,从停顿、重音、语气、节奏四个方面一一阐述,并出示了典型的片段对老师们进行现场朗读指导。他特别强调:"在语文阅读中,文本语言具有双重身份。一方面,它仍然是信息的载体、认识的工具,学生必须以它为凭借,披文得意,入情悟理,学习思想,接受熏陶;另一方面,它又是认识、学习的对象,阅读时不仅要接收信息,更要认识掌握载体本身。"讲座即将结束时,于老师说:"朗读文章——这是最见功底也最显才情的事。读得好,文章就成了'自己的'了,这是提高语文成绩的一大秘诀。"

于老师重视朗读教学,要求我们备课的时候先"备朗读"。我们作为徒弟都很清楚,如果请于老师辅导课,一定要先把课文读出味道来,如果读不好,师父是要批评的。2012年9月,在"于永正从教50周年教育教学思想研讨会"上,我作为徒弟,有幸上一节公开课《装满昆虫的衣袋》。初次试讲时,于老师给我提了几个很好的建议,并说:"来,刘杰,你把课文读给我听听。"我有感情地把课文读了一遍,自我感觉很好,于老师点点头:"嗯,读得不错,但是还不够自然,比如,法布尔喊妈妈的时候,要读出距离感'妈——妈——,我在这儿呢!'……来,听我给你读一遍。"也是神了,于老师一范读,我就发现自以为读了很多遍的课文,其实并没有走进去,只是浮在文字表面上。他的朗读让那些文字仿佛突然活起来,有了画面,有了生命。在此基础上,再来思考教学设计,竟然发现许多困惑不攻自破,许多灵感突然迸发。上完公开课,于老师握着我的手说:"刘杰,你的课上得不错,上得不错!"我欣喜又惭愧地说:"于老师,我还有不满意的地方,还可以上得再好一些。"于老师赞许地笑了,说:"慢慢来,你会像师父一样自如的!不论以后上什么课,一定要把课文读好!"看着于老师慈祥的笑容,我觉得很温暖,也很感动……从那以后,我无论带哪个班,都特别注重朗读训练,"模仿是最好的老师",我的范读得到了学生的多次掌声,和学生一起有声有色地读课文,真是一大享受!

"剜到篮里就是菜"

真正拜于老师为师是在我工作的第11个年头,其实,我刚参加工作的时候,就得到过他的鼓励,尽管他当时并不太认识我。那时,他在区教研室做语文教研员,经常下到学校检查作业、备课等。有一回,他来我们学校,看到我的教案里夹了一本薄薄的教学札记本,非常欣赏,当即拿起笔在我本子的扉页上写下了这样的话:"认真写三年教案,未必会成为一个优秀教师;认真写三年教学札记,一定能成为一个有思想的老师,说不定还能写出一个教育专家来!"看着于老师潇洒的字体、鼓励的话语,我大受鼓舞。从那时开始,我就养成了写日记、写随笔的习惯。三年后,我虽然没有成为教育专家,但是进步是令人惊喜的。

拜于老师为师后,我经常向他请教,当他知道我为写文章犯难时,爽朗地笑了,说:"先不管写得怎么样,剜到篮里就是菜!""剜到篮里就是菜"这句朴实的大白话让我感到非常亲切,意思是不管什么样的菜,只有剜到篮子里,才算是自己的,才是有所收获的。想吃菜吗?自己去剜!想取得一些成绩吗?赶快去行动!努力了不一定成功,但不努力永远不会成功。于老师不也是这样一步一步成长起来的吗?他谈到自己的写作经历,是从上初一的时候开始的,南开大学刚毕业的李晓旭老师给他批改作文,评价"此文有老舍风格,可试投《中国青年报》!"从此以后,他就想当作家,读遍了老舍的书,开始写小说、写散文、写诗歌。几乎所有的时间都用来读书、写作、进修,有空就到学校图书室去。凡是鲁迅、郭沫若、巴金、茅盾、叶圣陶的书都看,边看还边做摘抄。他从那时起,做起了作家梦,开始了爬格子生涯。他坚持了好多年,天天记日记,每年都会保存七八本,而且会像培根一样,口袋里常装支笔,随时记下瞬间的思维。于老师说他曾给各种报纸杂志投稿子,从1957年一直到1980年,存了一箱子的退稿,却仍然不停下手中的笔,直到1980年底,于老师39岁的时候,他撰写的《选材与命题》发表在《江苏教育》第12期上,同月,小说《没脑子的人》刊登在《徐州日报》上。到了1999年11月,于老师的《教海漫记》第一次印刷,在全国引起了极大的反响,他书中的文章多是从日记中提炼出来的,点点滴滴,看似不经意,其实花费了很大精力。于老师的亲身经历告诉我们,如果不是每天踏踏实实地"剜",每天在篮里放些"菜",他不可能有后来的厚积薄发,不可能在近八十岁的高龄依然思维敏捷、笔下生花。于老师在《爬格子》一文中,语重心长地写道:"我曾经对青年老师讲过,不要懒惰,不要强调自己忙,一定要拿起笔写东西,从一节课写起,从点滴小事写起。如果我没有爬格子的习惯,充其量是一个好的教书匠。"

2013年8月,我跟于老师去青岛一所实验学校讲学,在回来的火车上,于老师提醒我:"你讲座中的那个案例很感人,可以写下来投稿。"我回到家当天就写下来,请于老师修改,没过多久果然发表了。在于老师的激励和引领下,我逐渐由一个新手型教师转变为经验型教师,继而成为研究型教师,然后向着专家型教师的目标努力。受到于老师的启发,我带领徐州市大马路小学名师工作室的"自主·成长好教师团队",特别鼓励老师们笔耕不辍,记下自己的所思所感,即便是水平不高,但只要坚持不懈,"以我手写我心",个人的成长都是显而易见的。我们的团队先后培养了两位特级教师、一位正高级教师、多位中学高级教师、数位徐州市优秀骨干教师。更令人欣慰的是,老师们在"剜"的过程中体验到了职业的幸福感、工作的充实感、个人的价值感。一位老师说:"每天找米下锅,每天开动脑筋,我感到思维更加敏捷,眼光更加锐利。如果每天不'剜一剜',感觉自己就像没有做思维体操一样,全身没有朝气。"说得非常实在,这就是表达的需要! 当它成为一种需要,"剜"就成了一件快乐的事,当它成了一件快乐的事,教师何愁不成长、不发展、不幸福呢? 这些岂不都是于老师带给我们的启发和恩惠吗?

"带好你的班儿,带好你的学生,否则,什么都是空的!"

2007年,34岁的我评上了特级教师,于老师深感欣慰,我们俩在大马路小学的尚美楼边走边交流,于老师向我祝贺过后,语重心长地嘱咐我:"刘杰啊,要记住,带好你的班儿,带好你的学生,让学生喜欢你,让家长满意。否则,什么特级,什么名师,都是空的!"我点点头,把这话铭记在心,这么多年来一直努力践行,尽己所能带好班级、带好学生、带好团队,不让师父失望。

"做学生喜欢的老师"是一个老师最应该做好的事情,学生爱老师有多深,受其影响就有多深,爱上老师,就爱上了老师教的学科,就会爱班级、爱学校、爱生活。那年,我带了一个新班,担任六年级四班的语文老师和班主任,家长们早已听说我众多的称号,面对家长们期待的眼神,我在第一次开家长会时就说:"感谢家长们的信任,我会努力做学生喜欢的老师,如果孩子们不喜欢我,家长们对我不满意,我再多的称号、再多的荣誉,对学生而言也是空的!"为了让学生们喜欢我,一开学,我就把我的硬笔书法作品贴在教室里展览,还教他们唱歌、画画、做游戏,开展丰富多彩的班级活动。接班不久,一个女生就在日记本上写着"特级教师果然是特级教师,连语文课也上得这么有意思",班里学习后进的小陈主动对我说:"刘老师,自从您教我,我觉得自己吧,比以前好点了。"学校教导处的许主任走进教室,对学生们说:"你们的刘老师要参加'我最喜欢的老师'评选,请你们给刘老师打个分。"许主任的话还没说完,学生也不清楚到底打的什么分,就响起了热烈的掌声,每个孩子都使劲鼓掌,还有几个男孩大声嚷嚷:"打100分,打100分,我们给刘老师打满分!"如此热情洋溢,让我感动不已,"金奖银奖不如学生的嘉奖,金杯银杯不如家长的口碑"。在我眼里,孩子们的评价是最高荣誉啊!当我自豪地把这些告诉于老师,当我把一个班学生写的字装订好给他看的时候,他非常满意,笑眯眯地对我说:"刘杰,不错,做得不错!"

于老师作为全国名师,获得了很高的荣誉、很多人的崇拜和赞誉,但是他从来也不张扬,更没有架子。正如他在《做"甘草"》一文中提到甘草的特性:性温、味甘、包容、调和,他对人极为尊重,始终保持着温和、谦逊、宽容的态度,这一点让我很受教育。有一回,我跟随于老师去讲学,主办方派司机来接,于老师专门询问司机师傅的姓氏,并向他很客气地问好,在车上也不忘关心司机师傅,临下车还特意跟司机告别,那位师傅非常感动。还有一回,他要上一堂公开课,修改PPT的时候,发现自己的名字"于永正"写在了单位的前面,就让我把名字放在单位后面去,而且特意嘱咐,把他名字的字号再缩小一些。我一边照做一边暗暗感叹,细节之处更能彰显美好品格啊,于老师能够坚持本真,保有初心,不把自己看得那么重,是一种修养,更是一种境界!于老师曾说:"不要把自己太当回事!也不要把别人不当回事!"他让我明白:一个人无论多么有名气,都不要忘记自己是谁,都不要把自己看得太重,都不要忘记尊重别人,尤其是默默付出努力的平凡人、劳动者,他们更值得我们的关怀和善待。后来,当我先后被评为"江苏省特级教师""江苏省名教师""苏教名家培养对象""国家重大人才工程项目教学名师""全国模范教师""全国优秀班主任"的时候,我都效仿于老师做人做事的态度,保持本色、返璞归真、淡泊名利、不骄不躁,做好该做的事情,带好该带的班级和团队,遵循做人之道,走好人生之路……

感恩于老师留给我们的宝贵财富,他给予我的一切让我受益终身!带着师父的嘱托,我们将继续前行,我们将延续他的生命,让他的精神不断发扬!这,或许是对于永正老师最深切的怀念、最真诚的回报、最崇高的敬意!

第九章　教育家精神的特质、生成及启示

习近平总书记说:"人无精神则不立,国无精神则不强。唯有精神上站得住、站得稳,一个民族才能在历史洪流中屹立不倒、挺立潮头。"①无论是个体的进步还是国家的发展,都需要强大的精神力量的引领。

教育家精神是教育家独特的精神特征,集中反映了教育家在长期的教育教学实践中所展示出来的坚定信念、崇高人格、教育情怀、价值观念和专业能力,是被社会各界和广大教师普遍认同的共同价值理念。2023年9月9日,习近平总书记致信全国优秀教师代表,首次提出并深刻阐释了中国特有的教育家精神,即"心有大我、至诚报国的理想信念,言为士则、行为世范的道德情操,启智润心、因材施教的育人智慧,勤学笃行、求是创新的躬耕态度,乐教爱生、甘于奉献的仁爱之心,胸怀天下、以文化人的弘道追求"。这六个方面编织了中国教育家特有的精神图谱,描绘出中国教育家的精神面貌,更凸显了中国教育家精神的特质与要义。我国的教育家精神蕴含着鲜明的国家立场、人格魅力、实践要求、发展活力、情感底色和社会担当。教育家精神不仅是对教育家精神品质的高度凝练,也是对每一位教师的精神引领,是新时代教师的崇高使命和共同追求。

从认识论看,一个完整的科学认识总是在从个别到一般、从一般到个别的循环中完成和深化的。不认识个别、特殊,就不可能真正地认识一般;同样,不认识一般,也就不可能真正地认识个别与特殊。在某种意义上,对事物的一般性的认识更为重要,它不但使某一方面的认识达到相对终点,更重

---

① 习近平.党的伟大精神永远是党和国家的宝贵精神财富[J].求是,2021(17).

要的是能以这种一般的认识为指导,继续研究尚未认识的具体事物。

　　本书前半部分呈现的是对教育家的个案研究,呈现了8位不同教育家的教育人生与精神样貌,认识的是个别化、具有特殊性和唯一性的教育家个体。每位教育家均呈现出其独特的成长道路与精神发展轨迹。本章将从个别到一般的研究视角,分析教育家精神的共有特质,总结教育家精神的生成逻辑与潜在规律,以期能够更准确、更客观地把握教育家精神的实质及发展轨迹,为涵育更广大教师的教育家精神提供启示与借鉴。

第九章 教育家精神的特质、生成及启示

第一节 教育家精神的共有特质

黑格尔认为,精神"在相互差异、各个独立存在的自我意识中,作为它们的统一而存在"①。教育家精神是教育家在教育教学实践中所体现出的对于教育工作的基本态度和职业操守,它通过教育家的思想、实践及行为习惯表现出来,是教育工作者成为教育家的前提条件。

不同时代的教育家,尽管性别各异、成长环境与发展道路不同,个性迥异而鲜明,但都无一例外地呈现出高度的责任感与使命感,将教育看作志业;深刻认识到教育的使命、意义与价值,视教育为自己的事业乃至生命,倾情教育、心系家国,致力于成就每一位学生;他们不墨守陈规,敢于探索,勇于创新;他们直面每一个困难,坚韧勇毅,勇往直前;他们坚守师者的灵魂,为人师表、自觉自律。正是由于具备了这些共同的精神特质,教育家才能够成为教育思想的创造者和教育实践的引领者,彰显出教育家特有的精神风采。

一、心有大我:肩负强烈的教育使命感与责任感

时势造英雄。教育家既是时代变革的产物,更是时代的优秀作品②。纵观人类社会的发展史,教育家尽管身处不同的时代,各有自己的风格和特质,但作为有良知的知识分子,他们大都抱着"教育救国""教育兴国"的宗旨投身教育事业。他们心系家国,总是自觉地把更好的教育与更好的社会联系在一起进行思考和探索,力求以教育的改进推动社会的进步,并将其看作自己的责任。他们把"小我"融入"大我",体现出超越一般教师的强烈的教育使命感与社会责任感。

在中华民族多灾多难的年代,教育家坚持以教育救国为己任。陶行知

---

① 黑格尔.精神现象学(上卷)[M].贺麟,王玖兴,译.北京:商务印书馆,1979:122.
② 陶西平.教育家和教育家精神[J].未来教育家,2015(C1).

立下"四百万"①的宏愿,要改变中国教育的面貌;他在南京北郊创办晓庄师范,在上海先后创办"山海工学团""流浪儿工学团";抗战时期在重庆办起了"育才学校",为民族解放造就了一代新人。陈鹤琴扎根鼓楼幼稚园,深入开展教育实验,他说"活教育"就是要帮助国人"做人、做中国人、做现代中国人"②。

进入新时代,教育家们更是胸怀国之大者,坚定地把教育强国的大任扛在肩头。2001年,我国基础教育课程改革全面启动,教育部相关同志多次邀请鲁洁先生担任品德课程标准研制的领衔人,但她犹豫再三。因为她深知,作为一名理论研究者,将自己的理性思考转化为课程标准和受孩子们欢迎的教材,并不是一件容易的事。但看到我国思想品德课"假大空"、不受欢迎的现状,她深感自己作为德育理论研究者有不可推卸的责任。"我们都是局中人,而不是局外人。我不能袖手旁观,我们也不能只会批判,没有参与,必须承担起这个责任。""课程标准做好了,上亿儿童都会受益。"为此,她下决心要啃下这块"硬骨头","让道德教育成为最具有魅力的教育"。为此,她抛开了诸多顾虑,在71岁高龄时勇敢承担了研制《品德与生活》《品德与社会》课标的任务,甚至做好了失败的准备。当然她也会有种种担忧,说:"反正感觉到自己已经年逾古稀,大不了就了结我的学术生涯,也不后悔。"③真是体现出教育家为教育舍身忘我的悲壮情怀。

其实,以鲁洁先生在德育研究领域的声望与成就,接受这样的委任在他人看来是顺理成章的。但最终促使她接受这项艰巨任务的,却是出于一位知识分子对中国德育高度的责任感和使命感。因为她期望德育课堂是迷人的、充满人性魅力的,是值得学生终生留恋的,也是能让他们终生难忘、终身受益的课堂。所以,课程标准研制结束后,鲁洁先生又接手了《品德与生活》《品德与社会》教材的编写。为了更好地做好教材,她长期蹲点在南京市上元小学,坚持每一课教材都要在课堂里试教,听取一线教师和孩子们的意

---

① 四百万即陶行知开创乡村教育时提出的"筹募一百万元基金,征集一百万位同志,创办一百万所学校,改造一百万个乡村"的教育愿景。
② 吕静,周谷平编.陈鹤琴教育论著选[M].北京:人民教育出版社,1994:340.
③ 冯建军.跟着鲁洁先生学做人[J].中国教师,2021(2).

见,再进行修改。这套教材出版后广受好评,但她仍放心不下:孩子们接受这套教材吗?老师们会教这套教材吗?教材中还有哪些问题?她又开始对新教材的教学进行长期跟踪,并设立小学德育课程教学研究基金,面向全国资助小学道德与法治课的教师开展教学研究。

"我不能袖手旁观,必须承担起这个责任。"这是多么掷地有声的誓言!鲁洁先生执着一生,不断在德育理论上创新突破。她强调道德教育的实践性、生活性和主体性,为道德教育带来了新的思考和启示。作为一名理论工作者,她抛开杂念,躬身入局,殚精竭虑地在教育实践中不断观察、反思、完善、调整、检验和发展自己的教育理念,使我国基础教育的德育课程有了历史性的飞跃。

教育家之所以具有强烈的教育责任感与使命感,究其最深沉的动因,仍是他们对自己的祖国和人民抱有深沉的爱,是一颗赤子之心让他们坚守"从教报国"的远大志向与崇高理想,自觉将教师职业与祖国的命运、民族的未来结合起来。奔涌在他们心中的使命、信仰与志向相互交织在一起,形成一股强大的精神力量,成为他们为教育事业奋斗终生的强大内驱力和永恒动力。正如于漪在回答记者采访时所言:"我常为自己是中华民族的一员而感到自豪和骄傲,更始终意识到自己重任在肩,要终身进取,做一名'合格'的教师。"[1]教育家对教育怀有殉道者般虔诚、炽热、真挚的情感,他们以教育为至上追求,体现出超越世俗功利的超然心态和对教育信念的坚守,令人敬重。

二、"仁而爱人"——深刻理解并践行"教育爱"

教育是"仁而爱人"的活动。正如夏丏尊所说:"教育没有了情爱,就成了无水的池,任你四方形也罢,圆形也罢,总逃不了一个空虚。"[2]换句话说,教育本就是爱的事业,爱是教育的基础,也是教育的最高境界。教育家的仁

---

[1] 余慧娟,赖配根,等.人民教育家于漪[J].人民教育,2019(20).
[2] 亚米契斯.爱的教育[M].夏丏尊,译.上海:华东师范大学出版社,1995:译者序言.

爱之心，不同于血缘之爱，是一种更为深刻与高尚的教育爱。"所谓教育爱，是指教育者所具有的对其本职工作的浓厚的情感"[①]，能够超越阶级、脱离偏见、不受制于情境。教育爱是一种内蕴丰富、淳厚的复合性的深刻情感，是人性美善之爱、职业道德之爱、公民责任之爱的集合体，其核心是爱教育、爱学生。教育爱根植于教师的心里，体现于教师的行为，铭刻于学生的心坎，最终显现于学生的人格上。教育爱，无论以怎样的形式表现出来，其实质都是教育者在与受教育者的交往中产生的，是指向受教育者的、关怀性的、建设性的情感。进一步说，教育爱，并不是先天的和无条件的，它只能产生于师生的交往活动中。

朱小蔓认为，"教育爱的品质是教师专业素质的核心要素，也是教师职业专业化最重要的价值取向。它具有道德的性质，既保障教师专业化的道德方向，也提高教学效能及其内在品质，无论对于小学、中学，还是大学"[②]。历代教育家都深知教育爱是教师工作的基础，也是教育成功的源泉。他们比一般教师更深刻地理解这种爱，更智慧地播撒这种爱，也更自觉地让"教育爱"成为自身爱生敬业的不竭动力。

1. 教育家的"教育爱"，体现为高度热爱教育事业，矢志终身从教

孔子曾说："知之者不如好之者，好之者不如乐之者。"从某种意义上，我们可以认为教师从教也有三种境界：勤业、敬业、乐业。一般教师视教书为职业，做到勤业已不简单；优秀教师体察到教育的意义与价值，愿意为教师职业付出与投入；而教育家通常视教育为人生一大乐事，并甘愿为之付出辛劳、情智乃至生命。乐业是教师从业态度的最高层次，源于教师发自内心的、浓浓的教育爱，源于教师对教育意义与价值的深刻理解与崇高信仰。教育家因其内心充盈着深刻而丰沛的教育爱，他们总愿意待在学校，和孩子在一起。斯霞从17岁起做教师，整整做了三代人的老师。她坚持不肯从政，不受外界诱惑，坚守三尺讲台。因为她爱教育、爱孩子、爱教书，直至90多岁高龄，还常常去学校，想与孩子们在一起，想为学校出点力。她爱孩子爱

[①] 王毓珣.关于教育爱的理性思索[J].中国教育学刊,2001(4).
[②] 朱小蔓.童心母爱：永不熄灭的教育精神[J].课程·教材·教法,2011(2).

得如此痴迷,爱得艺术高超,钻研业务至炉火纯青的地步,将自己的一生献给了小学教育[①]。李吉林63年奉献给一所学校,钟情于一个身份,热爱着一项事业,执着于一个课题的研究。教育家把青春、心血都献给了教育事业,在教育岗位上躬耕一辈子,以教育为信仰,心无旁骛,成为当代教师学习的楷模。

2. 教育家的"教育爱",体现为深刻、智慧地爱学生

首先,教育家的教育爱"既是温柔和激情,又是稳定、平和的心境,是来自人性深处的纯净与慈祥,源于天赋并在工作中不断磨砺出来的敏感性、感受力。依助这类素质,教师才可能发现儿童身心的真实状况,及时而恰当地应对他们的情感需求和外显行为,从而建立起与儿童相互依存、共度教育时光的信任关系"[②]。斯霞倡导"童心母爱"教育思想,强调教师要像母亲一样关爱和呵护每一个学生,用童心去理解学生,用母爱去温暖学生。李吉林曾回忆:"为了情境教学,我苦恼过、委曲过,甚至不止一次地哭过。但是孩子贴在我的心上,孩子是苦恼,还是快乐,那目光、那神情,常常是我魂牵梦绕的,所以我心中对学生的这种纯真的情感,赤诚的师德,产生了巨大的力量,使我在教育的实践与研究中有可能坚持不懈,甚至百折不回。"[③]在李吉林看来,"爱,是当好教师的第一要素"[④]。这种爱既包括爱祖国、爱工作、爱孩子,还包括履行义务、责任与使命,也正是"在爱孩子中,我长大了,我懂得了一个老师的责任"[⑤]。

儿童教育家陈鹤琴在病重已不能说话时,他的老朋友、著名心理学家潘菽和高觉敷到家中探望他,陈鹤琴用尽力气也没能说出一句话,最后他伸手示意,原来是需要用纸笔写字。拿到纸笔后,陈鹤琴颤抖地写下几个字:我爱儿童,儿童也爱我。在场的所有人都感动得热泪盈眶。在教育家心中,爱是责任的前提,责任是爱的升华。

---

① 朱小蔓.童心母爱:永不熄灭的教育精神[J].课程·教材·教法,2011(2).
② 同①.
③ 本刊记者.脚踏实地,追求卓越——访特级教师李吉林[J].教育研究,2001(12).
④ 李吉林.情境教育理论探究与实践创新[M].北京:北京师范大学出版社,2019:9.
⑤ 李吉林.我,长大的儿童[J].人民教育,2003(17).

其次,教育家的教育爱是超越父母之爱的理性之爱,是建立在为每一个学生发展着想基础上的公平之爱,是针对每一个具体学生特点的智慧之爱。教育家的共同特质就是爱生敬业,他们努力了解并尊重每一个学生的兴趣秉性,因材施教,努力提升自己的教学水平和育人艺术,力求把握最佳的教育尺度和契机;努力在每一堂课、每一项教育教学活动中践行师者的责任与使命。

于永正上《翠鸟》一课时,发现学生小庆打了个呵欠,又与同桌小声嘀咕。于老师并没有批评他,而是微微一笑,计上心头。他语调平缓却十分认真地说:"小庆,请你去逮一只翠鸟。请你不要推辞。"小庆茫然地站起来,可怜巴巴地说:"到哪儿去逮呢?"其他学生也是面面相觑,于老师忍住笑说:"你看看书嘛,大家都读第三段,看看到哪儿去逮,看出来以后告诉小庆。"还没等别人发言,小庆自己说:"翠鸟不好逮,它住在陡峭的石壁上,洞口小,里面又深,谁上得去呀?"于老师哈哈大笑,小庆说的正是第三段的主要内容。于老师问小庆:"老师为什么要请你去逮翠鸟?"小庆不好意思地笑了,说:"刚才我和同学说话了。""你有点疲劳了,是不?不过逮翠鸟这个光荣而艰巨的任务你虽然没有完成,却帮助同学们读懂了第三段,功不可没!"学生们都笑了[①]。于老师就是这样用幽默的、充满童趣的方式巧妙地保住了学生的自尊,又点出了不足,化解了尴尬。这令人拍案叫绝的教学艺术正是其智慧的教育之爱啊!教育家与儿童,是教育家精神折射的永恒命题。在与"儿童"的生命交往中,教育家彰显出爱的温度、思想的张力和育人的智慧,这也成为教育家区别于其他"专家"的专属特质。

再次,教育家的教育爱不仅直接体现为对学生的关爱,也具体真切地体现在他们对教学改革的探索、对教学艺术的执着追求、对教育教学困境突围的具体行动中,是教育者运用智慧更为根本的原因。斯霞总是说:"所谓备课备人、备教法、备学法,实际上都离不开备学生,离不开对学生的爱。真正爱学生,就会让学生把精力用于'有效'的学习上,就会让学生享受童年的欢

---

① 参见本书刘杰撰写的《点亮人生 润泽生命——记我的恩师于永正》一文。

乐!"①因此,教育家对教育策略和教学艺术的探索,不是一种世俗的聪明,而是一种源于教育爱的育人智慧。

3. 教育家的"教育爱",体现为对教育事业无私付出、奉献

人本主义哲学家弗洛姆认为,爱的本质是给予②。教育家拥有深刻教育爱的另一种表达和体现是甘愿为教育事业投入自己的时间、精力、情感、金钱,无私付出与奉献。"捧着一颗心来,不带半根草去"形象地揭示了教育家的教育境界。对于他们来说,教育不仅仅是一份谋生的职业,更是一项要为之奋斗一生的事业,是其安身立命的意义所在。

陶行知为了实现教育兴国的理想,辞去大学教授之职,婉拒武昌高等师范学校(武汉大学前身)和金陵大学校长之职,婉拒冯玉祥聘他任河南省教育厅厅长、李宗仁邀请他做安徽省教育厅厅长,婉拒宋美龄邀其担任三青团总干事。他说:"人生天地间,各自有禀赋。为一大事来,做一大事去。"对陶行知来说,这件大事就是借教育来改造社会,使教育与国家、民族的命运息息相关。为此,他把毕生精力都投入到教育中来,并与晏阳初等人大力推行平民教育,解决民众教育的问题。

斯霞为了节省出时间备课,常年早起烧好一天的饭菜,简单热热就是中饭,再热热就是晚饭,以至于晚年时戏称自己长寿是"吃馊饭吃出来的";为了更全面地了解学生以便于"合适的时候施以教育",常年坚持家访,因为一次家访没有及时收到医院的病危通知书,甚至错过了与先生最后的告别③……鲁洁将自己两百多万元的稿费悉数捐出给南京师范大学道德教育研究所,用于资助全国小学道德与法治课的教师开展教学研究,并且和捐赠方签订保密协议,不允许向外界透露。李吉林故去后,委托其后人向华东师范大学捐赠一百万元,设立"李吉林教育专项基金",用于奖励一线教师开展情境教育研究等,也以此种形式延续自己与华东师范大学跨越世纪的源远流长的学术情缘④。教育家为教育事业倾其所有的付出与奉献精神,令人

---

① 斯霞,等.爱心育人[M].南京:江苏教育出版社,1999:47.
② 朱智贤.心理学大词典[M].北京:北京师范大学出版社,1989:5.
③ 参见本书余颖撰写的《纯爱之光润万生》一文。
④ 刘昕璐.李吉林家人捐赠100万:一位小学教师与华东师大的学术情缘[N].青年报,2020-01-02.

动容。

教育家用父母之心关爱学生成长,以师者之心引导学生成才。他们的"仁爱之心"源自其作为教师内心的本能,是他们对教师职业价值和责任担当的高度认同。教育爱表明教育家对教育的爱升华到了理想、信念、情感层次,是促使教育家投身教育事业的重要动力,也让他们从中获得了巨大的满足感和成就感。

三、求是创新:上下求索的开拓精神

教育家具有探索和创新精神,这是教育家区别于一般教师的重要特征之一。对于教育家,陶行知曾做过这样的诠释"敢探未发明的新理,即是创造精神;敢入未开化的边疆,即是开辟精神"。此二者居其一者,便可称为"第一流的教育家"[①]。每一个时代的教育家都曾面临各种困难,但他们都有"敢探未发明的新理,敢入未开化的边疆"的勇气,目光敏锐,善于观察,勤于思考,及时捕捉新情况,发现新问题,乐于在复杂变化的教育情境中探寻教育的新规律。他们在挑战中创新,在创新中前进,坚持用理性之信仰去追求教育的本真。

陶行知一生最大的业绩就是不断批判和创新,敏于洞察、勤于思考的精神特质体现在他整个办学实践中。他在批判旧学校"读死书、死读书、读书死"的同时,创办了晓庄师范学校、山海工学团、育才学校、社会大学等与传统学校迥异的新型学校,对传统教育进行大刀阔斧的改革。陶行知观察发现,当时学校里先生只管教,学生只管受教,这种"教授法"存在教学分离、重教太过的流弊,需要用"教学法"来代替。随着对教育实践探索的深入,陶行知后来进一步提出"教学做合一"的主张:"事怎样做就怎样学,怎样学就怎样教,教的法子要根据学的法子,学的法子要根据做的法子。"[②]

朱小蔓在高校担任团委书记时,从事大学生德育工作。她在那一时期

---

① 陶行知.陶行知全集(第1卷)[M].成都:四川教育出版社,2005:21-22.
② 陶行知.陶行知教育文选[M].北京:教育科学出版社,1981:77.

就开始思考:个体品德的形成固然需要社会环境、舆论、规则、法律等外部力量的规约,但一定也与个体内部的某些因素相关——究竟是哪些因素在人的内心持续生长,使他成为好人、有德之人呢?她有一种朦胧的直觉,"这将是她一辈子要求解的问题"。她深感当时那种概念化、体系化、浅表化、教条化的德育,主要依靠外部的知识灌输和行为规约,无视学生的鲜活生活和情感世界,无视情绪和情感的感染性、激励性和动力性功能;正面效果有限,负面影响不小。面对情感教育在实践和理论上都受到忽视的现状,朱小蔓产生了研究者的使命意识和角色意识,"发愿要从教育学理上做这个工作"①。因此,她选择了情感教育作为自己终生的研究志业,开启了教育理论研究的"情感之维"。

人类的全部历史是由人们的实践活动构成的,人的认识和人自身都是在实践的基础上产生和发展的。实践是产生教育家的沃土。教育实践不仅能有效地创造教育业绩,而且能使教育工作者对教育的认识、信仰、情感、意志和智慧得到改造和发展。躬耕实践,走在时代前列是教育家的成长追求和行动自觉。面对国家与社会的教育需求、教育改革中的现实问题。未来教育的发展方向,教育家用敏锐的洞察力和判断力,积极探索,通过思想引领和实践创新解决教育面临的现实问题。他们不固守成规,不满足也不停留于已获得的成绩,而是不断追问探索,不断超越拓展,在创新中形成自己的教学风格、教育主张、办学理念,终生致力于为教育开辟新的道路,提供新的解决方案,最终引领教育变革,成为推动教育发展和人类社会进步的关键人物。

四、坚韧勇毅:不屈不挠的奋斗精神

教育的发展与改革不是一帆风顺的,总会遭遇各种阻力和挫折。面对困境,教育家不是期待由政府或他人来解决问题,亦不是一味抱怨而无所作为,而是直面困难,积极应对,坚守教育的内在价值,进行创造性突围,以实

---

① 孙孔懿.试论朱小蔓教授的情感教育学说及其"性格因"[J].中国教育科学,2019(6).

际行动体现对教育的热爱、坚持与追求,并在这一过程中,逐步成长为教育家。对此,有学者指出,所谓"家",必定是能超越当时的困难、环境,有所作为、脱颖而出。陶行知就曾勉励师生:奋斗是万物之父,在平时办学一帆风顺,人人能办;在艰难困苦中不动摇而向前创造,才为难能可贵。

1985年,于永正被评为特级教师后,并没有止步在荣誉前,而是以高度的责任感和极大的热情开展了言语交际作文的作文实验。他身体力行,亲自在徐州市鼓楼小学一年级(1)班这个普通班级里教作文课,从一年级开始,一直带到毕业。1986年—2000年两轮实验间,于永正翻阅了大量资料,反复学习了叶圣陶先生有关作文教学的论述,学习了《教育心理学》以及国内外有关作文教改的信息,积累了大量的材料和经验。他改变了传统的命题作文的训练方式,把作文教学寓于活动、交际之中,使学生感到作文是生活的需要、是交际的需要,让他们在现实的言语交际中学会交际。如今,"言语交际表达训练"中的"口语交际"部分已被写入《国家九年制义务教育语文课程标准》,这项教改实验也成为于永正对我国小学语文教学的一大贡献。

"现实对个体的影响就有绝对相反的两种情况,个体既可以听任现实的影响之流对自己冲击,也可以截住它,颠倒它或改变它。"[①]面对诸多需要破解的教育难题和现实困境,教育家面对矛盾敢于迎难而上,面对失误敢于承担责任,面对不正之风敢于坚决斗争。他们把困境转化为顺境,把挑战转化为机遇,坚持做教育规律的探索者、教育改革的实践者和教育创新的试水人,坚守初心,矢志不渝,用自己的智慧和奉献,点亮教育的未来,引领社会的进步。

面对不利的生存与发展环境,教育家能够化消极因素为积极因素,化阻力为动力,愈是艰难愈向前,越是困苦越奋进,于逆境中愈挫愈奋,独立前行。因此,逆境反而成了教育家的垫脚石,厄运反而成了教育家的发展地,障碍反而成了教育家的创造所,磨炼反而成了教育家的助推器。教育家的卓越,就表现为在颠沛流离的时候、在困厄降临的时候,能做到百折不挠,勇

---

① 黑格尔.精神现象学(上卷)[M].贺麟,王玖兴,译.北京:商务印书馆,1979:203.

往直前。这恰是教育家的不凡之处,也是教育家成功的缘由①。

五、虚怀若谷:终生学习和自我更新的超越精神

教师是人类灵魂的工程师,是人类文明的传承者,承载着传播知识、传播思想、传播真理,塑造灵魂、塑造生命、塑造新人的时代重任。教师如要完成这一重任,就必须有扎实的学识、精湛的业务能力、高超的育人能力。教育家都具有终身学习和自我更新的超越精神。他们深知,"扎实的知识功底、过硬的教学能力、勤勉的教学态度、科学的教学方法是老师的基本素质,其中知识是根本基础。学生往往可以原谅老师严厉刻板,但不能原谅老师学识浅薄"②。

李吉林创立了情境教育学派,构建了情境教育体系,举办了2次国际论坛,出版了3本情境教育专著并发行英文版,在国内外产生了巨大的影响。一位小学教师在普通的教师岗位上,让中国教育在世界教育舞台上拥有了一席之地,向世界教育界发出了中国声音,堪称中国教育界的奇迹。究其原因,一方面是因为在情境教育发展的过程中,李老师非常重视学习国外教育家的先进经验,比如她提出的野外情境课程就是受到了苏霍姆林斯基"蓝天下的学校"的启发。另一方面,她与许多高校、研究院所的专家、学者都有长时间的交往,她与华东师大四代学者持续40年交往的故事更是成了一段佳话。为什么会有那么多的专家学者关心、研究李吉林和情境教育呢?正是因为她一以贯之的谦虚诚恳。她说,做事要如山,坚定不移,做人要像水,放低姿态,因为这样你才会变得宽广③。

教育家"以社会作学校,奉万物为宗师",始终保持虚怀若谷、从善如流的求学态度,从不居功自傲、固步自封。他们善于向书本、向他人、向生活、向社会学习,不断更新自己的智识,持之以恒地做"有计划的苦功",方才成为具有精湛教学技艺和先进教学思想的学生智慧与心灵的引领者。

---

① 王毓珣,王颖.教育家与环境[J].教育学术月刊,2013(9).
② 做党和人民满意的好老师[N].人民日报,2014-09-10(002).
③ 参见本书施建平撰写的《李吉林,一个时代的教育奇迹》一文。

六、为人师表:自觉自律的省思精神

师者,人之模范也。中国传统文化中对教师的道德情操有很多的要求,如严格自律、内省慎独、安贫乐道、修齐治平等。"师表精神"是教育家优良品质和自我要求的集中表现,是教育家对职业道德规范的自觉与自律。教育家深知,"在敢于担当培养一个人的任务以前,自己就必须要造就成一个人,自己就必须是一个值得推崇的模范"[1]。他们以德立身、以德立学、以德施教、以德育德,知行合一、言传身教,通过个人修养为社会提供精神引领,塑造社会风范,成为世人尊重、效法的榜样。高尚的品行是教育家精神的基石。真正的教育家不仅在教书育人活动中表现出高度的职业操守,在平常的生活中,也都表现出高度的自觉与自律。正如印度哲学家克里希那穆提所描述的一样:"真正的老师只对他自己下功夫,就像磨一面镜一样,他把自己最终做成了镜子。但他是一面没有目的的镜子,它并不去有意寻找谁的脸来照。它只是在那儿,但来到它面前的人看到了他自己。"[2]

1982年元宵节,李业文[3]去看望叶圣陶先生,因为春节后的火车票非常紧张,叶老的孙媳妇托人给他买了归程的车票。叶圣陶听闻后一改往日的平和,"脸色瞬间变得愤怒","重重地拍了一下桌子"。他反问孙媳妇:"想过没有,人家为了一张票,要排几个小时队,甚至一夜天。我们托人朝窗口一伸手就拿到票,不用费心,不用排队,可知道我们一家都是从事教育工作的,这样做怎么去教育别人!"直到孙媳妇答应去退票重新排队,这场风波才平息下来[4]。

在叶圣陶看来,不管别人知不知道,自己是从事教育工作的,自己教别人不能做的,自己一定不能做。叶圣陶的孙女叶小沫回忆说:"长久和爷爷生活在一起就会知道,爷爷从不说教,他始终坚持的是:教育,身教重于言

---

[1] 卢梭.爱弥儿[M].李平沤,译.北京:商务印书馆,1978:99.
[2] 克里希那穆提.再叫一次"先生"[J].当代教育家,2017(1).
[3] 李业文系叶圣陶先生的忘年交,民盟常州市委原秘书长。
[4] 李业文,黄勇.我与叶圣陶先生的三十年[J].群言,2023(6).

教。""而且这种身教不是做出来给孩子看的,而是自身的修养,是已经养成的习惯,是平日里的一言一行。"①正如叶圣陶说:"一个人当深入生活的底里,懂得好恶,辨明是非,坚持着有所为有所不为,实践着如何尽职,不然就是白活一场。对于这一层,我现在似乎认得更明白,愿意在往后的小半截路上,加紧补习。"②

茅盾曾这样评价叶圣陶:"凡是认识他的朋友们都不能不感到,和圣陶相对,虽然他无一语,可是令人消释鄙俗之心,读他的作品亦然。"③

康德说,在这个世界上,有两样东西值得我们仰望终生:一是我们头顶上璀璨的星空,二是人们心中高尚的道德律。教育家以"己觉觉人"为天职,全身心地探索、倡导、诠释、践行教育的信仰、情怀、智慧、使命,使自己成为教育最现实、最具体的存在样式,成为教育的灵魂、良心、脊梁,成为教育的活的载体④。"言为士则、行为世范"的高尚道德情操深蕴在他们的一言一行中。

教育是培养人的实践活动,是一项需要情怀、良知、高尚道德来共同铸就的伟大事业。教育家的诸多精神凝聚为他们"苟利国家生死以,岂因祸福避趋之"的家国情怀,"先天下之忧而忧,后天下之乐而乐"的济世情怀,坚持"独立之精神,自由之思想"的治学情怀,"博学之,审问之,慎思之,明辨之,笃行之"的育人情怀,"出淤泥而不染,濯清涟而不妖"的淡泊名利的文人情怀。这些共性的、超越世俗的教育情怀成为教育家的核心价值表征。如是,我们也就不难理解为何人们常用"道德高尚,学术纯粹"来形容教育家;为何教育家身后常有许多追随者愿意光大其思想、践履其实践,其巨大的人格魅力正来源于其高尚的道德情操。正如鲁洁先生所说,学问的高度,就是做人的高度。要成为"教育家",必先成为一个"大写的人"。

---

① 叶小沫,杨基宁.身教永远重于言教——叶小沫回忆爷爷叶圣陶[J].同舟共进,2022(4).
② 姚卫伟.师道[M].江苏凤凰教育出版社,2019:157.
③ 茅盾.茅盾杂文集[M].韦韬,陈小曼,编.北京:生活·读书·新知三联书店,1996:765.
④ 孙孔懿.教育家精神:具身表达与具身感知[J].江苏教育研究,2024(1).

 教育家精神之路

第二节 教育家精神的生成过程、关键要素及潜在规律

教育家精神的生成是一个复杂而漫长的过程,受到多个因素的影响,如环境与制度、个人价值观、社会认同等。探明教育家精神的生成过程、发展阶段和外在表征,探究诸多因素是如何塑造和促进教育家精神形成和发展的内在机理,对于我们更好地总结教育家精神形成的规律、更有效地涵育教育工作者的教育家精神大有裨益。

一、教育家精神的生成过程

教育家精神是我国教育工作者在长期的育人实践中逐步形成的价值理念和精神品格,是一个卓越教育者扎根并深耕教育实践的自然结果。教育家精神并非是随机生成的,而是遵循着一定的潜在规律。黑格尔认为,精神发展可以叫作"自我意识的前进历史"[1],要经历"意识——自我意识——理性——精神(即客观精神)"四大阶段[2],教育家精神的生成过程是教育家作为人的意义世界重新建构的过程。

黑格尔认为,意识,即经验,是个体直接感觉和知觉的对象,自我意识作为个别的精神,"将自身作为个别的意识而予以实现并在这个实现中作为个别的意识而自我享受"[3]。理性要寻求意识的真理性,即"要从感性的存在中解放出纯粹的规律来","规律就是概念,就是寄寓于感性存在之中却又在其中独立自存、自由活动的概念","是沉浸于感性存在之中而又不受其约束的那种简单的概念"[4]。当理性已意识到它的自身即是它的世界、它的世界即

---

[1] 黑格尔.精神现象学(上卷)[M].贺麟,王玖兴,译.北京:商务印书馆 1979:19.
[2] 黑格尔.精神现象学(上卷)[M].贺麟,王玖兴,译.北京:商务印书馆 1979:24.
[3] 黑格尔.精神现象学(上卷)[M].贺麟,王玖兴,译.北京:商务印书馆 1979:238.
[4] 黑格尔.精神现象学(上卷)[M].贺麟,王玖兴,译.北京:商务印书馆 1979:172.

是它的自身时,理性就成了精神。从这个意义上说,精神就是理性的真理性,就是具体的理性,是从意识、自我意识、理性进一步发展从而客观化而成的①。

这一理论启示我们,教育家的精神生成过程是一个动态且连续的过程,要经历亲身感知阶段(意识)——内在求索阶段(自我意识)——理性生成阶段(理性)——精神自觉阶段(精神)这样一个逐级登阶的发展过程,每个发展阶段都有其独特的特点和外在表征(如图3),共同勾勒出教育家精神的生成轨迹。

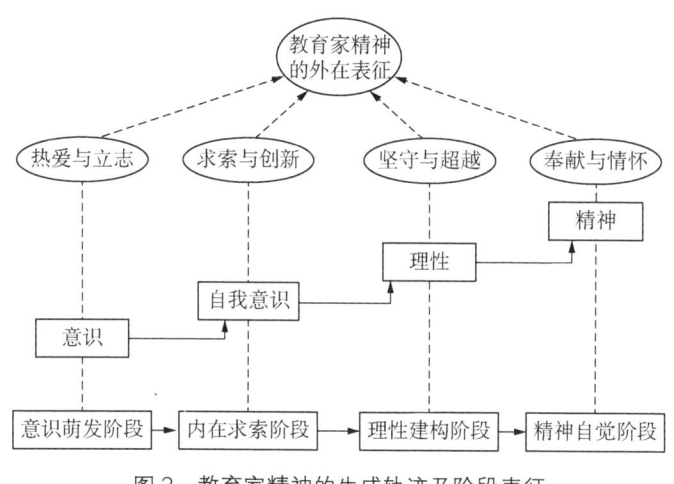

图3 教育家精神的生成轨迹及阶段表征

(一)教育家精神的生成过程及表征

1. 第一阶段:意识萌发阶段

教育家在职业生涯的起步期,通过亲身感受与实践,了解"教育是什么",思考"教育为什么",完成对教育的初步认知。这一阶段,教育家怀揣对教育事业的浓厚兴趣与满腔热情,他们会面对历史变革、外部环境以及具体的教育教学工作等带来的诸多挑战,从而发现自身的不足,也能逐步体会和感知到教育的伟大意义与价值。此时,他们的教育理想开始萌发,各种认知

---

① 黑格尔.精神现象学(下卷)[M].贺麟,王玖兴,译.北京:商务印书馆 1979:1.

与挑战促使他们不断学习、进步,为他们从教育新手蜕变为经验丰富的教师奠定了基础。

意识萌发阶段是教育家职业生涯中充满理想与探索的时期。他们怀揣教育的激情与理想,立下终身从教的志向,不断学习探索教育的真谛,为后续的教育实践与创新奠定了坚实的基础。这一发展阶段的教育家精神主要表现为教育家对教育事业满怀热爱,树立了为教育事业终生奋斗的志向。

2. 第二阶段:内在求索阶段

处于内在求索阶段的教育家在扎根教育一线、植根教育沃土的实践中,通过学习与实践,深入探索教育的本质与目的,展现出显著的探索性。这一阶段他们积极关注教育现象,试图洞悉学生的深层需求,致力于掌握有效的教育方法,解开教育教学的神秘面纱。此时,他们已经积累了丰富的教育实践经验,开始面对更为错综复杂的教育难题。这一阶段的教育家会积极参与各类教育研究活动和学术交流活动,并利用这些契机向优秀人物学习,从优秀人物身上感知"理想的教育""理想的教师""理想的教学"。他们在不断变化的教育环境中进行更加深入的探索,深入研究并尝试运用多种教育教学方法满足学生多样化的学习需求,致力于因材施教,力求为每位学生提供适切的教育路径,提升育人成效。

此外,这一阶段的教育家还可能会肩负起更多的教育责任,如参与学校的管理工作、指导新入职的教师、在各种活动中与业界同仁分享自身的经验,从而不断实现自身专业素养的提升。这些更加丰富的职业角色和教育经历不仅拓宽了他们的教育视野,也进一步锤炼了他们的领导力和团队协作能力。这一发展阶段的教育家精神主要表现为教育家躬耕实践的求索与创新。

3. 第三阶段:理性建构阶段

进入理性建构阶段意味着教育家步入了其职业生涯的高级阶段,此时他们已经累积了深厚的教育理论知识和实践智慧,并在此基础上形成并凝练出了自己对教育教学独特的看法,他们用具有鲜明个人标识的教育思想和教学主张表达和践行自己对"好的教育""好的教师""好的教学"等问题的认识与理解,成为教育领域的专家型教师或领军人物。教育家的教育思想明晰与定型的过程,正是其教育家精神从感性意识上升为理性认知的过程。在这一阶段,教育家会对自己长期的教育实践进行深刻的反思与总结,从中提炼出独到的教育观点和方法论,并通过教学展示、行政管理、成立名师工作室、开展学术研究等多元化的方式,将自己的教育理念辐射到更广泛的人群中去,有的甚至形成了"学派",引领了整个教育领域的变革。这一阶段的教育家,他们的实践经验和教育智慧被学界专家和教师高度认可、广为传播并产生了广泛影响,成为其他教育工作者学习和借鉴的宝贵资源,并拥有了较高的专业水准、社会知名度和众多的追随者。

同时,这一阶段的教育家也会面临更多的职业机遇与选择,但他们无一例外地都选择了坚守,表现出对教育的"情有独钟"。因为,他们已更加清晰地认识到:自己热爱教育、适合教育,拥有教育专长,能在教育岗位上为社会作出更大的贡献。这一发展阶段的教育家精神主要表现为教育家在探索过程中的坚守与超越。

4. 第四阶段:精神自觉阶段

当教育家的教育理念、教学思想、教学艺术都已成熟并产生了深远影响,他们对教育事业愈发热爱,也愈加坚守自己的价值选择。这一阶段的教育家凭着深厚的教育情怀、主体自觉与人格特质,朝着更高远的目标,执着地向上攀登,形成了一种精神自觉,包括对人生意义的自觉、对社会责任的自觉、对教育价值的自觉、对实践探索的自觉、对理论思考的自觉等等。这一阶段,他们大多会"学思行著"相结合,不断深耕教学,在深度思考、研究中著书立说,通过建立教学试验区、创建学术团体、兴办学术刊物、设置专业研究机构、举办学术思想研讨会等方式不断传播、辐射和深化自己的教育思想,为中国教育的发展立下卓越功绩。此时,教育家的思想、意志、情感、行为熔铸为一股强大的精神力量,他们的一言一行都散发出强烈的精神感染力,从而濡染、影响着越来越多的教育工作者。这一发展阶段的教育家精神主要表现为教育家在执着追求与忘我奋斗中的奉献与情怀。

综上所述,教育家精神生成的过程,是其在教育实践中不断实现意义重构与精神升腾的过程,教育家精神在深度实践的过程中孕育,在形成教育思想的过程中成熟、显现,在坚守教育阵地与发展教育事业中闪光。

斯霞被尊称为"小学教育界的梅兰芳",这位卓越的教育家对小学教育产生了深远的影响。她的成长之路生动呈现了其教育家精神的生成过程。

斯霞自1922年踏入杭州女子师范学校起,便与教育结下了不解之缘。1927年毕业后,她毅然选择了教育事业,先后在浙江绍兴第五中学附属小学、嘉兴集贤小学等地执教。在这一阶段,她通过身临其境的教学实践,不仅积累了宝贵的教学经验,更逐渐培养了对学生的深厚情感和对教育事业的炽热感情。这一阶段可以看作斯霞教育家精神的萌芽期,她的教学实践为她日后形成的独特的教育理念奠定了坚实的基础。她通过不断的尝试和反思,逐渐明确了教育的目标和方向,为后续的教育理念创新和教学方法改革提供了有力的支撑。

1932年,斯霞进入中央大学实验学校小学部,这一转变成为她教育生涯的新的里程碑。在这里,她创造出了"随课文分散识字"教学法,这一创新的教学方法极大地提高了识字教学的效率,使学生在较短的时间内能够大量识字,并显著提升了学生的阅读能力。更难能可贵的是,她倡导"童心母爱"教育,强调教师应以深沉的关爱和理解来引导学生,这一教育理念的形成是其教育家精神的进一步升华。从教育创新的角度来看,这一阶段是斯霞教育家精神最为闪耀的时期。她不仅在教学实践上取得了显著的成就,更在教育理念上有了突破性的发展,为整个教育行业带来了新的思考与启示。

随着教育实践的逐步深入和教育理念的日益完善,斯霞开始担任多个重要的社会职务,如南京市教育局副局长、江苏省小学语文教学研究会理事长等。她的教育思想和教学方法在全国产生了广泛而深远的影响。其代表作《斯霞文集》《我的教学生涯》等将她的教育理念传播到了更广泛的领域。在这一阶段,她不仅关注教学实践的改进,还通过著书立说、担任社会职务等方式,将自己的教育理念和实践经验传播给更多的人,致力于推动整个教育行业的进步和发展。

退休后,斯霞依然坚守在教育一线,她每天到学校工作,并设立了"斯霞奖学金"鼓励后学,这标志着她的教育家精神达到了巅峰。她以实际行动诠释了什么是真正的教育家精神——对教育事业的无限热爱和永远追求。

冯友兰曾将人的生命境界划分为四个层次：自然境界、功利境界、道德境界和天地境界。在"自然境界"中，人处于一种本能的、自发的、浑浑噩噩的生存状态，缺乏对自我的认识与价值判断。在"功利境界"中，人对自我和世界有了初步的自觉，自我观念开始突出，视名利为生命意义之所在，所作所为主要是为了自己，但客观上能造福于社会，也能推动社会的发展，比"自然境界"大大地进了一步。在"道德境界"中，人能够出以公心，强调超越狭隘功利的大仁、大义，必要时将舍生取义；强调超越于个人利益的国家与民族的利益，提倡为了国家和民族的根本利益而不顾毁誉与生死。在"天地境界"中，人生有了全新的意义，人生观与宇宙观达到了高度统一，"我"不再是自己，而是与宇宙合一之"大我"。处于此境界中的人们彻底地参透了生与死、灵与肉，淡泊了功利，解悟了道德，他们的言行返归本心，大朴无华。人生境界的这四个层次的内部是贯通的，教育家的人格修养总体上也是按照由低向高、由外向内、由迷向悟、由凡向圣的顺序迈进的①。

教育家精神生成之路"是一条漫漫长途，是非常艰难的路，当然走上这条路，就是走上了生命的不断的向前延伸的新境界"②。

二、影响教育家精神生成的关键要素

教育家精神的孕育与生长跟教育家的生命成长历程是密不可分的。形成于20世纪的生命历程理论将宏观的社会变迁与微观的生命成长相联系，认为任何个体的生命历程都必须在特定的历史时空中展开并被形塑，且与个体的过往经历、主体性等个体特质有关③。生命历程理论为我们分析影响教育家精神成长的关键要素提供了科学的分析框架。埃尔德提出的四大原理是生命历程理论的精华部分④，埃尔德认为影响人生命发展历程的核心要

---

① 孙孔懿.论教育家[M].北京：人民教育出版社，2006：163-164.
② 乔志航.境界[M].广州：暨南大学出版社，1998：37.
③ D.F. Alwin Integrating varieties of life course concepts[J]. The Journals of Gerontology, 2012, 67(B).
④ ELDER G H. Time, human agency, and social change: perspectives on the life course [J]. Social Psychology Quarterly, 1994, 57(1).

素是:

(1) 一定时空中的生命。特定的时间和空间对人的生命历程有重大的影响[①]。生活在不同时间和空间中的生命会面临不同的社会景观[②]。社会变迁也会导致教育变迁[③],因此研究要注重教育家所处的时空背景,必须将教育家的行为与社会结构与历史力量结合起来进行分析。时代的发展和社会的变迁是教育家精神形成的宏阔背景。

(2) 个体能动性。作为行动主体,个体在特定社会环境下具有选择能动性,而非被动接受环境影响。这意味着个体选择除了受到社会情境的影响外,还会受到个人经历和性格特质的影响。因此,教育家的个性特质是其成长为教育家不可忽略的关键要素之一。

(3) 生命时机。这一原理认为,重大社会事件和个人生活事件在何时发生甚至比这一事件本身更具意义。也就是说,重大事件对个人的影响不仅取决于事情本身,更取决于它发生在个体生命中的哪一个阶段。正如中国古语所说的"天时、地利、人和",关键事件、重要他人、关键契机都是教育家精神跃迁的重要推动力量。

(4) 相互联系的生命。个体生活在由领导专家、亲戚朋友、同学同事等所构成的社会网络当中,个体生命历程会受到社会网络成员的影响。因此,教育家精神的形成过程不可避免也会受到周围人(领导、专家、同事、媒体、朋友等人)的影响,人与人之间的亲和关系是教育家成长和精神孕育的沃土。

基于生命历程理论,我们可以看到,教育家精神的形成过程不仅受到个人努力和实践经历的影响,还受到多种外部因素的制约和推动,是宏观的社会变迁与微观的生命成长共同作用的结果。深入探讨这些影响因素,有助于我们更加全面地理解教育家精神的生成过程,为涵育新时代教师的教育家精神提供理论支持和实践指导。

[①] PAVALKO E K, ELDER G H. World War II and divorce: a life-course perspective[J]. American Journal of Sociology,1990,95(5).
[②] 郑杭生.社会学概论新修[M].北京:中国人民大学出版社,2003:95.
[③] 吴康宁.社会变迁对教育变迁的影响:一种社会学分析[J].华东师范大学学报(教育科学版),1997(2).

（一）外部因素

1. 时代发展机遇

"时势孕育教育家。"已有研究表明，教育主体无法独立于外在环境而存在，卓越的教育家往往诞生于社会重大变革当中①。社会发展环境是教育家精神成长的重要背景。在不同的历史时期和社会背景下，教育家的成长路径和价值取向会有所不同。对于教育家来说，社会制度、文化、思潮的变革往往成为其思想转变的契机，成为推动教育家改革创新精神萌发的重要诱因。

陶行知身处一个大变动的时代，这样的时代为其教育家精神的成长提供了无限大的空间和无限多的机会。当时中国旧时代的道德、思想、文化、教育、知识已不能满足近代中国救亡图存、重建文明、走向现代化的时代要求，新的道德、思想、文化，如潮水般地涌入中国，为陶行知提供了一个极具魅力的新世界。陶行知深知，"新的中国是东西方两种文明的产物，这两种力量的联合赋予中国现状以色和形，并决定其未来的命运和希望"。他深刻地认识到，"作为两种文明混合的结果，在今日中国人的精神世界中，并肩存在着保守主义和急进主义，秩序与进步，还有权威与自由"。他乐观地称之为近代中国"文明的光谱"②。因此，在新旧思潮交替、社会大变革的时代背景下，陶行知不固守也不菲薄中国固有的道德伦理和教育文化，不排斥也不盲从外来的道德伦理和教育文化，而是以开放包容的胸襟，顺应一百多年前中国民主化与科学化的时代新潮，积极投身其中，以平民主义为方向，以试验主义为工具，为近代中国教育现代化探索发展道路，成为一位积极顺应新时代要求，又有强烈意愿创造新时代的伟大教育家③。

2. 地域文化

"一方水土养一方人。"在一个人成长的过程中，文化土壤是其成长的重要根基。不同的地域文化孕育了教育家各具异彩的精神文化品格，也让他

---

① 黄书光.论海派教育家的创新务实与人本追求[J].四川师范大学学报(社会科学版),2020;47(2).
② 陶行知.陶行知全集(第12卷)[M].成都:四川教育出版社,2005:32-33.
③ 参见本书王文岭撰写的《教育家陶行知的精神成长之路》一文。

们呈现出鲜明的地域文化特征。例如,江苏在不同的历史时期,都是全国涌现教育家最多的地区。江苏之所以能产生如此众多的教育家,是由于江苏经济富庶、文化底蕴深厚,水文化孕育了江苏人独特的文化性格,即温柔细腻、崇文好学、尊师重教、求真务实、兼容并蓄,这使得江苏成为教育家涌现的高地。

陶行知的成长就受到徽州文化、金陵文化、西方文化等多重文化的影响。他童年和少年身处徽州文化的熏陶中,徽州文化(新安文化)成为他接受其他文化影响的基石,贯穿他的一生。从内涵上说,徽州文化以理学思想为内核,自宋代以来,以朱熹为代表的理学和以戴震为代表的反理学成为徽州文化的主轴。陶行知的"生活教育"思想继承了戴震所主张的"达民之情,遂民之欲"的反理学立场,是沿着这条主轴向前的延伸。他主张"生活即教育,就是要用教育的力量,来达民之情,顺民之意,把天理与人欲打成一片"[①]。徽州文化为陶行知"行知精神"的形成提供了最初的价值、伦理、人生、社会认知的基本框架,徽州文化的地域性、交融性、自育性、母性及其他特质对"行知精神"形成产生了多样性的影响[②]。

陶行知后来来到南京求学、生活、工作,金陵文化是他受到的第二重文化影响,也是影响他事业成就的关键,主要体现在他接受并改造王阳明的知行观,认同共和,确定通过教育而非军事途径建立共和。到美国留学,陶行知受到美国进步主义教育思潮和欧洲新教育思潮的共同影响,领会并接受了实验主义方法和平民主义目标。从美国回国后,他积极投入新教育与新文化互动的洪流之中。对中国国情进行了大量、广泛的实地调查,提出了"改造中国必须从改造乡村入手"这一极为重要的命题,从而生成了他的开拓、创造精神[③]。

3. 家庭与学校环境

家庭氛围与学校环境对教育家个性品质的形成具有关键性的作用,对教育家精神的生成产生了深层的、潜移默化的影响。李吉林5岁丧父,母亲

[①] 陶行知.陶行知全集(第2卷)[M].成都:四川教育出版社,1991:493.
[②] 储朝晖.徽州文化与陶行知的精神成长[J].黄山学院学报,2008(4).
[③] 参见本书储朝晖撰写的《陶行知体现的教育家精神及其启示》一文。

独自一人抚养她长大。虽然母亲的文化程度并不高,但经常用"人穷志不能穷"等谚语教导她品行要端正,这让李吉林在生活中形成了对人对己负责任的态度。陈鹤琴小时候受到的是父亲严厉的教育,陈鹤琴回忆到:"6 岁中我没有同他吃过一顿饭,我们是不敢同父亲亲近的。"所以,他更想用慈爱的方法来教儿童。他认为爱总比严厉来得好些,儿童在慈爱的气氛中成长,不会受到恐惧和威胁①。或许正是因为如此,陈鹤琴日后对儿童教育孜孜以求,可以说,是对改进儿童教育的深入反思和迫切愿望催生了他的"活教育"思想。

4. 关键契机、关键事件与重要他人

埃尔德的生命历程理论认为,一系列的生活转变或生命事件对于单一个体发展的影响,应当取决于它们什么时候发生于这个人的生活中②。人们常把教育家的成功归结于"天时、地利、人和"这三个要素,即教育家的成长离不开关键契机、关键事件和关键人物的推动。这三个要素是密切相关的,关键契机需要关键人物的出现,关键人物的出现造就了关键事件,关键事件的发生推动着教育家的发展和精神进阶。

对于李吉林来说,上海名师团的来访是她成为教育家的关键契机和关键事件。1980 年,上海师范学院(现上海师范大学)组织了一个教育参观团来南通,点名要听李吉林的课。李吉林精心准备,她上的课得到了上海名师团的高度称赞,这使她后来有机会到上海参加全国教育工会教育实验小组的实验活动,认识了华东师范大学的杜殿坤教授。杜教授笑着对李吉林说:"我看到你的文章很高兴,你应该形成自己的体系。"在此之前,李吉林想都不敢想一个小学老师可以形成自己的学派,但也因此得到了启发。这次相遇让李吉林感受到教育大师对年轻学者的拳拳关爱之心,更激发了她投身情境教育研究的热情。日后,她多次和杜教授交谈,形成了"一切为了儿童的发展"理念。后来,李吉林在上海代表团成员的引荐下,相继结识了华东师范大学的刘佛年教授,北京师范大学的顾明远教授、林崇德教授,中国教

---

① 姚卫伟.师道[M].江苏凤凰教育出版社,2019:166.
② 马晓丽.走向教育自觉:教育家型校长成长的个案研究——以 L 校长为例[D].上海:华东师范大学,2022:22.

育科学研究院的卓晴君教授、朱小蔓教授……这些学术大家的支持,使得李吉林较早地接触到学术界,了解到最新的学术动态,为其理论的发展打下了坚实的基础,真正实现了"在小学里读大学"。

同年,李吉林去大连参加全国中小学语文教学研讨会,会后受到了《光明日报》记者王劲松女士的邀约采访,这次采访引发了后来《人民日报》《新华日报》等主流媒体对李吉林的关注,让她的教学改革通过媒体的助推一下子传播到了全国。她未来的情境教育研究也因此一直得到了媒体界的积极支持。李吉林曾回忆,在那个特定的岁月里,记者们的采访和广为宣传,为像她一样的改革者起到了鸣锣开道、摇旗呐喊的作用,也让其内心感受到了更多的肯定,产生了改革的力量和决心。这成为一种强大的精神支撑,让她意识到自己并非孤军作战,更要勇往直前。后来李吉林在《教育研究》这本被视为教育学研究最高学术殿堂的学术刊物上连续发表了 13 篇论文,创造了小学教师学术研究的奇迹。这让李吉林明白了学术园里无贵贱之分,作为一个改革者,只有及时总结自己的改革创新,才能概括出自己的教育理论①。

纵观李吉林的发展过程,改革开放为其发展提供了前所未有的机遇;南通文化积淀深厚,人文荟萃,建立起的全国第一所师范学校成为她起步的福地;后来在工作和研究的过程中,还有众多领导、专家、老师关心支持她。正是这些关键事件的发生、关键人物的出现,为李吉林创造了难得的环境、机遇与人脉,推动她完成了具有中国特色、中国风格、中国智慧与中国话语的情境教育学派的创建,创造了"一个时代的奇迹"。关键契机、关键事件与重要他人的出现往往是偶然的、不可预设的,但对这些"偶然机遇"的把握和利用,判断和取舍却是以教育家的主观能动性为前提的。

(二) 个性因素

教育家精神的生成发展是内外因交互作用的过程。除了外部环境因素外,教育家的个性因素也是影响其精神成长的重要因素。教育家的个性特

---

① 本刊记者.脚踏实地,追求卓越——访特级教师李吉林[J].教育研究,2001(12).

征、知识储备、教育信仰以及自我发展的意愿和动力等都会对他们的精神成长产生影响。这也就是同等条件下,教育家能够超越普通人,脱颖而出的根本原因。

1. 积极向上的精神力量

教育家对于自己坚守的教育价值和目的坚定不移,这种勇敢执着的行动品质使他们在任何情境中,面对任何问题都能冷静、沉着、乐观、智慧处理;面对各种现实压力和不利条件,他们愈挫弥坚、百折不挠,在困难和挫折中仍然坚持自己的行动,显现出坚韧不拔、积极向上的精神力量。这就是为什么在同样的条件和环境下,有的人成为教育家,有的人只能泯然众人,教育家这种内在蕴藏的、积极向上的精神力量是他们成就教育事业最重要的因素。

2. 自主发展的超越意识

精神是一种客观存在,由人类文明孕育、发展,从物质中分化出来,但具有主体自觉性。纵观古今中外教育家的成长历程,我们可以发现自主发展的超越意识是教育家成长过程中最重要的内在因素。教育家精神是教育家自觉的精神追求,是一种自主积淀与释放,而不是名誉、功利驱动的行为外显,更不是外部的授予或装裱。自主发展意识贯穿于每位教育家的一生,让他们不断追求卓越。正如陶行知所说:"高尚的生活精神不用钱买,不靠钱振作,也不能以没有钱推诿。用钱可以买来的东西,没钱自然买不来;用钱买不来的东西,没有钱也是可以得到的。高尚的精神如同山间明月、江上清风一样,是取之无尽,用之无穷的……精神是不靠钱买的。精神是在我们身上,我们肯放几分精神,就有几分精神。不关有没有钱,只问我肯不肯把精神放出来。"[1]

3. 勇于创新的实践精神

著名教育家吕型伟说,教育是事业,其意义在于奉献;教育是科学,其价值在于求真;教育是艺术,其生命在于创新[2]。人类的发展史就是一部创新

---

[1] 陶行知.陶行知全集(第2卷)[M].成都:四川教育出版社,1991:309.
[2] 顾明远.新时期教育家的成长之路[J].河北师范大学学报(教育科学版),2016(6).

史,创造性的实践探索是教育家最为可贵的精神品质。古往今来的教育家为了实践教育理念,探究教育的真谛,往往都亲自创办学校,以检验自己的理论是否正确。古希腊的柏拉图创办了柏拉图学园,以实践他的金字塔教育模式;捷克教育家夸美纽斯创办了夸美纽斯实验学校;美国教育家杜威创办了杜威实验中学;中国教育家陶行知创办了晓庄乡村师范学校,提出了募集100万元资金,征集100万位同志,开设100万所学校,改造100万个乡村的愿景。据统计,陈鹤琴在中国教育史上开创了十多项"最早",比如最早运用观察实验的方法,系统研究我国儿童心理发展;最早编成我国第一本汉字查频资料《语体文应用字汇》;负责起草我国历史上第一个统一的幼儿园教育课程标准;创办我国第一所公立实验幼稚师范学校;等等。陈鹤琴这种敢于创新的实践精神,让其成为真正的教育家。

4. 善用资源的协调能力

"独学而无友,则孤陋而寡闻。"[1]任何一位教育家的发展历程都是该教育家善于巧妙地利用各种资源的结果。叶澜先生曾从主体与客体的视角论述了主体与环境的辩证关系:"人的自主性和独立性提高了,他就能正确利用环境为自己发展提供的积极因素,控制消极因素,甚至更进一步,为自己的发展创造有利条件,与消极因素作斗争,变不利因素为有利因素。正因为如此,顺境与逆境都可能成为促进人发展的因素,也都可能成为抑制人发展的因素,关键在于主体对环境的认识和自觉运用的能力。"[2]此处的环境,不仅可以理解为物理环境、人文环境,也包括环境中的人际资源和关键契机。教育家自身对外因或影响场的理解度、认可度、接受度、转化度与运用度等,最终决定了教育家自身发展的高度。

教育家深知"众人拾柴火焰高"的珍贵,善于团结周围的支持者、指导者、帮助者与实践者,将环境的影响转化为正向发展的动力,从而步入专业发展的巅峰。正如李吉林在80岁时发自肺腑所言:"回顾情境教育发展和我个人成长的历程,是各级领导和众多专家以及学校教师的关爱、支持和指

---

[1] 高时良.学记研究[M].北京:人民教育出版社,2006:2.
[2] 叶澜.论影响人发展的诸因素及其与发展主体的动态关系[J].中国社会科学,1986(3).

导,让我心中充满感激之情,'珍惜'和'感恩'在心中涌动。"[1]

5. 高远、纯粹的学术追求

教育家是具有风骨的知识分子,拥有学者的风格和气度。他们有强烈的社会责任感、批判现实的勇气、坚持真理的执着,代表着人类的良心;他们一心追求教育的根本与真理,从问题出发,在研究中求学,用科学的态度、严谨的治学品质、高远的学术追求,践行"学高为师、身正为范"的职业操守。

朱小蔓在俄罗斯教育科学院授予她外籍院士证书仪式上的祝词中说过:"关注人的生命中精神生活质量的研究旨趣和深邃的思想,一直是我以及我所带领的年轻学者们治教育学术、追求教育理想,并愿意将我们的全部心血贡献给教育科研事业的极为强大的,也是充满无限乐趣的动力和重要的认识基础。""我相信,在一种过于追逐物质财富、过于看重眼前事功的时代风尚里,我们会不断面对理想与现实之间的落差、困惑,甚至是剧烈的矛盾,只有把学习和做有意义的工作视为人生最高价值并体验到快乐时,人,才是真正幸福的。"[2]她写道:"把认识真理变成对真理的爱恋,变成欢乐之源,这是一种科学认知所带来的理智的爱。它具有永恒的、无尽的欢乐。……我心中涌动着,那种尊严和乐趣相融合的令人心醉的体验,这种感受和体验,成了我不可抗拒的研究力量。"[3]教育家把研究看作是他们的生活方式和习惯,视学术为生命,坚持在对教育问题的敏锐洞察和深刻批判中发出时代的声音;他们不为金钱、利益、地位、官职所左右,长期坚守在教育的田野中,用独特的见解、鲜明的主张、深刻的思想彰显出教育家独特的人格魅力和精神力量。

综上所述,教育家精神的孕育、生成、发展的过程是一个主体不断与客体进行物质、能量、信息交换的过程。影响教育家精神生成的因素是多方面的,包括社会文化环境、家庭与地域环境、关键事件、重要他人以及个性因素等。这些因素相互交织、相互影响,共同塑造着教育家的专业素养及精神风貌。

---

[1] 李吉林.40年情境教育创新之路带来的6个甜果子[J].人民教育,2018(24).
[2] 朱小蔓教授在授予仪式上的答词[J].国家教育行政学院学报,2005(1).
[3] 孙孔懿.试论朱小蔓教授的情感教育学说及其"性格因"[J].中国教育科学,2019(6).

三、教育家精神生成的潜在规律

教育家精神的生长与教育工作者的自我认知和职业认同、环境和支持体系、个人特质和经历有关。通过研究教育家的个体成长史，对他们真实、鲜活的精神发展历程进行剖析，发现影响教育家精神生成的关键要素及其中固有的、本质的、必然的、稳定的客观联系，可以更好地理解和解释教育家精神生成的内在机理，揭示隐藏其中的教育家精神生长的共性规律。

（一）阶段性递进规律

教育家的精神成长是一个层层递进、逐步深入的过程，呈现出明显的阶段性特征。教育家成长的每个阶段都有内在规定性的成长目标和任务，需要教育家在知识储备、实践经验、教育理念和精神品质等方面达到相应的水平。这种阶段性递进规律揭示了教育家成长的连续性和动态性，也为我们提供了培育教育家成长的路径。

（二）内外因素交互作用规律

教育家的精神成长是内外因素交互作用的结果。外部环境，如社会文化环境、教育政策与制度、学校环境与氛围等，为教育家的成长提供了必要的条件和资源。而教育家的个人因素，如个性特征、知识储备、教育信仰等，则是驱动他们不断追求专业成长与自我超越的内在动力。内外因素相互作用形成一种合力，共同决定着教育家成长的方向。

对于教育家精神的生成来说，内在因素是更为重要的，正如黑格尔所说："世界与个体仿佛是两间内容重复的画廊，其中的一间是另外一间的映象；一间里陈设的纯粹是外在现实情况自身的规定性及其轮廓，另一间里则是这同一些东西在有意识的个体里的翻译；前者是球面，后者是焦点，焦点自身映现着球面。"[1] 外在因素是客观存在，对任何人来说都是一样的，但内

---

[1] 黑格尔.精神现象学(上卷)[M].贺麟,王玖兴,译.北京：商务印书馆 1979：203.

在因素则决定了外在因素的趋向。对于普通人来说,其"精神采取接受现实的态度,使自己适应于现有的风俗习惯、伦理道德以及以精神自身为对象的那些思维方式等等"[1],对于教育家来说,他们的"精神持反对现实的态度,进行独立思考,根据自己的兴趣情感来挑选其中特别为它自己的东西,使客观事物适应于它自己"[2]。因此,教育家总能化不利因素为有力契机,持续发展。内外因素的交互作用,共同作用着教育家的精神成长。

(三) 实践反思与理论提升相结合规律

教育实践是教育家成长的土壤,教育家精神的生成离不开实践和反思。只有在实践中不断尝试、探索和总结,教育家才能积累经验、发现问题并寻求改进。同时,反思是教育家成长的催化剂,通过反思,教育家能够审视自己的教育实践,提炼教育理念,形成独特的教育风格。实践反思与理论提升相结合,是教育家精神成长的重要途径。古今中外的教育家正是在其躬耕实践的过程中,形成伟大的教育思想和教育主张,推动了教育不断向前发展。

苏霍姆林斯基先后担任过小学、中学教师,担任帕夫雷什中学校长26年。帕夫雷什中学就是他躬耕的试验田。为了推动教学改革,他教授过这所中学除体育课以外的所有课程,以取得第一手的经验。他在学校中不仅坚持上课、当班主任、听课,而且能自觉地坚持教育研究,进行理论探索。他几十年如一日,晚上整理听课笔记和观察记录,思考一天中发现的问题,清晨5点到8点进行思考和写作。通过改革实验,他总结出了丰富的经验,出版了41部著作,发表了600多篇论文、1200篇童话和故事。他的著作被翻译成世界多种文字,广为流传,被誉为"活的教育学"和"学校生活的百科全书",是典型的理论思考与实践探索相结合的世界著名教育家。

(四) 持续学习与自我更新规律

教育家的精神成长是一个持续学习和自我更新的过程。面对不断变化

---

[1] 黑格尔.精神现象学(上卷)[M].贺麟,王玖兴,译.北京:商务印书馆 1979:200.
[2] 黑格尔.精神现象学(上卷)[M].贺麟,王玖兴,译.北京:商务印书馆 1979:201.

的教育环境和学生需求,教育家需要保持开放的心态,持续学习新的教育理念、教学方法和技术手段。同时,他们还需要不断自我更新,以适应新的教育形势。持续的学习与实践是教育家保持专业素养和竞争力的关键,也是教育家精神成长的重要基础。

李吉林是一位从小学里走出来的教育家。终身学习是她一生的真实写照。她深知作为小学教师,缺少理论学习是短板,因此她起早贪黑地学习理论知识。刚参加工作时,她每天五点半起床,开始诵读唐诗宋词,走近名家郭沫若、普希金、泰戈尔、海涅、席勒①……为了把课备得更充分一些,把课上得更有趣一些,她干脆把行李搬进学校,早起晚睡。在做好本职工作之余,李吉林借来大学中文系教材开启了自修生活:每天坚持三个小时的读书学习……到了老年她仍什么都想知道,什么都想学,早已过了古稀之年的她又潜心学习脑科学和学习科学,力图为情境教育找到科学的理论支撑,使情境教育更具科学性、更具生命力。她一生在实践中研究,在研究中实践。为了实践研究她拒绝了组织安排的疗养,拒绝了组织安排的旅游,甚至拒绝了担任中国教育学会小学语文教学专业委员会的理事长。为了儿童的发展,她把小学变成自己的大学,如饥似渴地学习,永远向前奔跑着,成为从小学里走出来的大教育家。

教育家精神成长的潜在规律包括阶段性递进规律、内外因素交互作用规律、实践反思与理论提升相结合规律以及持续学习与自我更新规律。这些规律相互关联、相互作用,揭示了教育家成长的内在逻辑和外部条件,共同推动着教育家的专业发展和精神成长。了解并遵循这些规律,对于我们涵育新时代教育工作者的教育家精神具有重要意义。

---

① 李吉林.李吉林与情境教育[M].北京:北京师范大学出版社,2019:8.

第九章 教育家精神的特质、生成及启示

第三节 "教育家精神生成之路"研究的主要启示

教育家之所以难能可贵,在于他们把教育作为一种志业、一种精神追求,用他们的人格、良知、智慧、实践去解决教育中遇到的各种难题,推动社会进步,影响国家和民族的未来。时下,我国正处于实现中华民族伟大复兴的关键转型期,迫切需要一大批教育家的涌现,让教育家群成为引领中华民族走向伟大复兴的强大动力引擎。

当下许多教师仍将"教师"看作一份谋生的职业,易于安于现状,往往是在一些刚性要求下"被动发展"。与教育家相比,他们或缺乏继承人类过去文明的愿望,或缺乏勤奋实践的精神,或缺乏创新求索的自主发展意识,或缺乏"心有大我"的奉献精神……教育家精神是扎根中国优秀传统文化的宝贵精神财富,具有强大的道德感召力、价值引领力和实践驱动力。让教育家精神成为引领教师队伍发展的精神引擎,在当下显得迫在眉睫又尤为重要。

本书尝试运用质性研究、个案研究、历史学研究和社会学研究的方法,以 8 位教育家为个案,将科学理性的规律性的论述、分析与对教育家的微观叙事结合起来,既对教育家的成长史进行客观介绍,让读者了解教育家的成长规律,又着重揭示教育家"精神升腾"的过程,呈现教育家精神的生成之路,希望在表达研究者自身对教育家和教育家精神的理解和情感的同时,让读者也能时时为教育家们的精神所感染,并从中汲取宝贵的精神力量。在"教育家精神生成之路"研究的过程中,笔者也获得了诸多启示。

一、运用多重视角开展教育家精神研究

(一)站在历史时空分析教育家精神

任何一位教育家个体的成长都是朝着教育家之巅持续奋进的、动态的、艰苦的攀登之旅。教育家精神不是教育工作者被授予某些"荣誉称号"后才

产生的,也不是在某一时刻瞬间拥有的,而是逐步发展、进阶、生成的。教育家作为时代的优秀人物,有的善于思想,有的长于理论,有的勤于实干,有的勇于开拓……无法用统一的、精确的、固定的标准去评定,呈现出千人千面的精神气象。人的精神特质总是与其所处的具体时代、环境、个性特征等密切相关。因此研究教育家精神,不能仅从教育家的教育思想中去提炼,而要融入历史学研究的视角,从纵向的历史维度对教育家的个体成长史与精神发展之路进行分析研究,发现其中固有的、本质的、必然的、稳定的客观联系,这是一种历史研究的方法①。梁启超说:"史者何?记叙人类社会赓续活动之体相,校其总成绩,求得其因果关系,以为现代一般人活动之资鉴者也。"②将教育家的活动与思想进程置于特定的历史进程中去考察,站在历史这个恢宏阔大的背景中去理解、认识教育家和教育家精神,进行前后贯通的研究,我们才能更深刻地领会到教育家思想和精神的生成有何特有的历史条件和规律,其思想与精神为何当时领"风气之先",在历史的长河中弥足珍贵、熠熠生辉、成为典范,从而更全面地、客观地认识教育家,体会教育家的伟大精神。因此,教育家和教育家精神需要我们站在历史时空,开展研究。

(二)运用哲学思维考量教育家精神

教育家精神不仅是宏大的共性概念,也具有鲜明的个性特质。一方面,教育家精神属于教育家整体,它是无数具体教育家人格中闪光部分的凝聚,是人民对教育家整体所应具备的完美人格的想象与憧憬。另一方面,我们也要看到,每位教育家从事的工作范畴不同、人生经历不同、时代环境不同、个性特征各异,附着在具体的"这一个"教育家身上的精神特征是不可能完全相同的。教育家精神是一片宽广博大而又千姿百态的精神领地,本质上是个体生命本性的自然流淌,很难事先做出模式化界定。如果把教育家精神仅仅看作一个对教育家专业精神高度凝练和概括的"共性概念",教育家

---

① 本研究主要运用了考据法(即通过搜集和考订历史材料,以获得准确的历史事实和证据)、历史比较法(通过比较不同历史时期或不同文化背景下的历史事件、人物、制度等方面的异同,来揭示历史发展的规律和特点)这两种历史研究方法。
② 梁启超.中国历史研究法[M].长沙:岳麓书社,2009:1.

精神就会成为宏大而抽象的标签与符号,陷入一种研究困境,即"把人看作是教育发展的大框架、大趋势下的可随意摆布的棋子,而无法发现其作为一个人所焕发出的人性之美,这里面没有惊讶与感动,同情与欣赏,只有冷静的分析与归纳"①,这样的教育家精神流于空泛,让人感觉高不可攀,很难让广大教育工作者积极主动地去学习、践行。因此,在弘扬、阐释教育家精神的过程中,研究者应该充分运用哲学的辩证思维,处理好"点与面"的关系,不仅阐释研究教育家群体"类"的精神特质,也应该具体到教育家个体,分析"这一个"教育家具体、确定、独特的精神样态,让真实的教育家精神以千姿百态的方式呈现出来,努力使"教育家"成为一个富有生命气息的、血肉丰满的"人",消解其被异化为"超人"的僵化形象,恢复其"世俗中的神圣"与"平凡中的崇高",实事求是地肯定教育家的榜样作用,发挥教育家精神的示范引领作用。

教育家精神折射在其具体的、个别化、多样化的价值观、人生观、儿童观、教师观等多个维度中,但会呈现出内在统一性。例如陶行知的教育家精神是他一生围绕"做人"和"创造理想社会"遇到各种情景的"多元文化的荟萃",其精神特质体现为"捧着一颗心来,不带半根草去"的献身精神,"千教万教教人求真,千学万学学做真人"的求真精神,以教人者教己的以身作则精神,"敢探未发明的新理,敢入未开化的边疆"的探索精神,"为一大事来,做一大事去"的立志创业精神,"丈夫志在探新地"的开拓进取精神,"民之所好好之,民之所恶恶之"的以民为本的精神,"没有难,只怕懒"的迎难而上的精神,"教学做合一"的理论联系实际的精神,"行以求知知更行"的不断自我教育和改造的精神,"即知即传"的尽责共享精神,"背着爱人过河"的乐业服务精神,拜老百姓和小孩为师的虚心好学精神,"爱满天下"的开阔胸怀和教育责任感,而上述精神的内在统一体即"行知精神"②。

(三)运用社会文化视角理解教育家精神

传统的教育家研究多以研究教育家的教育功绩和学术思想为出发点,

---

① 刘静.教育史学的想象力——后现代史学观与教育史研究[J].教育史研究,2003(1).
② 参见本书储朝晖撰写的《陶行知体现的教育家精神及其启示》一文。

使教育家研究大多停留在"学理分析"的层面,较为单一的研究视角让教育家成为固化的、抽象的、学术化的"研究结论",难以走进更广大范围的人群中,发挥其独特的精神力量。人,是一个社会的存在。教育家在其成长、发展的过程中,也同其他人一样,编织在亲人、朋友、同事、领导、专家和践行者的社会网络之中。因此,运用社会学的研究方法,寻找与教育家密切相关的人,从史学家视角、教育学家视角、师徒视角、朋友视角、践行者视角等去开展研究,立体、全面呈现教育家鲜活的精神样貌,揭示其教育思想和成就产生的源流,"共情"其精神特质,展现教育家精神深远、全面的教育影响,可以让更多教育家"立起来""活起来""留下来"。

研究教育家精神,我们还应从中国传统文化出发去理解与解读。中国教育家是中华优秀传统文化的承担者和传递者,参与了中华文明的开拓、创造、总结、传承与发展,具有丰厚的文化底蕴。对于教育的发展和民族的进步来说,教育家是他人不可替代的存在。中国古代教育家在教育实践中提出的一系列言简意赅的命题,如循序渐进、温故知新、学思结合、知行合一、由博返约、文以载道、教学相长、愤启悱发、藏修息游等等,代代相传,成为中国独特的教育学范畴和教育智慧[1]。我国历史上的教育家扎根于优秀的传统文化之中,具备理想人格的特征:天下为公的终极关切,四海一家的博爱情怀,言行一致、表里如一的品质,学而不厌、诲人不倦的责任感[2]。他们注重实事求是,讲究脚踏实地;特别重视以身作则,以身立教;具有兼容并包的精神和虚怀若谷的胸怀。这些精神品质的形成都与中华民族五千年的文明发展史密不可分。

二、基于教育家成长规律,采用多样路径培育更多教育家

没有教育家,就没有教育家精神。2024年1月11日,全国教育工作会

---

[1] 孙孔懿.论教育家[M].北京:人民教育出版社,2006:171.
[2] 孙孔懿.论教育家[M].北京:人民教育出版社,2006:124-141.

议在北京召开,明确提出要以教育家精神为引领,强化高素质教师队伍建设。新时代需要更多教育家,更需要各方真诚创设适宜教育家生长的良好环境与条件。

(一)为"潜在教育家"提供生长场域

要办一流的学校,就要有一流的教师队伍,有一批出色的教育家。尽管很多专家认为教育家是无法批量培养的,也不可能通过精心设计的课程就能培训出一批具有教育家精神的教育工作者。但从实际来看,各地"未来教育家培养工程""教育家型教师、教育家型校长培养工程"等举措客观上仍然为这些"有潜质成为教育家的优秀教育工作者"(以下简称"潜在教育家")提供了未来成为真正教育家的催化条件。笔者在与这些"潜在教育家"的交流中了解到,首先,在确定、推荐人选的时候,各地职能部门都是从"德能勤绩"多方面慎重考虑,好中选优。因此,入选培养工程本身,就让他们产生了被肯定、被激励的感觉,为这批"潜在教育家"努力攀登教育家的高峰增添了信心和动力,也坚定了他们为教育事业奋斗终生的志向。其次,入选培养工程后,他们有机会近距离接触到高水平的专家,除了可以学习较为宽泛的、高质量的培训课程外,他们也有机会与"导师"近距离接触,面对面有针对性地与导师一起研磨自己的教学思想和教学主张,这样的学术交往帮助他们从理性层面更好地反思、提升自己的教育实践,实现了"经验的跃迁"。有的培养对象通过完成培训要求中的"出版专著"等要求,真正实现了自己教育思想理论化、系统化的建构,形成了"一家之言"。再次,培养工程本身聚集了一批优秀的教育工作者,他们通过培养工程,进入到了一个超越日常生活的、具有更高精神能量的"成长场域"。在这个场域中,他们不仅与更多优秀同行进行思想和学术的交流,在精神品性、道德人格方面相互影响,潜移默化地治学修身。

当然,教育家培养工程只是一种催化路径,为教育家的成长提供了生长的场域和契机。让教育家涌现更主要的方式,仍是倡导教育家办学。教育管理部门要选拔、任用具备教育家精神特质的人担任教师和校长,为真正爱教育、懂教育,愿意终身从教的优秀教育工作者提供深耕实践的土壤,为其教育家精神生成厚本培元;建立保障教育教学自主管理与评价的体制,创设宽松的发展空间,扩大、尊重学校办学自主权,鼓励校长和教师在实践中大胆探索,创新教育思想、教育模式和教育方法,逐渐形成自己独特的教育思想、办学风格和治学特色,大批教育家才会在丰富的办学实践中脱颖而出。只有让大量"潜在教育家"涌现并活跃于教育现场,才能更好地服务于建成教育强国的目标。

(二)为"潜在教育家"建构良好的精神成长空间

教育家精神是教育家的灵魂,任何东西都取代不了教育家精神。教育家精神是教育工作者实现使命的精神外显,而不是为显示某种精神而进行的绩效追逐。教育家精神的生成主要基于"潜在教育家"自主求索,靠个人内求。个体的精神由于自由、兴趣、使命感而绽放,古今中外的教育家,都在自己的内心建构了一个自由且个性的精神世界。在这个精神世界中,教育家们的心灵得以舒展,个性得以培育,信仰得以固化,灵魂得以再塑。

教育家精神是教育家思想汇聚、加工、选择、施行所显现出的精神样态。为"潜在教育家"建构成长的精神空间,一方面需要各方提供宽松的环境,营造良好的学术氛围,形成端正的学术风气、纯净的道德环境,能够包容或者鼓励不同的声音、接纳不同的学术观点,形成真正意义上的"百家争鸣、百花齐放"的思想格局。另一方面需要强化"潜在教育家"个体的内心建构,强大的心理及其建设机制,才能保障"潜在教育家"在成长的过程中,用强大的精神力量征服前进道路上的各种困难和挫折,克服内心经常发生的激烈冲突、矛盾痛苦、焦虑彷徨等负面情绪,最终攀登上教育家这座人生的高峰。

(三)注重"潜在教育家"人格的修炼

教育家首先是一个大写的人。教育家怎样为人,决定了他怎样为师,怎样为学。历史上教育家群的涌现表明,教育家的高尚人格,是教育价值的人格化表现。尽管"在现实生活中,任何作为个人的教育家,都有这样那样的不足,而作为一个文化概念,教育家无疑是人类文化的一座丰碑,也是人类社会真、善、美的象征和人间正气的赋形"①。在教育实践中,教育家不仅是学生灵魂的工程师,也肩负着培育、引领青年教师的重任,可以看作是社会的"道德心脏"。在当下多元文化和思潮的冲击下,时代呼唤教育家群的涌现,因此,特别要重视对"潜在教育家"的道德建设和个体人格的修炼,号召"潜在教育家"在成长的过程中,要耐得住"诱惑",坐得住冷板凳,以高度的责任感和使命感潜心向学,重塑当代中国知识分子精神,把自己的命运与民族命运、国家命运紧密相连,实现个人价值与社会价值的统一。

(四)营造教育家群涌现的良好社会氛围

从教育家和教育家精神的形成机理与过程看,教育家的成长需要有良好的环境,如果没有适宜的外部条件,即便有众多人矢志成为教育家,竭力涵养自己的教育家精神,最终也难有所成。在教育家成长和弘扬教育家精神的过程中,政府、社会组织与非教育当事人都有责任为弘扬教育家精神创设必要条件,都有责任不损坏弘扬教育家精神所需要的良好环境。

首先,要营造尊重教育家、依靠教育家的良好舆论环境,为教育家的成长和发展提供政策空间。如设立国家级相关奖项,通过评选、表彰、宣传优秀教育工作者,从精神层面鼓励教师成为教育家;同时参照国家科学技术奖励办法,给予教育家一定数量的物质奖励,从多方面、各个层级建立起激励教育家的机制。要用发现的眼光寻找有教育精神特质的人从事教育,对有教育家精神的人的办学行为给予充分的法律和政策保障。

其次,强化舆论支持与科研引导。各类主流媒体要经常性地总结、推广教育家的先进理念和典型事迹,形成全社会尊重教育家、宣传教育家、依靠教育家的良好舆论环境。各级、各类教科研机构要帮助优秀教师和校长总结、提炼办学经验和教育思想,研究其成长路径,为他们成长为教育家提供理论支持。各级、各类媒体要让教育家办学成为媒体的主流话语,深度解读、阐释教育家精神,用教育家精神潜移默化地改变教师的人生观、价值观和世界观,提升教师的精神状态和境界水平,引导广大教师争相践行教育家

---

① 胡德海.论中国历史上的教育家[J].教育研究,1998(8).

精神，争做教育家型教师。

再次，进一步激发教育工作者的教育热情和创新活力。"教育家精神的基本内涵是教师和教育工作者要不断在教育活动和知识活动中建构起求实、求新、求变的创新探索精神。"[①]创新与创造是教育家精神的内核，是产生教育家主体的原动力，也是教育家精神表现最重要的载体。有了主动创造，教育教学才能避免刻板的重复与模仿，体现出独特性、开创性和先进性。因此，各级、各类部门要为教师创造良好的教育环境、培训机会，搭建专业交流平台，促进教师的成长和发展，激发他们的教育热情和活力，促使他们不断创新和超越，在教育变革中发挥出最大价值，为教育进步作出贡献。

三、涵育教师的教育家精神，用教育家精神引领、推动新时代教师队伍建设

"国将兴，必贵师而重傅。"当下，中国正处于由教育大国迈向教育强国的时空方位上，习近平总书记在2023年5月30日出版的《人民日报》中明确指出，"要把加强教师队伍建设作为建设教育强国最重要的基础工作来抓"。只有从改变教育工作者的精神意识入手，才能真正改变教育工作者专业性与能动性不足的现状，从而深入持久地提升教育质量。教育家精神蕴含了"服务家国的教育使命、仁爱高尚的教育情怀、树人为本的教育理念和变革创新的教育行动"[②]，是"对教育所肩负的重大责任和神圣使命的集中表达，是对教书育人规律的精确提炼，是对教师个人职业素养和道德品质的高标准要求"[③]。用教育家精神引领教师队伍建设，不仅关系到教师工作的状态，还关系教育质量和教师队伍水平的整体提升。

1924年，文学家、教育家夏丏尊将《爱的教育》首次译成中文。他写道："这书给我以卢梭《爱弥儿》、裴斯泰洛齐《醉人之妻》以上的感动。我在四年前始得此书的日译本，记得曾流了泪三日夜读毕，就是后来在翻译或随便阅

---

① 游旭群.新时代教育家精神的本真意蕴[J].中国基础教育，2023(10).
② 吴叶林，徐涵，高凌希.教育家精神融入高校教师教育：逻辑、功能与模式[J].黑龙江高教研究，2023(4).
③ 朱之文.大力弘扬教育家精神 推动新时代基础教育高质量发展[J].中国基础教育，2023(10).

读时,还深深地感到刺激,不觉眼睛润湿。这不是悲哀的眼泪,乃是惭愧和感激的眼泪。除了人的资格以外,我在家庭中早已是二子二女的父亲,在教育界是执过十余年的教鞭的教师。平日为人为父为师的态度,读了这书好像丑女见了美人,自己难堪起来,不觉惭愧了流泪。书中叙述亲子之爱,师生之情,朋友之谊,乡国之感,社会之同情,都已近于理想的世界,虽是幻影,使人读了觉到理想世界的情味,以为世间要如此才好。于是不觉就感激了流泪。"[①]夏丏尊这种情感体验的产生,正显示了教育家精神强大的道德感染力、价值引领力与实践驱动力。

(一) 坚持政治引领,传承、研究与推广伟大教育家的精神成长之路

纵观历史长河,中国教育家灿若星辰,每位教育家都具有不可替代的独特性,具有极为丰富的人生经历和伟大的人生意义。他们的伟大精神在岁月的长河中熠熠生辉,照亮着中国教育的发展之路。让宝贵的教育家精神得到更好的弘扬,可以引导教师从精神层面重塑自我、升腾自我,实现从"职业——事业"的超越,把自身职业发展的"小我"融入实现教育强国、民族复兴的"大我"之中,在"小我"与"大我"的互动统一中,实现人生价值、升华人生境界,真正成为推动教育高质量发展,实现教育强国的"每一个"。

一方面,全社会要广泛研究、宣传、阐释、弘扬教育家精神,激发起教师的职业共鸣,各级、各类学校要深入学习习近平总书记关于教育家精神的重要论述,定期举办"致敬教育家""历史上的教育家与教育家精神"等研究活动,深入探讨和总结教育家的教育理念和实践经验,让教师更多了解中国教育家的伟大贡献和精神内核,在教育教学实际工作中理解和践行教育家精神,使教育家精神成为全体教师的精神底色。

另一方面,可以将弘扬、践行教育家精神与基层党建工作有机结合起来,引领教师认识到"从近代的教育救国到当下的科教兴国、教育强国,新时代的教育家精神正是在中国共产党的百年奋斗征程中不断丰富和扩展,与

---

① 亚米契斯.爱的教育[M].夏丏尊,译.上海:华东师范大学出版社,1995:译者序言.

中国共产党人的初心使命相契合，与中国共产党人的精神谱系休戚相关"①。教育家精神与党"为中国人民谋幸福、为中华民族谋复兴"的初心使命是内在相通、高度契合的。教育家深度觉醒的使命意识、精益求精的课堂追求、知行不离的实践品格可以激励教师扎根中国教育的沃土，倾情教育、辛勤耕耘、敢于探索、勇于创新，不断提高自身的教育水平和专业素养，为社会和未来的可持续发展作出贡献。

（二）设立专门机构、配备专门研究人员进行教育家的深入研究

教育家精神是照亮广大教育工作者教育生活的"精神灯塔"。加强教育家研究的目的不仅在于缅怀、讴歌教育家，更在于弘扬教育家精神，发挥教育家的示范作用。因此，开展教育家研究，不仅要研究其成长史和成长规律，留存教育家宝贵的思想财富，更要充分挖掘其特有的精神特质，充分发挥教育家精神的濡染、辐射力量。爱因斯坦曾提出，假如居里夫人为科学献身的精神和品格能有一小部分活在欧洲知识分子的心中，欧洲将会拥有一个更加光明的未来。近年来，我们对历史上一些伟大的教育家未进行充分而持续的研究，使他们面临被历史遗忘的风险；对一些高龄的教育家的抢救式研究，还缺乏一种必要的紧迫感；一些当代的教育家未获得应有的重视和专门研究，面临被埋没的窘境。因此，亟待建立专门的教育家研究机构，配备专门的研究人员，建立一支专兼职相结合的研究队伍，最大限度地传承教育家的思想，弘扬教育家的精神，扩大教育家的影响，这应当成为当下弘扬教育家精神的重要举措。

（三）从教育家具体的言行之中感受、濡染教育家精神是弘扬教育家精神的有效路径

教育家精神是一种内隐的存在，但一定是通过其外在的思想和行为展现出来，从而濡染、教化、辐射，充分发挥出精神引领的力量。教育家精神不是空洞的，它"集中负载于教育家的思想和行动中，彰显着他们的自我认识

---

① 宋萑，袁培莉，詹祺芳.中国特有的教育家精神：生成逻辑、内涵特征与践行路径[J].中小学管理，2024(2).

和自我实现。当我们走进教育家所处的时代,了解他们所从事的事业,感受他们的付出与艰辛、执着与失意、收获与成就,就能从中体悟到他们博大的胸怀、高远的追求和生命中散发出的人性光辉"①。在日常生活中,教育家的言谈举止、生活方式和生存状态既呈现出教育家群体的共性特质,又会散发出其独特的、个别化的精神样貌。这使得教育家如同一个强大而静默的精神磁场,对他人产生一种自然而然的教育感召力。

孙孔懿先生为了亲身感受教育家的风范,曾上门采访九十多岁的斯霞老师。斯霞老师说:"我不是什么教育家,我就是小学老师,我就爱做小学老师。"尽管这句话斯霞老师说了一次又一次,孙孔懿先生却丝毫不感到重复,只深深感受到斯霞老师对小学教育由衷的挚爱和不可动摇的执着。孙孔懿先生说:"我不仅关心这些教育家们说什么,更关心他们怎样说,关心他们的神态、风度。所有这些真实而珍贵的感受,都令我终身难忘,积淀在我的潜意识的深处。"②"教育家以自己的身体真切地叙述教育之道,确证'道不远人'的平凡真理,这比任何说教都更直接,更生动,也更具说服力、感染力。"③

因此,呈现教育家真实的人生轨迹和心路历程,深描教育家在日常生活中的言行举止,可以让教育家回归真正的生活世界,让教师倾听到教育家真实心灵发出的声音,从而让教师更加深切地感知教育家精神、深刻认同教育家精神,让他们感觉到:或许我成为不了教育家,但我也可以努力教书育人,"像教育家那样做教师"!

(四)教育家精神的解读与学习,应与教师教育生活紧密结合起来

教育家从实践中走来,其精神品质应映射到教师的日常生活中去,需要教师在实践中体悟、凝练、升华,由"知道"走向"行道"。因此,对教育家精神的解读与学习不能只停留在抽象话语的解释上,而是应该使其"回到实践中去",与教师日常的教育生活紧密结合起来。我们应当倡导将校园和讲台作为教师学习、践行教育家精神的主阵地。一方面,可以通过组织分享教育家

---

① 胡艳,张璐瑶.历史长河中的教育家及教育家精神[J].人民教育,2024(5).
② 孙孔懿.论教育家[M].北京:人民教育出版社,2006:544.
③ 孙孔懿.教育家精神:具身表达与具身感知[J].江苏教育研究,2024(1).

故事、树立教育家典型,打造"我与教育家"特色课程群,转变"道德灌输"的"弘扬"方式。通过分享阅读感受、讨论教育思想,为教师内化教育家精神、反思自身创设空间。另一方面,可以号召教师结合自己的工作实际自觉地向教育家学习,结合自己的实践去体会和理解教育家的精神世界,将自己浸润在教育家的精神世界中,教好每一门课,带好每个班,培养好每一名学生,在教育生活中涵育自身的教育家精神,激发自身的"行为自觉",真正成为践行教育家精神的身体力行者。如此,教育家精神才能渊源流传,万古长青,教育家队伍才能后继有人。

值得注意的是,当下在教师群体中大力弘扬教育家精神,不是让教师从行为上效仿教育家、在精神上仰视教育家、在态度上被动追随教育家,而是要引领广大教师站在更大的意义场中理解教育家精神对国家的战略意义、对教师队伍建设的精神引领意义、对推动教育高质量发展的现实意义,激发教师投身教育事业的不竭动力;用多样路径引领教师濡染、浸润、认同、践行教育家精神,从而将国家层面的教育强国战略转变成个体层面的教育理想,引领广大教师在实践中将教育家精神作为自己的精神引领和职业追求,真正成为践行教育家精神的大国良师。

教育家精神不仅是对教育家精神品质的高度凝练,也是引领教师群体精神发展的指针,是所有教师的崇高使命和共同追求。以教育家精神为引领,涵育教师的教育家精神,让教育家精神薪火相传、青蓝以继,以教师之强支撑教育之强,具有重大的现实意义和深远的历史意义。

后记

让教育家精神照亮师者的教育生活

2023年9月9日,习近平总书记致信全国优秀教师代表,首次提出并深刻阐释了中国特有的教育家精神,即心有大我、至诚报国的理想信念,言为士则、行为世范的道德情操,启智润心、因材施教的育人智慧,勤学笃行、求是创新的躬耕态度,乐教爱生、甘于奉献的仁爱之心,胸怀天下、以文化人的弘道追求。这六个方面高度凝练了教育家精神品质的特质与要义,也让"教育家"与"教育家精神"成为当下教育领域关注的热点。

人无精神则不立,国无精神则不强。无论是国家的发展还是个体的进步,都需要强大的精神力量引领。雅斯贝尔斯说,在教育中,教育和教学的精神是至关重要的。无论教育精神的实际内容是什么,它必须转化为教育者的基本信念,才可以让教育活动具有魂魄。

当下,中国正处于由教育大国迈向教育强国的时空方位上,迫切需要一支高水平的教师队伍推动实现高质量的教育。但许多教师仍将"教师"看作是一份谋生的职业,往往是在外界的刚性要求下"被动发展"。因此,如何将国家层面的教育强国战略转变成教师个体层面的教育理想,如何引领教师从精神层面重塑自我、升腾自我,实现从"职业—事业"的超越,如何让教师在实践中自觉将教育家精神作为自己的精神引领与职业追求、真正成为践行教育家精神的大国良师,成为当下具有重大现实意义与深远历史意义的问题。

纵观历史的长河,中国的教育家灿若星辰。每位教育家都犹如一座宝贵的矿藏,具有不可替代的独特性,拥有极为丰富的人生经历和伟大的人生意义。他们的伟大精神在岁月的长河中熠熠生辉,照亮着中国教育的发展之路。教育家之所以难能可贵,在于他们把教育看作一种志业、一种精神追求,毕生用自己的人格、良知、智慧、实践去解决教育中遇到的各种难题,从而推动社会进步,影响国家和民族的未来。然而,在开展江苏省教育科学"十四五"规划2023年度重点课题"建构伟大意义:涵育教师教育家精神的省域实践研究"的过程中,我接触到许多深入研究教育家的专家,他们几乎每一位都在感慨:整个社会包括广大教育工作者对教育家的了解太少了!教育家精神是扎根中国优秀传统文化的宝贵精神财富,亟待我们花大力气去发掘与体悟。否则,教育家就会成为高悬于厅堂之上、可望而不可即的画像,异化为一种视觉符号;成为教师节前才被想起的宣传对象,简化为一种"节日装饰";更可惜的是,时代难得一遇的教育家会逐渐被淹没在岁月的长河中,被抹去精神的华彩,甚至被后人遗忘。

传统的教育家研究多以研究教育家的教育功绩和学术思想为出发点,侧重"学理分析",单一的研究视角让教育家成为固化的、抽象的"研究结论",从而让广大教师认为教育家高不可攀,可以"远观"但难以"亲近"。而当下对教育家精神的研究还主要停留在用宏大的概念高度凝练和阐释教育家的精神标识,这让教育家精神成为一个抽象的标签与符号,让人无法真正感受到教育家作为一个独特的、优秀的教育个体所焕发出的独特的精神魅力,教育家精神特有的强大的道德感染力、价值引领力与实践驱动力也就难以发挥作用。

事实上,教育家不是抽象的、笼统的,他们既具有教育工作者共同的人格特征,又具有不同的个性,是有着真实人性的"这一个"。教育家精神不仅是宏大的共性概念,是无数具体教育家人格中闪光部分的凝聚;也具有鲜明的个性特质,是教育家个体生命本性的自然流淌。只有让教育家回归真实的生活世界,让真实的、完整的、鲜活的教育家出场,让丰沛的教育家精神呈现其千姿百态的本来面目,广大教师才能感受到"教育家"是一个个富有生命气息的、血肉丰满的"人"。他们具有"世俗中的神圣"与"平凡中的崇高",是我们可感知、可理解、可学习的"身边的榜样",号召广大教师"像教育家那样做教师"才能成为一种可能。因此,"让教育家立起来、活起来、留下来",成为我编写此书的重要动因之一。

本书选取了8位长期在江苏生活、工作的教育家作为研究个案,尝试运用质性研究、个案研究、历史学研究和社会学研究的方法,以前人的研究成果为起点,将科学理性的、规律性的论述分析与对教育家的微观叙事结合起来,从研究者视角、师徒视角、朋友视角、践行者视角等多个维度展现教育家真实的教育人生,立体、全面地呈现教育家鲜活的精神样貌,从而让更多的教师走近充满生命气息的教育家,倾听教育家心灵发出的真实声音,了解教育家所处的时代和所从事的事业,感受他们的付出与艰辛、执着与失意、收获与成就,体悟他们博大的胸怀、高远的追求和散发出的人性光辉。因此,本书并未从学理的角度去呈现与分析教育家的教育思想,而是重在对教育家的成长史进行客观介绍,让读者了解教育家的成长规律,又着重呈现教育家精神的生成之路,揭示教育家"精神升腾"的内在规律,希望在表达研究者自身对教育家和教育家精神的理解和情感的同时,让读者也能时时为教育家们的精神所感染,并从中汲取宝贵的精神力量。

教育家精神的生成是一个复杂而漫长的过程,受到多个因素的影响。本书的另一着力点是探明教育家精神的共有特质、生成过程、发展阶段和外在表征,探究诸多因素是如何塑造和促进教育家精神的形成与发展的,这为我们更好地总结教育家精神形成的规律,涵育更多具有教育家精神的教师提供了启示与借鉴。

编写《教育家精神之路》这本书的过程,于我而言,是一段难忘的经历。这是一段"往来有鸿儒"的日子,这是一段不断被濡染、不断被激励的日子,这也是一段穿梭在历史长河中上下求索的日子。我相信,阅读此书后,读者朋友能和我一样,在发现、认识与理解教育家的过程中获得关于人生观、价值观、教育观的深刻感受与领悟,在走进教育家高尚的精神世界、与教育家进行心灵与灵魂的交流与对话中实现精神境界的更新与飞跃。

当我们领略到教育家"远近高低各不同"的丰姿,欣喜地发现和感受到教育家精神的魅力,获得那份真正走近教育家之后所产生的、饱含着惊叹、感动、愧疚、所见略同、相见恨晚的丰富的内心体验,我们就会更加了解和理解这些伟大的教育家,会为他们的事迹和精神所感染,真正体悟到教育的灵魂与价值。当我们让教育家精神成为照亮自己教育生活的"精神灯塔",让思想与灵魂被照亮的珍贵感受积淀在自己潜意识的深处,我们就会自然而然地萌发出对教育家的崇敬和向往之情,从而在平凡而珍贵的教育生活中自觉追随他们思想与实践的步伐,最终不知不觉地像他们那样做教师。

2024年9月9日,是习近平总书记提出并阐释教育家精神一周年的日子,2024年9月10日,是我国第40个教师节到来的日子。本书的出版,亦可以看作对这两个重要时间节点的献礼。为此,课题组的成员、书中的每一位作者,特别是江苏凤凰教育出版社的领导与编辑林琬为本书的出版提供了大力的支持,付出了辛勤的劳动,在此,一并对他们表达深深的谢意。

衷心希望《教育家精神之路》能照亮师者的教育生活,成为每一位教育工作者心灵之旅中的"阿勒泰"。

颜 莹

2024年6月